作者简介

温勇增 男，1976年12月出生，江西石城人，曾在部队服役中荣立三等功一次、二等功一次，现在北京市房山区国家税务局工作，毕业于西安通信学院，中央党校科学技术哲学在职研究生，发表《秩论》等论文十余篇，已出版《系统涌生原理》等著作两部。

中国
社科　大学经典文库

论本能系统的辩证唯物

温勇增／著

九州出版社
JIUZHOUPRESS

图书在版编目（CIP）数据

论本能系统的辩证唯物 / 温勇增著 . -- 北京：
九州出版社，2016. 11

ISBN 978 - 7 - 5108 - 4854 - 4

Ⅰ. ①论… Ⅱ. ①温… Ⅲ. ①唯物辩证法—研究
Ⅳ. ①B024

中国版本图书馆 CIP 数据核字（2016）第 308119 号

论本能系统的辩证唯物

作　　者	温勇增　著
出版发行	九州出版社
地　　址	北京市西城区阜外大街甲 35 号（100037）
发行电话	（010）68992190/3/5/6
网　　址	www. jiuzhoupress. com
电子信箱	jiuzhou@ jiuzhoupress. com
印　　刷	北京天正元印务有限公司
开　　本	710 毫米×1000 毫米　16 开
印　　张	18. 5
字　　数	332 千字
版　　次	2017 年 1 月第 1 版
印　　次	2017 年 1 月第 1 次印刷
书　　号	ISBN 978 - 7 - 5108 - 4854 - 4
定　　价	78. 00 元

前　言

科学家霍金在《大设计》①一书的开端宣称"哲学已死",而在末尾宣称"上帝不必要了"。前者是因为:哲学跟不上科学的,特别是物理学现代发展的步伐;后者是因为:存在像引力这样的法则,所以宇宙能够"无中生有",不必祈求上帝去点燃导火索使宇宙运行。

只要有人存在,哲学就死不了;因为,科学能够解决的并非想象的那么多。只要有科学发展,哲学就应取其精华丰富自我;因为,科学始终是哲学前进的重要背景和推力。

科学与哲学一开始是混沌一体的,自亚里士多德伊始,物理学等学科开始脱离,至今已形成了庞大的科学体系。然而,不管如何分化,科学与哲学都是不能绝对割裂的,例如物理学走到头,就要进入哲学领域。爱因斯坦曾说,与其说我是一个物理学家,不如说我是哲学家。科学研究与哲学研究是密切联系、相互促进的。1945年贝塔朗菲建立一般系统论之后,系统科学开始成为一门独立科学蓬勃发展;钱学森曾在1986年指出,系统学(系统科学)的建立,实际上是一次科学革命;美国著名系统哲学家拉兹洛曾预言,21世纪的哲学将是综合型特质的系统哲学。

世界是物质的,物质是系统的;这个世界除了物质系统之外,你看不到别的。我们仰望的星空是一个系统,我们脚踩的地球是一个系统,我们内心的道德也是一个系统,我们处处生活在系统之中:人、家庭、村庄、社区、单位、城市、社会直至自然界等都是一个个的系统。因此,我们有必要对系统开展研究,推动认识。源于贝塔朗菲系统论(以"机体论"为核心)的现代系统科学,已经在各个不同领域蓬勃发展,形成了诸多成熟的具体理论;它们

---

① 史蒂芬·霍金,列纳德·蒙洛迪:《大设计》(吴忠超译),湖南科学技术出版社,2011年。

大都局限于具有"脚手架"的系统机能揭示理论范畴("机体论"从源头就奠定了这种局限),而基础理论(比如系统学)尚未真正建立。

这里,以马克思主义哲学为指导,透过"系统机能"探讨"系统本能",研究它们与"辩证唯物哲学"的深度融合。

系统科学蓬勃发展,其对还原论提出了批判,但系统科学"概念、逻辑和形式"的体系,不能"按照牛顿对体系的要求"进行预言并证实,因此,挑战目前并未获得对传统科学的颠覆(实际上至今还原论的生命力并未减少)。原因之一是系统科学还局限于受"脚手架"束缚的系统机能揭示理论,尚未真正深入系统本能。哲学研究的对象是指由表及里的完整的物质系统世界,而不应局限于物质系统机能及其表现。透过系统机能探索物质系统本能,发现分形原理、整形原理和超循环螺旋原理等。综合认为,系统科学和传统科学并非直接对立关系,而是统一体关系,它们具有共同的指导哲学——辩证唯物主义,它既包括传统科学条件下的辩证唯物,也包括系统科学条件下的辩证唯物,两者统一于"本能系统"的辩证唯物。

古希腊辩证法家赫拉克利特说过:"世界是包括一切的整体,它不是由任何神或任何人所创造的,它过去、现在和将来都是按规律燃烧着,按规律熄灭着的永恒的活火"。"永恒的活火"可用"物质自我运动"来解释,其既是指历史长河的整体(抽象)物质,又是指现实中具有燃烧细节的单个(具体)物质。对于世界的"系统"研究,美国系统学家 T.D·鲍勒指出:"一般系统论基于这样的假设:所有的系统(人工系统、自然系统、符号系统)都有着某些共同的一般特征,而这些一般特征作为宇宙性质或存在性质的描述乃是新的宇宙统一的理解模型的基础。"①鲍勒试图把世界从系统的角度统一于"能量",事实上,这个"统一"只能是本能系统的"物质":一方面,统一的物质具有本能的自我辩证逻辑,即具有"本能系统"的理解模型;另一方面,统一物质(在本能自我辩证逻辑性下)开显为具有普遍联系(系统意义)的"具体"的整体性关系,表现为"机能系统"的理解模型。

乌杰教授说:"系统哲学是对辩证唯物主义哲学的补充、丰富、完善和发展,是对传统哲学范式的一种超越,是现代辩证唯物主义哲学的新形态。"②这里认为,当前的"系统哲学"是指现代辩证唯物主义哲学的"侧重"表现

---

① 鲍勒:《一般系统思想》英文本,第3页。
② 乌杰主编:《系统哲学基本原理》,人民出版社,2014年,第1页。

"系统机能"的新形态,而其"完整"的新形态应是指包含了"(机能)系统哲学"的"本能系统辩证唯物"。其基本观点如下:世界是本能系统物质的,物质是运动的,运动是自为的;自为的物质,具有本能系统自我辩证逻辑——"自分形(大前提)——整形(小前提)——博弈妥协系统(结论)"表达形式。本能系统物质包括本能物质、亚物质、机能(基质)物质,本能物质自分形,开显亚物质(整形)和机能物质(现实),反过来看,一切形态的物质,归根结底收敛于本能物质,如下图:

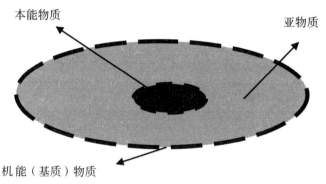

本能系统物质的基本模型

    世界系统物质概括起来的性质是指"可现实性",即"自分形可现实性"。本能物质是世界物质最高统一的抽象基质,其"唯一"具有开显自己(指向现实)的自分形性;本能物质自分形(且不均匀)相互作用涌现出"亚物质",同时开显出"机能物质——现实"。

    本能物质开显的"机能物质"不仅具有来自本能物质本性的自分形性,同时,作为"本能物质的现实"而具有"不一"的具体机能(性质)。现实世界中,机能物质是相对的,低级的、小的机能物质在高级的、大的机能物质系统中,前者可以作为后者的组分(即该系统的"基质物质")。

    亚物质必须栖息于机能物质载体,不管其如何"高度相对独立(比如意识)"都不能直接地是"现实"。本能物质自分形"涌生"亚物质,机能物质相互作用也产生(涌现)亚物质。世界普遍联系之亚物质,以自组织博弈涌生,潜藏于宇宙万物之间,尤显物理力、生化力和社会力,它包括矿物特性、植物本能、动物意识、人类思想等,它使人类与石头、植物和动物等机能物质系统一样,在本质上接受自然生态系统(亚物质)的整形协同(生态平衡)。这是

3

关于物质世界的本能系统自我辩证逻辑探索的新认识。

马克思把辩证法从黑格尔那里拯救过来,使黑格尔那里倒立着的唯物主义"以足立地"。辩证唯物主义把黑格尔的"精神自为"改造为"物质自为",然而,解释从"初始"的、"本能辩证"的物质"自为(展开、开显、运动)"——至——"现实"的、"机能辩证"的物质"自为(运动、普遍联系与发展)",始终是一个难题。"思维自觉到思维本性"是解开这一难题的唯一"钥匙"。人人都能运用该钥匙,但人能力有差异,"钥匙"具有"从感性到理性的不同阶段",加上运用方法不同,研究结果必然不同。这里从"系统科学思维"与"辩证思维"深度融合角度,确立"思维自觉到思维本性(同其他物质具有唯一共性)"的"思想试验方法"思考该问题。

哲学的本性是批判的,它"同一"于"本能(自分形性)"。本能物质的自我批判性表现为"自分形不均匀性(扬弃)",它使"本能物质"开显到"现实物质"成为可能。抓住"物质自为"这个核心,提出"(思维自觉到思维本性处)终极"的物质本能系统自我辩证逻辑,阐明了"本能系统物质和机能系统物质"、"传统辩证法和系统辩证论"、"弱涌现的传统科学与强涌现的系统科学"等关系;揭示了物质本体论、辩证法(逻辑学)、认识论、方法论的"新"的统一形态,旨在提出研究辩证唯物主义的一种新尝试。

本书以肖前、李秀林、汪永详主编的《辩证唯物主义原理》①和乌杰教授主编的《系统哲学基本原理》②等为主要参照资料,以《系统涌生原理》③中新提出的涌生思维为工具,力求阐述系统思想与辩证唯物思想之间内在的"深度"融合,以期推动人类对"物质世界系统"及其普遍联系和发展的深刻理解。

---

① 肖前、李秀林、汪永详主编:《辩证唯物主义原理》,人民出版社,1999年。
② 乌杰主编:《系统哲学基本原理》,人民出版社,2014年。
③ 温勇增:《系统涌生原理》,经济日报出版社,2014年。

目录
CONTENTS

第一章

探索系统本能

贝塔朗菲最早使用系统科学这个概念,定义为"关于'系统'的科学"①,它是指关于系统现象和系统问题即系统意义的科学研究。整体与部分之和的关系,是系统科学研究的基本问题。20世纪的系统科学是在反对还原论和机械论基础上建立起来的。贝塔朗菲在"机体论"基础上创建了系统论,且将"系统大于部分之和"的现象作为系统科学研究的基本现象。随着"整体"与"部分之和"关系的研究在不同领域展开,系统科学已经诞生的理论包括控制论、信息论、协同学、突变论、耗散结构理论、超循环理论、混沌理论、分形理论等,它们(受机体论思维局限)大都是指研究"系统现象及其机能"的揭示理论,即系统机能理论;而透过系统现象与机能寻求"系统本质及本能"的理论(比如系统学)尚未建立。

大多数系统科学家认为,系统科学应当遵循马克思主义哲学的指导。贝塔朗菲对系统科学有一个交代指出,系统科学包括非整体性系统和整体性系统两个方面,尤其注意研究的是整体性系统。这里从辩证唯物主义角度,抓住"物质自为"和系统"自组织"的融合统一,探索系统本能,揭示物质系统的"本能"和"机能"的辩证统一,即"非整体性"和"整体性"的统一,寻求系统科学"本身就不系统"问题的解决之道。

第一节 系统思想的历史演化

系统思想最早来源于古人社会实践经验中表现出的整体性思想。古代人民在同自然打交道的过程中,自发地产生了一些朴素的系统思想,强调自然界的统一。随着人类社会的发展,系统思想也不断发展,20世纪20年代贝塔朗菲提出的一般系统论,标志着现代系统科学思想的诞生,开辟了系统科学发展方向。如今,

---

① 贝塔朗菲:《普通系统论的历史和现状》,见《科学学译文集》,科学出版社,1980年。

系统科学在科学技术领域、哲学领域、社会生活和实践领域都展现出蓬勃发展的趋势。

一、古代朴素系统思想

朴素系统思想在古代中国、古希腊等文明古国的文化中孕育尤其明显。在我国古代,在哲学、科学技术、军事、医学、工程、天文历法等各方面的理论和实践中都表现出了十分明显的系统观念。比如,《易经》曾试图用阴阳八卦来说明宇宙万物的发展变化和统一性,认为阴阳的交感、协调和消长是万物运动变化的原因,蕴含着把世界万物看成一个统一整体的系统观点。在古希腊,毕达哥拉斯认为宇宙万物都能归结为整数和整数之比,构成一个和谐的整体;赫拉克利特著有《世界大系统》一书,曾在《论自然界》中认为,世界是包括一切的整体,在火的变化中作有秩序的运动,并把事物运动的规律、秩序称作"逻各斯";亚里士多德则在人类历史上第一次把形式逻辑变成了系统体系。对此,一般系统论的创始人贝塔朗菲认为:"亚里士多德的世界观及其固有的整体论和目的论的观点就是这种宇宙秩序的一种表达方式。亚里士多德的论点整体大于它的各部分的总和是基本的系统问题的一种表达,至今依然正确。"①可见,系统思想古已有之,不过,古代系统思想是朴素的,它把系统的本能本质和机能现象混杂融合在一起,表现出了直观性、混沌性和猜测性。

二、近代系统思想

近代科学的观点压制了古代系统思想猜测和直观思辨的观点,对自然界这个统一整体的各个细节展开了深入的认识,比如,15 世纪下半叶,天文学、力学、物理学、化学、生物学等相继从自然哲学中分离出来。人类文明在"分化方向"推动细节认识发展的同时,不断深化的细节认识发展反过来推动着整体世界的"系统认识"。德国莱布尼兹认为任何事物都是在联系中显现出来的,都是在系统中存在的,系统联系规定每一事物,而每一事物又能反映系统和联系的全貌。他在《单子论》中明确提出:单子"是生物的元素",是"组成复合体的单纯实体";同时他又认为"宇宙是一个被规范在一种完美秩序中的统一体系"。德国古典哲学大师黑格尔把"绝对概念"称为"系统",把这种系统理解为一个"过程的集合体"。他认为一切存在都是有机的整体,"作为自身具体、自身发展的理念,乃是一个有机的系统,一个全体,包含很多的阶段和环节在它自身内"。恩格斯评价说:"黑格尔第一

---

① 贝塔朗菲:《普通系统论的历史和现状》,见《科学学译文集》,科学出版社,1980 年。

次这是他的巨大功绩个自然的、历史的和精神的世界描写为一个过程,即把它描写为处在不断地运动、变化、转变和发展中,并企图提示这种运动和发展的内在联系。"①同时,恩格斯在《自然辩证法》中,把物质运动概括为机械的、物理的、化学的、生物的、社会的五种基本运动形式,力图以系统形式来描绘自然界和人类社会的联系。马克思和恩格斯把人类社会的发展作为一个复杂的动态系统来研究,在批判地继承康德、黑格尔等人的思想基础上,开拓和深化了系统思想研究工作。总的来看,近代系统思想突出了"分化认识发展"对"整体认识"的研究,其中马克思主义的"将社会看作动态系统"的观点,以思辨方式获得了富有成效的认识和发展,成为现代系统理论的先驱。

三、现代系统思想

现代系统论是由美籍奥地利生物学家贝塔朗菲创立的。20世纪20年代,在生物学领域,机械论和活力论的思想论战被科学界和哲学界关注。机械论者用分析的方法把生物问题还原为物理和化学问题,把复杂的生理和心理过程看成是各部分的机械相加,指出了机体的部分物理化学机制,但无法解释复杂的生命体统一特性。活力论者则认为生物体内存在着一种特殊的"活力",生物体内的整个生命过程就是由这种超自然的力量支配着,具有神秘主义色彩。贝塔朗菲提出"机体论"代替机械论和活力论。他指出,各种有机体都是按等级组织起来的,是分层次的,从活的分子到多细胞个体,再到个体的聚合物,各层系统逐级地组合起来,成为越来越高级越庞大的系统。贝塔朗菲在1954年成立了"一般系统论学会",出版了《一般系统年鉴》等机关刊物;在1968年3月发表了《一般系统论:基础、发展与应用》一书,全面总结了系统论的基本概念、原理、范畴、体系等等,还发表了《普通系统论的历史和现状》。贝塔朗菲以来,"老三论"、"新三论"、"新新三论"等系统科学具体理论相继建立,不断发展。在国内,著名科学家钱学森提出了系统科学框架体系,并指出系统学的空白;乌杰教授提出了系统辩证理论;邓聚龙教授等人提出了灰色理论……当前,现代系统科学分支理论如雨后春笋,在各个具体领域蓬勃发展,已经成为引领21世纪科学发展的重要力量之一;但,它们侧重各自领域系统机能现象研究,带有各自的"脚手架",尚未拆除(这是系统科学及其哲学的重要研究内容之一)。

---

① 《反杜林论》,见《马克思恩格斯全集》第20卷。

第二节　系统机能的系统科学

许国志、顾基发等人指出："任何一门学科,只有当它是所处时代的社会生存与发展客观需要的自然产物,同时学科内在逻辑必要的前期预备性条件又已基本就绪时,它才会应运而生,并为世所容所重,得以充分发展。"①系统科学的诞生是符合这样一个历史唯物主义观点的。一直以来,系统科学的研究都分散在物理、生物、化学、工程实践等具体领域,表现为对不同"系统现象和系统机能②"的科学研究,形成控制论、信息论、协同学、突变论、耗散结构理论、超循环理论、混沌理论、分形理论等分支理论。它们(系统机能)是探索"系统本能"的背景资料。

一、系统论、控制论和信息论

1945 年贝塔朗菲建立一般系统论,1948 年美国数学家维纳创建控制论以及美国学者香农提出了信息论,它们构成系统科学初级阶段的理论。

(一)系统论

系统论是系统科学机能研究的基础理论。贝塔朗菲在机械论和活力论斗争中提出"机体论"代替它们,并发展起了"系统论"。贝塔朗菲的系统论以及其后的系统科学的研究对象,都主要是面向"机能系统"。

系统都具有机能,表现为它相对于自身要素之和的变化功能。系统论主要研究"机能系统"的基本概念、性质、运动规律及其演化机制等。机能系统是指"相互作用的诸要素的复合体",体现了系统的多元性、相关性和整体性,指出系统要素是构成系统的基本单元。系统要素之间存在相互作用而形成结构。系统具有要素在空间上相互作用形成的空间结构,也有要素在时间上相互作用形成的时间结构,系统在某一瞬时点各要素之间相互作用形成框架结构,而在时间段内各要素运动状态下相互作用形成运行结构。系统的机构内部具有层次性,高层次具有低层次所不具有的特性,称为机能系统的涌现性。机能系统整体涌现性,被认为是其要素之间相互作用的结构效应。系统是有边界的,除了宇宙之外,任何系统都

---

①　许国志、顾基发、范文涛、经士仁:《系统工程的回顾与展望》,载《系统工程理论与实践》1990(6)。

②　系统科学诞生于贝塔朗菲"机体论"为基础的系统论,基于此扩展至不同领域的发展,大都局限在带有"脚手架"的系统机能范畴。

具有边界,边界之外一切与其相关联的事物的总和,称为机能系统的环境。系统与环境具有物质、能量、信息的交换相互作用关系,开放系统存在这种交换相互作用关系,封闭系统不存在这种交换相互作用关系,现实系统都是开放系统,部分系统与环境交换极其微弱,可忽略视为封闭系统。

系统的机构、状态、特性、行为、功能等都会随着时间的变化而变化,表现出系统机能相对于自身和相对于环境的变化功能。系统功能,即系统机能,它是把要素整合为系统的一种整体特性——整体大于要素之和。系统机能是系统论阐述的核心,它深刻地改变了科学的自然观,即新的自然哲学是机体论。

(二)控制论

20 世纪 40 年代末期,美国数学家维纳等人创立了控制论。控制论是指对机能系统实施控制的具体方法,同时也是一种认识和改造事物的新的思想方法。控制论研究动物(包括人类)和机器中的控制以及通信规律等,也研究对系统的改造问题。

控制论建立了信息、动态系统、控制、反馈、规划、适应、目的、稳定性、可靠性、最优化、模型和算法等基本概念,用来研究一般系统中控制和信息过程的相关规律。其中,“控制”是控制论的最重要概念,它根本地是指驱动系统使之有效地达到预定的目的。控制的目的有两种:一是保持系统原有状态;二是引导系统达到预期新状态。为了实现控制目的,可以预先计算加在被控制系统的控制作用。如果输出量对系统的控制作用没有影响,则称为开环控制;另一种则是闭环控制,反馈是闭环控制的核心概念,维纳称反馈是控制论的灵魂。对于各种工程、生物、经济和社会系统的控制对象,可设置控制装置,进行开环控制或闭环控制。

控制论把研究对象看成是一个系统,不考虑具体的物质结构和能量的过程,研究各个部分之间密切相关而推动整体的情况,研究一切通信和控制系统的共有特点,从控制、信息、反馈多方面揭示了生命、社会和人三种不同形式的共同的控制规律[1]。控制论的主要方法有信息方法、反馈方法、功能模拟方法、黑箱法等,从全局出发,在局部与全局、事物与系统之间的联系中进行最优化控制。控制论是对具体系统机能目的态的“人为”可控的实践理论,是指导实现“系统机能目的”的系统科学重要理论之一。

(三)信息论

信息论产生于 20 世纪 40 年代末的通信领域,于 20 世纪 60 年代末 70 年代初形成信息科学。

---

① 乌杰主编:《系统哲学基本原理》,人民出版社,2014 年,第 93 页。

世界是物质系统的,物质系统是永恒变化的。信息是物质世界系统的重要组分(内容)之一。信息产生的原因有两个:一是相互作用着的事物产生一定的反映;二是产生反映需要有一定的物质基础,即一定的物质结构和能量变化。① 信息的定义有三类:第一类是香农信息论角度的定义,即信息是消除的不确定性;第二类是围绕物质与意识的关系来定义,比如"信息是属于物质的"、"信息是属于意识的"、"信息既是物质又是意识的"等观点;第三类是从广义主体与广义客体的关系来定义,比如"信息是广义主体对广义客体的反映"、"信息是广义主体对广义客体的表征"等观点。信息论中,香农把通信过程作为一个系统来考察,他把统计和概率引入通信理论,认为信息就是负熵,实现了通信科学由定性阶段到定量阶段的飞跃,并且提供了信息获取、传递、加工处理、输出、反馈等揭示对象运动规律的信息方法。

信息论对科学与社会发展具有重大贡献。在机能系统哲学中,"信息"同"物质"和"能量"一起构成系统物质的三大"组分(内容)",推动了辩证唯物主义哲学的新发展,即推动了"物质观"向"系统物质观"及其相应的"辩证法"的发展。信息,不仅是"系统机能"问题,而且是"系统本能"的重要研究内容之一。

二、耗散结构理论、协同学、超循环理论

20 世纪 70 年代前后,系统科学对于非平衡系统的研究,主要产生了耗散结构理论、协同学、超循环理论等,这些理论是探索系统机能的科学性及其复杂性的重要成果。

(一)耗散结构理论

1945 年,比利时物理化学家普里戈金发现最小熵产生定理,之后他吸收一般系统理论思想,把非平衡热力学和非平衡统计物理学应用于机能系统的自组织问题研究,于 1969 年正式创立耗散结构理论。

耗散结构理论是在非平衡热力学和非平衡统计物理学发展过程中出现的一个科学假说。② 现实中,机能系统是充满变化的开放系统,都存在物质、能量和信息交换。热力学系统可区分为平衡态系统和非平衡态系统,普里戈金对热力学第二定律进行了新解释,提出重新发现时间,耗散结构产生的必要条件:(1)机能系统必须是一个开放系统;(2)机能系统应当远离平衡态;(3)机能系统内部要素之间存在非线性相互作用;(4)随机涨落使机能系统从无序走向有序演化。平衡态

---

① 乌杰主编:《系统哲学基本原理》,人民出版社,2014 年,第 96 页。
② 乌杰主编:《系统哲学基本原理》,人民出版社,2014 年,第 117 页。

与非平衡态、有序和无序、平衡相变和非平衡相变等成为耗散理论的重要概念。普里戈金论述时间之矢,认为机能系统的一切演化必须按照"时间箭头"方向进行,反时间箭头方向的过程不会自发产生;时间指向的问题,对于生命科学而言构成了进化与退化的问题。

耗散结构理论是对特定系统的机能研究,其解决热力学与进化论的矛盾,对自然科学、生命科学和人文科学的研究具有推动作用,揭示了开放系统的物质能量和信息交换对于物质发展的意义。耗散结构理论是揭示机能系统内外相互关系"现实效用"的科学理论之一。

(二)协同学

协同学起源于德国物理学家哈肯关于激光的研究。他利用统计学和动力学相结合的方法研究激光原理和机制,发现激光是普通光系统在远离平衡态时出现的相变,把激光理论模型应用到生态学、气象过程、星云演化等,发现系统内部子系统都具有竞争、协同的特性,称之为协同学。

现实系统内部的要素组分(或子系统)之间,都具有竞争与协同的关系。竞争是机能系统中要素组分"各自"表现的动力现象,而协同是机能系统中要素组分"联合作用"表现的共同动力现象。哈肯借助"序参量"和"伺服"概念来描述机能系统中"联合作用"的协同,这两个概念是协同学的核心概念,也是"机能系统"连通"本能系统"的重要桥梁。系统不管在无序还是有序状态下,都是永恒运动的,当系统内部要素组分联合作用耦合,出现系统宏观量偏离平均值得形成起伏波动的现象,称为涨落。涨落与序参量支配系统是紧密联系的。哈肯从热力学借用绝热方法研究协同学,提出伺服原理,对绝热消去方法进一步研究,提出了支配原理。研究认为,系统从无序状态转变为具有一定有序的状态,或从有序状态转变为新的有序状态,是在一定的环境条件下由系统内部自身组织起来,且通过信息反馈来控制和强化这种组织结果,可称为自组织。

协同学揭示了机能系统现象中有序结构形成的共同规律特点,但是,协同学的运用,特别是寻找序参量时,在临界区域和非临界区域去运用协同学寻找序参量时是有差别的,而不能到处套用自组织动力学的方法。① 可见,协同学仍然局限于"机能系统"的自组织的研究,尚未拆除"机能"的脚手架,还未能达到真正的"本能系统"高度(这将是本书研究的重点之一)。

(三)超循环理论

1970年艾根提出了超循环思想,他从实验和理论两个方面,对生命起源探索,

---

① 吴彤:《自组织方法论研究》,清华大学出版社,2001年,第66-67页。

认为生命起源和发展的化学进化中,存在从反应循环到催化循环再到超循环的由低到高的循环组织。

超循环是一个自然的自组织原理,它使一组功能上耦合的自复制体整合起来并一起进化。其中,自复制体为选择而竞争,且稳定的野生型信息量是有限的,筛选的竞争通过相互依赖的简单形式被联结在一起。超循环作为自复制元素中有组织的全体,把长度有限的自复制体整合到某种新的稳定序之中,实现具有相关性的进化:(1)为了保存它们的信息,要在每一自复制体的野生型分布中保存竞争;(2)允许几种(除了竞争的)实体及其突变体分布共存;(3)把这些实体统一成某个相关的进化单元,其中每一个体的优势都能够被所有成员加以利用,而且这个单元在此作为一个整体,在与任何可选择的组分单元的激烈竞争中都得以继续存在。① 超循环理论提出循环、反应循环、催化循环、超循环、拟种和突变等概念,其中的"循环"是指由循环的亚单元之间的相互作用构成的循环,循环发展之间存在竞争与协同。超循环是由循环组成的循环,是较高等级的循环。

物质系统的超循环发展,其进化中有大量的随机事件即自复制误差和突变,组织正是利用这种误差之机,利用突变扩大循环组织并增加信息容量而向更高复杂性进化。在这一进化进程中,必然性通过大量的偶然性表现自己,并为自己开辟着道路。② 整个自然世界通过循环的循环进化,由低级循环向高级循环发展。达尔文在 19 世纪中叶建立的生物进化论,艾根的超循环理论在分子水平上把竞争与协同结合起来,解决生命起源问题,发展了生物进化理论。在机能系统研究中,超循环理论适用于整个自然世界的演化(对其进行本能系统角度的哲学研究探讨将是本书研究的重点之一)。

三、突变论、混沌理论和分形理论

系统科学的分形理论、混沌理论是密切联系的,它们在解释系统存在的普遍现象方面具有深刻的意义,表明了系统机能的普遍存在性,为系统本能的研究提供了重要的科学资料。突变论在系统结构质变方面提供了认识原则,揭示了系统分形与混沌普遍现象的演化的关键环节。

(一)突变论

1968 年法国数学家勒内·托姆提出突变论后,于 1972 年在《结构稳定性和形态发生学》中进行了阐述。突变论是研究自然和人类社会中连续的渐变如何引起

---

① 乌杰主编:《系统哲学基本原理》,人民出版社,2014 年,第 138 页。
② 沈小峰、曾国屏:《超循环论和循环发展》,载《现代哲学》1991 年第 1 期。

突变,以及以统一的数学模型来描述、预测和控制突变的问题。

事物系统演化存在渐变和突变两种方式。突变与渐变的本质区别在于,渐变是原来变化的延续,而突变是原来变化的"不连续"性质产生的间断。微积分等数学对于渐变的处理是有效的,但对于突变处理则出现困难。托姆把突变区分为两类,第一类是系统遭受不可逆转的破坏让位于另一系统,即旧系统消失新系统出现的普通意义的突变;第二类是系统不消失情况下,系统脱离通常特征状态的突变,即突变论意义的突变。初等突变论研究的是有势系统,提出了平凡点、奇点、吸引子等概念。势是指系统具有采取某种趋势的能力,是由系统各个组成部分的相对关系、相互作用以及系统与环境的相对关系决定的。系统势可以通过系统行为变量和外部控制参量描述系统行为,因此,可以在行为变量构成的空间和控制变量构成的空间中研究突变,研究突变论采用的方法有:(1)转换时间维度为空间结构的方法;(2)反向分析方法;(3)类比于结构化的定性方法;(4)崇尚冲突与斗争的变化方法论。托姆初等突变论基本突变表的初等突变类型有折叠、尖顶、燕尾、蝴蝶、双曲脐点、椭圆脐点或毛发和抛物脐点,另外,它可区分为冲突型和分支型两种基本类型。

突变论对于系统结构质变问题提供了原则。哲学上对于结构质变的形式存在两种认识倾向:一种是飞跃论,认为一种质态向另一种质态是以不连续的飞跃方式转化的,包括爆发式飞跃和非爆发式飞跃;另一种是渐进论,认为在任何两种质态之间不存在着什么绝对分明和固定不变的界限,两者转化是以连续的渐变方式完成的。突变理论从稳定性理论出发,对飞跃进行了科学界定,揭示了事物质态转化的模型,对于判断飞跃提供了一条原则,推动了人类对于系统结构功能的认识。突变论研究的"系统结构"质变问题,是归属于系统超循环整体过程的某些具体系统机能环节的变化问题,即本能系统普遍联系和发展的具体机能环节的研究。

(二)混沌理论

1963 年,美国气象学家洛伦兹发表《确定性的非周期流》一文,第一次明确地从确定性方程得到随机性的结构。他的数值天气预报方程是确定的和非线性的,当初始值出现微小误差时,方程的解出现非周期性振荡,即产生随机性。它是一种非环境噪声影响的、非原于无穷多个自由度相互作用的、非原于量子力学不确定性造就的,而是系统内在的随机性。洛伦兹把这种现象比喻为蝴蝶效应。

人们把在某些确定性非线性系统,不需要附加任何随机因素,由于其系统内部存在着非线性的相互作用所产生的类随机现象称为"混沌"、"自发混沌"、"动力学随机性"、"内在随机性"等。"混沌"一词是由李天岩(LiTY)和约克

(J. A. York)在1975年首先提出的,迄今为止,其还没有一个公认的普遍适用的数学定义。① 混沌是一种貌似无规则的运动,它有两个主要特征:(1)对于某些参量值,在几乎所有的初始条件下,都将产生非周期动力学过程;(2)随着时间的推移,任意靠近的各个初始条件将表现出各自独立的时间演化,即存在对初始条件的敏感依赖性。物理学家认为,混沌理论是自相对论和量子力学以后对人类知识体系的又一次巨大冲击。"混沌研究的进展,无疑是非线性科学最重要的成就之一。它正在消除对统一的自然界的决定论和概率论两大对立描述体系间的鸿沟,使复杂系统的理论开始建立在'有限性'这个更符合客观实际的基础上。跨越学科界限,是混沌研究的重要特点。普适性、标度律、自相似性、分形几何学、符号动力学、重整化群等概念和方法,正在超越原来数里学科的狭窄背景,⋯⋯这也许是20世纪后半叶数理科学所做的意义最为深远的贡献。"②

在动力学系统中,系统作确定的有规律的运动是极其个别的,而绝大部分可能是作混沌运动的。自洛伦兹以来,非线性科学获得巨大发展。混沌学家认为,混沌是自然世界的一种普遍运动形式,它具有确定性、非线性、非周期性和对初始条件的极端敏感依赖性。混沌理论揭示了自然界和社会存在混沌的客观现实,指导人们认识混沌,实现面对混沌不"混沌"的目的。混沌理论研究的是自然界系统内在的非线性自组织的普遍现象,是本能系统的内部自组织运动的普遍现象。它应当透过系统机能的现象揭示,融合于"分形理论"共同指向系统本能的揭示。

(三)分形理论

1967年法国数学家曼德勃罗发表了讨论分形的论文《英国海岸线有多长?》,1975年出版《分形:形、机遇和维数》一书,创造了fractus(即分形)一词,1985年出版《大自然的分形几何》一书宣告分形理论诞生。

混沌理论与分形理论关系密切,目前尚未完全阐明它们之间的关系。自然界有无数的分形现象,比如海岸线、山脉、河流等。它们不能用传统几何学描述,比如山脉分叉出支脉,大支脉嵌套小支脉,大山头上隆起小山头,山的表面既非平面,也非光滑的曲面,属于分形曲面。分形几何"是研究自然界中没有特征长度而又具有自相似的形状和现象。古代的几何学在希腊曾大放异彩,但它研究的图形只是用圆规和规尺画的简单图形,这样的图形全都是平滑的。自牛顿以后,由于微积分学与几何学的结合,才能表现更为复杂的形状,但这些形状的重要特种是具有特征长度,是平滑的,可微分的。分数维研究的图形是更为复杂的图形,是不

---

① 乌杰主编:《系统哲学基本原理》,人民出版社,2014年,第169页。
② 格莱克:《混沌学:开创新科学》,上海译文出版社,1990年,"校者前言"。

平滑的,不可微分的。从这个意义上来说,分数维否定微分,这是一个划时代的革命,将建立在一个全新的理论体系上"。①

分形在数学上可以通过极为简单的规则生成,分形的部分与整体具有自相似性,分形的结构在整体上都是一种破碎的非规则的形体。日本分形物理学家高安秀树认为,分形几何可能为物理学研究宏观现象提供一种数学方法,就像精神分析学给解析人类心理带来有力线索那样,希望分数维观也能成为解析中等大小复杂现象的关键。② 分形方法是观察无穷的有形思维方法,是理解各学科内在复杂性的新语言和新工具,比如递归、嵌套和自相似等。

分形作为一种哲学思维方法,应当跳出数学及其脚手架束缚:(1)不仅要能够解决没有特征长度而又具有自相似的形状和现象,也要能够解决有特征长度的形状和现象;(2)不仅要能够解决物理学中等大小物体的复杂现象,也要能同时解决宇观、宏观和微观的物理学现象。总地看,分形研究不仅要能够解决当前分形理论与混沌理论的关系问题,也要能为其他一切的"系统机能"科学研究提供本体论(比如动因、来源等);不仅要突出系统科学哲学研究,也要融合进入辩证唯物哲学——综合提出"分形是世界物质的本原动因"。

第三节　系统机能特性的哲学思考

贝塔郎菲系统论的基本观点认为:一切有机体都是一个整体(系统),它们与环境不断地进行物质、能量和信息的交换;各种有机体都按严格的等级组织起来,表现出有序性、目的性、同型性、中心化原理等。③ 魏宏森和曾国屏在《系统论——系统科学哲学》(广义系统论)一书中认为:自然界任一客体都是由诸要素以一定结构组成的具有相应功能的整体,都是一个动态的开放系统;整个自然界是以系统的形式存在着的有机整体,是由不同层次的等级结构组成的、处于永不停息的自组织运动之中的,同时提出了整体性原理、层次性原理、开放性原理、目的性原理、突变性原理、稳定性原理、自组织性原理和相似性原理等八大基本原理。这里,把以涌现为核心的系统机能归结为如下特性:(1)系统机能的整体性,

① 转引自王东生、曹汤:《混沌、分形及其应用》,中国科学技术大学出版社,1995年,第4页。
② 高安秀树:《分数维》(沈步明等译),地震出版社,1994年,第6页。
③ 魏宏森等:《复杂性系统的理论与方法研究探索》,内蒙古人民出版社,2007年,第44-46页。

（2）系统机能的内部强关联性,（3）系统机能的稳态与失稳态循环演化特性,（4）系统机能的涌现特性。

一、系统机能的整体性

整体论一词公认是由英国在南非联邦的统治者施穆滋于 1926 年创造的。上海辞书出版社的《辞海》中指出施穆滋对整体论的释义是:"它把宇宙看作神秘的'整体系统',强调并宣称'整体'不能归结为它的组成部分。它认为英国是某种高级的'整体',把它的组成部分说成是'整体'的'部分',宣称'部分'应绝对服从'整体'并为之服务。"

许多哲学家的理论中都体现有整体性思想,比如黑格尔曾指出:"割下来的手就失去了它的独立存在,就不像原来长在身体上那样。它的灵活性、运动、形状、颜色等等都改变了,而且它就腐烂起来了,丧失它的整个存在了。只有作为有机体的一部分,手才获得它的地位。"马克思和恩格斯也多次对系统的整体性作过精辟的论述,认为:"许多人协作……就造成了一种'新的力量',这种力量和它的一个个力量的总和有着本质的差别。"这种"新的力量"就是整体的力量。哲学家偏爱整体性思想,而把哲学的整体性思想引入科学范畴,要归功于贝塔朗菲。

贝塔朗菲曾经把亚里士多德的"整体大于它的各部分的总和"这一命题作为一般系统论的基本原理,其本质是:整体不等于部分之和。系统科学的研究与发展就是从突破"事物的部分与整体的关系"的传统处理方法开始的。整体性思想的核心是整体与部分和的不相等关系。整体性思想分为两类:一类是不具有涌现性的整体思想,一类是具有涌现性的整体思想。不具有涌现性的整体又称为加和性整体,其整体效应称为加和效应;具有涌现性的整体称为非加和性整体,其整体效应称为非加和效应。加和效应是一种整体效应,它是系统效应的机械研究部分;非加和效应是系统效应的活的灵魂,系统效应是指诸多组分一旦按照某种方式整合为系统就会显现出来,一旦分解为独立的组分便不复存在的整体效应。例如,在中国流传着两个脍炙人口的成语故事,即"三个臭皮匠顶个诸葛亮"和"三个和尚没水喝"。前一个故事反映了"整体大于部分之和",后一个故事说明了"整体小于部分之和"。

整体性是指各个要素一旦组成系统整体,就具有孤立要素所不具有的性质和功能——由于涌现的存在,导致整体的性质和功能不等于各个要素的性质和功能相加。整体性是系统论最基本的原理。首先,整个自然界是以系统的形式存在着的有机整体,内部的任何研究划分,都是特殊的子系统,即自然界任一事物都是由诸要素以一定结构组成的具有相应功能的整体;其次,自然界任一事物都是一个动态的开放系统(整体),它在环境的整合中融入整个自然界。整个自然界内部划分为不同的子系统,内部不同的子系统整合为整个自然界,这两个方向都是允许的,其中的核心环节是系统的动态开放性。动态开放性,使整体可以在研究条件下划分为"由诸要素以一定结构组成的具有相应功能的子整体",也可以使"子整体"通过环境整合成为整体。因为,动态开放是系统整体存在和继续存在的条件,即系统与环境相互联系、相互开放、相互交换的条件。现实研究中,"任何系统只有把自己保持在不断地与外界进行物质、能量、信息交换的状态下,才能具有保持自身动态稳定性的能力。"①严格地说,绝对不具有涌现性的整体是不存在的,通常说的整体不具有涌现性,是指从某个研究角度涌现性微弱甚至可以忽略,但从另外某些角度看涌现性是显现的。

二、系统机能的强关联性

世界事物是普遍联系的、相互作用的。"研究"事物普遍相互作用的"关联关系",对系统而言,依据"研究内部关联关系的强度大小",区分两类:一是弱关联关系,二是强关联关系。系统中的弱关联关系,是指组分事物相互作用的涌现可以忽略,即可以把事物进行机械论和还原论处理;系统中的强关联关系,是指组分事物相互作用不可忽略,并应当进行具有涌现现象和效应的系统研究。传统科学侧重于弱关联关系的事物之间的机械论和还原论研究,系统科学侧重对具有内部强关联关系的诸事物的整体性研究。

系统是以强关联关系为主导(包括弱关联关系)的有机整体。弱关联关系对应"加和"关系,强关联关系对应"非加和"关系;系统科学侧重研究其内部的一般性的强关联关系,主要体现为系统的局部与整体的层次结构关系。系统至少存在两个层次,即组分层次与整体层次。如果只有两个层次的系统相对比较简单,一般系统都具有诸多层次,在组分层次与整体层次之间还有很多的层次,这些称为中间层次。通常,具有组分层次、中间层次、子系统、整体层次的系统称为具有层次结构的系统。现实存在的系统几乎都具有层次结构,比如在生物系统中也存在非常明显的层次结构,即生物大分子、细胞器、细胞、组织、器官、生理系统、个体、群体、群落、生物圈。

内部强关联联系,是指系统内部具有的丰富的、相对稳定的、意义明显的关联和联系。这些丰富的联系体现为子系统与子系统的关系、组分与组分的联系、要素与要素之间的联系、元素与元素之间的联系……它们使整个系统内呈现有效而

---

① 魏宏森等:《复杂性系统的理论与方法研究探索》,内蒙古人民出版社,2007年,第372页。

相对稳定的关联特性。贝塔朗菲认为:"一个元素在系统内部的行为不同于它在孤立状态中的行为,你不能从各个孤立部分概括出整体的行为;为了理解各个部分的行为,你必须把各种从属系统和它们的上级系统之间的关系考虑进去。"系统内部元素的关联关系研究,要融入层次结构分析,系统内部强关联性主要包括以下内容:

1. 有序性。系统内部的强关联性,主要表现为一种非直接物质的联系特性。这种由元素、要素、组分、子系统等不同层次结构勾勒出的有效的系统内部的强关联的联系链条,可称为"序"。系统是由对应的某种(或某些)序生成的。序,可指系统内部"横向"层次同层级的组分之间的联系链条,也可指系统内部"纵向"层次不同级别组分之间的联系链条,更多的是具有横向和纵向综合的"网链"。序是系统内部的层次结构同元素、组分或子系统的具有某种相对研究关联关系的统称;在系统中,更多的是指表现为可重复的序列,越复杂结构越严谨,则越体现序性,比如社会系统中社会结构越复杂,分工越细,则社会越有序。有序是系统内部关联关系研究的基本前提和保障,没有序,则系统内部关联关系是杂乱无章的,难以进行有效研究。世界中存在各种各样的序,人们通过认识把握各种各样序链条整体及其各个环节,在实践中调控序链条的部分环节或组成事物,达成认识和改造世界。因此,有序性是系统强关联性的基础内容。

2. 强相互作用性。强相互作用是系统内部强关联性的核心。系统内部组分强相互作用,防止系统内部相互作用沦落到加和整体性的弱相互作用,从而直接产生强关联性。若干"松散"的"组分"中,只有"部分""组分"相互作用"强大"从而"脱离于"其他组分,只有强大相互作用的组分才能生成一个相对独立的整体(系统),也就是说,系统内部的组分与内部组分之间的相互作用,在作用效果、作用时间和作用空间、作用意义上表现出强烈的整体意义。强相互作用是系统存在的前提,强相互作用性是系统整体性的标志。系统内部的相互作用研究可划分为两类:一类是单向的作用,另一类是双向的作用。任何作用都是相互的,所谓的单向作用,其本质也是相互作用,是一种具有典型系统特质研究意义的单向作用——这种单向作用体现为系统内部的对组分具有约束力的意义,或者组分对系统整体的推动力的意义。典型系统特质的单向作用突出了系统效用的指向——诸多相互作用汇聚成"沿着这个方向上"的作用,称为单向作用。双向的作用是指对于系统特质和效应的研究意义而言是相互的,这种相互作用,类似物理学中的相互作用力,比较容易理解。总的来说,在系统中,有一个"约束度"参数可以用来研究研究和描述系统的相互作用强度。系统内部的联系程度或有序度可以通过约束度进行定量的处理和研究。系统的约束度等于系统的可能性状态空间与现实状态空间之比的对数的负数。① 系统的约束度是系统强关联性的度量之一。

3. 结构功能性。"相互作用"是普遍联系的基本动力,"强相互作用"是普遍联系自组织为"有效系统显现"的内部基本力量。系统内部组分之间强相互作用关系,在研究中可区分出:组分与组分之间的"线段"关系,多组分之间的"链条"关系,多"链条"横向组成的"面"关系,多"链条"及多"层面"纵向组成的立体"层次"关系⋯⋯这些关系综合起来就是系统的层次结构,即"强关联性"使系统整体的内部组分表现出层次与结构。不同的层次结构具有不同的功能,系统的具体结构对功能的影响表现为:系统空间性结构的影响、系统时间性结构的影响、系统比例结构的影响、系统次序结构的影响等。系统内部关联呈现的总体结构变化而引起的系统内部强关联性的变化,这种引起变化是敏感的。结构功能是系统内部强关联性的效应和表现。系统内部的强关联关系支撑着该系统的结构功能,而一定的结构功能决定了系统内部强关联关系可能在哪个范畴而不能在哪个范畴。

三、系统机能的演化特性

系统的演化是指对系统整体的、总概的存在形式形态的运动描述。恩格斯曾说:"运动,就最一般的意义来说,就它被理解为存在的方式",一切物质都是运动的,系统也是运动的,系统的一切机能和特性都在系统演化中显现。

系统在演化过程中也会表现出一定的稳定性,包括静态稳定和动态稳定。静态稳定是指环境的变化不致对系统的状态发生影响,例如各要素之间有固定的相对位置的晶体系统。动态稳定是指环境的干扰即使能使系统偏离某一状态,但干扰消除后,系统仍能恢复到这一状态,例如生物自适应系统。系统演化的动力来源于系统内部,又受系统环境的影响。自然界中系统的动态演化具有一定的方向性,系统从无序走向有序,是系统的进化;反之,系统从有序走向无序性是系统的退化。

系统只有与环境进行不断的物质、能量和信息交换,才能从外界输入负熵流,并抵消系统内部的熵增加,从而使系统从无序走向有序;反之,如果系统从环境中孤立出来,随着系统内部不断地增熵过程,系统就会从有序走向无序,直到最终瓦解。一个系统从一种有序模式演化成另一种有序模式,本质上是系统内部组分协同模式从一种演化过渡到另一种,这种演化表现为协同学的不稳定性序列,如下:

---

① 李建华、傅立:《系统科学与管理》,科技文献出版社,1996 年,第 20 页。

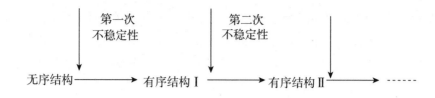

不稳定性序列

系统的一种有序模式,是指系统中某一涌现模式获得支配地位,具有一定的目的态,并朝之演化发展抵达稳态所表现的系统有序模式。由于系统组分的永恒自分形运动,系统内部的微小因素或者系统外部环境的微小干扰,都有可能形成涨落,放大,形成"新涌现模式"将取代"旧涌现模式"的支配地位的局面——系统旧稳态失衡,向新的目的态演化发展,并抵达新稳态……系统演化,反映了系统状态与时间的相关性,随着时间的推移,系统由一种状态转化为另一种状态。在系统演化进程中,系统具有整体序列结构的稳定状态对应着演化的稳定环节,系统事物整体序列结构的非稳定状态对应着演化的失稳定环节,系统的演化是从稳定到失稳到新稳定的循环演化。

系统的不稳定序列的演化发展,对一般系统运动具有普遍的描述意义。系统的一个稳定序列到另一个稳定序列是一个循环演化环,无数连续的循环演化环生成了系统的否定之否定的永恒发展链条。因此,系统的循环演化思想,描述了系统整体普遍联系和运动的一般演化,具体表现为系统的不稳定序列的否定之否定的循环永恒发展模式。在这个演化性链条中,主要包括系统的动态性和开放性、系统的等终局性和目的性等具体内容。

1. 系统的动态性和开放性。宇宙中的一切系统都是在运动变化着的,系统的某一存在形式只是系统整个运动过程中的一个环节(即是事物否定之否定发展链条上的一个环节)。一般系统都是环境中的系统,不断地进行物质、能量和信息交换的耗散平衡以获得系统的存在。系统运动研究,内部考察包含着系统内部联系的形成、变化和发展,外部考察主要包括系统同环境之间的物质、能量和信息的交换。在系统内部整体运动和开放性的外部环境中运动中,系统从内部看,具有自组织功能;从外部看,具有从一种稳定状态向另一种稳定状态跃迁而发生质变的功能,即突变功能。系统的动态性是永恒的和开放的,是不断由低到高自组织"有序"的,"在数目众多的要素组成的开放系统中,由于要素之间协同和竞争的矛盾运动,会出现某些偏离系统稳定状态的涨落,有的涨落会在一定的外界条件和系统内部非线性机制的作用下得到放大,使要素在更大范围内产生协同运动,使系统从无序到有序,从低级有序到高级有序。"①

2. 系统的等终局性和目的性。等终局性是指系统在初始条件不同的情况下可能达到相同的最终结果的系统运动规律性。终局性是指某一系统演化序列具有相同的目的态度,即序列从微小涨落,到生长放大,到稳定支配系统,该序列过程受某一涌现模式支配而达到共同的系统稳定目的态的性质。这个演化序列是具有时间特性的,在该序列上,即使系统在不同的初始条件,只要不影响某一涌现模式获得并支配系统,那么它们的最终结果也是相同的。从机械论角度来看,事物运动的初始条件如果不同,那么所达到的最后结局就会有差异,而且往往会差异很大。系统论却不一样,比如,在生命系统中,生物体的部分损伤,可以得到修复,获得同等的结局性的结果(健康生物体);另一方面,生物种类在生态系统中的数量不能是无穷的,总是束缚在一定的数量,少了会增加,多了会减少;这体现了多种涌现模式共同支配系统的等终局性(平衡状态)。系统的终局性,即目的性:"系统内部要素和外部环境相互作用中,具有趋向于某种预先确定状态的特性。"②事物演化的目的有两种状态,一种是以某一涌现模式为基本核心的最系统的整体控制的序列模式,称为中心化模式,比如生物体对损伤部分修复的绝对控制;另一种是多个涌现模式均衡控制系统整体的序列模式,称为制度化模式,比如生态系统事物链条相互制约模式。"系统内部的发展总体来说是一个有序化的过程,从简单到复杂,从低级到高级。但是有序的过程中有两种基本趋势,一种是向着一个其核心作用子系统集中的中心化趋势,另一种是向着多个子系统共同其作用的机制化趋势。"③

四、系统机能的涌现特性

涌现特性来源于整体性,是以"涌现说明"整体性为核心的表现特性。在《自然辩证法百科全书》中由生物哲学研究学者胡文耕所撰写的"整体论"条目认为:"自然界的事物是由各部分或各种要素组成的,但各部分不是孤立的,而是一个有机整体的理论。整体的性质大于其组成部分性质的总和,整体的规律不能归结为其组成部分的规律。"整体与部分的机能关系可通过"涌现"联系起来,"整体规律"与"部分规律"的相互关系是系统科学的核心内容,涌现性是系统整体性的核心特性。

---

① 魏宏森等:《复杂性系统的理论与方法研究探索》,内蒙古人民出版社,2007年,第377页。

② 魏宏森等:《复杂性系统的理论与方法研究探索》,内蒙古人民出版社,2007年,第374页。

③ 李建华、傅立:《系统科学与管理》,科技文献出版社,1996年,第27页。

系统涌现性是指系统非加和的机能特性。从哲学角度看,涌现作为系统整体机能,是由内部不同层次结构、不同子系统共同相互作用而涌现出来的,可区分为高级涌现机能、中介涌现机能和低级涌现机能。低级涌现机能,来源于系统内部组分直接相互作用的基础涌现模式,也称为基础涌现机能。高级涌现机能,是指达到研究目的或系统目的的整体的涌现模式(群体作用)的涌现机能,也称为目的态涌现机能。中介涌现机能,是指介于目的涌现机能与基础涌现机能之间的涌现机能。不同层级涌现机能的关系具有如下特点:

1. 整体机能涌现的非加和特性。高级涌现机能不能由低级涌现机能简单累加获得,低级涌现机能不能由高级涌现机能简单还原获得。一个单位、一个集体、一个国家,作为一个整体的涌现机能,不能由内部的个体人和物质的机能简单累加获得,即高级涌现机能不能由低级涌现机能简单累加获得。同样,低级涌现机能也不能由高级涌现机能简单还原获得。比如,拿破仑写道:"两个马木留克兵绝对能打赢三个法国兵……一百个法国兵与一百个马木留克兵势均力敌,三百个法国兵大都能战胜三百个马木留克兵,而一千个法国兵则总能打败一千五百个马木留克兵。"其中"三百个法国兵"系统涌现机能强过"三百个马木留克兵"系统,并不意味着可以把这个高级涌现机能简单还原到组分——单个法国兵涌现机能强过单个马木留克兵涌现机能。

2. 系统高级涌现机能从低级涌现机能生成的方法,通常具有同层级相类性和不可逆特性。"在自然界,涌现现象是一种关联不同层次的事物的现象,比如为什么结合成为食盐的两个组分——氯和钠不具有食盐的特性,并且丧失了其组分的特性?人的大脑是物质的,却产生出了精神性的思维,思维并不在大脑的任何组分之中。"①低层次事物涌现特性在高层次事物涌现特性中不一定保留,高层次涌现特性从低层次涌现特性发展而来,但在低层次涌现特性中看不到高层次涌现特性的直接存在。涌现生成的方法具有同层相类性,是指生成相同层次涌生机能的方法相类似,比如羚羊和斑马作为同层级动物,具有动物意识机能涌现生成方法(食草动物)的相类似性;人与人,具有人类意识机能涌现生成方法(教育、学习、实践社会性动物)的相类似性。系统高级涌现机能从低级涌现机能生成的方法,具有不同层级的不可逆性,比如人体系统的最高级机能(意识)涌现模式,可以部分推广到灵长类动物(比如黑猩猩),但不能逆转到更低层级的植物、矿物层次。

3. 思维涌现机能具有自组织无限能动性和人脑约束性。思维是人脑的涌现机能,当人脑思维能够"自觉到思维的本质本性"时,思维近似到"本性",即具有

① 吴彤:《试论复杂系统思想对于科学哲学的影响》,载《系统科学学报》,2013(1):11。

"涌现机能"的"无限可能性"——这是人类思维无限能动性的根源。在人的大脑中,思维能够作为一般涌现"信息等价中介模式"而对一切的世界事物进行信息反映、模拟和建构;因此,思维涌现中介模式是可反映任意事物的无限方向的一般等价信息意义。涌现机能思维不能绝对脱离脑细胞组分事物而存在,它具有自身的层级性和环境性。思维涌现机能有限性和无限性问题,一方面,思维是人脑系统涌现的产物,能够作为一般等价涌现中介模式而具有"认识无限"的意义,即世界是可以认识的;另一方面,思维自身具有主体的层级和环境,根据主体所具有的思维涌现中介级别和主体所在环境,限定了对象及其属性所在思维系统的涌现级别和层次,而区别了涌现机能思想的思维方法级别。通常地,思维涌现机能的层级性和环境性不同,对于同一对象进行匹配认识的结果不同。高层次的涌现机能思维由低层次的涌现机能思维生成,低层次涌现机能思维不能直接适用于高层次涌现机能系统,高级涌现意义思维方法可以"指导"低级涌现意义思维方法,但应当遵循系统科学涌现规律,需要遵循其可以进行直接指导和间接指导的内在逻辑一致性,否则可能造成认识误差或错误;比如,用人类系统中的精神相对独立的高级涌现机能思维方法,全盘将"精神"加载到"研究矿物甚至抽象的世界本原"低级涌现机能系统,就容易产生涌现的意识亚物质自由放纵——唯心主义就是在这种思维亚物质涌现放纵下盛开的美丽之花。

第四节　系统机能与系统本能

系统科学自身尚未能够"系统",主要受限于各种"系统机能"理论的"脚手架"。一切物质系统形态中,其根本是"本能物质",其核心是"亚物质",其现实是"机能物质"。机能物质是指来源于本能物质的、包含亚物质的现实物质系统,是指具有"功能和现象"的"物质体"①。根据物质的自我辩证逻辑②,研究物质系统的物质本能系统与系统本能、物质机能系统和系统机能。

---

① 关于"本能物质、亚物质、机能物质"在第二章有详细阐述。
② 关于"物质自我辩证逻辑"在第二章有专门阐述。

一、物质本能系统与系统本能

(一)物质本能系统

世界是物质的,物质是系统的。严格地说,物质是指物质本能系统及其展开。物质本能系统及其展开,是指贯穿具有"本能系统自我辩证逻辑"的物质本能系统,即物质世界是指具有"自分形(大前提)——整形(小前提)——博弈妥协系统(结论)"的物质本能系统。

(二)本能系统的自我辩证逻辑

"本能系统的自我辩证逻辑"是指物质的"自分形(大前提)——整形(小前提)——博弈妥协系统(结论)"的辩证逻辑,具体如下:

(1)大前提:物质具有本能自我分形最大化动因;

(2)小前提:"物质本能自我分形之间"自组织协同涌现出"自我相互作用"的亚物质整形支配力;

(3)结论:物质既是本能自我分形自动的,又是受自分形不均匀性之间的自我相互整形支配力约束的,它们博弈妥协呈现出"物质表现着自己"的物质体。

物质是"一",物质表现者(物质体)是"不一";物质通过自分形本能表现自己,物质自分形之间通过亚物质整形力自组织为整体——表现为物质体。自分形不均匀性必然涌现产生的亚物质差异(即整形力差异)使物质自分形呈现出"不一"的物质体,例如天底下没有两片完全相同的树叶。

(三)来源于"本能系统自我辩证逻辑"的系统本能

根据"本能系统的自我辩证逻辑",可发现物质本能系统中的系统本能,即一般物质具有自组织的系统本能——自分形本能、整形本能、自组织涌现本能,具体如下:

一是,自分形本能是一般物质的内在根本动因,是宇宙世界的第一推动因,是运动的根本来源;

二是,整形本能是一般物质相互作用和普遍联系涌现生成的亚物质的系统抽象动力;是普遍联系和相互作用的根本;

三是,自组织涌现本能是一般现实世界的普遍联系、发展和演化的系统内在整体性标志。

系统本能在现实的具体系统中,表现为"不一"的具体形式和内容,使得各种科学学科相对独立出来,例如物理学从混沌的哲学中相对脱离独立出来,形成了丰富的人类科学知识体系。

二、物质机能系统与系统机能

（一）物质机能系统

物质机能系统,是指来源于"本能系统的自我辩证逻辑"的"物质本能系统"的现实"表现"。物质机能系统和物质本能系统归根结底统一于物质本能系统。作为现实世界物质的物质机能系统,是指具有"自分形（大前提）——整形（小前提）——博弈妥协系统（结论）"自我辩证逻辑的"现实"物质系统。

（二）物质机能系统的自我辩证逻辑

"物质机能系统的自我辩证逻辑"来源于"物质本能系统的自我辩证逻辑",前者是后者的具体化和现实化,具体如下:

（1）大前提:任何机能物质事物都具有来源于本能物质的自分形最大化动因;

（2）小前提:不同机能事物本能自分形最大化行为之间,自组织协同涌现出新系统亚物质整形支配力;

（3）结论:机能事物是来源于本能物质而分形自动的,又是受所在系统约束的,博弈契约性妥协是它们各自最大化演化共存的现实系统。

机能事物即物质体,机能事物作为物质之"是"的携带者（即是者）,它表现自己的根本方式来自于"是"的"自分形",机能事物相互表现自己的方式是新系统亚物质的整形。现实系统物质的"是者",通常是指包括自分形、自整形和他整形的统一的物质体,某一"是者"作为更大的统一体（物质体）通常包括了诸多要素"（基质组分）是者"。因此,机能系统的研究,即当前系统科学研究,主要是指以"适可而止"的组分、机构、功能的统一体（现实系统）为研究对象的系统科学研究,它通常具有现实的效用意义。

（三）来源于"物质机能系统自我辩证逻辑"的系统机能

根据"物质机能系统自我辩证逻辑",一般物质机能系统的"现实"系统机能包括"分形机能、整形机能、自组织涌现机能"三个方面,具体如下:

一是,分形机能是机能系统内部组分要素运动演化发展的基本动因;

二是,整形机能是机能系统中诸要素相互作用涌现生成亚物质整形而具有"系统意义"问题的核心动力;

三是,在机能系统中,亚物质支配差异协同自组织演化发展指向整体优化目的态,即自组织涌现机能揭示了机能系统具体存在演化的形态。

系统机能的核心可以归结为自组织涌现机能,其研究主要表现为系统科学的控制论、信息论、协同学、突变论、耗散结构理论、超循环理论、混沌理论、分形理论,等等。

三、物质的系统本能与系统机能的统一

立足系统哲学与辩证唯物主义哲学综合构建哲学思想实验,可发现:辩证物质是普遍存在的,是运动的、普遍联系的;一般物质具有本能自我辩证逻辑,在自然界,矿物、植物、动物和人类等物质"系统本能"表现的现实"机能系统"。它们具有"表现各自存在"的系统机能,这种不同在于"涌现"机能不同。

人类系统与石头、植物和动物等系统一样,遵守内在共同的一般系统物质的"涌生"规律,只是涌生机能的层级、性质和强弱不同而已。石头具有低层级基质及其相应的弱系统涌现机能(矿物特性),植物相具有略高于石头层级的基质及其相应的略高级系统涌现机能(植物本能),动物具有高于植物层级的基质及其相应的较高系统涌现机能(动物意识),人类具有脱离动物的人类基质及其相应的最高级系统涌现机能(人类思想)。

物质的系统机能与系统本能是统一的,一方面是指由机能系统向本能系统的"收敛"统一,另一方面是指由本能系统向机能系统的"展开"统一。物质本能(机能)系统自我辩证逻辑的表述形式是一致性,即具有"自分形(大前提)——整形(小前提)——博弈妥协系统(结论)"的系统统一形式。所不同的是,它们在同一表述形式下拥有不同的具体表述内容(范畴),决定了一个是本质(本能)内容,一个是现象(机能)内容。系统本能对应的本能系统,是"唯一的"和"抽象的",且没有外在他物;系统机能对应的机能系统,是"多样的"和"现实的",它与他物为环境共生。

1. 系统本能对应的本能系统的基本物质模型如下图:

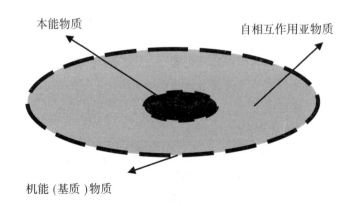

本能系统的物质模型

2. 本能系统的基本物质模型,在现实中通常表现为具体的机能系统,即系统机能对应的机能系统的物质模型,如下图:

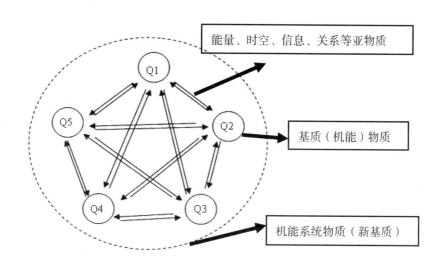

能量、时空、信息、关系等亚物质

基质（机能）物质

机能系统物质（新基质）

机能系统的现实物质模型
（由"子机能系统物质（基质）"构成）

3. 本能物质、亚物质、机能(基质)物质三者统一于"物质"。本能物质是绝对抽象的;机能(基质)物质是本能物质展开的"现实";亚物质是连接机能(基质)物质与本能物质的桥梁与纽带,既包含抽象部分,也包含现实内容。本能物质除了具备"自分形开显特性"外没有任何其他特性,本能物质自分形不均匀性,在分形前质和分形后质之间"涌现"出"(自间物质)亚物质"——本能物质与亚物质构成基质物质系统,不同的基质物质及其相互"(他间物质)亚物质"共同构成机能物质系统。系统哲学的研究对象(物质机能系统),通常是具有明显亚物质效应(系统效应和系统意义)的机能物质系统——把组分的机能物质的机能,与整体的机能物质系统的机能关系,作为系统哲学的核心。

系统本能和系统机能统一于物质本能系统的自我辩证逻辑,机能是收敛统一于本能的机能,本能是表现机能的本能。物质系统,不管是亚物质还是机能物质,归根结底收敛于本能物质。没有本能物质,就没有亚物质,更谈不上"整体的"、"现实的"机能物质。现实物质系统中,世界的物质系统模型主要是指机能物质系统,其中,低级的、小的机能物质在高级的、大的机能物质系统中,前者可以作为后者的组分(基质);因此,"本能物质、亚物质、机能物质"的自我辩证逻辑是指"本能物质(与各种基质物质)、亚物质(与各种涌生事物)、机能物质(与各种新机能物质)"分形整形博弈的相互统一。

第五节　系统本能的哲学探讨

系统学尚未建立的困难之一,是各种系统理论的脚手架难易拆除,比如局限在机能现象的《协同学》中自组织动力学方法不能到处套用①。系统科学(诸如分形理论、超循环理论等)的丰富发展,为研究系统"本质和本能"提供了资料背景,为从哲学角度研究"为一切研究领域提供用系统观点考察对象的一般原理和方法"提供了切入口。这里,以辩证唯物主义为基础,立足系统机能科学研究,打破"脚手架",透过"系统机能"抵达"系统本能",尝试对"系统及内诸要素的'存在'的本能"、"诸要素相互作用成'系统'的本能"及其普遍联系和发展的本能模式等展开哲学探讨。

一、系统本能的自分形力动因

"系统自己使自己运动"表现的是物质自我辩证逻辑的系统本能。伽利略是历史上第一个实现了对经验超越的人。他用实验证明:所谓"力"的效应是改变物体的速度,实现了对亚里士多德建立在经验基础上的、认为"力使物体运动"的超越,经典运动学从此有了一个坚实的基础。牛顿曾从物理学角度探讨宇宙第一动因,一直未有收获,并因此放弃科学转而研究神学。把宇宙看作一个系统,在该系统之外不存在他物,该系统动应只能来自"自身",即揭露从一种状态生成或演化到另一种状态的"物质本原"动因。如果,我们从逻辑上把整体的宇宙压缩抽象为一个点,则其自身动因将使宇宙分化展开并获得各种内部的具体形态和形式。

立足系统科学普遍分形现象研究,认为宇宙第一动因是"自分形力"——这里的"力"不局限在对于物体的速度的改变效应——而核心是指对"潜在"和"显在"物质的"存在与显现"的改变效应。物理上的"力是改变物体速度的效应"只是哲学上的"力是改变物质存在和显现效应"的一个具体内容,它们之间的关系,既表现出哲学向科学逻辑展开的一致性,也表现出科学向哲学逻辑收敛的自洽性。

---

① 吴彤:《自组织方法论研究》,清华大学出版社,2001年,第66-67页。

（一）分形现象

1975 年,美籍法国数学家曼德布罗特自造了一个英文单词,即 fractal,中文译为"分形"。其词义在于表达那种不规则的、破碎的、分数的对象。很明显,云彩不是球,山峦不是锥,海岸线不是圆,树皮不光滑,闪电也不沿着直线展开①。在科学研究中,描述事物的空间几何形状与结构,是认识客观世界的一项重要内容。以往的几何学,如欧氏几何、黎曼几何、微分几何,研究的都是规则的形状。而客观世界自然存在的许多事物不仅不具有规则形状和规则的结构,而且其外部和内部还具有极其复杂的、互相嵌套的形状与结构。例如,哺乳动物肺的血管,我们司空见惯了的树木,就都是这样的形状,具有这样的结构。实际上,这种形体在自然界和社会中比比皆是,如弯弯曲曲的海岸线,起伏不平的山峦,分叉的树木和河流,纵横交错的血管,思想的创造性分化,科学革命的结构②。康托、科赫、谢尔宾斯基、朱利亚等欧洲科学家凭借社学数学思维的巨大抽象力从整形几何中发现了非整形,以数学方法创造出一系列复杂图形,由于未发现这些奇怪形状有什么实际意义而未受到重视。

曼德勃罗于 1951 年发表了关于语言分布的文章,受到维纳的注意;50 年代至60 年代,他凭借过人的几何直觉,从现实世界中接触了分形的不同方面,他认为,现实世界在规则整齐形状之外,还存在大量极不规则、极不整齐、极琐碎的形状,正如曼德勃罗所说:"云彩不是球体,山岭不是锥体,海岸线不是圆周,树皮并不光滑,闪电更不是沿着直线前进。"这些非整形的复杂的几何形状,在简单性科学一统天下的时代,一直被排除在几何学研究的对象范围之外。1967 年他发表了《英国海岸线有多长?》的关于讨论分形的论文,1975 年在关于分形的专著中创造了fractus,即分形一词迅速得到国际学界公认,成为 20 世纪创造的具有巨大影响力的科学概念之一。1985 年,曼德勃罗写了《大自然的分形几何》,20 世纪 80 年代至 90 年代分形研究取得巨大发展,有关分形的理论研究早已超越了几何学,形成了一个广阔的科学新领域。巧夺天工的大自然造就了数不胜数的分形对象,比如海岸线、山脉、河流等。海岸线和河岸先都是不能用传统几何学描述的分形曲线;山脉分叉出支脉,大支脉嵌套小支脉,大山头上隆起小山头,山的表面既非平面,也非光滑的曲面,属于分形曲面。河流的主干分叉为支流,大支流分叉为小支流,一直到下雨天的小水沟。在自然分形的基础上,数学家用数学方法造出了分形应

---

① 苗东升:《系统科学大学讲稿》,中国人民大学出版社,2007 年,第 338 页。
② 苗东升:《系统科学大学讲稿》,中国人民大学出版社,2007 年,第 339 页。

用,即数学分形,或人工分形式,比如康托集合等都是人工分形①。

分形具有其自身特点。虽然分形就目前而言尚无公认的严格定义,但它具有一些特征:(1)不规整性。与整形相比较,分形对象直观看去最显著的特征是曲曲折折,曲折带来的众多细节,大小不同尺度上都有的细节,给人以琐碎、纷乱、无序、复杂的感觉。(2)层次嵌套性。在琐碎、粗糙、不规整的表观无序下存在一种复杂的有序,一种以往的科学无法把握的有序,就是结构的层次嵌套性,大曲折中嵌套着小曲折,小曲折嵌套着微小曲折,层层嵌套,难以穷尽。(3)自相似性。部分与整体有某种相似性。把分形对象的某个局部放大后,可以看到与整个图形相似的特征;把部分的部分再放大还可以看到相似的特征;例如树是一个分形体,从树干逐层分叉,一个分支类似于全树,分支的分支还类似,一直到一片树叶上还可以观察到分支结构。分形的自相似性不像整形的相似那样严格,而是非严格的、近似的自相似性,相似中还有不相似。整形中,三角形只有大小尺度差别,科赫曲线整体是封闭曲线,但任一部分都不是封闭的,这一点就不相似。

分形的自相似性意味着,部分与整体一样的复杂;整形几何适用于还原方法,因为部分比整体简单,把整体分解为部分可减少复杂性,分形则不适宜还原方法,因为部分与整体都具有复杂性,把整体分解为部分,在一定程度上减少复杂性,但不能在研究上有效地减少复杂性——真正研究方向上还原方法不能降低该方向上的复杂性,而只能在粗糙的还原方向上降低它的复杂性。分形的整体与部分之间具有自相似性,分形的部分与部分之间也具有自相似性。自然分形认为,山山水水的分形结构,各种地质的、地理的分形体,各色自然分形对象,都是大自然无意识力量造就的,是自然规律发挥作用的结构,自然分形无处不在,它跟整形一样具有意义。因此,曼德勃罗说,大自然运作的几何规则本质上是分形几何。

"分形"对应的对象在传统数学看来是不可描述的,但分形概念却比较真实地和更接近地反映客观事物——我们应当面对这样一个事实:"分形"这样的事物一直存在着,其历史比人造的规则几何形体的历史要长——顺着这个方向,我们可以一直追溯到世界的本原,即"物质"。"分形"概念创始人曼德布罗特对所谓"分形"有过几种说法或定义,吴彤综合给出这样一个分形的描述性定义:所谓分形是指某种具有不规则、支离破碎形状的,同时其部分又与整体具有某种方式下的相似性,其维数不必为整数的几何体或演化着的形态,与此相应,我们把那种形状规则的、维数必定为整数的几何体或形态称为整形。②

---

① 苗东升:《系统科学大学讲稿》,中国人民大学出版社,2007 年,第 340 – 345 页。
② 《内蒙古大学学报》(人文社会科学版),1999 年第 4 期第 81 页。

（二）分形假说

库恩在《科学革命的结构》中提到，近年来科学哲学研究表明，科学革命也具有复杂性的结构，各种科学革命具有一定的、统计意义上的自相似性。"分形的意义在于它的自相似性，而自相似恰恰是跨越不同尺度的对称性，它意味着递归，意味着嵌套，意味着嵌套在不同层次的演化、出现和交替。……分形就是提供了这样一种语言，通过它我们把握的是由分支产生的整个结构，把握的是表现为复杂性的分支统一行为。"①自相似性，存在于世界任何方面，即孕育着普遍抽象物质和具体物质事物的自相似性，它表现出从系统科学探寻分形现象背后的哲学意义，它也为系统本能研究提供了直接的线索资料。

在分形的研究方面，清华大学吴彤教授以数学为切入点研究认为："分形是观察无穷的有形思维方法。……科克曲线可以通过简单规则而生成复杂至极的非规整形状，反之，极其复杂的事物也贯穿着极为简单的统一规律性。这表明，过去思维不能通过自身使复杂性的无限自我嵌套形象化，而有了分形概念，并且通过分形几何的方法，思维似乎看到了复杂性的无穷世界。"

分形自相似性和经典系统科学的加和是不一样的，加和是一种内部构成整体的一种描述，分形是事物自己生成系统的一种描述。人们发现部分与整体有自相似性，认为这是向经典物理学观点的回归，即再次发现了部分之和等于整体。实际上，分形发现的部分与整体的自相似性质完全不同于"部分之和即整体"的命题。经典科学中的部分与整体的关系是"部分的性质"相加后的"集合"等于"整体性质"，而分形理论中，是任意小分形（或任意一部分分形）与整体自相似。可见两者存在着根本性的不同。

自然界山水、气象、地质特征诸要素构成的生态环境具有自相似性。从大陆板块尺度到物质分子尺度之间有数不清的层次嵌套，在具备滋养生命的条件这一点上具有相似性。生物多样性跟生态环境的分形结构之间存在基本的联系，没有大自然的分形结构就没有生物的多样性。动物，不管其他差异，就躯体规模看，从大象到兔、鼠、蜜蜂、蚂蚁等小生命，再到细菌等，正是地球生态环境的分形结构使它们各自获得安身立命的小环境。——更有意义的是，它们都是生命分形的结构，它们本身作为动物就具有动物的自相似性，这是更深一层次需要探讨的。②

分形研究越来越明显地表明世界存在普遍的分形现象。苗东升教授在中国第十六届系统科学年会上曾提出"关于分形能不能推到一切复杂系统的讨论"；这

---

① 《内蒙古大学学报》（人文社会科学版），1999年第4期第81页。
② 苗东升：《系统科学大学讲稿》，中国人民大学出版社，2007年，第351页。

里试图从哲学角度将"分形"进行改造并推广到"一切物质运动"。超越一般分形研究,拆除具体分形研究的脚手架,探索物质世界普遍分形现象背后的动力机制,即探讨分形自然现象的动力原因的哲学研究。

自然世界的动因,比如,地球为什么会绕着太阳转?这个问题并不是在"日心说"提出就解决了的,牛顿在17世纪解释这一问题时提出了著名的"第一推动力"的学说,认为"行星现有的运动不能单单出之于某一个自然原因,而是由一个全智的主宰的推动"。这个说法既形而上学(到事物之外去找事物运动的原因)又唯心主义(把事物运动的原因归之于上帝),显然是不对的。那么真正的原因是什么呢?辩证法认为是吸引和排斥的对立统一造成的:一方面太阳与地球间强大的引力作用,使地球不断地改变其运动方向而落向太阳;另一方面,地球又具有很大的动能,力图沿原来的运动方向飞离太阳,表现出一种排斥作用。这种吸引和排斥近乎平衡就形成地球绕着太阳旋转,吸引和排斥不断地斗争又不断地转化从而维持了地球的环绕运动。地球绕日运动,直至自然界、人类社会乃至思维的整个世界,归结为一个永恒发展的过程,这一过程是由无数的矛盾构成,矛盾着的两个方面又斗争又统一,由此推动事物的发展。

由于太阳和地球都是显现的机能物质系统,因此,唯物辩证法对于显现的机能物质运动的矛盾解释是普遍有效的,但是,在解释终极抽象物质世界即未开显机能物质态(潜在世界)时需要进一步完善——重要的是解释,本能物质和机能物质,即物质在未开显态和已开显态(普遍具体物质形态)共同具有的内在推动力是什么的问题。哲学家对分形具有浓厚兴趣。苗东升认为,分形的提出,显示了辩证法的新胜利。分形与整形可以相互转化,是互补的。分形是多种矛盾的统一体,规则与不规则、有序与无序、有限与无限、确定性与不确定性等,这些对立面在分形中获得奇妙的平衡。①

借鉴贝塔朗菲一般系统论模型假说的方法来研究分形现象的形而上的问题。假定:分形现象的内在的有一种力使事物出现分形现象,这种力就称为"分形"。分形是任何事物生而具有的(任何事物存在即具有),即是"物质"自身具有的第一推动因:任何物质作为一个系统,其内部(信息牵引物质能量)具有参照与整体相似的方式展开以获得事物系统整体最大开显性而普遍存在的内部自相互作用。分形的理论资料来源是系统科学的分形理论。分形理论刚开始作为一门数学,为混沌理论提供了强有力的描述工具。1985年,曼德勃罗的《大自然的分形几何》告诉人们,大自然按照分形几何原理创造几何形状,人们按照整形几何原理创造

① 苗东升:《系统科学大学讲稿》,中国人民大学出版社,2007年,第354页。

几何形状。透过大自然分形几何的表象,从哲学上探索自然世界系统之所以产生分形的原因,发现:分形几何并不是大自然变化发展的内在动因,而仅是大自然变化发展所表现出来的一种数学描述,它的内在动因是——能够使大自然按照分形几何原理演变的内在动因,就是分形。

本能物质和机能物质的根本动因都是自分形,一般唯物辩证法中事物的内在矛盾动因是来源于自分形展开的产物。分形是普遍世界的自身动因,是任何物质形态、任何时候都具有的本原动因。任何物质都是自分形运动发展的:

(1)本能物质在未开显态,有且仅有自为开显的分形运动(趋势)唯一性;

(2)本能物质自为自分形具有不均匀性;

(3)本能物质自分形不均匀性开显的机能物质,作为具体的物质,具有普遍存在的现实系统物质的"不一"的各种自身特性及其具体分形运动特性。

总的来看,物质的分形是使物质具有运动发展特性的本原动因。

分形是事物展开的自相互作用。这种自我作用力是物质唯一具备的最高抽象的力——这种力揭示了物质的"本原抽象存在"向"现实存在"的过渡。任何一个事物都是变化发展的,就任意一个绝对独立事物而言,它的自我发展动因是自分形,它的发展目的(系统目的)是自分形开显最大化——最大化是一个过程,在指向目的的进程中,事物是曲折变化发展的。自分形最大化只是指物质自分形开显的一种趋势——具体机能物质就已然展现了本能物质这一特性,如果这一特性被禁锢,那么物质是僵死的,生命将失去活力,世界将是一成不变的、冰冷的一团漆黑……事实上,我们面对的世界是永恒运动发展的。

对于处于现实世界中的相互联系的事物,它不仅具有自分形,还有来自其他事物的自分形的影响(称为他分形),因而是复杂的。在具体事物系统中,同时存在自分形和他分形的共同作用。系统科学研究的分形现象和分形结构是由事物的自分形和他分形共同相互作用产生的。所谓他分形,是研究事物以外的事物的自分形对于研究事物的分形的影响,即他分形是指两个以上自分形相互作用的结果对研究对象自分形的影响作用描述,它是相对的,本质动因来源于不同的自分形。任何一个事物系统,都同时存在自分形和他分形的问题。

通常,一个事物的发展,根本动因是自分形,他分形作为事物发展的环境。从字面意思来讲,事物的"发"和事物的"展",都是指事物的内在规定性及其形式的"发"和"展",即壮大、变大、展开的意思;本质上与分形的"事物获得最大开显"的目标是一致的。这里用分形假说来深刻描述发展的哲学表达。

分形研究包括形而上研究和形而下研究。形而上的分形研究,侧重本能抽象物质的研究;形而下的研究,是具体机能物质的分形研究,即分形在具体事物的表现复杂,比如系统科学研究的"分形现象"——它是分形在现实世界"表现"的一种典型性特例。

(三)自然物质系统的自分形

任何事物都具有系统存在形式,则任何事物系统都具有分形;总体上讲,分形将使事物系统展开,即呈现运动发展状态。抽象物质在分形特性下展开自己,呈现出五彩斑斓的自然机能物质世界(其中系统科学的分形现象是典型的分形现象)。

在自然界而言,分形现象是一种系统的自然现象:一方面,自相似的诸多部分生成与部分具有相似的整体;另一方面,整体分划为具有与整体相似的诸多内部部分。分形现象深入的研究,应当跳出分形几何的束缚,应当跳出数学的束缚。

分形造就分形现象的本质是指:整体作用整体自身,以内部信息为牵引,分化开显具有与整体相似的诸多内部部分。典型分形现象是指以自分形为主,他分形几乎可忽略的分形现象。而通常的事物系统,他分形并不可忽略,因此其虽不呈现典型的分形现象——但可以寻找到分形的痕迹。许多事物在复杂作用中失去了这种"典型"的分形显现和典型的分形形态,但它们本质上却是遵循分形机制。例如受精卵细胞分裂到个体生成,这种分形作用占据了核心重要的地位,尽管这种分形现象不如"海岸线"那么明显,但本质上更加显现"分形造就分形现象"。"自相似的诸多部分生成与部分具有相似的整体",这个过程就是自相似组分之间具有整形力而生成整体——整形力一旦使这种自相似发生质变,并不断重复,则"分形之初事物"在"复杂分形后"将面目全非。这就是指普遍存在的分形造就分形现象,它通常被称为非经典分形现象。

对于典型分形的研究,发现它们共同存在某种规律性,即无特征尺度,然而曼德布罗特却发现,无特征标度却意味着某种自相似性。事物是由自分形而获得自身的变化发展,因此这种内在的自分形下的典型的自相似性则无论采用什么样大小的尺度度量对象,其形不变。这就是典型分形的不变性。法克涅总结归纳分形的一些基本不变特性为:分形具有精细结构、高度的不规则性、某种程度上的自相似性、分形的某种意义下的维数大于它的拓扑维数等。分形造就分形现象具有丰富的意义,物理学家惠勒认为:在今天谁不知道分形和混沌,他就不能算是一个有知识的人。

分形是一切宇宙内部事物,以及宇宙整体所具有的来源于基质(任何基质)的宇宙第一动因。分形作为自然世界的内在动因,驱动自然世界不断的演化发展,并且表现出大自然的分形几何表象。系统科学认为,分形是大自然的一种自组织机制,比如人体依靠血管分形来完成人体的生命养料和氧气输送,社会系统的分形结构,自组织留念和它组织理论也可运用分形理论展开研究。大自然是按照分形原则创造生命的,人类是按照分形原则创造社会的。——大自然按照分形原则创造生命,这一过程的揭示是系统学的基本使命,它的本质是信息的一致性,复制性,夹杂着物质和能量载体,反过来承载该复制信息的物质和能量的信息反馈影响着信息,使信息发生变异,如此反复循环,在某一个角度看,所有的部分和部分都具有某种信息的一致性,但所有的部分与部分又都是不同的(因为夹杂着变异的信息返回合成具有一致性基础上的新成分)。①

随着分形理论的研究发展,发现自然界和社会到处都存在分形。分形理论背后的哲学规律在自然界和社会犹如无形的手支配着它们以系统的方式存在演化和发展。

社会生物学中提到"有机体只是 DNA 制造更多 DNA 的工具"。② 威尔逊解释,基因有四个主要特性:永恒性、再生性、复制的准确性和自私性。郑雪教授等在《社会心理学》中认为:"有机体的各种复杂行为,包括攻击、自私、爱情、利他、信仰等社会行为,归根结底都是基因复制、增加自身的一种技巧。"③社会生物学家认同自私是生命的本性之一,自私反映在基因中操纵生物演化过程的各种表现。在生物系统中,自然世界的自分形的展开主要是以基因的特性表现的,生物自分形最大化要求生物具有复制性和再生性,使生物获得数量上的最大化,基因的永恒性是分形的不断复制和再生的基础,自私性是生物自分形最大化的一个基本保障和根本特性之一,没有自私性,就谈不上分形最大化。

个体自分形通常会以一种自稳定、自适应最佳的生物体模式和行为模式存在——这种外在和内在的模式使个体生物自分形的生存和再生具有最大化。个体自分形通常会有一个生物体模式,这个生物体模式的第一来源是基因遗传,生命体模式一旦展开,生长发育获得生物体模式……生物体模式的行为,首先具有一个相对固定的来自遗传的行为模式,比如奥地利生物学家洛伦兹利用习性学来研究遗传、生理与生态环境等方面的因素对行为的影响,研究动物的固定动作模式和欲求行为④。固定动作模式是来自基因遗传的对简单而特定的外部刺激所表现的动作行为模式,这种行为模式不直接由外部环境决定,也不由经验决定,是本能的来自基因的动作行为模式。固定的行为模式不单单是由环境因素引起的,

① 苗东升:《系统科学大学讲稿》,中国人民大学出版社,2007 年,第 351 - 354 页。
② 威尔逊:《社会生物学:新的综合》(英文版),1975 年,第 3 页。
③ 郑雪主编:《社会心理学》,暨南大学出版社,2004 年,第 15 页。
④ 郑雪主编:《社会心理学》,暨南大学出版社,2004 年,第 13 页。

而更重要的是个体中本能释放的行为——释放器,洛伦兹指出:"释放器显示于某一特定动物种系的个体,可引发出一个系统的本能行为模式。"①且这种释放器可激活内在的先天释放机制,……认为欲求行为是根据目的而随环境变化的行为。

　　世界是系统的,其根本动因来自自分形,总体方向是自分形最大化。自分形最大化对于整体的宇宙物质系统而言,是指其"自为的目的态",拥有自为的标准(并非直接的人类"感觉"的应有的标准,例如时空标准)。自分形最大化对具体系统而言,表现为"自我比较机能属性",比如空间、时间、影响力、机能等;对整个宇宙而言,自分形最大化的"自我比较"是抽象的和唯一的,体现为开显、运动或变化的本意,其他任何在此基础上的衍生属性都将收敛于此。因此,整个宇宙系统自由表现的就是自分形演化最大化发展,是超循环螺旋最大化②,即永恒变化。

二、系统本能的整形动力

　　事物系统的发展,在本质上是依靠自分形推动的,但在实际事物系统研究中,由于环境事物的存在,不同自分形的相互作用存在,不仅要研究自分形,也要研究他分形,尤其多个自分形相互作用共同形成的一种力——它是相互作用相互普遍联系的本质,对各个事物都产生作用,它可称为"整形力"。对系统研究来说,分形力是系统的内在根本动力,而整形力是系统意义的核心动力。

　　有人认为,自然界和社会处处皆分形,他们甚至否认存在整形,认为整形纯粹是人工创造物,如技术的各种产品。这是错误观念。分形只是自然世界根本动力形式,整形是在该基础上获得的具有系统整体意义的标识。

　　唯物辩证法认为,在无限的宇宙中,联系不是个别事物的暂时的、特殊的现象,而是一切事物、现象和过程所共有的客观的、普遍的本性;任何事物的存在都不是绝对孤立的,而是同周围其他事物联系着的;整个世界是由万事万物相互联系构成的统一体,每一事物都是统一联系之网上的部分或环节,都体现着整体的联系;同物质世界的存在和运动一样,物质世界中的联系也是无限的、永恒的。③对于自然世界事物而言,事物与事物是相互联系的,世界任意一个事物作为研究对象,其"被联系"则其意味着"被整理",被联系将使该事物具有被束缚、整理和控制的意义——而使该事物成为"万事万物相互联系构成的统一体"的一个内容。

---

　　①　洛伦兹:《动物与人类行为研究》(英文版),1970年,106页。
　　②　"最大化"标准是宇宙的"自我尺度",宇宙整体作为总体不应用任何的"内部子系统层次具体存在属性"作为其"自我尺度",因此,宇宙最大化自身尺度是指"自分形永恒变化"。
　　③　肖前、李秀林、汪永详主编:《辩证唯物主义原理》,人民出版社,1999年,第167页。

如果说,该研究事物不被整理,不具有联系和作用,则该研究对象不能进入"万事万物相互联系构成的统一体"。事实上,世界中没有不处于"万事万物相互联系构成的统一体"的事物,没有不处于联系和作用的事物;反过来,任何事物都被"万事万物相互联系构成的统一体"的内部联系和作用"整理着"。因此,把世界作为一个系统,即"万事万物相互联系构成的统一体",其涌生事物亚物质整形支配万事万物的相互作用,称为整形力——它是万事万物相互联系构成的统一体的根本原因。

(一)整形力假说

世界是可分的。在我们的身边,房子可分为窗户、门、墙体等,汽车可分为轮胎、发动机、车架等,单位可划分上级、平级和下级……但我们同时也知道,它们之所以称为房子、汽车和单位,是因为它们是一个整体。地球是一个整体,整个自然世界也是一个整体……这是系统科学的基本观点。宇宙整体、自然世界整体、生态系统整体、人类社会系统整体、国家整体、家整体、人个体整体、海洋整体、沙滩整体、石头整体、分子整体、原子整体、基本粒子整体……透过这些整体,我们需要研究"什么力量使这些整体自觉地成为整体"。

系统中,"分形力"相互作用造就"整形力"。缤纷多彩世界的根本动力是自分形力。世界中,假定组分 A 和组分 B 均自分形最大化,那么组分 A 的分形会影响组分 B 的分形,组分 B 分形也会影响组分 A 分形,它们是如何相互作用的呢?答案是"博弈"。它们之间博弈涌现生成共同的涌生事物亚物质,它是组分 A 和组分 B 相互作用时瞬间产生的,既不属于组分 A,又不属于组分 B,它是相对独立的现实亚物质存在。涌生事物亚物质既影响组分 A 的分形作用,同时又影响组分 B 的分形作用,综合起来就是对系统内组分进行整合——通过这个整合使系统内组分保持某些序,达到相对稳定并生成一个相对稳定的系统(该系统就是该涌生事物亚物质支配整体下的系统)。涌生事物亚物质是系统科学的涌现研究的对象来源和载体来源,其承载着系统科学研究的涌现。涌生事物亚物质,虽然相对独立,但其根本来源是组分,组分的自分形又是永恒的,涌生事物亚物质也必然是不断变化的,即系统总是处于稳定——不稳定——稳定的循环发展状态,支撑这个运动的本质是系统不断变化(量变和质变)的涌生事物亚物质产生的整形力。

整形力,是系统内部组分之间相互作用涌生事物亚物质产生对系统组分进行支配作用的哲学描述。整形力是一个抽象概念。任何相互作用,包括自身与自身的相互作用和自身同其他的相互作用,都是属于整形力的范畴。通常,只要是系统就一定存在该系统相应的整形力,系统内部事物即受系统内部整形力束缚。没有整形力的系统将不是系统,没有整形力的世界将不是系统的世界。世界是普遍相互作用的,没有不相互作用的两事物;如果两个事物,没有整形力,那么该两事物是绝对分隔的——这样的事物在世界上是不存在的。上帝跟我们尚且存在联系,更别说我们头顶的星星、内心的道德,身边的海浪、沙滩、竹林、溪水和炊烟了……因此,世界是一个具有最庞大的复杂的统一的整形力,在支配世界内部的一切事物的系统。

透过自然世界整体提出整形力,是可能的。对世界系统做这种亚物质整形力假说,有利于解释自然作为一个整体的世界,社会作为一个整体的社会,人类作为一个整体的人类系统的存在、演化和发展,即解释一般系统整体的存在、演化和发展。

整理力在社会性群居动物中表现尤其明显。从社会生物学来看,动物的利他行为和自我牺牲行为是生物社会系统整形力的表现结果。动物作为一个类系统的整形力来源于动物个体的自分形,动物社会系统的整形力归根结底是为了动物类的自分形最优化和最大化。达尔文的进化论是生物进化研究的基本理论,但是达尔文曾发现很难解释动物的利他行为和自我牺牲行为,因为他的理论表明每个有机体都在追求自身的生存,而利他行为往往会失去自身的生存机会,比如母羚羊为保护孩子引开捕食者,群体动物中的警戒哨,鬣狗家族和狼族群的等级进食,等等。生物系统中的整形力,支配着系统中的生物个体,一方面生物个体的自分形未能战胜系统涌生事物亚物质整形力,而受整形力制约,比如狼族群的等级进食,低级狼个体未能战胜高级狼,受制约于狼进食体系;另一方面生物个体的利他同宏观的生物系统的自分形方向是一致的(尽管生物个体利他与自身生物个体的自分形可能是冲突的),生物个体利他甚至牺牲却获得群体系统自分形最大化,这是个体生物自分形置身于生物种群系统只中的回归于抽象生物"类"的自分形最大化表现。生物的利他通常是在近亲方向上进行的,最近的近亲就是生物体自己,这自分形的纯粹自私性;其次的近亲关系是生物体与孩子,再次的近亲关系是生物体与家族种群,再之后的近亲关系是生物体与与之相关的生物链生物体(比如鲨鱼保护为他从事清洁工作的清洁鱼,某一动物为另一动物提供猎食者危险信号警报,等等),再之后的近亲关系是生物体与非直接相关的生态系统……顺着近亲向远亲直至一般物质的方向,利他在逐渐减弱;反过来,顺着一般物质向生物个体的方向,自私在不断增强,利己在不断增强,直到利己等于自身,即自己利自己的纯粹自私性。总的来说,不管是无穷的利他,还是纯粹的利己,都受系统整形力支配。

整形力具有来源于组分特质的决定意义。从生物族群系统来看,受共同祖先的相同基因的自分形影响,利他性在家族里面比较强烈,而对远邻或者陌生人来说,利他性相对微弱。在人类系统中,利他性来源有三种:(1)人作为人类系统中的个体具有整体人类系统的自分形基因,表现的利他性而使人类自分形最优和最大化,比如对于身处危险的陌生人的人道主义救援,这是来自个体内心的本能反应;(2)由于人的意识相对高度独立的互惠性潜意识的社会互利互处作用,我们之所以施之于人,是因为想在自己需要时取之于人,这是个体自私性的自分形的现实表现;(3)受人类社会整形力作用而不得不在该作用或该束缚下的被迫利他行为,比如奴隶为奴隶主的利他行为,等等。社会生物学家特利夫把人类的利他行为只归结为肤浅的互惠利他性,解释了人们对宗教、国家或者其他神圣机构的忠诚和献身行为——但根源上要从自分形与整形的往复运动相互作用上来理解认识。

(二)自然物质系统的整形力分析

自然物质系统的整形,可表现为两个方面:一方面作为涌生事物亚物质表现出来的一种支配力,对系统内部的事物具有束缚、遏止、压抑、淘汰或者具有协同、支持、促进、激励(甚至倍增)等各种效果;另一方面,涌生事物亚物质具有同组分一起构成"整体"的意义,即对外具有使组分生成为整体的意义,即具有使组分在线性加基础上变为非线性加和而呈现系统整体形态和效应。

自然世界的整形力,使对象事物在自组织聚合中呈现系统整体形态。整形力作为一种哲学上的力,它与物理学的力是相对区别的。世界是系统的,任意两事物只要相互作用就一定生成共同涌生事物亚物质,就一定具有该涌生事物亚物质的支配力,即整形力。在世界的任何层次都存在整形力,自然世界的整形力分析,主要可从微观、宏观和宇观三个方面展开。

1. 微观整形力分析

众所周知,量子理论产生于"黑体辐射的能量谱中出现非连续性与传统的牛顿力学的连续性结论相矛盾"的解释研究。普朗克提出了著名的"能量子"假说创立了量子物理,后来发现不管是辐射还是吸收,都是能量子的。量子为什么能够作为一个相对独立的份子出现——根本的原因在于,量子作为自身相对分形前的量子,受束缚于相互作用涌生事物亚物质的整形力。当量子受到激发,量子自分形相互产生的整形力无法束缚某些量子,该量子获得自身的一个完整的相对独立的内容整行力支配,进而逃逸了外部整行力束缚——即它作为一个整体的量子被激发出来。它们就形成了离散的过程,反过来吸收也是如此。因此,要产生量子的激发,必须具有使量子有能力自己脱离所在大系统整形力(涌生事物亚物质)束缚的条件,即量子能够获得自身整体逃逸的条件(由频率控制)。

科学界对海森堡的"测不准原理"存在争论。以玻尔为代表的科学家从整体的观念出发认为,量子力学必须满足空间不可分隔性、非定域性(测不准)和全域相关性,量子系统是相容又完备的系统,形成正统解释的正统派。而以爱因斯坦为代表的科学家从实在的观念出发认为,量子力学满足因果性、定域性和连续性,量子系统是相容但不完备的系统,要使其成为完备系统需要引入一个外加的"隐变量"——1951年博姆大大发展了隐变量理论,形成新的"隐变量派"。正统派和新隐变量派也一直是争论的。这里认为,量子作为微观世界的一种成分,它在量子系统中可为实体组分,而在宏观世界中,它是实体与实体之间的涌生事物亚物质。在量子系统中,它既具有组分特性又具有涌生事物亚物质特性——实体组分特性与涌生事物亚物质特性之间的区分已经非常模糊且微妙——因此,就对象而言,量子世界是整体的;就现实而言,量子之间分隔是模糊的、量子与量子之间是全域相关的——它作为一个完备系统,任何的测量,都会干扰它存在的自身相互作用——并且这个"干扰"相对于量子自身的存在来说是巨大的,因此我们无法同时测量质量和动量——这种测不准不是量子世界本身的问题,而是测量的干扰对量子世界的影响带来的问题。如果,我们的测量能在低于量子的更加微观的工具条件下进行,即测量的干扰作为低于量子层次的事物,对于量子之间的涌生事物亚物质干扰是微小甚至可以忽略时,量子世界也是可以测准的(而事实上,人类极其工具所在的世界都是高于量子世界的)。这样看来,量子世界作为完备系统应当这样理解:量子系统内提出的一切问题都应当在不超出该系统范畴的意义下得到解决——利用高于量子系统范畴或低于量子系统范畴的事物工具(或研究坐标)研究量子系统,要考虑研究采用的中介性或工具性是否会对量子系统产生某种干扰,以获得合理解释。对于量子世界系统层次是这样,对于宏观世界系统和宇观世界系统也是这样。一个世界系统层次,具有自身层次系统的整形力的特点和规律,用另一个世界系统层次的工具事物来研究的时候,可能出现认识方法、研究工具、实践工具的选择问题而带来的干扰。在同一个世界系统层次,认识者、研究者和实践者本身具有的特点和规律,与对象事物的特点和规律存在差异(或匹配),但通常它们遵循同一世界系统层次的整体束缚和支配规律,当主体与对象的系统层次发生交叉的时候,研究应当考虑中介工具和中介方法干扰产生的认识差异问题。

2. 宏观整形力分析

宏观整形力层次是人类与之共生共存的层次,是人类赖以生存的基本环境。现在讨论宏观生物系统,比如在某个草原生态系统的一个食物链子系统中,兔子和草两个实体组分之间,具有整形力;整形力既对兔子具有支配作用,也对草具有支配作用。如果在系统相对稳定条件下,兔子多了,整形支配力就要让兔子少;当兔子少了,整形支配力就让兔子多些——前提是系统相对保持稳定——草少了,整形支配力就要让草多起来,当草多了,整形支配力就要让草少些……这就是整行力支配形成的相对稳定的现实的平衡生态系统。当整形力失去这样的直接作用的时候——并不是整形力"自身"失去了这种作用,而是整形力的性质和方向发生了改变;某种形式的整形力被另外形式的整形力替代,或者说旧整形力的支配地位被新整形力所取代——实质上是,新的系统内部涌生事物亚物质通过与旧涌生事物亚物质博弈获得了支配地位。比如兔子和草的系统,兔子增多了,超越了旧整形力的束缚,产生了新的整形力,兔子多了把草几乎都吃光了,此时系统的整形力发生质变,偏向了兔子吃的分形——当草被吃光了,系统中草的组分几乎可以忽略,此时沙土组分替代草而与兔子形成"兔子和沙土"的涌生事物亚物质——这一支必然在该整形力下使兔子组分死亡,兔子一死亡,则系统的兔子组分也几乎可以忽略,系统演化为了"沙土和沙土"的涌生事物亚物质支配的系统……

从"兔子与草"到"兔子与沙土"到"沙土与沙土",显示生态系统正逐步丧失了组分的多样性,丧失了涌生事物亚物质支配的多样性和复杂性,即生态系统不断恶化。通常来说,自然生态系统是在自分形的基础上,具有多样性的并存和演化发展的;如果人为的破坏这些分形共同涌生事物亚物质支配效果,即破坏了整形力,则将有新的整形力支配系统,导致原生态系统的恶化。比如对某一生态链条的某一实体组分的杀戮,或对某一组分子系统比如草场、湿地、森林、物种的破坏,人为使其发生质变,必然导致相关涌生事物亚物质的支配地位发生变化,尤其是相邻的事物之间的涌生事物亚物质的变化,其承载的整形力也发生变化,甚至发生质变——整形力质变,必然对被受支配的组分比如兔子、鱼、鸟、动植物等具有新整形力的支配作用,这种作用有时候是使被支配组分数量增加的,有时候是使被支配组分数量减少,甚至被系统淘汰的。总体来说,整形力作为系统的核心力,是以看不见的形式存在并自然的支配着世界系统的。

3. 宇观整形力分析

宇观世界系统的整形力分析,以太阳系系统为例。在太阳系中,太阳和地球都是这个系统的组分,太阳和地球都具有自身的分形,同时它们博弈将涌生事物亚物质——产生整形力支配太阳和地球,形成地球绕着太阳运动。地球自分形对太阳系的整形力影响较弱,而太阳自分形对太阳系的整形力影响较大——因为太阳组分是太阳系的核心,太阳自分形亚物质占据着太阳涌生事物亚物质的引领和支配地位,即具有太阳系整形力的支配地位。

(三)人类系统的整形力研究

人类从哲学认识论角度来研究整形力,是系统研究的新探索;而系统整形力假说则是人们整体把握世界和认识世界的新探索。世界中任何一个系统都具有普遍的整形力——它使该系统成为系统。整形力和分形一样,都是客观存在的。整形力,作为系统的自然的、与生俱来的力——系统一旦生成,就自然的存在、显现并发挥作用。世界从来都是系统的,因此整形力从来都是在世界系统内部发生着作用,我们呼吸、吃饭、聊天,包括我们的生老病死,都在系统的整形力支配下进行。

社会系统是受其内部公共社约亚物质①支配的。人与社会公共社约亚物质之间的博弈,是人在社会系统中参与社会系统整形和被整形的重要内容。人同社会的公共社约亚物质相互作用,即人与一切社会物的整形力关系。在人类社会系统中,人与人之间的制度法规、宗教信仰、道德等都是无形的社约亚物质,都具有强大的整形力支配效用。人触犯了法律,要受到制裁;人违背了信仰和道德会受到良心谴责。整形力在组分事物变化条件下,也是不断发生变化的;它一方面支撑系统,另一方面随系统变化而变化。例如,法律,其作为社约亚物质的表现支配形式是不断变化,当法律变化时,社约亚物质效应能力变化,其支配作用也变化,即其整形力也变化——对社会系统整体的支配作用也变化。比如新改进一部法律的内容,或新建立一部法律,一旦对系统相关内容的支配地位确立,就新产生了系统内部的某些整形力,就要支配相关社会系统对象在整形力下的改变。制度也是如此,当制度改变的时候,作为系统的涌生事物亚物质(制度)要支配系统内的个体按照系统整形力的要求发生改变,如果不受该系统整形力的支配,要么整形力被系统个体自分力为主的博弈取代整形力,要么离开该系统。

人同人之间的博弈,是人与人之间整形的全部形式。人同人的博弈整形力区分三类:一是直接的肢体博弈,包括直接的肢体博弈搏击,也包括使用间接实体工具比如棍棒、刀枪等对相互之间实体产生支配的博弈;二是主体社约亚物质博弈,所谓主体社约亚物质是人脑内的涌生事物亚物质信息模式的通过不同形式的外化,主体社约亚物质博弈,即思想的交锋,也包括通过语言的直接交锋,和通过语言文字和其他中介的间接交锋;三是思想和行为的混合博弈。比如吵(打)架,既有思想的争吵,又有行为的扭打。在这里,首先分析主体社约亚物质的博弈以及产生的涌生事物亚物质的支配整形力的研究。

人与人之间博弈整形最激烈的莫过于战争,它是人与人之间整形力的极端形

---

① 公共社约亚物质是指社会中公共的契约性相对独立亚物质,比如道德、法律等。

态。战争对于人类系统的整形力的改变是巨大的;因为,战争消灭的是人个体实体(它携带的一切主体社约亚物质都将因为实体身体的消失而消失——它已经转化融入公共涌生事物亚物质的信息模式也将直接消失或间接逐步消失)。人类的思想是伟大的,作为主体社约亚物质不仅能被产生个体携带,而且能被雕像、文字书本和其他一些非主体物相对携带,准确地说是"被以信息模式"相对携带,进而对后来的人类在激发状态下具有整理和支配人类系统的意义,即文化的意义(人化的意义)。

三、系统本能的超循环螺旋演化模式

系统科学认为世界是系统的,系统是世界的普遍存在形态。鲁宾在《论自然》一书中说:"在石头和植物中,可以找到同样的生命的主要原则,和在人类机体所找到的一样;一切差别是在于这些形质的组合,在于各种器官的数量、比例、排列和形状。"肖前等主编的《辩证唯物主义原理》书中认为:鲁宾的观点,"这是完全否认了不同事物之间的质的差别,否认生物和非生物、植物和动物、动物和人类之间的质的差别,这同时也就否认了事物有发展和变化的可能。"在承认事物运动发展中,从系统角度来研究和探索世界的统一性,应当直至物质本原。"石头、植物和人类"统一于物质,同时也都是系统,那么这些系统有没有同样的"主要原则"——既使它们区分为不同的质,同时又使它们联缀在永恒发展的"物质"大链条上? 如果存在这么一个"主要原则",否定之否定揭示了物质连续运动规律,超循环理论有力解释生命起源运动演化问题,那么否定之否定规律和系统科学的超循环在这个"主要原则"中又分别扮演着什么角色? ……这里探讨物质抽象共同原则下,展开为具体丰富物质且连缀在抽象物质发展大链条上的"主要原则",即系统科学超循环与辩证法否定之否定规律交融的解释:把超循环理论与辩证法的否定之否定规律交融研究,将获得世界在抽象物质展开下的、系统形式存在条件下的关于联系、运动与发展的否定之否定的新认识,呈现出既具有超循环意义又遵循否定之否定本质规律的超循环螺旋形态。

(一)系统科学的超循环

生命起源问题至今仍然是对科学的最大挑战之一。达尔文在拉马克的工作基础上提出了物种进化论,第一次给生命起源问题以系统的理论说明。现代生物学把自然选择原理和基因理论结合起来,以基因突变和基因重组为基本机制,发展了进化论,揭示出从原核生物到真核生物、从单细胞生物到多细胞生物、从低级生物到高级生物的演化轨迹。但是,关于最初的原核生物的起源问题,没有给出答案;而达尔文的进化论是属于物种演化的自组织理论,还不是生命起源的自组

织理论。系统科学的发展,尤其是超循环理论的提出,推动了生命起源问题的研究。德国生物物理学家、诺贝尔化学奖获得者艾根在 1970 年首次提出超循环理论,发表了《物质的自组织和生物大分子的进化》、《生物信息的起源》等论文,1979 年与舒斯特出版了《超循环:一个自然的自组织原理》,以论述细胞起源为目标而建立自组织理论。

艾根认为,从哲学上看,生命起源问题常常归结为因果问题。难题在于:先有鸡还是先有蛋? 艾根指出,这个难题是由于把因果界限绝对化的机械论造成的。从演化的观点看,世界原来既无鸡、也无蛋,因而就当时而言没有"鸡和蛋之间的循环"。苗东升认为,演化的本质或奥妙之处就在于老子所谓"有生于无",循环来自非循环,没有鸡与蛋互为因果的早期世界在漫长演化过程的某个临界点上发生突变,同时出现了鸡和蛋以及二者的因果循环。问题不在于确定细胞中核酸与蛋白质哪个在先、哪个在后,即哪个为因、哪个为果;问题在于揭示从不存在核酸与蛋白质互为因果的循环联系的前细胞物质,如何进化到出现这种因果循环的原始细胞。奥巴林等人在 20 世纪早期认为,生命起源的基本条件是原始大气、能量和原始海洋,从无机物中生成有机小分子,从有机小分子生成有机大分子,在由有机大分子生成多分子体系,解释了如何从一般物质分子进化出化学大分子,他的学说贡献在于有机分子具备产生物质分子的物质基础,它属于化学进化阶段的自组织理论。艾根发现,从化学大分子到第一个活细胞,其间还有许多进化的困难有待克服。达尔文进化论没有考察细胞的起源问题,奥巴林学说回答不了细胞起源问题,在化学进化与物种进化之间必定存在另一个进化阶段,它的任务是把这两个阶段连接起来,实现从化学大分子经过自组织运动而产生活细胞这一独特的进化目标。称为分子进化阶段,超循环论就是关于如何从化学大分析进化到活细胞的自组织理论,因而又称为分进化论。艾根合理地假定在化学进化阶段末期,地球上已经分别进化出原始核酸(核酸的前体)与原始蛋白(蛋白的前体),在积累到一定丰度之后,它们将随机地、但又不可避免地相遇,通过碰撞找寻一种相互适应的耦合形式,从而把自组织系统集结所必需的一切性质都集结起来,获得向生命细胞继续进化的能力。一旦完成了这种耦合,正式的核酸和蛋白质及其因果循环就完成了从无到有的演化。循环是一种重要的系统现象或系统机制。日落日升,冬去春来,生命体内的血液循环等,都是循环。系统之间相互偶合的方式千差万别,主要有三种基本方式:1)开链式连接。不同组分之间因果界限分明,随着演化进程把所有的优势都传给序列中的最后成员,极不利于整体优化,严重阻碍系统形成足够的规模,承受冲击的能力差。比如一字长蛇阵行军的军队。2)分支结构或树状结构。稳定性差,某个分支被选择,意味着其他分支被淘汰,同样限制了系统的规模。树状结构,本质是若干开链式结构的并置,不能产生组分之间的相干作用,不利于系统自我增强和生长。3)循环连接。各组分互为因果,相互促进,每个组分的优势均可被其他组分利用,导致系统整体不断自我增加。循环结构必有反馈,有反馈才有循环。只要利用得当,可使新生事物非线性放大,也可使陈旧因素非线性衰减。超循环以分子生物学、非平衡统计物理学和系统理论为依据,论述细胞起源的自组织理论,应用现代动力学方法和计算机模拟技术,在提出一种细胞起源假说的同时,从一个独特角度阐述了系统自组织的机制,该理论还属于生物学范畴,它的一些基本概念(如拟种)还不能进入系统的概念体系,但它关于自组织运动规律性的一些独到的见解具有普遍意义,为系统学研究提供了重要的资料。

(二)自然世界超循环螺旋形态

超循环理论,是分形在生物学方面的一个应用研究,也是系统整体支配系统(整形力)的应用研究。超循环研究分两个方向:一是精细方面的自组织研究链条,比如细胞起源的化学进化与物种进化之间的连接链条。二是宏观整体方面的自组织研究链条,包括化学进化、物种进以及两者之间的连接链条在内的生命问题研究,扩展到动物以外的植物和矿物,直至整体的世界的自组织链条,既世界存在和运动的链条。这里重点对后者进行讨论。

系统科学认为,系统是物质的存在形式,物质以系统的形式遵循着超循环理论规律。世界存在和运动的主体是物质,物质的形态从"存在元"演变到"一般存在物"是个极端复杂过程,并不断的运动演化着。在生成过程中,在高度关联的系统组织中,经过不同层次因果的反馈循环、自我选择和组织,自催化与交叉催化嵌套起来,突变组织成的多重循环逐步地强化自我稳定。在新的稳定系统中,其整体功能不断完善,信息不断积累,并层层转换传送,最终使系统整体得以稳定生长,实现向高度有序的宏观组织进化。这一过程,主要反应于生命系统的高级系统。李曙华认为从生成角度看,机制可分三个过程:一是,自选择过程:即具有进化优势的突变体作为偶然涨落而出现,并通过自复制实现自我选择。这种自复制机制相当于"正反馈"放大作用。通过自复制,信息选择质料,功能相似的突变体越生越多,它们逐渐聚集起来,使进化信息得以积累。二是,自组织过程:经选择生成的突变体通过自组织进行功能整合。选择出来众多突变体经相互竞争、相互协同,功能慢慢耦合起来,并在此过程中逐渐建立起负反馈机制,最终生成总体稳定的封闭环。这样,突变体通过自组织成为一个整体,从而作为更大循环功能整合的单道进入更高层次的进化过程。三是,自稳定过程:在高度关联的组织中,经过不同层次因果的反馈循环、自我选择和组织,自催化与交叉催化嵌套起来,突变组织成的多重循环逐步地强化自我稳定。在新的稳定序中,系统的整体功能不断完善,信息不断积累,并层层转换传送,最终使系统整体得以稳定生长,实现向高度有序的宏观组织进化。①

　　世界的存在和运动的主体,即物质,区分前存在物、现存在物和后存在物的具体形态。在前存在物向现存在物的一般系统自组织进程中,前存在物在系统目的方向条件下有两种命运:一种是前存在物在偶然涨落的情况出现,在非偶然涨落情况下前存在物的存在情况发生逆反或倒退——通俗的说,就是前存在物在萌芽及生长状态的消亡过程;另一种是前存在物在偶然涨落的情况出现后,且这种偶然涨落情况发展为有利条件,或者系统本身的偶然涨落的情况成为一种规律或者反复出现,前存在物在不断地自选择条件下,数量增多,同时逐步增多的前存在物开始有效的影响原来系统——自身组成一个逐步增多的系统,前存在物明显作为系统的新组分或变化的组分,在系统定聚性和变聚性的作用下,使其在系统中与它在组分事物进行定在和变在的相互竞争、相互协同和进行功能耦合。自选择,作为现存在物的瞬间状态描述,自选择一旦产生,进入自组织。自组织,首先有一个自我复制或它它复制的意义,使现存在物的数量逐步增多,在系统科学中相当于"正反馈",但事实上,它比正反馈复杂得多。在这里,信息具有巨大作用。现存在物通过自复制或它复制获得增多,且具有信息选择质料,并使进化信息积累的本性。信息是系统中的涌生事物亚物质束缚组分事物的核心特性之一,从另一个角度来说也具有选择组分事物的功能,在一定的程度上形成"信息选择质料"。组分事物同时携带涌生事物亚物质,随着前存在物转变现存在物的增多,携带的涌生事物亚物质增多,信息得到积累;反过来,这又促进组分事物的"信息选择质料",整个过程建立"负反馈"机制。这是一个不断地自组织的过程,通过前存在物向现存在物过渡的相互之间的竞争、协同和相互耦合,生成一个相对稳定的新系统——它作为一个整体(系统)的新前存在物,即现存在物。现存在物作为更大循环功能整合的单元进入更高层次的进化过程,此时该演化了现存在物相对于现存在物来说称为后存在物。这个过程不断地延伸和扩大,适合描述整个世界的演化过程。

　　系统科学的基本研究概念包括物质、能量和信息,但它们归根结底是统一于物质的。世界的存在和演化研究中,宇宙大爆炸假说是当前的趋同认识。超循环理论在最极限处应当揭示宇宙的演变和发展是一个特殊的闭合圆——向外概括表现为闭合圆,向内实质展开为螺旋式上升结构,没有开始点,也没有结束点。在

----

①　李曙华:《系统生成论体系和方法论初探》,载《系统科学学报》2007(3):8。

宇宙中,由于人类生命有开始点和结束点,因此人们认识事物时以此归纳出一切世界内部事物(并将之强加到整体世界系统)都存在开始点和结束点,这是人类思维的某种局限,因为这种归纳在"极端处"并不一定符合世界本原。但为了方面研究,假定世界是有一个开始点(宇宙大爆炸点)——就如磁场的磁力线一样仅作为方便研究的工具。同时,我们也假定宇宙大爆炸点是宇宙超循环过程的开始点,是循环闭合圆的开始点,也是循环闭合圆的结束点——该结束点作为下一个螺旋式循环的开始,却是不同于前一个开始的开始;它的下一个圆的过程轨迹(超循环过程轨迹)也不同于前一个循环过程——但这个两过程"投影"形成一个抽象的圆轨迹,事实上超循环是个螺旋上升,投影宏观抽象条件下是一个封闭圆轨迹。超循环的作用,不仅是选择,也有对系统功能的整合。系统在远离平衡条件下,从稳定到不稳定,又到重新的整体稳定的过程,这一过程同时也是系统自学习、自适应的过程。当从粒子演变到分子,地球的深入研究现状表明出现了两种走向,一为无机存在,二为有机存在。有机物和无机物的分化,以超循环理论为标志,使系统科学在该领域获得科学意义——细胞起源是不可还原的,根本原因是细胞内部组分事物相互作用涌现产生了不可还原的涌生事物亚物质。有机物和无机物的分化,标志着不可忽略的不可还原处理的系统特征性事物(涌生事物亚物质)的相对独立显现。无机物和有机物的分化,代表着组分事物和涌生事物亚物质的相对显性独立的分化的开始。有机物之所以称为有机物,是因为,其涌生事物亚物质相对显性独立体现,但是,在其体现极其微弱时候,其和无机物是接近的,组分事物和涌生事物亚物质胶合于混沌状态;即使,其是有机物,但没有成为有机系统时候,其涌生事物亚物质性质还是不能很好地显现出来——这个显现过程就是相对独立过程,通俗的说,就是有机物在没有构成生命系统时候,它的涌生事物亚物质性质还是没能有效显示出来的。但是,有机物的产生为涌生事物亚物质的性质相对独立显示提供了必要的基础——有机物的进一步发展,生命的出现,涌生事物亚物质的性质相对独立显示。达尔文的进化论说明了:生物存在体作为一个在世界演化进程中较高级、较完整、能被人直观感觉相化和印象化的系统,它们从已经存在向不同生物系统层次之间的"宏观"相互转化和演变的关系——适者生存,并向高级的演化发展,即进化的理论。动物出现,实现了"相对独立显性"分化,即实现了两个相对独立(组分事物和涌生事物亚物质,比如思维细胞体和思维信息)及其有机的统一。人脑的出现,组分事物和涌生事物亚物质于人脑中得到高度的相对独立,使人脑认识条件下,主观和客观得到相对有效独立的区分,这使认识得到充分的开发和利用。

(三)自然世界超循环螺旋辩证

辩证的联系就是物质的联系,"联系"本身是物质自分形与整形博弈的相互作用的描述与表现。联系的本质,蕴涵着对立统一规律,其发展经历量变质变而具有总体的否定之否定规律。事物辩证发展的实质就是不断的扬弃,舍弃事物旧的形态或灭亡事物旧的形态,收获事物新的形态或生成事物新的形态;在扬弃中,突破新事物的产生和旧事物的灭亡的关节点,则产生事物的质变;在前一个关节点和后一个关节点之间,事物不断扬弃的变化,则属于量变。量变必然走向扬弃的关节点——突破——则开端着新的量变,量变质变相互过渡、相互交替——这种交替的链条,通过不同数量和不同中介层次的衔接构成"回到出发点"的否定之否定的事物大链条,而具有否定之否定的事物大链条的交替,通过不同数量和不同中介层次的衔接构成"超循环"的"回到出发点"的事物"类"的大尺度链条……事物在联系中发展的量变质变链条,不仅是否定之否定的抽象下的具体细胞链条,而且更是超循环否定之否定的不同层次、不同数量的链条细胞。它在辩证法中,具有连贯"对立统一的事物发展源动力"与"否定之否定的总括形态"合乎整体辩证的意义。

辩证法的三大规律中,否定之否定规律带有总括的性质,揭示事物自我运动的整个过程,其中事物运动的根本动力是对立统一规律,而事物运动整个过程中的关节点和阶段则由质变量变规律来揭示。承认事物内部矛盾是事物运动的源泉,承认发展是事物自身否定自身,具体的描述就是事物的自分形与整形的相互作用。事物的螺旋发展具有上升性和前进性,这是事物的自分形和整形相互作用的不可逆的发展的总方向和总趋势,发展是由辩证否定所组成的链条,如何来描述这个链条?

传统辩证法主要是以"正——反——合"(否定之否定)来描述这个链条;在当前系统科学蓬勃发展的条件下,吸取系统科学优秀精神,丰富和发展否定之否定规律——产生"超循环否定之否定"思想,即超循环螺旋思想,用超循环否定之否定来描述这个链条,具有更强的意义。超循环否定之否定重点解决三个问题:

一是超循环否定之否定的"螺旋式"上升形态的理解。"事物的发展经历肯定、否定,再到否定之否定亦肯定。这仿佛是向出发点的回归,但不是简单的重复,而是到了一个相似于肯定阶段又高于肯定阶段的阶段。因此,这一辩证过程从内容上看是事物自己发展自己,从表现形态看则是一个螺旋式上升的曲折前进的过程。"①

---

① 肖前、李秀林、汪永详主编:《辩证唯物主义原理》,人民出版社,1999年,第13页。

二是超循环否定之否定的"回到出发点的运动"的理解。辩证运动是事物通过自身来发展自身的运动,表面上看,是"回到出发点的运动"——貌似"回到了出发点"应这样来理解:一是否定之否定具有回到出发点的意义,具有"对立面的统一"的意义,也就是列宁关于"发展是对立面的统一"的著名论断意义;二是整个过程的核心是否定之否定是一个抽象的、模糊的、笼统的概数,并非局限于精确的"正——反——合",而是具有"正——反——合"解释意义精神的多级别的、多层次的自分形和整形的相互作用。从系统科学来看,否定之否定是一种最简单的、最经典的事物发展系统。这个系统是特殊的系统:1)事物的自我运动过程只需有两个"质变"就完成;2)否定之否定,达到的"正——反——合",肯定和否定的"对立面的同一",是某一特定事物简单的自我运动的完整过程。通常的事物系统,自我运动过程,需要两个以上,甚至 N 个质变,才能完成自我运动过程的整体性体现;并且,只有通过多个否定,才能充分展示事物自我运动的蓬勃生动的丰富内容,比如种子,经过第一质变生根发芽,经历第二质变长大……经历 N - 1 个质变开花,经历 N 个质变结果为种子。如果我们笼统的把中间的多个明显的质变,都抽象归拢为两次质变,即否定之否定——对于现实和实践则缺乏有效的、针对性的指导意义。因此,否定之否定,在系统科学下,应当产生"形变",尤其针对复杂具体系统,否定之否定要转变为超循环否定之否定,即抽象起来可以概括为否定之否定,展开中具有多个具体的否定连接生成抽象的否定之否定。

三是超循环否定之否定的"超循环"的理解。事物的每一次自分形和整形相互作用都产生出新的内容,否定之否定舍弃了前一环节中的消极的东西,保留和发扬了其中的积极成果,从而把事物推向更高阶段。黑格尔在谈到概念的否定之否定过程时说:"它从一些简单的规定性开始,而在这些规定性之后的规定性就愈来愈丰富,愈来愈具体。因为结果包含着自己的开端,而开端的运动用某种新的规定性丰富了它","它不仅没有因其辩证的前进运动而丧失了什么,丢下了什么,而且还带着一切收获,使自己的内部不断丰富和充实起来。"①在这里,任何事物都由使自己的内部不断丰富和充实起来的趋势和能力——这是由物质的自分形的永恒存在的本性决定的。事物的螺旋式形态的链条仅仅用"否定之否定"描述显得笼统,因为事物的否定方式因不同性质的事物而不同,另外即使是同类事物的发展的曲折性也具有各自的特殊性,在大尺度上,可能出现出发点形态和跨越大尺度的发展呈现形态之间的"面目全非"的链条节点对比情况。要解决这个问题,单纯用否定之否定缺乏具体针对性,为此引入系统科学的超循环思维,提出了

---

① 《列宁全集》第 38 卷,中文第 1 版,第 249 - 250 页。

超循环否定之否定。这里重点强调"超循环"意义。从事物发展的链条来看,事物具有螺旋形态,分析整个螺旋形态可发现:宏观投影贯穿,越过这个阶段,螺圈出现分叉,有些螺圈向上移动,有些向下移动,有些向左移动,有些向右移动,上移动自成一体的宏观螺圈投影秩点和下移动自成一体的宏观螺圈投影秩点可能出现截然不同的规定性,两个螺旋不同的事物在进化演化中诞生了。超循环螺旋融入否定之否定规律的三大特点:宇观上来看所有具体的超循环螺旋投影会出现不同事物的分叉;宏观上来看被研究的超循环螺旋可以在某一同质规定性的研究条件下被"同质"投影贯穿;微观上来看超循环螺旋是否定之否定永恒进化、永不回到"出发点"。例如,生态系统中有乔木、灌木、草、猫科动物和鸟类……从宇观上来看,具有生物进化中不同物种的超循环投影分叉,这些分叉起源于生物点,而分叉为不同的类,动物类、植物类;动物和植物下又分具体的类,这些具体的不同类的轨迹就体现在宇观投影分叉中。另外生物与矿物的在抽象物质类具体化点上的分叉;物理学的暗物质与显物质的物质类点的分叉,等等,都属于宇观上的投影分叉。宏观上的在某一同质规定性的研究条件下被"同质"投影贯穿,是经典辩证法的否定之否定的"正－反－合"——突出"合"的意义,是具体的类之所以为类的原因,比如猫科动物中的狮子的具体个体之所以为狮子,因为每一头狮子都具有回归狮子原点的投影——虽然每个个体是不同的,但具有相同的投影,即相同的内在规定性及其形式。微观上超循环螺旋是否定之否定永恒进化、永不回到"出发点",是典型的否定精神,也是否定之否定的第二个"合"(肯定)区别与第一个"合"肯定的必然描述。

第六节　系统本能的亚物质涌生假说

从亚里士多德的"整体大于部分之和"观点开始就彰显了人们对于自然世界系统认识的神秘色彩和复杂信息。"一般来说,人类的认识由浅入深,由简单到复杂,由有组织(有序)到无组织(无序),由决定性到几率性,由确定性到模糊性,由线性到非线性……与此相适应而形成的许多科学门类,从各个不同的角度揭示客观事物的运动规律。"[①]为了更好地研究"整体大于部分之和"的"那部分内容",这里假设"涌生事物亚物质"是对"该部分功能"的直接承载,进而提出了系统本能的亚物质涌生假说理论。

---

① 魏宏森等:《复杂性系统的理论与方法研究探索》,内蒙古大学出版社,2007年,第201页。

一、系统本能的"亚物质"涌生假说

(一)涌现的涌生事物亚物质假说

贝塔朗菲最先把涌现概念引入系统科学,提出了"涌现的特征",借用亚里士多德的命题"整体大于部分之和"来直观地表述这种涌现性,并获得广泛认可。它简化的说法可以是:1+1>2(传统的数学思维或者机械论还原论思维1+1=2)。苗东升认为,这种直观形象的理论是不严谨的,整体涌现性固然有定量描述,但它首先是指定性特征,整体具有组分之和没有的新质,即新的定性特征。如何探讨这种定量描述背后的定性问题? 又如何将它们逻辑连贯呢?

科学研究可区分传统科学研究和系统科学研究,传统科学是机械论和还原论研究,是线性的,则有:

1+1=2(传统科学机械论和还原论研究描述)(1.1)

系统科学研究是非线性的,可用1+1>2简单表示,将"1+1>2"的这个结果用2S表示,且为了将"1+1>2"与"1+1=2"的"1+1"区别,将"1+1>2"中的"1+1"表示为"1+X+1",则有:

$1+X+1=2^S$(系统科学的世界本质的描述)(1.2)

综上可见,传统科学与系统科学的区别描述可用X表示。

如果我们用(1.2)式进行分析,如果事物是可还原的,是机械的,X=0,则(1.2)变为:$1+0+1=2^S=2$。如果,X>0,直观的我们可以获得,$1+X+1=2^S>2$。系统是世界的普遍存在性,则,X是一定存在的。从存在上来讲,X是大于零的,任何存在都大于零,但是,如果X存在的作用对传统科学划分的可还原的秩点的影响是减小的,$1+X+1=2^S<2$,反之,$1+X+1=2^S>2$。

X是什么? 它就是"涌现",是具有层次结构和关系承载的涌现。"在自然界,涌现现象是一种关联不同层次的事物的现象,比如为什么结合成为食盐的两个组分——氯和钠不具有食盐的特性,并且丧失了其组分的特性? 人的大脑是物质的,却产生出了精神性的思维,思维并不在大脑的任何组分之中。"[1]我们可以发现,典型系统中,组分不直接具有整体的特性,整体性的组分发生改变甚至可能丧失其独自组分的特性,组分自己难以解释这种转变。

为了方便研究,假定:

可以把"组分与组分相互作用之间的总合"定义为一种新的事物——承载涌现的"非整体非部分、亦整体亦部分"特性的、具有系统层次结构和关系的事物,称

---

[1] 吴彤:《试论复杂系统思想对于科学哲学的影响》,载《系统科学学报》,2013(1):11。

为涌生事物。涌生事物是一种亚物质。

涌生事物亚物质假说(简称涌生假说),是来源于组分,基于"机体论"基础上提出的在机体中相对独立于组分的一种解释性和工作性的假说概念。涌生事物亚物质是"非整体非部分、亦整体亦部分"特性的具有层次结构和关系具体形态的综合流,是系统中对于组分事物的研究相对独立事物。① 它具有整体的特性可以使系统整体呈现涌现,但又不直接是整体;它可能具有部分或组分的某些特性,也可能束缚组分使其丧失独立组分的特性(比如食盐中的被束缚的钠特性),但又不直接是部分或组分。"非整体非部分、亦整体亦部分"的事物一旦在不同组分之间形成,则这些组分整体上升到高一层次;反之,"非整体非部分、亦整体亦部分"特性事物一旦解体,则高层次的事物还原为低层次的事物。低层次组分的性质及其组合并不能直接解释高层次的性质,但高层次性质确是由低层次组分的组合而产生。它们区别在于,是否有"非整体非部分、亦整体亦部分"特性事物生成。简单的"1+1"组合如果没有"非整体非部分、亦整体亦部分"特性事物生成(不可分割特性弱,可忽视),则等于2;如果有,则不等于2,比如化合物的组合特性,不是其组成元素之特征的加和。

(二)系统本能的"涌生假说模型"

贝塔朗菲提出科学的系统概念后,由于科学家们从不同领域考察系统,因而系统概念的定义也是众说纷纭。贝塔朗菲在1971年认为,系统可定义为处于相互关系中并与环境有相互关系的诸要素的集合。韦氏大辞典把系统解释为"有组织的或被组织化的全体"。中国学者钱学森认为系统就是"由相互作用和相互联系的若干组成部分结合而成的具有特定功能的整体,而且这个系统本身又是它所从属的一个更大系统的组成部分"。苗东升在《系统科学大学讲稿》中以贝塔朗菲的系统说法为基础,提出系统的基本定义:两个以上事物或对象相互关联而形成的统一体;因相互关联而被包含在系统中的那些事物或对象,叫做系统的组成部分,简称组分(其中,事物、对象、统一体是不加定义的元概念)。

标志系统特征的专门直接承载涌现的一类事物,称为"涌生事物亚物质",而直接承载涌生事物亚物质的称为"组分物"(所谓的一般事物)。因此,从系统的科学的抽象共同逻辑起点角度描述,系统可定义为:系统是由两个或两个以上"组分物构成——涌生事物亚物质生成"的整体。

该定义以涌生事物亚物质假说解释系统涌现,并将其与组分事物连贯起来,揭示涌生事物亚物质承载涌现,组分物承载涌生事物亚物质的整体行为。系统定

① 具体参见温勇增:《系统涌生原理》一书。

义中包含组分物和涌生事物亚物质两大基本成分,这两个概念都是一般抽象的。组分物容易理解,它可以在系统中分离出来,甚至还原出来。涌生事物亚物质,是组分与组分之间的相互联系相互作用的、具有层次结构和关系具体形态的涌生事物亚物质,它不能以组分物那种"独立方式"存在,不能被还原。系统中的组分与组分具有物理学的构成关系,系统中的涌生事物亚物质一定是组分与组分相互作用的生成关系;因此,系统中的涌生事物亚物质与涌生事物亚物质之间"不具备构成关系"——不能直接以构成关系进行研究。

系统的直接基础是组分物,间接基础是涌生事物亚物质。对组分物的研究,可以有构成关系,也可以有生成关系,当然这两种关系在一定条件下可以相互转化,在系统中占据的比例不同时将呈现出系统科学的构成论和生成论的区别,比如受精卵从无到有侧重生成,房屋系统侧重构成。"组分构成"和"涌生事物亚物质生成"是一体的,没有不生产"涌生事物亚物质"的组分与组分,同样没有"组分"的"涌生事物亚物质"是不存在的。任何两个或以上的组分都一定生产出相应的"涌生事物亚物质",任何涌生事物亚物质都必须依托组分且以组分为载体,"涌生事物亚物质和组分物"是一个整体——"组分物构成"和"涌生事物亚物质生成"是一个整体,是同一系统的两个方面。认识系统的核心就是"组分物构成——涌生事物亚物质生成"的一体性和整体性,如下图。

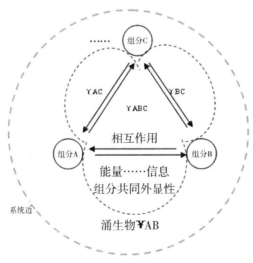

"组分物构成–涌生物生成"的系统说明图

任何一个系统都具有组分物的参数、涌生事物亚物质的参数、组分物和涌生事物亚物质相互参数,这三者共同构成了普遍系统的描述。任何系统都存在涌生事物亚物质,但区分强涌生事物亚物质效能和弱涌生事物亚物质效能,强涌生事物亚物质效能主要是指典型的系统,而弱涌生事物亚物质效能系统,就是机械论的"堆"。弱涌生事物亚物质效能的系统(即所谓非系统)主要包括两类,一是没有组分的囫囵整体,二是组分之间没有关联性的多元集合,即没有涌生事物亚物质的多元集合,没有标志系统的特性的根本事物的有效机能显现。但,世界上不存在绝对的非系统。认识事物,从一个角度看不是系统,从别的角度看可以把它看作系统,因为没有绝对不存在组分的事物,也没有绝对不相互作用的组分(即没有绝对不生产"涌生事物亚物质"的组分),我们通常选择做一种"适可而止"的处理:相对于系统的组分性(组分效能)明显、组分关联性(涌生事物亚物质效能)明显的系统,组分性(组分效能)微弱的甚至可以忽略的"囫囵整体"和组分关联性(涌生事物亚物质效能)微弱甚至可以忽略的"堆",我们称之为非系统。系统科学承认系统是事物普遍的存在形式,又承认世界上也存在非系统,这是辩证的。非系统与系统是相比较而区分的,人们需要在与非系统的比较中认识系统。根据涌生事物亚物质效能显现的强弱(可忽略与否),相对区别出了传统机械论科学和典型系统科学,这种区分是相对,因为它们是相互联系且不可分割的,"传统科学和系统科学"在本能物质系统中是辩证统一的。

二、系统本能的亚物质涌生认知框架模型

(一)钱学森科学体系框架与复杂性思想

钱学森在系统科学研究中坚持马克思辩证唯物主义的指导地位。他认为,人类在知道系统思想之前,就已经在进行辩证的系统思维了;辩证唯物主义体现的物质世界普遍联系及其整体性的思想,也就是系统思想;在实践中,他坚持以马克思主义哲学指导系统科学研究,在关于运筹学和事理学、关于系统工程、关于控制论、关于系统学、关于开放复杂巨系统理论等都有论述。对于系统科学研究,钱学森提出了相应的科学体系框架,苗东升在《系统科学大学讲稿》中描述如下图①:

①　苗东生:《系统科学大学讲稿》,中国人民大学出版社,2007年,导论第6页。

哲学		哲学
桥梁学科	……	系统论
基础科学	……	系统学
揭示科学	……	控制论，运筹学，事理学等
工程技术	……	系统工程，控制工程等
社会实践		社会实践

现代科学技术体系的钱学森框架　　　系统科学的体系结构

　　钱学森提出了开放复杂巨系统理论及系统功能研讨厅方法等,对系统科学在复杂性方面的研究具有积极意义。随着系统科学的发展,复杂性思想凸显出来。吴彤认为:"复杂性思想的提出是一种会聚的过程,就像百川归海一样。有两个图示可以说明这种会聚。第一,涌现概念的提出,实际上来自多种学科。第二个例子是复杂性学科研究的会聚,它们通常来自于四个方面:系统科学(系统科学传统和自组织理论簇,其中也有以钱学森为代表的中国科学界的贡献);非线性科学;数学和计算机科学(博弈论和技术复杂性理论);遗传算法和人工生命研究。"①(如下图)

---

① 吴彤:《复杂性的科学哲学探究》,内蒙古人民出版社,2007 年,第 6 页。

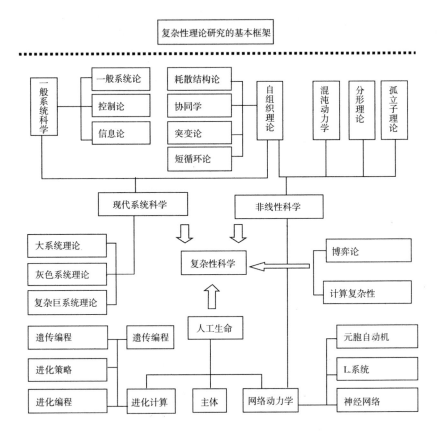

复杂性思想源于对简单加和观点的打破,这场革命正在不断地深入。人类的认识总是由简单到复杂、由容易到困难。科学技术史表明,科学技术的发展水平与人类认识事物水平是密切一致的,人类发展经历的每一个世纪都有自己的技术特征和思想特征。比如19世纪具有电气技术特征和机械自然观思想特征,20世纪具有电子信息技术特征和非牛顿经典科学革命思想特征,正在行进中的21世纪技术特征是复杂的、思想特征也将是复杂性思想。魏宏森从系统的角度、结合科学技术史,按照认识对象的组织性和复杂性提出:"假如我们以组织性和复杂性作为分类标准,那么整个世界的事物可以分为四类"①。(如下图)

---

① 魏宏森等:《复杂性系统的理论与方法研究探索》,内蒙古人民出版社,2007年,第360页。

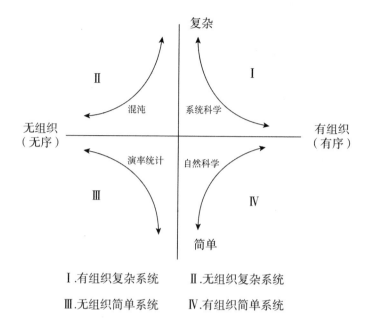

Ⅰ.有组织复杂系统　　Ⅱ.无组织复杂系统
Ⅲ.无组织简单系统　　Ⅳ.有组织简单系统

　　图中可知:人们对于第四象限有组织简单系统的问题认识最深、解决得最好,人们最早对此类事物进行运动规律的总结,比如牛顿经典力学。即使复杂事物的物理现象,也要把它分解为简单地来认识,这就是机械论和还原论产生的自然科学背景。第三象限的无组织简单系统问题,人们对其认识并相应发展起来有统计力学、分子物理学和概率论等。第二象限的无组织复杂系统问题,人们对其运动规律没有形成一门独立的科学,但人们对于混沌、湍流、凝聚态现象的浓厚兴趣推动其相关研究进展。第一象限的有组织复杂系统问题,人们打破把它们化为有组织简单系统的处理方法,打破动态问题静态化和联系问题孤立化,从20世纪40年代以来,逐步发展起来系统理论与系统科学。

　　(二)系统科学描述的"统一体"世界

　　人们对于世界的各种科学认识,自从现代系统科学的出现,使得经历了近两个世纪的各种科学材料,从原来互相孤立的不同领域相互联系起来,使科学描绘的自然界呈现出一个连续统一体的图式,如下图①:

────────────

　　①　[美]贝塔朗菲:《一般系统论——基础、发展与应用》,清华大学出版社,1987年,第2页。

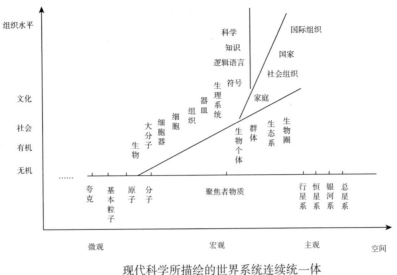

现代科学所描绘的世界系统连续统一体

世界系统连续统一体,可分为四个不同的基本领域:无机领域、有机领域、社会领域和文化领域。这四个领域在19世纪时的科学理论界中还被视为是决然割裂的、互不联系的,而20世纪飞速发展的科学材料把各个领域之间的鸿沟填补并使它们共同显现出了不同领域、不同层次事物的系统统一性。现代科学所描述的世界系统连续统一整体,展现了系统科学研究的无限生机和强大生命力。

然而,庞大世界系统连续统一整体的内在逻辑是什么呢?

它归根结底是指:物质世界具有"自分形(大前提)——整形(小前提)——博弈妥协系统(结论)"的自我辩证逻辑。

(三)系统本能的亚物质涌生认知体系框架模型

物质世界具有"自分形(大前提)——整形(小前提)——博弈妥协系统(结论)"的自我辩证逻辑具有"本能形态"、"机能形态"及"它们之间的过渡形态"三种①。辩证法是物质自我辩证逻辑的具体方法,是研究世界的普遍联系和发展的科学。系统科学是研究系统(具有紧密关系的多事物整体)相互作用、相互联系和发展的科学。这里认为,传统辩证法和系统辩证法,都是研究"普遍联系和发展"的,它们具有共同的自我辩证内在逻辑贯通性——传统辩证法侧重"单个环节"的联系和发展的本质研究,是根本规律;系统科学侧重"多个环节"的联系和发展的现实研究,是机能理论。世界系统连续统一整体是一个"从本能到机能"的超级巨

—————————

① 自我辩证逻辑方法形态,即传统唯物辩证法、系统辩证法、过渡辩证法等,将在第三章进行详细阐述。

大复杂系统,根据系统涌生原理,在系统组分物质和系统涌生事物亚物质是自然世界系统物质的两个平等概念范畴的基础上,贯彻钱学森的科学层次体系思想,按照魏宏森等的大系统观思维,借鉴吴彤的复杂性学科会聚研究,以系统为核心思想(即以涌生效应生成为线索),将"唯物辩证哲学"至"系统实践"贯通起来,揭示"世界系统连续统一整体"的亚物质涌生认知体系如下图:

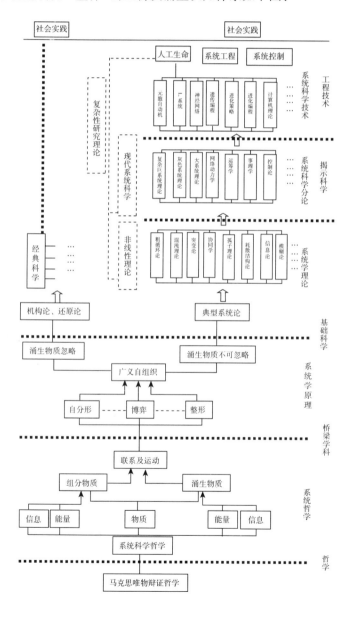

物质世界的研究,必须以马克思辩证唯物哲学为总指导,"本能系统辩证唯物

论"是马克思辩证唯物哲学的丰富和发展的具体形态,而"系统辩证哲学"的本能系统辩证唯物论的"现实机能形态"。整个自然世界系统涌生研究的学科框架体系,坚持辩证法和系统的统一性认识,其以自然世界系统中涌生事物亚物质效用及其显现为框架体系线索,以自然世界系统中的事物的相互作用(博弈)为基本形式,贯穿分形原理和整形原理,探讨了复杂性科学和系统科学、传统科学与系统科学,在"世界系统连续统一整体"的内在逻辑统一。

三、系统本能亚物质涌生假说的意义

20世纪晚期,在反对还原论基础上兴起了系统论学说,提倡系统哲学观,同时掀开复杂性研究。部分之和大于整体,是指整体之功能不能完全解析为各个部分的功能之和。这是对还原论观念和哲学提出的批判,它是继20世纪初物理学经理革命之后,经典科学遭遇到的再次严重挑战。系统论和复杂性科学,提供了对已经得到其他科学理论解释的现象一种新的解释,体现了哲学上的新意,但还远未见得颠覆了传统的还原论。评价的标准之一是系统科学基础科学(系统学)尚未建立,即系统科学尚未形成"概念、逻辑和形式"的体系,且未能按照牛顿的要求,可进行预言并使之证实。① 这里试图创建一个能够对传统科学进行有力挑战的系统科学哲学的"概念、逻辑和形式"体系。

19世纪末、20世纪初,经典自然科学特别是物理学遭遇到前所未有的困难:(1)关于科学研究基础的经验问题。物理学的海森堡关系的意义在于,它似乎为人类的经验形为划定了不可逾越的界限,经典科学一直默认人的经验不存在着极限。(2)关于形式化的问题。人们对人类理智及其创造物形式化体系的自信问题。古典数学大师大卫·希尔伯特相信,在逻辑架构中和形式化体系中,没有不能解决的数学问题,也没有不能解决的科学问题。然而,哥德尔不完全定理,指出形式化系统本身不可能是完备的。形式系统存在的不完备性也等于指出了逻辑系统的根本缺陷,这意味着我们的思维方式本身就是有缺陷的。(3)关于来自人类思维基本层面的概念问题。其一是,来自尼尔斯·波尔的所谓"互补原理"。比如量子物理学对微观客体进行描述时,必须要使用物理学概念。这些概念只能来自人们已经熟知的经典物理学,人们对这些概念的意义有"先入为主"的清晰理解;因此,当使用这些概念描述微观物体时,它并不能准确表达量子物理学家的意图,这是一个概念困境。其二是,这种概念困境不仅来自于新物理学现象与旧物理学概念的关系,在根本上来自于"人与自然的关系",即爱因斯坦的"科学理论的

---

① 大数据系统分析对于事物的预测,或许是系统科学有效地位证明的一个切入口。

完备性"问题:本质是指人类对于自然界的概念把握是否能够最终实现主客观之间的统一。

"人类对于自然界的概念把握是否能够最终实现主客观之间的统一"问题,并不仅仅是科学问题,本质上是"哲学"问题。回答"该问题",必须妥善把握"思维自觉到思维本质"的问题,思维到"思维"同"客观事物"的同一(物质),即揭示思维逻辑及客观逻辑的同一,这对于解决"该问题"具有哲学指导意义。任何学科问题都是自然世界系统的相对独立,它受两个方面的制约和影响:一是学科研究对象、技术层面和理念层面的影响;另一是受哲学世界观(本体论)和科学观方面的影响。著者在《系统涌生原理》①中,立足"1+1构成——X涌现生成"系统模型,思考从系统2到系统2^s产生的原因、动力及其演化发展与辩证法规律的关系,提出世界系统研究的分形原理、整形原理和超循环螺旋原理,它们综合起来,就是以系统的形式,从系统的角度,揭示世界的一般存在、联系、发展和演化规律,为人们描绘一幅系统科学思想下的世界画卷。这里立足《辩证唯物主义原理》②和《系统哲学基本原理》③等主要参照资料,利用"思维自觉到思维本性"这一哲学思维基本"钥匙",运用"哲学思想试验"的方法,试图把握"人类对于自然界的概念把握是否能够最终实现主客观之间的统一"的问题,并进而把握人与世界的"物质系统"统一问题。

在忽略涌生事物亚物质的近代经典科学中,科学方法以及其中的物理学方法可以进行独立讨论;但是在涌生事物亚物质不可忽略的20世纪以后,物理学方法变得模糊,它逐渐被笼罩在物理学的哲学问题中。实际上,近代以来,无论是物理学还是哲学,其进步无一不是得益于新的方法或手段的利用——就目前来看,"最可能"受益于系统科学方法和手段。系统本能的涌现假说及其认知体系,它来源于彻底的系统科学思维和方法,从哲学角度对于科学和哲学的统一提供了一种假说模型。苏珊·郎格在《哲学新视野》中说:"某些观念有时会以惊人的力量给知识状况带来巨大的冲击。由于这些观念能一下子解决许多问题,所以,它们似乎将有希望解决所有基本问题,澄清所有不明了的疑点。每个人都想迅速地抓住它们,作为进入某种新实证科学的法宝,作为可以用来构建一个综合分析体系的概念轴心。"④苏珊·郎格是在表达对当时"存在主义"和"精神分析法"的万能概念

---

① 温勇增:《系统涌生原理》,经济日报出版社,2014年。
② 肖前、李秀林、汪永详主编:《辩证唯物主义原理》,人民出版社,1999年。
③ 乌杰主编:《系统哲学基本原理》,人民出版社,2014年。
④ 转引自:[英]维克托·迈尔-舍恩伯格、肯尼思·库克耶:《大数据时代》(盛杨燕、周涛译),浙江人民出版社,2013年,译者序(X)。

的善意批评,而在这里,作为"系统(包括组分事物和涌生事物亚物质)"及"本能系统的物质(包括'本能物质、亚物质、机能物质'的'质道旋'体系)"正试图追寻其作为"物质"这一"万能概念"的轴心——并为接受"一切"的"批评"而进行自我展示。

第七节　系统本能的秩边流模型

贝塔朗菲提出了系统模型思想的意义,同时指出了理论模型的不完备性。[1]系统直观模型是静态的,未能揭示丰富的系统"整体意义"。这里研究系统科学模型情况,认为:系统科学基础模型,应以系统原型为根本,以最简单的框图模型和图论模型为基础,突出框图模型的通用性,突出图论模型的拓扑性以及可以充分赋予的本质系统意义,结合系统概念研究,构建系统科学基础模型——尝试提出了系统本能的秩边流模型[2]。

一、一般系统的直观模型

贝塔朗菲提出的一般系统论核心思想,是指系统模型思想及其针对实际工作用的意义。对此,他强调:一般系统论是一种实际工作的假设;作为做实际工作的科学家,我看到了理论模型对说明、预测和控制迄今未被探索的现象的重要作用……过早地认为理论模型已经完备和确定了是危险的。[3] 显然,系统观念的具体形式即系统模型,并非一开始就是完备的,而是需要不断发展和完善的。

世界内各种事物都是以系统的方式存在的,无论是有机的、无机的、自然的或社会的。我们直观认为,系统是一定边界范围内部相互作用的多个要素的整体。非严格地看,系统描述性整体轮廓就是一种直观的模型:一是多个组分要素,二是各个组分要素之间的相互作用,三是具有一定的系统边界范围。系统直观模型,实际是一种模型性解释系统的观点,如下图[4]:

---

① ［美］贝塔朗菲:《一般系统论——基础、发展与应用》,清华大学出版社,1987年,第82页。

② 温勇增:《论系统学"秩边流模型"》,载《系统科学学报》2013(8):35-38页。

③ ［美］贝塔朗菲:《一般系统论——基础、发展与应用》,清华大学出版社,1987年,第82页。

④ 李建华、博立:《系统科学与管理》,科技文献出版社,1996年,第16页。

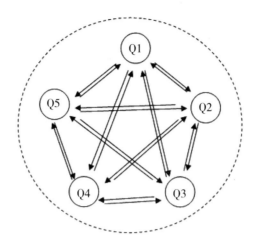

　　从系统直观模型可看出,边界是相对稳定的系统在时空中延展范围或在逻辑范围的一定界限,是系统的最基本的要素之一。从传统唯物论来看,实在系统通常具有时间和空间的限定,比如米勒说:"系统是空间和时间上有限的一个领域……"从逻辑上来说,系统作为一个整体应当有一个边界。系统研究作为针对实际工作用的一种世界模型或假说,是通过边界的划分而使某一个研究整体得到相对确立,使系统与环境、系统内部组分之间、系统层次等关系得到明确,本质上是把握事物过程中研究和分析对象的一种方法。该模型是静止的模型,描述出了系统的边界性和相互作用组织性。然而系统是动态的、运动发展的系统,因此,系统笼统的来讲,具有三个基本的方面:边界性、组织性和动态性。在系统直观模型的基础上,可以用下面的框图来揭示动态系统意义。①

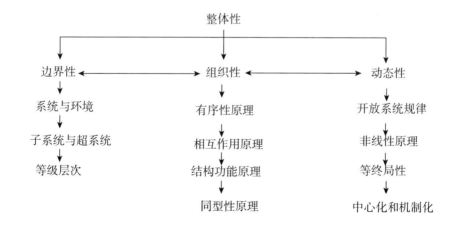

---

① 李建华、傅立:《系统科学与管理》,科技文献出版社,1996 年,第 16 页。

贝塔朗菲认为:"理解组织的完整性,应当既认识各组成部分,也认识它们之间的关系。"系统之所以为系统,是因为其内部组分之间具有紧密的联系。针对这种紧密联系,不能作机械的、完全可还原的认识,而应当作涌现条件的认识研究。动态系统才能产生涌现现象。系统的动态性是指形成系统整体性的现实运动变化的方面,没有系统内部组分的永恒运动,就没有系统的整体运动,也没有系统整体的永恒运动。将系统的直观模型同系统的动态意义有机结合起来形成新的一般意义的模型,是系统科学基础模型研究的重点。

二、系统机能的科学模型

近代科学创造了模型方法,现代科学更加突出了模型方法的重要性。系统科学进一步把模型方法提升为基本方法。① 系统科学虽然重视模型方法,但是其还没有确立自己通用的基础模型。根据苗东升的《系统科学大学讲稿》中归纳了系统科学研究模型现状,分类如下:②

(一)系统的框图模型

在二维的载体上,用一个个封闭的小框图代表系统的各个组分或子系统,在框图内或框图边注明组分或子系统的名称,按照系统的结构模式把它们排列安置于适当位置,用无向线段或有向线段把这些小框图连接起来,以表示系统的基本结构框架,再用无向线段或有向线段表示系统与环境的联系,这样形成的图形就叫做系统的框图模型。框图模型在具体的系统研究中,具有积极意义,比如人文社会系统和经济生活系统中常用框图模型来展开研究。最简单的框图模型是输入——输出模型如下:

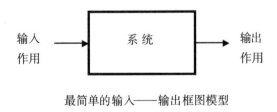

最简单的输入——输出框图模型

---

① 苗东升:《系统科学大学讲稿》,中国人民大学出版社,2007 年。
② 苗东升:《系统科学大学讲稿》,中国人民大学出版社,2007 年。

最简单的框图模型可以是系统的通用模型,但过于粗糙,不利于系统科学展开深入研究。

(二)系统的数学模型

一切以数学语言表示出来的关系,包括最简单的表格、曲线(图)等,都是数学模型。数学模型是对真实系统的某些特性用数学的方法进行描述,并揭示相关的数学关系,从而对系统进行有效认识和研究的模型。数学提供的各种描述手段,如函数、方程、矩阵、几何图形等,以及抽象代数的群、环、格、坡等,都可以用作真实系统的数学模型。最常用的数学模型是解析模型,即原型系统的变量、常量之间相互关系的解析表达式,主要是各种方程,特别是代数方程、微分方程和差分方程。比如著名的逻辑斯蒂差分方程,在生态科学、经济科学和认知科学等领域都有重要应用。数学是系统科学研究的必备工具和手段,但数学模型不是充分具备系统意义的基础模型。

(三)系统的网络模型

网络模型,更一般的说是图论模型。图论是数学的重要分支。基于图论建立的数学模型,特别是网络模型,是描述系统的有力工具。以点代表系统的组分,称为节点或顶点,节点之间的联系用一条线段表示,称为边,全部节点和边的集合就是系统的图论模型。图论应用的一个著名例子是哥斯尼堡七桥问题。适宜用图作模型的系统往往涉及流动问题,有物质、能量、资金、人力、信息等从图中的某一点流向另一点。图论刻画的是系统的拓扑特性,它反映的是结点(对象)之间的连接性质,至于点之间的相对位置,连线的曲直长短,并不重要。这种不在乎点的相对位置、线的曲直长短的连接性质,就是拓扑特性,具有重要的系统意义。赋予系统意义的图论模型是研究的重点,因为系统学的基础模型要具备本质的系统意义。

(四)系统的计算机程序模型

在计算机科学发展条件下,系统科学研究与计算机技术相结合的模型,就是系统的计算机程序模型。依托计算机科学,把系统内部的组分的关联方式提炼为若干规则,以“若……则……”形式的程序语言表达出来,以便通过计算机的数值计算模拟对象系统的运行演化,观察构件如何通过执行这些简单规则而涌现出系统的整体特性,预测系统的未来走向,主要用于大型复杂计算或数值实验。以计算机程序来定义的基于计算机的系统模型正获得越来越广泛的应用。系统的计算机程序模型,很显然是应用模型,不能是系统学基础模型。

三、系统本能的秩边流模型

苗东升认为:"两个以上事物或对象相互关联而形成的统一体,叫做系统。"①
如果把相互关联而被包含在系统中的那些事物或对象叫做组分,则任何一个原型
系统,除了组分,就是"组分之间"——包括组分之间的空间、组分之间的逻辑、组
分之间的关系、组分之间的信息、组分之间的能量以及组分之间的其他一切。系
统与环境是通过边界分隔开来的,系统内部的组分与组分之间也是通过边界使组
分与组分得到区分的。很显然,对于任意一个原型系统来说,"组分"、"边界"、
"组分之间"是必不可少的。系统科学的本质系统意义体现于两点:一是把传统科
学中忽视或弱化研究的"组分之间"的部分提升到同"组分"同等的研究高度;二
是把"组分之间"对于"组分"整合形成统一体带来的"涌现"作为研究核心。

遵循充分体现系统意义的思路,著者把动态演化的系统称为秩②(因为动态
演化的系统才能产生涌现);把动态演化系统的内部组分称为秩点;把系统的环境
边界和内部组分边界统称为"边";把"组分之间"称为"流"(因为"组分之间"作
为被传统科学忽视的事物,恰恰是最具有系统意义的根本性事物)。在最简单框
图模型和图论模型的基础上,探讨并提出系统学"秩边流模型"如下:

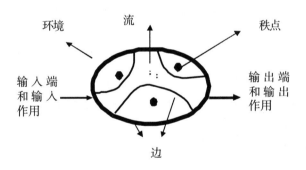

系统的秩边流模型

秩边流模型有秩点参数、流参数、边参数三个基本参数,表现如下:一方面,
"秩点"囊括了一切组分的研究信息,展开可获得组分、元素、要素、子系统、部分
等;另一方面,"边"是系统与环境的分隔,也是秩点与秩点的分隔,它展开可以获

---

① 苗东升:《系统科学大学讲稿》,中国人民大学出版社,2007 年。
② 温勇增:《秩论》,载《系统科学学报》,2010(1):93。

得边界的实体性、渗透性、通道性、承载性等一切边界具有的属性和信息;再一方面,"流"定义为秩点与秩点的相互关联的存在,包括了流的内质(比如介质实体),也包括了秩点之间的信息、能量、结构、层次、关系、序度、熵,等等。

（一）秩边流模型的"秩"

秩在《集合学》中有这个概念,但秩边流模型中的秩,是系统学的独特基本研究对象概念。著者将"动态演化的系统"定义为"秩"。秩,是系统学独特的最基本研究对象——系统学的归根结底的最基本研究对象一定是"系统",而在此基础上系统学"独特"的最基本研究对象是"秩"。"秩"的定义,作为系统学的独特的研究对象,它包括了对象实体、运动和关系,完全符合"科学"的研究标准,重要的是:它把科学研究的实体、运动和关系,作为一个囫囵的整体研究对象——显示了坚决而彻底的系统精神,这在任何科学中都尚未出现。但这恰恰是系统学需要创新而独树的根本特点——它是与"涌现"的精髓相符合的需要。秩概念的定义——"系统及其演化"包括两个方面,一是系统及其生成,是指"从无到有生成系统的过程及系统"的统一的普遍的研究对象抽象概念;二是系统及其演化,是指系统已经存在,系统及其演化进程统一的普遍的研究对象抽象概念。这两个方面并不矛盾,是相统一的,两方面综合起来,秩的定义可以直接是描述普遍的"系统及其演化"统称的抽象范畴。秩,作为抽象范畴,在科学研究中,又必须是具体的,可以直接作为系统学的独特的最基本研究对象。

（二）秩边流模型的"边"

秩边流模型的边,要同系统科学的边界联系起来,同时要同网络模型中的边区别开来。网络模型中的边,指节点与节点之间的联系用线段表示。系统学认为,把系统与它的外部环境分隔开来的,称为系统的边界;把系统内部秩点组分与秩点组分分隔开来的,称为秩点的边界,它们统称为"边"。"边"一身二任,表现在两方面:一方面,它把系统内部与外部分隔开来,同时又把系统内部与外部联系起来,其重要特点是:边界不管以何维度、何质存在,边界上总有各种各样的、显在的或者隐性的、直接的或间接的"口岸"、"毛孔"、"间隙"、"通道"等使系统内外的物质、信息、能量通连起来,具有通道性和渗透性。一个系统处于环境中,环境中其他系统变化,引起环境变化,环境变化通过边进而影响系统,使系统与环境具有互动性。另一方面,系统内部秩点的边,把系统内部的不同秩点分隔开来,其重要特点是:秩的边,把系统内部的秩点和流分隔开来,同时又把它们联系起来,并且直接决定了"流"的形成;内部"边"不仅具有渗透特性和互动特性,而且这类特性异常的紧密和高效——使它们能够向外部呈现为一个整体,而以系统的形式来进行研究。

边是客观存在的。系统的客观性和环境的客观性,决定了把二者分隔开来的"边"具有客观性。凡系统原则上都有"边"。有些系统"边"是可以直接观测的,特别是有些地理的或物理的空间中划分出边界的系统;有些系统不能直接观察到边界,但不等同于它没有边界。一书作为系统,物理空间边界是封皮和书厚,但思想边界是其表达的一定范围的思想的东西。环境不是空集,则表明系统存在范围的限制;有限制就有边界,可从几何上、直观上、思想上、物质上、信息上、能量上等区分。系统边包括系统环境边和系统秩点组分边,包括物质边、能量边和信息边,可划分为隐性边界和显性边界、硬边界和软边界,而隐性边、信息边、软边等是系统科学边研究的重点。科学研究都涉及边界问题,但没有任何一门学科把边界问题作为自己学科一个基础范畴来研究,只有系统科学要把边问题作为基础性研究之一。因为边是系统的守护者。

(三)秩边流模型的"流"

我们在系统内部的事物与事物之间,会发现一些介质、空间、结构、关系等显在的间隙,也会发现一些我们不直接感觉到的东西,比如信息、能量、隐性结构、隐性关系和逻辑等充斥在系统内部事物之间。这些是系统内部把秩点与秩点分隔开来的边与边(包括硬边、软边、能量边、信息边、物质边、逻辑边等)之间的存在,统称为"流"。事物与事物通过边界得到区分和划分,但是在事物与事物之间,存在间隙(包括介质间隙、时空间隙、能量间隙、信息间隙和逻辑间隙等),它们之间既不是等同直接连接的,也不是真空的,间隙是边与边之间的存在。传统科学对此研究是忽视的,要么把事物之间的部分作为真空(如果事物之间介质不明显的情况下)来研究,要么把事物之间的部分作为介质(介质明显的情况下)来研究,这是传统科学认识的机械论、还原论观点产生的原因。

系统科学,打破机械论和还原论的束缚,把系统内秩点组分与秩点组分之间的间隙存在称为流。流,就是涌生事物亚物质,并把涌生事物亚物质提升到与组分事物具有同等重要意义的研究高度。① 秩点和流,是通过边分隔开来的,同时在系统中存在于边的两侧,它们的地位在传统科学中和系统科学中截然不同:传统科学中,秩点组分事物受到重视,流被忽视;而系统科学赋予它们同等重要的地位。在系统研究模型中,流之所以称为流,是因为非边闭合包裹体的流相对于系统内部的边闭合包裹体稳定的秩点而言,具有更多的相对运动特性,尤为呈现流态特性,故称为流。在系统中,秩点被流的海洋包围着。流和秩的关系是密不可分的,没有秩,就没有流;没有流,秩也无从生存。

---

① 温勇增:《系统辩证论新议》,载《系统科学学报》,2007(4):10。

流是复杂的,包括了具有介质(实体事物)的流,也包括了纯粹涌生事物亚物质的信息的、能量的、结构关系的非实体的流,更多的是也包括了它们的综合体。流整体对系统中的秩点(组分、元素等)具有整合作用、约束作用、组织和控制作用。流的研究,包括流道、流边界、流介质、流动力等问题的研究,核心的是流动力、流效益和流涌现的研究。目前系统科学研究中的系统动力学把"流"作为三个核心概念之一,虽然系统动力学的"流"与秩边流模型的"流"在实际研究中会有一些相通之处,但它们是相互区别的。流,是系统内的非自身闭合稳定的涌生事物亚物质,它是系统内的血液和神经。因此,系统学动力学应在秩边流模型基础上,立足系统学本质有一个全新的研究。

第二章

本能系统的辩证物质观

马克思主义的完备哲学精神主要体现在其基本原理科学性与时代精华的自觉融合,而不是其理论的"直接"终极性。恩格斯说:"我们面对着的整个自然界形成一个体系,即各种物体相互联系的总体,而我们在这里所说的物体,是指所有的物质存在,从星球到原子,甚至直到以太粒子,如果我们承认以太粒子存在的话。"①乌杰教授指出:"由于现代科学的发展,系统整体优化思维方式的形成,人类对于世界的认识自然要由一般的'物质观'转向更为深化的'系统物质观'。……可看到物质观与系统物质观在内容和认识上的统一,又可看到系统物质观是对物质观的深化和发展。"②这里立足辩证唯物哲学,结合张华夏教授的《物质系统论》③思想,贯彻系统科学精神研究认为:(1)物质是具有本能自我辩证逻辑的系统,即是一个包括"本能物质、亚物质、机能物质(基质物质)"的物质系统;(2)提出辩证物质本能系统的"质道旋"解构模型,尝试将物质客体、物质实体、物质属性、物质机能、物质运动、能量、信息和关系等相统一于物质自为系统;(3)立足于马克思辩证唯物观点,提出"物质本能辩证逻辑系统"和"本能系统辩证物质的解构模型(系统)"相统一的研究,初步构建"本能系统的辩证物质观"。

第一节　物质观的历史演化

我们所处的无限多样的现实世界,有没有共同的本质和统一的基础呢?马克思主义哲学对此作了科学回答,认为世界是物质的,物质是一切事物、现象的共同本质和统一基础。哲学上,物质观对应的各种形态的唯物主义都试图按照世界的

---

① 恩格斯:《自然辩证法》,人民出版社,1956 年,第 54 页。
② 乌杰:《系统辩证学》,中国财政经济,2005 年,第 3 页。
③ 张华夏:《物质系统论》,1987 年。

本来面目揭示它的本原,它在同唯心主义斗争中不断发展,且不断突破时代的自身实践和科学发展的历史条件限制,经历了由片面到全面、从低级到高级的不同发展阶段。物质观的发展,主要可分为三个阶段:古代朴素唯物主义的物质观、近代机械唯物主义的物质观和马克思主义哲学辩证唯物主义的物质观。

一、古代朴素物质观

中国的元气说和西方的原子论是古代朴素唯物主义的代表观点。元气说认为一切有形的物体都是客观的元气生成的,而元气则是构成世界的本体;原子论则认为,世界万物都是由不可分割的颗粒(原子)和虚空构成的。古代朴素唯物主义观点,在当时只是一种没有实证科学根据的猜测。古代的朴素唯物主义者提出了世界的物质本质问题,他们从具体的物质形态中去寻找事物和现象的共同本质。比如,中国古代的五行说认为,宇宙万物是由金、木、水、火、土五种元素(五行)构成;古希腊和古印度也有类似的思想,他们把地、水、火、风等看成世界的本原。总的来说,古代的朴素物质观,首先提出了世界的物质本质问题及唯物主义的根本方向,但把万物归结为某种具体的物质形态,把复杂的问题简单化了,反映了人类对于客观物质世界的认识尚处于初级阶段。①

二、近代机械物质观

近代自然科学揭明:自然界各种物质都是由不同的元素组成的,元素是组成化合物的基本单位;各种元素的分子又可以进一步分解为原子。当时的科学认为原子是关于物质结构的最深层次。于是,出现了机械唯物主义的物质观,即认为原子及其属性都是不可变的,原子是世界的本原——自然科学物质结构论在哲学上形成反映。机械唯物主义物质观,同古代朴素唯物主义物质观相比,其以当时的自然科学的材料作为根据,把原子的属性,如质量不变、广延性、不可分性等看作一切物质形态的不变的属性,克服了自发的、猜测的性质。但由于缺乏辩证思想而存在不足:第一,它把物质世界归结为某种特殊的简单的物质粒子,没有看到原子这种物质层次和本身状态的可变化,是片面的、机械的、形而上学的;第二、它没有对人的认识的发展、自然科学的发展做出哲学认识的正确概括,没有看到认识是一个永恒发展的过程;第三、它没有理解特殊与一般、个性与共性的辩证的统一,即不具有成熟的辩证思想;第四、它割裂了自然界与人类社会的物质统

---

① 肖前、李秀林、汪永详主编:《辩证唯物主义原理》,人民出版社,1999年,第60页。

一性。①

三、马克思主义经典物质观

到了马克思时代,物质观的发展与辩证法相结合,马克思主义确立了"哲学"的科学物质观形态。恩格斯在《自然辩证法》一书中,针对机械论的物质观,对什么是物质做出了科学的唯物辩证说明。他指出:"实物、物质无非是各种实物的总和,而这个概念就是从这一总和中抽象出来的"。② 列宁为了捍卫唯物辩证主义,在总结自然科学的最新成就后指出:"迄今我们认识物质所达到的那个界限正在消失,我们的知识正在深化;那些从前以为是绝对的、不变的、本原的、物质特性(不可入性、惯性、质量等等)正在消失,现在它们显现出是相对的、仅为物质的某些状态所特有的。因为物质的唯一'特性'就是:它是客观实在,它存在于我们的意识之。哲学唯物主义是同承认这个特性分不开的。"列宁科学的规定了哲学的物质范畴,即"物质是标志客观实在的哲学范畴,这种客观实在是人通过感觉感知的,它不以来于我们的感觉而存在,为我们的感觉所复写、摄影、反映。"③

马克思主义的辩证唯物主义的物质观,主要是由列宁发展并科学规范的,它包含着丰富的辩证唯物的内容:列宁的物质定义从物质与意识的既对立又统一的关系中来把握物质的,从人类认识和实践所遇到的世界上最广泛、最普遍、最基本的矛盾——物质和意识的相互关系来把握,指出了物质的独立性、根源性,即指出了客观实在性是物质的根本特性(把哲学的物质概念同自然科学的物质结构学说从密切联系中区别开来);"客观实在"作为物质的根本"特性",是从物质和意识的相互关系来说的,并不意味着物质世界本身在没有别的普遍特性、为一切物质形态所具有的基本特性。它指出了物质是人通过感觉感知的,指出了意识的依赖性和派生性,人们的认识可以反映客观实在,彻底坚持了辩证唯物主义的世界可知论。

"物质"这个名词无非是简称,是概括许多不同层次、不同结构、不同形态的事物的共同的根本属性的简称。它同精神相比,它只能有一个"特性",即可实在性。列宁的物质定义既是高度抽象又是无限丰富和具体的,不仅在从物质与意识的相互关系中指出了"客观实在"的唯一特性,而且包括一些为一切物质形态所具有的基本特性。例如,运动、时间和空间、矛盾、质和量、连续和中断……它们都是一切

---

① 肖前、李秀林、汪永详主编:《辩证唯物主义原理》,人民出版社,1999年,第60－61页。
② 《马克思恩格斯选集》第3卷,第556页。
③ 《列宁选集》第2卷,第266页。

物质形态所具有的基本特性。现代科学对物质及其特性的研究,已经大大地超过了列宁的时代,现代科学不仅发现了更多的物质实体、物质形态,而且发现了更多物质结构、层次及其特性。现代自然科学对物质客体的研究已经扩展到宇观世界的种种巨大的天体和深入到微观世界的基本粒子,发现了种种以往所不知道的物质结构和物质特性,发现了有静止质量的实物粒子和没有静止质量的场量子之间的相互转化。列宁在《唯物主义和经验批判主义》中指出:"辩证唯物主义坚决认为,日益发展的人类科学在认识自然界上的这一切里程碑都具有暂时的、相对的、近似的性质。……正是绝对地无条件地承认自然界存在于人的意识和关键之外这一点,才把辩证唯物主义同相对主义的不可知论和唯心主义区别开来。"①列宁的论断在现代科学的发展中得到证实。第一,现代科学进一步证实和深化了辩证唯物主义关于物质形态的可变性和物质不可穷尽性的原理。列宁指出:"原子的可破坏性和不可穷尽性、物质及其运动的一切形式的可变性,一向是辩证唯物主义的支柱。"②现代自然科学早已证明。第二,新发现的物质客体及其复杂结构和特性,并没有改变物质是"客观实在"的确凿事实,而是进一步丰富和充实了"物质是标志客观实在"的科学论断。比如反物质的发现,表明物理学中的"反物质"和"物质"只是两种不同的物质状态;有人以光子没有静止质量而否认其物质性,但物质的质量特性的表现是多样的、可变的,光子有运动质量——光压现象就是有力证明,甚至质量守恒定律的表现形式也是多样的、可变的,静止质量可不守恒,但静止质量和运动质量的总和是守恒的……这些都证明了列宁对那些把质量(静止质量)、惯性看做物质的不变性的形而上学的观点的批判是正确的。

列宁在分析和批判"物质消失说"时指出:当时一些自然科学家所说的"电子代替了物质"、"物质消失了"等等,无非表明我们的知识正在深化;那些从前以为是绝对的、不变的原本的物质特性(不可入性、惯性、质量等等)正在消失;"辩证唯物主义坚决认为,日益发展的人类科学在认识自然界上的这一切里程碑都具有暂时的、相对的、近似的性质。电子和原子一样也是不可穷尽的。"③当德国物理化学家奥斯特瓦尔德认为,能是世界上真正的实体,一切外界现象都可以说是能量之间的过程,提出了唯能论。列宁在分析时指出,这里的问题在于:能量是不是物质的运动?唯物主义者认为,自然科学中的能量转化乃是不依赖于人的意识和人类经验的客观过程,能量和客观的物质是分不开的,因此,能量是物质的运动。

---

① 《列宁选集》第 2 卷,第 268 页。
② 《列宁选集》第 2 卷,第 288 页。
③ 列宁:《唯物主义和经验批判主义》,人民出版社,1970 年版,第 262 页。

"至于物质,它的唯一特性就是客观实在性,它存在于我们的意识之外"①就当前现代科学所达到的认识水平来看,最基本的物质形态是实物和场。所谓实物,是指具有有限静止质量的物质形态,如电子、中子、质子以及它们组成的原子等等;所谓场,是指不具有静止质量,而只具有以其量子能量为转移的运动质量的物质形态,如光子。例如,爱因斯坦认为电磁场也是一种物理实在,与任何普通实物是一种物理实在一样,场与事物一样,都是不依赖于我们的意识的客观实在。

马克思主义经典物质观,以"客观实在"为唯一特性,并在此基础上同一切唯心主义开展斗争。随着科学的进步而发展,一方面,辩证唯物主义的物质观,不断用科学的新事实、新结论来丰富和充实自身的内容;另一方面,自然科学的发展,本身又是对物质世界客观实在性的新的证实。

四、机能系统的物质观

20世纪系统科学的创建,将物质的研究带入新的境界。系统是物质存在的普遍形式之一,这是对唯物论的重大发展。传统科学对一般物质观的深化,主要表现为,不断用科学的新事实、新结论来丰富和充实物质观的内容,自然科学研究对象(事物)的新发展或发现,即是对物质世界客观实在性的新的证实。而,系统科学对物质观的研究,主要是指将具体物质事物抽象为一般普遍的"系统",使辩证唯物主义的"任何"具体的物质都具有统一的形式——宇宙在不同的阶段、不同层次演化出不同类型的系统,世界以各种形态的系统展现:从组成看,可区分场系统、粒子系统、原子系统和事物系统等;从涌现机能看,可区分无机系统、有机系统、生物系统和人类社会系统等;从复杂程度看,可区分简单系统、简单巨系统、复杂系统、复杂巨系统等。

沈骊天教授在《马克思主义哲学的系统科学解读》②一文阐述马克思主义哲学发展与继承的关系时,建议将19世纪所奠基的马克思主义哲学称为马克思主义经典哲学(可简称马克思主义哲学),而新时代发展了的马克思主义哲学称为马克思主义系统哲学。该建议,在探索马克思主义哲学的发展和继承方面,是一种新的尝试,也有利于为马克思主义体系的不同层次的研究提供平台。物质是马克思主义的核心,因此,马克思主义哲学向马克思主义系统哲学发展,必然包含着"传统物质观"向"系统物质观"发展的内容。

系统的物质观认为,除了分子、原子、反物质、光子和场等各种客观实在外,还

---

① 关士续:《自然辩证法概论》,高等教育出版社,2001年,第9页。
② 沈骊天:《马克思主义哲学的系统科学解读》,载《系统科学学报》,2006(4):1-2。

有其关系——组成系统的实体之间的相互作用、相互关系。即物质范畴在传统物质观的基础上,扩展为实体和关系,客观实在包括实体存在和关系实在。马克思主义哲学认为,意识不是独立于物质的存在,它是特殊物质人脑对其余部分物质的反映。意识作为物质的附属物,反过来由对所反映的物质产生巨大的能动作用。系统的物质观点,把"物质与意识"的关系开创为"物质、能力、与信息"的研究:作为客观实在的物质(哲学物质),其包括物质材料(自然科学的物质)、能量、信息三大基本成分,其中"能量"表示物质的运动和运动的量,"信息"表示物质结构、物质运动的秩序或物质运动的状态模式;能量、信息并不是物质材料的属性,而是独立于所谓"物质材料"的物质要素,信息必须凭借物质材料、能量为载体存在;但信息又是物质结构、物质运动的组织力量之一。意识是具有特殊结构信息的人脑,接受并重新组织客观世界信息所得到的信息(意识信息),其能动性,正是意识信息对外界物质、能量、信息的组织作用。物质与意识的关系,其实就是客观世界与人脑意识信息的关系。①

第二节　本能系统的辩证物质观

高清海教授在《马克思主义哲学基本原理》②中指出,马克思主义的教材对于中国的哲学建设和发展的指导作用是巨大的,但几十面没有改变,认为其影响了对马克思主义哲学的贯彻和发展。闵家胤教授在深圳召开的第十六届系统科学年会上指出三个哲学教条必须破除,其中的两条:一是唯物主义和唯心主义的尖锐对立的哲学教条,英语"Material"向来翻译成"物质",而"Idea"有多种译法,如果它们不被翻译为"唯物主义与唯心主义"两个术语,而是译为"物质主义"和"理念主义",则两者关系是可缓和;二是用笛卡尔研究认识论的框架研究本体论,结果令近代哲学陷入"思维与存在","物质和精神"的尖锐对立。闵家胤教授的前一条"认为人为制造唯物主义和唯心主义的尖锐对立"是指源于语言(翻译)的问题,即涉及语言哲学问题;后一条"用笛卡尔研究认识论的框架研究本体论"是哲学继承问题。本能系统的辩证物质观在哲学继承上来源于两个方面:一是马克思主义辩证唯物哲学指导,二是彻底的系统科学哲学的思维方法。对于"物质"本体的研究,构建"自在、自始、自为、自动"的"概念"把握,尽量"减少对其他概念的依

---

① 沈骊天:《马克思主义哲学的系统科学解读》,载《系统科学学报》,2006(4):1-2。
② 高清海:《哲学思维方式变革》,吉林人民出版社,1997年。

托",借以克服同一"意会"的不同"（语言）表述（概念）"的分歧（防止人为制造"尖锐对立"）。为此,这里立足彻底的系统科学思想和马克思辩证唯物哲学观,试图构建"物质和精神"统一的本能系统的辩证物质观,为破除"物质和精神"的"尖锐对立"提供有力的思想武器。

一、本能系统物质观

（一）进一步研究"物质"的背景

哲学的物质观在历史上经历了一个逐渐发展的过程,从古代朴素唯物主义的物质观、近代机械唯物主义的物质观,到辩证唯物主义的物质观,列宁提出"物质定义"之后,马克思主义哲学对"根本物质"开创性的研究不多——这给我们带来一些困惑,比如:教育部社政司组织编写的、陈先达主编的《马克思主义哲学原理》一书认为:"作为客观实在,物质既包括一切可从感觉上感知的自然事物,也包括可从感觉上感知的人的感性活动即实践活动。"①按其说法,感性活动的"实践"是"物质",感性活动的"思想"则也应是"物质"——"实践活动"、"思想活动"等都是物质,可靠的理论基础在哪里?（这正是需要深入研究的）

在当前境遇里,物质研究表现出三个方面的现状:

一是物质研究停滞于引经据典的范畴。马克思把辩证法从黑格尔那拯救过来,在克服旧唯物主义不足的基础上,建立了辩证唯物主义的科学理论。对于物质的研究,在马克思那里并没有专门的篇章阐述;在马克思主义的发展进程中,列宁对物质有一个明确的阐述:"物质是标志客观实在的哲学范畴"。在中国的马克思主义教材中,对于物质的研究和阐述,仅在这个基础上,结合人类社会和科学技术的发展,以"举实例"的方式来完善,比如《辩证唯物主义原理》中,把物质从实体推广到"场",并没有在本体上对其进行与时俱进发展的应有阐述。

二是物质研究陷入"实证化"的悖谬。当前哲学中,对物质的研究有"实证化"的倾向,这一做法,强调大量实证材料,显现从实例中归纳出来的一些普遍原则——变成了现成的结论性知识,失去理论思维的内容和特点。人们对"物质认知"的学习,除了一些普泛的结论性知识以外,在思维方法上所得的"哲学宗旨、精神和意义"并没有想象的多——甚至有时候在沦丧一些。世界是永恒发展的,科学和哲学也是如此;实证化的研究,只能在科学的后面寻求解答,这并不能让人满意。

三是物质无限可分的把握问题。诺贝尔奖获得者格拉肖用"洋葱还有更深一

---

① 陈先达主编:《马克思主义哲学原理》,中国人民大学出版社,2010年,第11页。

层吗"来讨论物质无限可分问题,并在 1977 年夏威夷第七届物理学讨论会上提议把构成物质的假设组成部分命名为"毛粒子",以纪念毛泽东的物质无限可分思想。毛泽东在 1973 年与杨振宁讨论光子的性质和质子的可分与不可分时提出:"物质是无限可分的,如果物质分到一定阶段,变成不可分了,一万年后,科学家干什么呢?"①1963 年刊登在《自然辩证法研究通讯》的日本物理学家板田昌《基本粒子的新概念》一文认为,基本粒子并不是物的始原,电子是可穷尽的,场论不是最终理论。② 物质无限可分应当如何把握? 是按照机械论方式划分,还是具有新的方式来描述物质无限可分的本能?

物质的定义主要是指"哲学的"。在具体科学中,没有物质的定义,只有对分子、原子、电子等具体的物质形态、结构的定义。从近代笛卡儿开始提出哲学上的物质概念算起,大约经历了几个世纪,它是与意识相区别而定义的,正如列宁指出:"物质是标志客观实在的哲学范畴,这种客观实在是人感觉到的,它不依赖于我们的感觉而存在,为我们的感觉所复写、摄影、反映。"仔细分析这一定义,它不过是说,所谓物质就是作为认识的对象、构成认识的来源的客观实在东西,或者说就是非观念虚构的实实在在的存在……这里它并没有告诉人们,"物质"究竟是个什么样的东西。所以,有人想要修订列宁的物质定义,试图对该类问题给出具体答案,要求它提供类似实证科学一样的现成知识。这也不能使人们完全满意。

恩格斯曾经指出:"随着自然科学领域中每一个划时代的发现,唯物主义也必然要改变自己的形式。"③这意味着在要改变唯物主义的形式,最好从分析 20 世纪以来自然科学几个划时代的发现入手,如下④:(1)相对论的质能关系原理表明,物质和能量是密切相关的。(2)量子力学理论认为,微观上的能量是不连续的,必须取最小能量(能量子)的整数倍。(3)细胞核内脱氧核糖核酸(DNA)双螺旋结构的发现及其相关研究表明,DNA 是生物遗传信息的载体。唯物主义改变自己随着科学划时代发展的形式,根本的就是促进物质研究。罗先汉教授列举了 20 世纪以来的自然科学领域中的划时代的发现,它为物质研究提供了新背景。另外,系统科学思维作为 21 世纪人类思维领域的重大发展内容,也将成为改进物质研究的重要工具。

---

① 赵梦昭:《论毛泽东哲学自然观》,载《求索》1988 年第 1 期。
② 魏屹东:《科学社会学新论》,科学出版社,2009 年,第 241 页。
③ 《马克思恩格斯选集》第 2 版,第 4 卷,人民出版社,1995 年,第 228 页。
④ 黄顺基、郭贵春主编:《现代科学技术革命与马克思主义》,中国人民大学出版社,2007 年,第 149 页。

(二)物质观的"系统虚构"

贝塔朗菲在《一般系统论》一书再版前言中写道:"系统哲学就是由于'系统'成为新的科学规范(区别于经典科学的分析性、机械论和单因果关系规范)的思想和世界观方面的重新定向"。对于物质的认识,也可以尝试从系统科学方向开展"重新"认识研究。

关于物质系统的研究,张华夏教授指出:"每当人们考察物质客体的某一种属性的基础,追寻它的根源时,都事实上将物质客体划分为实体与属性这两个方面。……亚里士多德,早就将物质客体看作是物质实体与属性的统一了,他在《物理学》中写道:'万物既是实体,又是数量又是性质'。当然,将物质客体分为实体与属性两个方面,说它有二重性,决不意味着像砍西瓜那样,可以将物质客体砍为截然分开的两个方面,一方面有脱离实体的纯同性存在,另一方面又有脱离一切属性的纯实体存在。阿那克西曼德的'无限者',巴门尼德的'纯存在',柏拉因的'无形式物质',亚里士多德的'原始质料'或'物元',以及黑格尔的'免除了任何规定性的有',都不过是一种纯粹的虚构。这种虚构,是否像力学中的质点一样有纯理论的意义,是一个非常重要但又没有解决的问题,我们这里暂且不谈。"①

这里认为,"暂且不谈"的问题,恰恰是物质理论系统建构的一个非常值得探讨的重要问题。物质客体、物质实体、物质属性等概念关系也是物质研究需要厘清的:(1)物质客体是否等同于物质实体? (2)物质客体是物质实体和属性的统一,是物质实体同其"穷尽属性"的统一吗? 如果是,我们却从来没有能力在认识中将任意一个物质客体的无穷属性标识出来,是否意味着我们从来没有真正认识过任何一个物质客体呢? (3)事实上,我们在生活中能够确认相同的物质客体,即能够认识"物质实体及其主要属性的统一",那么其非主要的属性(没有被认识标识出来的那些相互作用、相互关系及属性)被放置到哪里了呢?

我们通常认识的物质客体,是以物质实体为核心的、物质实体及其有限主要规定性(属性)的统一。从系统科学来看,物质实体的一切穷尽属性(包括主要属性)、相互作用和相互关系等统称为亚物质。

从哲学上看,本能物质之后,称为亚物质。反过来说,亚物质之前,称为本能物质。因而,一个物质系统,由内部的"物质客体"和"物质客体之间的涌生事物亚物质(即相对区别于物质客体的亚物质)"生成,"物质客体"和"物质客体之间的"具有生成物质系统的逻辑完备性。在物质系统中,除了物质客体,就是"物质客体之间的",没有别的。传统科学思维把"物质客体之间的"作为低于"物质客体"的

---

① 张华夏:《物质系统论》,1987年,第36页。

对象来研究,主要方法是把其还原给物质客体,并进行机械研究;而在系统科学研究范畴内,则把其同物质客体等同地位对待,并进行其所具有的非线性和复杂系性研究。"物质客体"和"亚物质"的虚构,正是为实现传统科学和系统科学在源头上的相统一而做的努力。

在系统科学哲学研究中,这种"物质客体"和"亚物质"的虚构,具有像力学中的"质点"一样的纯粹理论意义。物质系统包括物质客体和亚物质,同时,为了说明物质客体和亚物质之间的转换和联系关系——虚构了两者的"过渡部分",如下图:

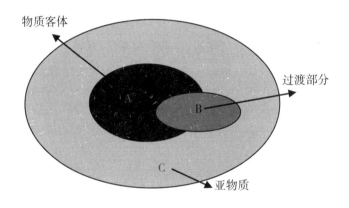

"物质客体–过渡部分–亚物质"的物质系统

通常所说的物质客体,是指在亚物质环境中的"物质客体和共有部分";通常所说的亚物质,是指物质客体承载着的"过渡部分和亚物质";"物质客体"和"亚物质"可以部分相互转化、相互统一。这是"物质客体"和"亚物质"虚构的系统物质研究意义。"过渡部分"不能具有同物质客体或亚物质的平等的相对独立地位,仅仅表示"过渡、转化"意义,即仅仅使"物质客体"和"亚物质"通过相互转化而共同指向"一",除此之外——没有任何意义,即不具有任何其他规定性和展开性。

世界的物质系统开显具有不同的层级,比如微观世界的各种粒子系统,宏观世界的石头、植物和动物等系统,宇观世界的太阳系、银河系等系统,等等。其中,石头、植物和动物对应的系统整体性级别是依次越来越高的,但并不因为它们层级的高低而改变它们共同的物质本性。根据物质系统虚构,可以把物质每个层级的基质看作物质客体,层级基质与层级基质之间的相互交融的亚物质称为涌生事物。物质 A 层级基质同物质 B 层级基质的相互转换作用通道:"A 物质客体 – A

过渡部分 – A 亚物质"——中介——"B 亚物质 – B 过渡部分 – B 物质客体";理论上,物质 A 层级基质同物质 B 层级基质可以通过相互转换作用通道实现层级的转换。其中" – A 过渡部分 – A 亚物质——中介——B 亚物质 – B 过渡部分 –"通常被称为涌生事物亚物质,它承载着系统的涌现机能。因此,可这样认为:不论任何物质系统都具有涌现机能,只是涌现生成的机能层级、性质和强弱不同而已。通常地,复杂系统是指具有不同层级基质及其差异性质自组织涌现机能的层次结构及功能的整体汇聚。

(三)本能系统物质观

探究物质世界本原,研究"本能系统物质"集中表现为:作为"存在"的抽象统一的"是"(本能物质)到"是者"(机能物质)的过渡(共有亚物质);即,"是(本能物质)"与"是者(机能物质)"之间通过"共有亚物质"过渡。

在现实的认识和研究中,我们并没有把任何机能物质都抽象到终极的"是(物质)",而是做适可而止的抽象,即抽象到相对于现象的本体——基质物质(相对的"是")。这种相对"是"的本体,是指相对于现象的本质、相对于个别的一般,基质(机能)物质是复杂的,可根据研究需要确定相对的"本能物质(是)"和机能物质(是者)之间的关系,"基质物质(是)"在某一研究中可作为本体的"是",但在另外的研究中却可能作为了其研究的"是者",比如物理研究的"是",在哲学研究中可能被作为研究的"是者",在经验研究中的"是",在超验研究中也可能被作为研究的"是者"。

世界是物质的,物质是系统的,物质本能系统具有自我辩证逻辑,即物质世界具有"自分形(大前提)——整形(小前提)——博弈妥协系统(结论)"的自我辩证逻辑。本能物质是指唯一具有自分形而无其他的存在,在物质本能逻辑系统中是"大前提"的内容;亚物质是指物质自分形的涌生事物亚物质,具体包括能量、运动、信息及相互作用等,在物质本能逻辑系统中是"小前提"的内容;机能物质是物质与亚物质的现实统一体,即现实系统的机能物质,在物质本能逻辑系统中是"结论"的内容。

物质系统,不管是亚物质还是整体的机能物质,归根结底收敛于本能物质。没有本能物质,就没有亚物质,更谈不上整体的现实的机能物质。在现实世界中,本能物质通常开显为机能物质,而通常所说的物质与精神的区别是"本能物质"与"亚物质"之间的区别,包含了亚物质的机能物质,与以精神和意识为代表的相对纯粹亚物质的区别。本能系统物质观的基本物质模型如下图:

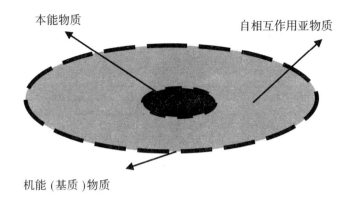

本能系统物质模型

经典辩证唯物主义的物质定义是客观实在性,这里在其基础上进行深化和完善。物质是包括了本能物质(基质物质)、亚物质、机能物质的统称,由于亚物质不能绝对独立(必须依附或栖息于本能物质、基质物质或机能物质)。客观实在性的经典辩证唯物主义物质,主要是指包含了亚物质的基质物质和机能物质,正是由于这种局限,导致了唯心主义和唯物主义的争论。

本能系统的物质观认为:(1)本能物质是世界统一性的最高抽象本体,本能物质的唯一性质是自分形性;(2)亚物质是本能物质自分形过程中产生的游离态物质(能量)、运动、信息等;(3)基质物质是指本能物质自分形自我辩证逻辑系统的整体性物质,且相对于机能物质而言的,它作为机能物质的组分基质;基质物质和机能物质的根本特性是客观实在性。

二、本能系统物质观的"机能物质"与"物质客体"
(一)"机能物质"与"物质客体"

在物质虚构系统中,物质客体是指在亚物质环境中的"物质客体和共有部分"的简称,其是以物质实体为基础的物质系统的部分内容的"研究性"独立物(物质客体并非是绝对物自体独立的,而是研究条件下或参照坐标下的独立物)。

客观性主要是指相对于主观"意识"(亚物质)的机能系统物质的基质特性。物质客体是指本能物质的现实世界内容,是指"物质"系统中的机能(基质)物质系统(包含了相应的亚物质)。基质物质("子"机能物质或组分机能物质)是机能物质系统的组分,同时又可以成为更低层级机能物质的"母"机能物质系统。现实机能物质世界,是由无数的、环环相扣的、连贯的"子母"机能物质生成的庞大而又复杂的多样世界。

张华夏教授在讨论物质客体时,指出:"这里所谓物质客体包含有两个意思:①它离开人们的意识而客观存在着;②它是具有各种属性的物质实体,作为物质世界的单元或细胞而存在着。……关于物质客体的第一个意思,辩证唯物论的著作和教科书已作了详细的分析。……物质客体的第二层含义,就是说将物质客体当作物质实体与物质属性的统一,分析物质客体的实体与物质客体的属性,以及它们的区别与联系;……最后我们要研究作为物质客体诸属性的总和的物质客体的状态和状态空间的概念。"①在具体研究方面,他又指出:"物质客体,是整个物质世界的各个相对独立的组成部分或相对独立的存在物。从现代科学的观点看,夸克、基本粒子、原子核、原子、分子、生命大分子、细胞、宏观物体、天体、生命有机体、人、社会、家庭、阶级等等都是物质客体,物质客体可以作下列的区分:①自然物质客体和社会物质客体。……②天然物质客体和人工物质客体。……③认识的主体和认识的客体。从认识论的角度表,物质客体可以划分为两类,一类是认识的主体,它就是人本身,另一类是认识的客体,即在认识主体之外的一切物质客体。④从物质形态或运动形态来进行分类。物质客体又可划分为物理客体、化学客体、生物体、各种社会有机体等。"②我们通常研究的客观事物(比如桌子和茶杯等)都属于物质客体,物质客体是物质世界的相对独立存在物;亚物质(比如意识、制度、法规等社约亚物质)也是物质世界的相对独立涌生事物,两者相对区别,又紧密联系。

物质客体包括了有质量的物质实体(比如石头、植物和人等),也包括了各种特定的物质(比如场、量子等),物质客体在物质系统中相对独立认识——取决于主体意识相对独立性。人作为主体,是这样相对独立的,马克思指出:"动物和他的生命活动是直接同一的。动物不把自己同自己的生命活动区别开来,它就是这种生命活动。人则使自己的生命活动本身变成自己的意志和意识的对象。他的生命活动是有意识的。这不是人与之直接融为一体的那种规定性。有意识的生命活动把人同动物的生命活动直接区别开来。"③主体相对独立的核心,来源于意识的高度相对独立——并且主体意识相对独立后,能够把意识之外的物质甚至意识,都作为认识对象(系统)。主体认识的"对象物质系统",包括了:(1)对象的本原物质客体,比如物质实体;(2)对象的亚物质,比如物质关系、社会关系、实践等;

①　张华夏:《物质系统论》,1987年,第33页。
②　张华夏:《物质系统论》,1987年,第34-35页。
③　《马克思恩格斯全集》第42卷,人民出版社,1979年,第96页。

(3)对象物质系统,比如包括了亚物质和实体的动植物生态系统等。

物质是系统的,尤其具体物质常常表现为典型系统。在系统科学研究中,具体物质典型系统包括物质客体(实体组分)和关系结构等。组分实体是物质系统的基质,相互作用关系结构等是其涌生事物亚物质内容。相互作用关系结构包括两大类,一类是系统内部的相互作用关系结构,另一类是系统同外部的相互作用关系结构,两类相互作用关系结构是密切联系的,从逻辑上来看,后者是前者的大前提,而前者是后者的稳态具体化。通常地,在没有外部相互作用关系的前提和背景条件,内部相互作用关系结构是不能成立的;在研究中,我们舍弃物质系统的外部相互作用关系,而仅仅保留物质系统物质实体及其内部关系和相互作用结构,是不符合物质本能系统法则的;但是,通常由一个系统的基质实体组分和该系统的内部关系结构来确定该系统,这种认识世界的研究方法,体现了"效用"原则,它最能"有效的"满足我们认识和改造世界的需要。这就是"物质客体"率先在人类研究物质世界中被相对独立物研究出现的方法原因,是"基质(实体)组分与其'内'部关系"的典型系统在人类研究物质世界中被相对独立物研究出现的方法原因,也是"基质(实体)组分与其'内外'部关系"的一般系统在人类研究物质世界中被相对独立物研究出现的方法原因。效用认识,是根据研究和认识需要递进的。

(二)"机能物质客体"——效用认识的产物

"机能物质客体"是人类效用认识的产物。系统效用认识方法,是指由一般系统人作为一个系统机能本性(整体自组织需求性、耗散性、目的性)决定的、符合人本能自分形局限和整形作用的一种"自然"的、"现实"的反映的认识方法;它体现了人类对世界认识的"取舍"和"有效"的"认识意义"。因此,机能物质客体,之所以为"该机能物质客体",是人类在机能物质系统中进行"取舍"和"有效"认识"分离"的产物。

人类具有已经成为人(一个具体机能物质客体)的本能自分形的"认识"局限。一个人,包括人的物质实体组分(细胞和器官等)及其相互作用关系结构(包含了意识涌生事物亚物质),但人的物质实体组分具有"先在性",在人的物质客体基础上才出现相对独立显现的涌生事物亚物质(意识),人利用意识去认识和确定自然世界的其他物质"也一样"——会自然展现这种"本能(意识相对独立本能)"定势——自分形局限:首先有效选取物质系统的物质客体,其次才是亚物质。这种相对效用性,在认识研究中是普遍的,比如罗素《哲学问题》谈到对桌子的认识把握时说:"当十个人围着一张餐桌坐着的时候,若坚持说他们所看见的不是同一块台布,不是同一的那些刀叉、调羹和玻璃杯,那就荒谬可笑了……尽管不同的人可以稍有差异地来看桌子,但是他们看桌子的时候所看见的总还是一些类似的东西,而且他们所看见的种种不同的变化也是服从光线的远近和反射定律的;所以便很容易下结论说,有一种持久的客体构成了所有不同的人的感觉材料。"①在这里,"对桌子认识的把握"可以得出两点:一、我们之外都有一个不依赖于我们感觉材料的共同认识的桌子,即不同人对同一桌子的认同;二、不同的人认识同一桌子可以得出各自稍有差异的桌子,即同一桌子于不同人可以获得不同认识的显现。这两点在生活中,是平常得不能再平常的,然一旦真正惹动我们的思维,却是值得深思的——表现出了系统效用认识的本质。

不同的人在"稍有差异"的认识中,把桌子归结为同一张桌子,根本的原因是"人类"区别于"其他动物"的效用认识本质,不同的"人"具有相同"类"的"效用认识尺子",如果把"人"同鱼缸里的"金鱼"②换位,金鱼所看到的"桌子"则不是"人类认识意义的桌子"。但是,不同的"金鱼"(同类)所看到的"桌子"会是相同的"金鱼眼中的桌子"。

机能物质客体,在"人"眼中呈现和在"金鱼"眼中呈现,都体现了"有效取舍"和"最小作用量"系统相互作用原理,即机能物质客体是效用认识的产物,狮子肠道里的细菌(假如它具有认识功能)不会把狮子认识为一个"机能物质客体",而是把肠道细胞和面对的营养物质作为一个个"巨大"的"机能物质客体",斑马(同人一样)会把狮子认识为一个"机能物质客体",却不可能会把狮子肠道里的细菌认识为的一个"机能物质客体"(这又同人类不一样)。可见,"机能物质客体"并不是一成不变的,在不同的认识主体那里具有不同的"映像",根本地看,它是现实的效用认识产物。

不管任何人、任何动物、任何能够"认识(感应)"的所谓"主体"对于同一认识对象,是否能够"产生"对应的"机能物质客体",该认识"对象"都是"本能"的物质存在;不同的是所谓的"认识主体",因而产生对"同一认识对象"的不同效用认识结果。

对于人类系统效用认识而言,把握"本能物质"的现实表现的"机能物质客体":首先直接满足人认识和把握世界的需要,对人类的生存具有直接有效的意义;其次舍弃"无需要的"关系结构,体现了人类认识和改造世界符合"最小作用量原理"的效用选择。人类首先把握的眼前的物质客体,而不是物质客体分化的原

---

① 参见[英]罗素:《哲学问题》(何兆武译),商务印书馆,1999 年。
② 借鉴史蒂芬·霍金,列纳德·蒙洛迪:《大设计》(吴忠超译,湖南科学技术出版社,2011年)中的鱼缸里的金鱼物理学,这里可称为金鱼哲学。

子和分子,也不是物质客体非主要的关系属性,更不是若干年后演化变异的物质客体;其次,在直接有效的基础上,追求间接有效的研究,比如研究物质客体来龙去脉和精细划分,研究物质客体演化发展的控制等,通过追求间接有效来获得对直接有效的补充;再次,在系统科学层次,把复杂系统作为复杂系统来对待,在直接有效的基础上,承认不可机械地将物质客体分离出来,进行力所能及的系统科学研究。前两个层次侧重于机械论和还原论层次,最后一个层次侧重于不可还原的系统科学层次。

物质客体相对独立的认识,一方面体现为主体的系统效用认识方法结果;另一方面立足于物质系统的物自体原因,即物质系统整体有效性的相对独立显现强弱特性原因,比如:氧原子和硅原子作为物质系统,其整体有效性未相对独立显现时候,在认识中我们把其认为是一堆混沌的原子系统,而其以二氧化硅整体有效性相对独立显现时,在认识中我们把其界定为二氧化硅物质客体。因此,当物质系统的整体有效性发生变更时,我们通常认为物质客体发生了质变,比如:一堆游离的原子(弱整体有效性)变成分子(某一特定强整体有效性),一堆生命大分子(弱整体有效性)变成细胞(某一特定强整体有效性),宏观物体的木头(某一特定强整体有效性)燃烧变成灰烬(弱整体有效性),国民党军队(国民党性社约亚物质主导的整体有效性军队)起义变成共产党军队(共产党性社约亚物质主导的整体有效性军队),等等,在物质客体相对独立的系统效用认识中,可认为它们前后物质客体都发生了质变。

物质客体的相对独立研究,系统效用认识方法原因和物自体系统有效性原因,两者是相互作用、密切联系的:一方面,改变了认识方法,对同一物质客体可能收获不同的相对独立性认识结果;另一方面,改变了物自体系统整体有效性显现,即使同一种方法也可能获得变化的物质客体相对独立研究。但,根本而言,物自体系统有效性是系统效用认识方法开展的前提和基础,它不以认识方法和人的主观意志为转移;没有物自体系统有效性,系统效用认识可侧重机械论和还原论,反之则应侧重有机整体论,比如:一堆沙子系统,假定不具备物自体系统有效性,通常可进行机械论认识和研究;而受精卵系统,具有物自体系统有效性,通常应进行有机整体论认识和研究。

人类是世界的一部分,作为世界一部分的人类的具体认识能力也是有限的,比如,只能听到一定范围频率的声音,只能看见一定波长的光明,等等。因此,作为人类认识对象的物质客体也是有限的,不管如何变化,只要人类仍旧作为世界的一个部分,那么他永远都只是物质系统的一部分,即是物质世界系统中具有人类直接接触识别和间接识别的、那一部分整体有效性的相对独立显现物。物质客体的物自体整体有效性是明显的,因此,它自然地成为科学研究的主要对象。按照科学研究的对象,美国科学家 W·韦弗早在 1948 年曾指出,科学的发展可以划分为三个阶段:第一阶段研究简单之物(古典力学领域);第二阶段研究无组织复杂之物(古典统计物理学领域);第三阶段研究有组织的复杂之物①。

研究简单之物是人类的第一选择。该阶段,选择的是直接的具有超强整体内部效应的物质客体,使其作为一个整体能够作为更大系统的组分,人们又可对之进行分解为若干超强整体内部效应的子物质客体。这个阶段表现出经典的机械论和还原论方法,比如笛卡儿曾说:"把我所考察的每一个难题,都尽可能地分成细小的部分,直到可以而且适于加以圆满解决的程度为止。"②分析还原方法的有效性依赖于下列三个前提条件:(1)这种分析或分解不会破坏所要研究的现象。(2)从整体中分离出来的单独存在的元素或部分与在整体中作为整体一部分的元素或部分基本上没有什么差别。(3)整体中的部分,在数量上不会太多,而它们之间的关系又不太复杂,以至于由部分上升到整体由简单上升到复杂的整合法则是明确的并且是可行的。……在物理世界的许多领域里,特别是在机械运动的领域里,这些条件在相当大的程度上是可以满足的。③

在人类研究复杂之物中,人类自身是处于最高级阶段的——人物质客体不仅具有超强整体内部效应且涌生相对独立亚物质(意识),也具有不可忽略的外部效应且相对独立(社约亚物质),有些亚物质难以相对独立显现时可以进行无组织复杂研究,有些亚物质有效相对独立显现时要进行有组织系统科学研究。

三、本能系统物质观的"亚物质"与"涌生事物"

(一)"亚物质"与"涌生事物"

亚物质即涌生事物。亚物质是指由物质客体承载的"共有部分",是以共有部分为基础的系统涌生事物(假说)相对独立物。"物质客体或物质客体的实体不就是属性与关系、能量与过程的物质担当者吗? 物质实体怎样能够与它的属性和关系机械地分割开来并用后者来否定前者呢? 许多系统学家都觉得这种唯能论的或结构主义的系统观是不合理的。他们认为宇宙中的系统及其元素归根结底都是物质的客体,能量、过程或关系都是物质客体的属性,是不能离开物质客体的实

---

① W·韦弗:《科学与复杂事物》,《美国科学家》第 36 卷,第 536—544 页。
② 《十六——十八世纪西欧各国哲学》,第 110 页。
③ 张华夏:《物质系统论》,1987 年,第 3 页。

体而存在的。"①物质客体同其承载的"属性与关系、能量与过程等(流)"用系统科学方法把其区别开来,用一个虚构的概念描述表示后者,即"亚物质"。

亚物质,一方面表示物质客体内部自我契约的涌生事物亚物质意义和物质客体同外部环境的博弈契约涌生事物亚物质,另一方面作为整合支配物质客体整体意义的显现。亚物质就是物质系统中"属性与关系、能量与过程、层次与结构等(流)"的统称。系统物质观中的"－A 共有部分－A 亚物质——中介(允许近似等于零)——B 亚物质－B 共有部分－"通常被称为涌生事物亚物质,即广义亚物质(其中,理想的 A 事物和 B 事物相互作用时,认为来自非 A 事物和非 B 事物的"中介"等于零)。

亚物质,包括物自体亚物质和公共亚物质。物自体亚物质是指物质客体通常包含或携带的亚物质,对囫囵抽象物质而言是指"－A 共有部分－A 亚物质——中介(自分形)——A'亚物质－A'共有部分－",对一般系统而言,则是指多基质的自组织涌现,比如一个典型系统的内部相互作用层次结构关系。公共亚物质,对 A 系统而言是指"——中介(B 亚物质－B 共有部分－C 亚物质－C 共有部分……)",主要是指该物质客体的环境亚物质,例如来自系统环境的外部作用和控制约束关系等。具体的物质系统都不存在绝对独立的物自体亚物质,该物质系统的物质客体一定是环境中的物质客体,该物质客体的物自体亚物质只是"研究坐标条件下"有效显现的特定亚物质部分(通常可成为该物质客体的内容),该物质客体一定被公共亚物质的海洋包围着。该物质客体与别的物质客体,通过公共亚物质,进行物质能量和信息的交换交流,形成有效相互作用关系。所谓两个物质客体之间的绝对"直接"相互作用,是不存在的。任何物质客体与物质客体之间的作用研究,在本质上都遵循公共亚物质支撑原理,石头与石头的碰撞,汽车轮胎与地面的摩擦,太阳与地球的吸引,等等,都不是"绝对直接"的相互作用。两块石头物质客体的物自体亚物质,在碰撞的瞬间,首先是两物自体亚物质融入公共亚物质进行博弈,接着是牵引部分物质客体相互撞击,石头物质客体由于物自体亚物质的部分破坏可能出现破碎,轮胎和地面的摩擦可能出现部分损伤,这些认识结果都是作用后物质客体相对于作用前物质客体的比较认识。实质上,作用后的部分物质客体也是更小的物质客体及其亚物质的系统,能量、属性、相互作用关系等是物质客体"质"的游离态(有些系统哲学家认为,宇宙中的系统,并不是物质客体而是一种纯粹的属性与关系包括能量、过程或组织等),物质客体可以通过公共亚物质不断自分形涨落放大生长,也可能被别的物质客体吞并成为别的物质客体的

---

① 张华夏:《物质系统论》,1987 年,第 33 页。

内容,或被公共亚物质消化成为公共亚物质的内容,或者两者皆有。

一般系统基质物质自分形博弈研究中,本能物质或物自体系统自分形博弈产生的自我契约性涌生事物亚物质①,称为自约亚物质;现实机能物质世界中,某一物自体系统自分形同其他物自体系统自分形博弈生成的"来自他方"的契约性涌生事物亚物质,对该物自体系统而言称为他约亚物质。自然界系统的自约亚物质,即自然系统内部博弈生成的契约性涌生事物亚物质;社会系统的自约亚物质,即社会系统内部博弈生成的契约性涌生事物亚物质。不管是自然界系统还是人类社会系统,某一确定研究系统的整体自约亚物质对该系统内部组分来说通常都是他约亚物质,例如一个国家系统自约亚物质(比如法律社约亚物质)对该国家内部的某一企业子系统来说是他约亚物质。

(二)涌生事物"自约亚物质"及其性质

自约亚物质,是指物自体前一分形和紧邻的分形之间博弈的自我契约性涌生事物亚物质,其核心是使自分形得以开显,并支撑和保障自分形可现实化、持续化和最大化。自约亚物质整理、约束和协调物自体自分形,其具有如下性质:

(1)自约亚物质具有非整体非部分、亦整体亦部分性。自约亚物质不是"整体",也不是"部分",它是部分生成整体时涌现出来的连结"整体"与"部分"的逻辑中介相对独立物,即"整体—部分",它既是事物相互作用揭示(关系)又是事物演化过程揭示(信息),它既是整体又是部分。

(2)自约亚物质具有相对独立性。自约亚物质来源于系统组分,相对独立于系统组分,并整合支配组分——生成整体系统;就其整合系统的组分并生成整体系统意义而言,它具有相对独立性。具有最高级相对独立性的亚物质当指"意识",它是来源于人脑系统组分的、整合人脑机能的、能够记忆、识别、思维且能动表达人类意志的、高度相对独立的最高等级亚物质。

(3)自约亚物质具有自适应演化特性。自约亚物质来源于组分事物自组织涌生,自约亚物质自适应演化随组分事物自组织演化而演化。自约亚物质存在于系统中,随着系统组分变化,自约亚物质也跟随该系统自组织的变化而发生变化,例如:中国系统的古代封建社会自约亚物质制度,随着马克思主义中国化而被现代的社会主义自约亚物质制度所替代。自约亚物质信息模式可以栖息于他物,也可能受到他物自约亚物质的干扰和入侵,例如信号的干扰、调制、解调等。

(4)自约亚物质具有承载涌现机能的层级性。自约亚物质对组分整合强大且符合某种优化目的稳定态,则生成具有该自约亚物质支配的新整体,新整体作为

---

① 系统"自我契约"等同于"自组织涌现",详见后一节论述。

更大系统的组分,参与自组织生成新的自约亚物质及其新新整体……如此超循环
螺旋发展。例如,两个或多个原子在一定自约亚物质力量且符合某种优化目的稳
定态时,才能生成分子,分子生成分子聚合物,直至细胞、组织、器官、人、社会等,
都是如此。通常地,具有强大整合力与优化目的态的自约亚物质使低级组分不断
地超越自己,涌现出新机能,生成新整体。新整体既是新的更高层次的整体,又作
为更更高系统的组分。随着低层次自约亚物质的瓦解或崩溃,则其上层次的自约
亚物质也会瓦解。不同层级的自约亚物质承载对应不同的涌现机能,具有层次结
构的系统,通常具有层级自约亚物质承载相应的层次结构涌现机能,自约亚物质
层次结构具有金字塔形状特性,最高层次自约亚物质牵引整体系统及其内部个层
次自约亚物质共同演化发展,塔尖自约亚物质(上层自约亚物质,比如社会系统上
层建筑)具有整体系统演化的引领作用和最高支配功能——这揭示了自约亚物质
承载涌现机能的本质。

(5)自约亚物质具有双向作用性。自约亚物质来源系统的组分,反过来整合
支配组分,它具有协同"组分事物"和"整体系统"的双向作用。自约亚物质同组
分的相互作用表明,组分确定了自约亚物质可能存在的一个范畴(质决定了系统
可能涌现的机能,比如老鼠基因不能生产出大象体形机能);自约亚物质同整体系
统的相互作用表明,自约亚物质决定了组分可能的发展(比如封建社会自约亚物
质决定了,地主和农民不能平等),自约亚物质与组分具有互惠、互制约的相互作
用关系。自约亚物质对于整体来说,在理论上其直接代表了整体性。"组分生成
自约亚物质——自约亚物质整合支配组分——致使组分新变化——新变化的组
分生成新自约亚物质……"是一个超循环螺旋过程,每一个自约亚物质螺旋环都
具有系统维生性,导致整个过程双向作用的延滞性。通常,多层次结构系统的塔
尖自约亚物质与低层自约亚物质可能存在"渐进涌生性"或"滞后维生性"带来的
差异。"渐进涌生性"方面,是指低层社会自约亚物质反映到上层建筑使其匹配一
致需要一段时间,比如马克思主义中国化夺取政权需要革命过程和时间;"滞后维
生性"方面,是指社会系统的上层建筑虽然腐朽但它具有一定的维生性,比如中国
推翻封建王朝革命的艰难及袁世凯复辟等体现了清王朝上层腐朽建筑的维生性。
通常,一个复杂层次系统的"局部"自约亚物质不能直接反映该系统的整体性,自
组织生成的上层建筑自约亚物质可以代表该系统的整体性。

(三)涌生事物"自约亚物质"与"他约亚物质"

物自体自分形的整形研究包括两个方面,一方面是指物自体自分形的自约亚
物质研究方面,即自己对自己的整形,其侧重于对有效自分形的服务保障;另一方
面是指物自体自分形的他约亚物质方面,即他物对自己的整形,其侧重于对有效

整形的控制约束。

　　根据物质世界"自分形(大前提)——整形(小前提)——博弈妥协系统(结论)"的自我辩证逻辑演化,可知:(1)任何事物都具有自分形最大化动力;(2)事物自分形之间将出现自整形,不同事物自分形之间将出现他整形;因此,事物立足于自分形最大化的方向,在自整形和他整形博弈妥协中显现为现实系统,则有物自体系统的存在和演化规律,如下图①:

　　如果物体是纯粹物自体物质,则不存在他物对该物体的一切作用(即他约亚物质 =0),该物体可作为理想状态的纯粹的物自体分形研究如下:

物自体"质道旋"系统——研究解释图

　　如果在某种坐标条件下,某物体的自约亚物质在他约亚物质作用下,可忽略不考虑(即自约亚物质 =0),该物体可作为在某坐标条件下的物自体分形研究如下:

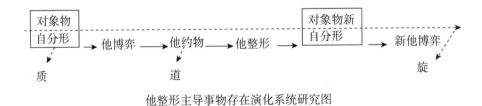

他整形主导事物存在演化系统研究图

　　在一般系统中,事物的"质"包括:物自体的质、某些相对独立的"道",以及具

---

① 　为了表述方便,本书中所有的图中"自约物"是指自约亚物质,"他约物"是指他约亚物质。

备"研究条件下"的"标志质"的规定性意义的某些子系统。"道"是指具有"研究条件下"的"标志整形"的规定性意义和认识意义,可以是纯粹的高级涌生事物亚物质,可以是具有杂质的混合流。"旋"是指标志研究对象的运动、运动趋势及其轨迹。

把一般系统事物作为研究对象,理想状态下其运动演化的主导状态只有两个极端,一个自分形博弈占据极端主导地位,另一个是整形约束占据极端主导地位,假定其中间状态忽略,则该系统存在运动演化研究可以用下图表示:

事物自分形和整形"两极演化"系统研究图

如果,把上图中各种条件下"整形"的具体性质和方向忽略,可抽象统称为整形;把各种条件下"自分形"的具体性质和方向忽略,可抽象统称为分形,则可将该"两极演化"系统研究变换为下图:

事物自分形和整形两极演化系统的矩形研究图

图中"事物"是指物质事物系统,可指自然世界这个最大系统,也可指自然世界系统内部的各子系统,包括人类社会系统、生物系统、矿物系统、组织系统人、个体系统人、动物、植物、矿物、分子、电子,等等。

四、本能系统物质的自我辩证演化认知模型

本能系统物质是一个以本能物质为根本的、以自我辩证逻辑为总贯的自为系统。人作为一个机能物质体,对本能系统物质遵循自我辩证逻辑的演化认知模型如下图:

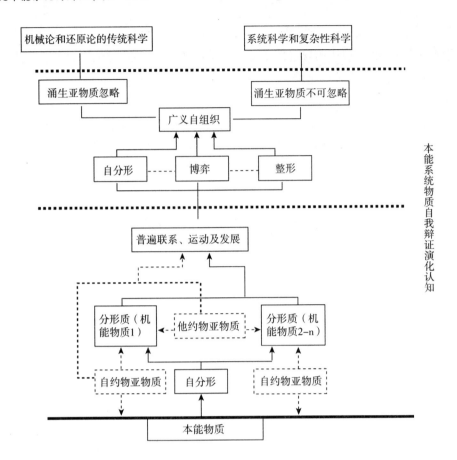

本能系统物质自我辩证演化认知

其中：

（1）本能物质是指唯一具有自分形性的抽象物质，它是一切本能物质自分形之后的现实物质世界的逆向收敛的抽象统一概念。

（2）亚物质是本能物质的"质"与"分形质"之间的统称（即自约物亚物质），也是机能物质系统的"非部分非整体，亦部分亦整体"意义的涌生事物的统称（即他约物亚物质）。

（3）机能物质通常是指现实分形质，它携带相应的自约物亚物质，并置身于他约物亚物质的海洋。

人是一个机能物质体，人们认识的对象通常也是机能物质体。因此，根据机能物质体中涌生亚物质是否可忽略，可以区分机械论还原论的传统科学和不可还原的系统科学研究。

机能物质是分层的，通常低层次的机能物质（系统）是高层次机能物质（系统）的组分基质，因此，低层次机能物质通常也被称为基质物质。对于一个机能物质系统来说,基质物质组分的变换将直接决定机能物质系统的实体基础,进而决定系统的整体性能和功能。古语说得好,巧妇难为无米之炊,给定一堆沙石,神仙也不能造出可口的食物;用木头造不出飞驰的汽车,用自行车零件造不出飞机,也造不出轮船;基质物质组分的基质、特点、长处和短处等是造就机能物质系统整体特性的实在基础。

由基质物质生成的机能物质系统通常包括两类:一类是指同基质物质组分生成的机能物质系统,另一类是指异基质物质组分生成的机能物质系统。本能物质自分形产生的基质物质组分之间具有非均匀性,该类同基质物质的机能物质系统具有弱涌现性,在现实研究中通常可进行机械论和还原论研究。现实的物质系统,通常是指多元和异质的组分的机能物质系统。它是系统科学研究的具有"系统意义"的基本研究对象。在典型系统科学研究中,单一不成系统,单调不成音乐,单色不成彩画,单人不成社群,组分效应是以多元为平台展现的。机能物质系统中的基质物质组分,同机能物质系统的"机能"关系密切:一方面,组分的实体特性要在系统条件展现,不管系统是延伸组分的实体性能,扩大组分的实体性能,还是压缩组分的实体性能,组分都应当在系统中,而不是自己独立;另一方面,系统获得的性能都必须是在组分特性的基础获得的,多个组分,有质差别的组分,它们在系统条件下,能够生成独立组分所不具有的新特性(它来源于组分实体特性)。

第三节 物质的本能系统自我辩证逻辑

"机能"往往是与"现象"紧密联系的,而"本能"则往往是与"本质"紧密联系的。对"物质系统"而言,"物质本能"在逻辑上先于"物质机能",物质机能系统与物质本能系统的关系是"表象系统"与"本质系统"的关系,即从系统机能到系统本能的关系是物质系统中由表及里的关系。这里探讨从物质的"系统机能"到"系统本能"(即现象到本质)抽象收敛,以及物质的本能到机能(即本质到现象)具体展开的自我辩证逻辑。

一、"本能与机能"逻各斯的统一

哲学的目的归结起来可以是两个:一个是追求思维自觉到思维本性,揭示人与世界的(同一)关系,解释和预言世界;另一个是追求人类对世界的驾驭,优化改造世界,追求意义,终极关怀,使人成为人并不断崇高起来。哲学作为最自由的学问,在于它超越了直接当下的目的,即哲学不追求作为"简单工具"的直接目的,而是追求作为"终极工具"的根本目的。

　　哲学研究要善于把握四个方面：一是善于从"正反"两个方面思维研究问题；二是善于"让思维自觉到思维的本性"；三是善于把"自己"同家中鱼缸里的"金鱼"换位，即让一切共同本能(本性)"自发"到思维的"思维机能"及其他机能；四是善于"使人成为人"(按冯友兰大师思想)。

　　哲学的最高境界，是让"思维"自觉到"思维的本质"，让"人"成为"不断崇高的人"；因而，思维到"思维"同"客观事物"的同一(物质)，即揭示思维逻辑及客观逻辑的同一(共同统一于本能系统的物质性)，这是辩证唯物主义"终极"需要解决的问题。

　　"思维"是人脑机能系统的"机能"，当"思维"自觉到思维的"本性"，即进入到"本能"，实现了"机能"到"本能"的统一。因此，思维通过"自觉到本性"能够实现"机能与本能"的逻辑统一。

　　科学的逻辑，起源于希腊的逻各斯，它主要是指思维有效推演(正确推演)的规律。由于思维是人脑的涌生事物，即来源于物质；思维自觉到思维的本性，即逻各斯并非空中楼阁，而是具有物质本原的来源性。因此，思维的逻各斯和客观的逻各斯是统一的，根本地是指蕴藏于宇宙之中、支配宇宙并使宇宙具有当前形式和意义的物质系统本能辩证逻辑。希腊哲学家赫拉克里特提出，在宇宙演化过程中可以发现与人的思维能力相类似的逻各斯。准确地说，人的思维能力逻辑是来源于宇宙演化过程的，它能够反映与人的思维能力相类似的宇宙事物及其演化的逻各斯——这是包括了人的思维在内的一切物质归根结底的"本能"逻辑。

　　"本能与机能的逻辑统一"是人类能够认识世界，不断认识新事物的前提和保证。本能和机能是一个永不可分的合体，没有"机能"的"本能"，是"现实中"不存在的"本能"；没有"本能"的"机能"，是"现实中"不存在的"机能"。不管你愿意不愿意，自觉不自觉，"本能与机能的逻辑统一"都始终支配着我们的思维、实践和生活，从虚无缥缈的幻想，到眼见、耳听、手动的现实，即使所谓"空中楼阁"的机能也有它"对应归宿(栖息)"的本能(载体)，即使所谓"无比抽象"的本质也有它"对应展开"的现象机能。割裂本能和机能的统一，就是在本身上违背辩证逻辑。

二、探索物质"本能—机能"的"逻辑钥匙"及"方法"

　　如何开展"本能与机能的逻辑统一"的研究，是哲学世界观研究的重大问题。一个哲学的世界观，只有通过其"本能与机能的逻辑统一"的展开，才能获得它同现实世界的融会贯通，即展开的同时形成"获得该世界观"的认识论、方法论和逻辑学。任何一个完整的哲学思想，都具有自己的"世界观"，并从"该世界观(本能)"通过认识论和方法论展开到"现实(机能)",形成一个对世界从本能到机能的理论自洽,即完成一个哲学思想的首尾相连。"世界观(本能)"不同,以及"本能向机能展开"的认识论和方法论不同,加上哲学家对某些环节的论证不同,即使面对相同的"现实(机能)",也必然出现"杂多"的哲学思想体系。

"本能到机能展开"是哲学开展"智慧"活动的领域和阵地,开启这一领域和阵地的唯一钥匙是"思维自觉到思维的本性"。思维自觉到思维的"本性"可区分最高层次、一般层次、具体或特殊层次等。任何人都手握"思维自觉到思维本性"钥匙,但并不是任何人都有去获得并使用该钥匙的"自觉性",即使有该自觉性,也并不一定有能力有毅力坚持追求并抵达思维的"最高"本性。在钥匙的运用中,偶尔获取一些钥匙的灵感,能够打开一些"局部领域",甚至阐述一些"智慧"结晶,但也并非直接是获得了"整个钥匙"——未必能够打开"本能到机能展开"的"整个"大门和"完整"通道。"寻找钥匙"和"打开大门"贯穿哲学研究的整个历史过程,哲学研究始终行进在"寻找钥匙"的摸索道路上,始终行进在"打开大门"的征途中——只要人类存在,哲学研究只有进行时,没有完成时,始终在"本能到机能展开"研究的通道上。

"思维自觉到思维本性"的钥匙,决定了物质"本能—机能"展开的方法,只能是"思想实验方法"。因为,思维不能用思维之外的方法来研究,"思维自觉到思维的本性"的唯一方法只能是"思想实验方法"。人作为机能物质体,其进入本能的唯一方法是通过"思维自觉到思维的本性",打开思维"机能"至"本能"的融会贯通的通道。反过来,物质"本能"至"机能"的展开,必须自觉站在"思维本性"的高度——只能利用"思想实验方法",在收敛的"最高点",开展"本能物质"在"思维本性(同一)"条件下"涌生""机能物质"的研究。

辩证唯物主义是利用"辩证逻辑"进行"机能与本能的逻辑统一"的展开研究的,已经形成了丰富的和科学的理论;但是,就"第一展开"而言,并未完成"足够的自洽阐述"。因为,辩证法的合理内核是从黑格尔那里"舶来"的,且从"物质(世界观)"到"舶来(辩证法)"的"这一段"缺乏丰富的、完整的、自洽的研究,即从物质的"本能到机能"贯通一致"展开"的研究,并不那么令人满意。

为了丰富"机能与本能逻辑统一"展开的研究,立足物质系统"本能",采用"哲学"的和"系统"的综合"思想实验"方法。该方法来源于物理学的思想实验方法:在科学研究方面,爱因斯坦在与玻尔等人的争论中运用了思想实验,即运用物理学规律设计某种现实中不可能存在的物理实验,运用数学推理求出它的实验结果,再与已有物理理论的结论进行比对,或者做出新的预言——在相对论(特别是广义相对论)研究和量子力学理论研究中,涉及大量极端物理条件,如近光速物体运动、大质量天体(引力质量接近太阳质量)、接近普朗克时期的早期宇宙、接近于最小作用量子的能量过程等等,这些条件不能在实验室或宇宙观测中实现,只能诉诸一种特殊的实验:思想实验。爱因斯坦在对量子力学的几率解释、测不准关系等提出质疑时都设计了极为精巧的思维实验;而玻尔等人在回答爱因斯坦的攻击时也极为成功地运用了思想实验这一工具。

"哲学的系统的综合思想实验"方法,不同于科学的"实验"方法,它实际上是运用"系统""哲学"思维提出假说,在"逻辑和实践"中共同寻求检验的方法。

世界的本原是"物质",本原物质即"自我",物质本能自我的"表达"形成一般物质本能系统形态——其核心是"物质自我辩证逻辑"。一般物质自我辩证逻辑的系统本能的"思想实验"研究展开,基于以下假设前提:

(1)物质必须是自己,即为"是";物质表现自己必为"是者";物质是自为的,物质之"是"通过自分形表现自己抵达物质之"是者"。

(2)物质之"是"与物质表现自己之"是者"的关系如下:

"(分形前)是"+亚物质(注:亚物质是指本能物质的"质"与"分形质"之间的统称)+"(分形后)是"="是者"。

"是者"是指通过"是"与"(分形)是"的亚物质整形力形成来源于"是"开显的现实存在。

(3)一切现实物质都是指来源于抽象"是(本能)"的"是者(机能)"的系统形态,即现实物质都是"是者"。

(4)人是来源于"是(本能)"的某种最高级"是者"机能系统形态。人的思维能力及其逻辑来源于宇宙演化过程及其规律逻辑,人通过来自"是"的本体一致性、逻辑一致性、分形整形全息性的最高级"亚物质(意识)"的反映活动,能够认识宇宙事物,把握普遍联系及其发展。

"是"是本能物质(抽象本能物质),"是者"是机能物质(物质表现体)。"是"是"一","是者"是"不一";从"不一"到"一"通过系统抽象合一,诸多"不一"组成的现实系统称为机能系统,即当前系统科学研究的系统对象;从"一"到"不一"通过本能系统自我逻辑辩证展开,"一"作为物质最高抽象的本能系统称为本能系统,侧重于物质系统本能研究。

人为什么能够认识世界,就最根本而言,如同日升日落、春暖花开、狮子捕猎、老马识途一样,是一切物质事物的本体一致性和逻辑一致性的"亚物质"反映活动。人作为最高级意识亚物质的拥有者,可以逼近世界本原并进行趋向无限的认识反映和认识把握——人是探索物质"本能—机能"钥匙和方法的"最高级"携带者,这使得人脱离于动物而成为万物之灵。

三、物质的本能系统自我辩证逻辑

物质必须是自己,即为"是";物质表现自己必为"是者"。物质表现自己的根本方式是自分形,物质相互表现自己的方式是整形,"是者"是一个物质系统,是一个包括自分形、自整形和他整形的物质系统统一体,即现实系统物质。利用"思想实验方法",借鉴公元前4世纪亚里士多德《工具论》中发明的一般逻辑推理论证的三段论方法,提出物质的本能系统自我辩证逻辑。

任何物质都具有辩证物质的"本能系统",是指其展开的自我辩证逻辑系统,即物质世界具有"自分形(大前提)——整形(小前提)——博弈妥协系统(结论)"的自我辩证逻辑:

大前提:任何事物都具有本能自分形最大化动力;

小前提:各事物本能自分形最大化动力之间自组织协同涌现出系统整形支配力;

结论:事物既是本能分形自动的,又是受所在系统约束的,博弈契约性妥协是它们各自最大化演化共存的现实系统。

本能系统辩证唯物统一的系统模型,即是"本能系统物质"①。世界物质是系统物质,即物质是物质系统。辩证唯物主义的本体论是唯物论。本能系统的辩证唯物观,认为世界是本能系统的物质系统,系统物质包括本能物质、亚物质和机能物质。根据物质本能系统的自我辩证逻辑,即物质世界具有"自分形(大前提)——整形(小前提)——博弈妥协系统(结论)"的自我辩证逻辑。本能物质是指唯一具有自分形而无其他的存在,在物质本能逻辑系统中是"大前提"的内容;亚物质是指物质自分形的涌生事物亚物质,具体包括能量、信息及相互作用等,在物质本能逻辑系统中是"小前提"的内容;机能物质是物质与亚物质的现实统一体,即现实系统的机能物质,在物质本能逻辑系统中是"结论"的内容。

辩证物质"本能系统"告诉我们,机械对待辩证物质"本能系统"是错误的,完全追求并获得辩证物质"本能系统"的"一切"系统研究是不现实的,辩证地看,通常只是对其做适可而止的系统论研究,即允许机械论研究时,可还原论处理;不允许机械论研究时,把其作为系统处理。

四、物质本能系统自我辩证逻辑的"物系－质统－亚联通"模型

张华夏教授在《物质系统论》书中提出了物质系统观点,这里在张教授研究的

① 具体参见本章上一节。

基础上,提出"物系－质统－亚联通"新物质系统观点。"物系－质统－亚联通"中,"物系"是指机能物质的普遍联系,"质统"是指技能物质收敛于本能物质的世界统一,"亚联通"是指亚物质作为本能物质与机能物质之间(机能物质之间)的桥梁纽带的过渡物质。机能物质是普遍联系发展的,它们本质是统一于本本能物质自分形的(即本能物质是统一的),亚物质是本能物质和机能物质之间整形联通的桥梁和过渡。

(一)"物系－质统－亚联通"模型

在现实世界系统中,本能物质开显为"不一"的机能物质,呈现出普遍联系的现实世界系统。本能物质在本能自我辩证逻辑下展现的"机能物质与机能物质"之间的关系,如下图:

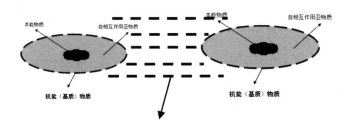

自相互作用亚物质

"物系－质统－亚联通"模型

按照物质本能系统辩证逻辑,可将本能系统辩证物质的现实展开概括如下:物自分形共整形,信牵能动质统一;天时地利生人灵,"不一"世界超旋来。物质世界的分形整形是世界的本能物质动因揭示,信息牵引、能量动力本质上统一于物质系统,它们共同构成系统物质的"物质、能量、信息"的现实描述;世界普遍联系的演化发展遵循自分形牵引和整形支配博弈规律,自分形不均匀性和整形复杂性共同形成超循环螺旋规律,造就了现实机能物质斑驳多样的"不一"世界,在世界内部发展的某个链条上,天时地利环境条件诞生了人类——她成了拥有最高相对独立意义亚物质的万物之灵。

（二）"物系"与"现实物质普遍联系"

物系，即是指"机能物质的普遍联系"。"机能物质的普遍联系"是"现实世界"的直接版本。在自然界，矿物、植物、动物和人类等都是作为表现"本能物质"的机能物质，都是本能辩证物质系统的现实内容，即具体的现实系统存在物。

机能物质是普遍存在的、运动的，也是普遍联系的，可以简称为"物系"，其中，矿物和植物等物自体系统由于缺乏有效相对独立涌生事物亚物质（意识），可近似地认为其是无意识的和盲目的，相互之间通常以机械关系形式存在；动物具有一定的低级或本能意识，而在人类社会系统中，人类创造历史的活动是人在高度相对独立涌生事物亚物质（意识）支配下的自分形活动，对于辩证物质"本能系统"的认识和改造，具有相对独立性，但存在机械论的局限性。

（三）"质统"与"本原物质抽象统一"

质统，即是指"本能物质的世界统一"。"本能物质的世界统一"就是指物质的"本原世界"。唯物论和辩证法相互统一是不断发展的，两者的"绝对的、严谨的、彻底的、自恰的"统一，是指本原物质的抽象统一，即本能系统辩证唯物统一。

"本原物质抽象统一"是指包括本能物质、亚物质、机能（基质）物质的物质系统的统一。亚物质和机能（基质）物质归根结底统一于抽象的本原物质。

（四）"亚联通"与"道论"

"亚联通"是指亚物质联通本能物质和机能物质，联通机能物质和机能物质，是物质系统的"整体意义"的桥梁、纽带和支撑。"亚联通"具有"涌现"意义，就这方面而言，同中国古代的道家学说中"道"的运行有"部分"异曲同工之妙意。中国古代道家学说的"道"是指物质第一本原之后的"本原"，同时又是表现本原的规律和法则的统称，它本质上是属于系统涌生事物亚物质的范畴，但它又追求"本体"，亦表现"方法"，因而是"混杂的"。

老子在春秋时期确立了道家学说，他对先秦时期的主宰与决定人们命运的天命鬼神观念进行了否定，并提出了天地万物之本始的"道"思想。其中，"道"包含有三方面的含义：一是本原方面，道是万物本原，无和有都来源于道。二是运动和过程方面，道是阴阳运行，天道运行，阴阳造化；道生万物，万物循环往复，道是过程，是对万事万物的系统概括。三是规律和法则方面，道是万物遵循的物质运动规律，具有事物存在运行的法则性，道法自然就是遵循道的法则的具体体现。

韩非子认为"道"是普遍存在于一切事物之中的，所谓"道者，万理之所稽也。理者，成物之文也"①。"道"是事物普遍规律，"理"表示着事物的具体属性和特殊

---

① （清）王先慎：《韩非子集解·解老》，中华书局，1998 年，第 146 页。

规律,他说:"夫缘道理以从事者,无不能成。无不能者,大能成天子之势尊,而小易得卿相将军之赏禄。夫弃道理而妄举动者,虽上有天子诸侯之势尊,而下有倚顿、陶朱、卜祝之富,犹失其民人而亡其财资也。"①从系统涌生观点看,"理"和"道"一样,是一种客观存在之自然契约涌生事物亚物质,由于人是自然产物,人们必然遵循它,顺应它,不可违背它,逾越它,否则将一事无成。

人作为一个机能物质体是受意识亚物质之"道"主宰的。马克思明确指出:"人是有意识的类存在物。"这种类存在物意识的高度相对独立性造就了主体性,其把人类之外的物质及人自身的生命活动都作为了自己意识的对象,因此在人的主体性发展方面,恩格斯指出:"人离开动物越远,他们对自然界的作用就愈带有经过思考的、有计划的、向着一定的和事先知道的目标前进的特征。"②意识是人类系统亚物质的灵魂,是以人系统中的意识高度相对独立造就主体性而达到亚物质自身系统金字塔的顶层建筑。

人类作为一个机能物质系统是受文化亚物质之"道"主宰的。人类历史发展证明着这一点。最早的人类认识周边的事物,对于不可解释的事物,也用神话来获得满足——神话中的神,其实就是具有某种抽象实体意义且有特定外在机能的相对独立物(犹如生活中的物质客体),神化揭示的能量、属性、相互作用关系等就是人物质客体的亚物质,被某些神替代为人道,尤其在宗教中被规范和膜拜,成为现实版的人道,其以控制和约束性指引人类的存在和发展状态形态。在文艺复兴和近代文明发展中,人道不断发展,在科学力量和人性自由解放运动中,逐步脱离了宗教控制约束的人道,开始走向自由、民主、文明的真善美的人道方向。当前,人类世界的人道设置了国家利益界限和意识形态禁锢,人道陷于群雄博弈,甚至混乱迷茫的境地,人道的整体合理性并没有得到有效聚集和发挥,这是人类值得研究的、同经济发展同等重要的内容之一。

第四节　世界的本能系统物质性质

本能系统辩证物质观中的"物质"是一个包括本能物质、亚物质和机能(基质)物质的"物质"系统。本能物质仅仅是"是什么",并没有直接表达"怎么样"的问题;而只有本能物质自分形之后,作为本能物质自分形表达的亚物质才揭示同

---

① (清)王先慎:《韩非子集解·解老》,中华书局,1998 年,第 136 页。
② 《马克思恩格斯全集》第 20 卷,人民出版社,1971 年,第 20 页。

样作为本能物质自分形表达的机能物质"怎么样"的问题,即亚物质具有承载"解释世界怎么样的意义"。

物质自我辩证逻辑,贯穿着"物质"研究的始终。机能物质是本能物质和亚物质的统一体,是对局部领域物质世界同时研究"基质是什么"和"怎么样"的现实统一体。具体地看,本能物质、亚物质、新本能物质三者关系如下:本能物质 = 亚物质 + 新本能物质 = 游离态物质(即能量) + 运动 + 信息 + 新本能物质(注:其中"+"是指非简单加和)。从三者关系可知:亚物质 = 游离态物质(即能量) + 运动 + 信息等。

本能物质自为的第一动力是自分形;本能物质自分形之后,开显出机能物质、亚物质及其(具有来自本能物质自分形的)自分形。因此,世界本能系统物质的最高共性是"自分形性",现实共性概括是"可现实性"。世界的本能系统物质性质,在"自分形"向"现实"过渡和"现实"向"自分形"本能收敛两个方向中,研究包括了本能物质性、亚物质性、机能(基质)物质性及它们之间的分化性与统一性。

一、"本能物质——亚物质——机能物质"的共性

(一)本能系统物质的"系统"共性

物质是一个"本能"的系统,按照本能自我辩证逻辑,该系统区分本能物质、亚物质、机能物质等具体研究形态,然而,作为整体的"本能物质——亚物质——机能(基质)物质"具有系统共性:(1)"本能物质——亚物质——机能(基质)物质"的最高系统共性是"自分形性",本能物质仅具有自分形性,亚物质和机能物质具有来源于本能物质自分形的自分形性;(2)"本能物质——亚物质——机能(基质)物质"的现实系统共性是"可实在性","可实在性"是传统辩证唯物主义"物质观"的"唯一"标准,它也是本能系统物质的根本现实共性,本能物质通过自分形指向"现实"而具有"可实在性",亚物质通过整形指向"现实"而具有"可实在性",机能物质通过"活生生的机能"而直接表现"实在性"。本能系统物质的最高共性与现实共性是相统一的,是逻辑连贯一致的。

(二)本能系统物质的"层类"共性

本能物质、亚物质、机能物质是"本能物质——亚物质——机能(基质)物质"系统内部的"具体类"研究形态。物质的"具体类"研究形态,是指物质研究中的"类物质"的"质的规定性",就是"是此非彼"的规定性标识。任何存在都是物质,任何物质都是存在。物就是存在,有规定性的存在称为物质,任何存在都是有规定性的,无规定性的存在是不存在的。任何事物都是物质,它不具有此质(规定性),就具彼质(规定性);比如,石头是一种物质(石头不具有空气的规定性,却具有石头的规定性），类似的，太阳是一种物质，夸克是一种物质，光是一种物质，精神也是一种物质（因为其具有'精神'的质的规定性），等等。根据本能系统物质自我辩证逻辑，本能系统物质的内部的"具体类"研究形态的规定性可以区分三类（根据人认识感官和实践为中介的评价而区分）：本能物质、亚物质和机能物质（基质）。

本能物质系统在最高共性和现实共性的"系统共性"基础上，还可以区分本能物质性、亚物质性、机能物质性等"具体层类共性"，其中本能物质的层类共性是直接的"最高共性"，亚物质的层类共性是物质的"（涌生事物）亚共性"，而一般机能物质的层类共性是"一般机能性"。

（1）本能物质层类共性。本能物质最高共性是指自分形性，最高共性的唯一个性是自分形不均匀性，表现为"能量与运动"，本能物质共性及其个性统一于本能物质及其运动的本能物质系统。

（2）亚物质层类共性。亚物质共性是指亚物质整形性，亚物质整形性的个性包括运动性、时间性、空间性、信息性等，亚物质整形共性及其个性统一于栖息于本能物质的或相对独立的亚物质系统。其中相对独立的亚物质系统的最高阶段表现为人脑意识系统。

（3）机能物质层类共性。机能物质共性是指机能物质主要属性，机能物质属性的个性是指主要属性基础上涌现的个性。机能物质共性和个性统一于机能物质系统的自组织涌现具有现实功能的机能物质系统。

（三）本能系统物质系统共性与层类共性的统一

本能系统物质是"自为统一"的。研究本能系统物质不能离开人，不能以思维之外的方式来进行，人与本能系统物质的统一是"逐步发展"的。人首先同人类的"类层次"系统实现统一，进而趋向本能系统物质。

人类的"类层次"系统直接的是现实机能物质世界。人及人的眼睛是机能物质系统，能够直接地或经验地认识的是面对的机能物质系统。在经验知识的基础上，人们常常从物质运动状态的个性特点中寻找亚物质共性，即对个别事物的不同特性的深入剖析研究，促使各门学科从原有知识体系中逐步分化出来，成为各自相对独立的理论系统。随着人们认识和观察能力的不断增强，机能物质之间、机能物质与亚物质之间、亚物质与亚物质之间的运动状态和运动过程会越来越深刻地被揭示，科学的分支也就会逐渐增多。这些分支所形成的科目都具有相对的独立性。这种分化推动了科学的不断发展。这些相对独立的科学都具有自己特定的研究对象，比如物理学、化学等；由于任何分支理论都不可能绝对包括一切的机能物质、亚物质和本能物质，因此，理论不可能完全准确地反映事物的客观实在及其运动规律,所以科学理论的可靠性是相对的,比如,一旦发现了新的实验效应或新的演变过程,原有的理论就不一定能解释新的现象。

从"类层次"向"系统本能"统一,是人类逐步发展的趋势之一。在现代科学体系结构高度分化的状态基础上,正孕育着高度综合的趋势,比如系统科学等各种横断学科。这说明科学发展到一定阶段,各门学科之间的内生联系就会得到更充分的体现。这种内在联系正是反映了物质的客观实在性以及物质运动的共性,反映了"本能物质——亚物质——机能物质(基质)"一体化的共性,反映了由机能物质——经历亚物质过渡——向本能物质收敛的共性。"本能物质——亚物质——机能物质(基质)"的物质系统中,三者是一个体系演化的,其中自分形性、整形性、涌现性是相互融合一体的。

二、本能物质性——分形性——"运动 + 能量"

本能物质的"层类共性",直接的就是物质"最高系统共性",即自分形性。作为"层类共性"的自分形性具有丰富的内涵,具有指向"可现实性"的具体展开:本能物质是自分形的,自分形是不均匀的(本能物质的自分形性,即分形不均与性),游离态物质(能量)与运动是本能物质自分形不均匀的表达——"最高系统共性"向"现实及现实共性"过渡。

现实世界中,运动和能量总是交织在一起。能量作为游离态物质的自分形,通常是指作为改变现实事物运动的外在力量(现实物质事物既有自分形内在运动,也有能量的外在推动)。"在具体科学中,能量有一个科学上统一的、公共的定义,也有动能、势能等这样的特殊的定义(能量概念的提出也经历了几个世纪),而相对于与能量定义有关的哲学概括是运动"。[①] 从机能物质系统中的能量与运动的局部或特殊的关系中,把"能量"概括为"运动"的范畴是一种错位,不符合本能物质系统的本原物质性。本质上,"现实"的运动和能量都是本能物质自分形的表达,即运动和能量同是本能物质自分形的产物。

(一)本能物质是自分形的,自分形是不均匀的

研究世界本原的途径目前有两个,一是从哲学上的研究,另一个是宇宙学的研究。两者是相互联系相互促进的,宇宙学的研究成就可以成为哲学研究的背景资料,而哲学研究的成果又可以指导宇宙学研究。

20 世纪之前,宇宙学研究的各种宇宙模型都是静态宇宙。1929 年,哈勃发现

---

① 黄小寒:《从不同领域信息学的比较研究再论信息的本质》,载《自然辩证法研究》,2005(12):89。

"速度——距离"定律之后,膨胀宇宙成为宇宙学的主流观点。其中,对宇宙膨胀的解释,主要有两种观点:第一种观点是,物质互相分开,带来空间的增加,带来宇宙的膨胀;①第二种观点是,物质在宇宙大尺度上是静止的,是空间的膨胀,带来物质距离的增加,带来宇宙的膨胀②。但是,两种观点都不能很好地解释引起宇宙膨胀的本质原因,第一种不能解释什么力量推动物质散开(宇宙大爆炸后由于引力膨胀速度应降低,而天文观测数据显示在加速,即使引入暗能量也尚未获得完全证据与答案);第二种不能解释什么因素引起空间的增长。

从哲学上看,宇宙的第一推动力来源于物质自身自为。辩证唯物主义哲学认为,物质运动动力来源于物质内部矛盾(这一解释并不能让人满意)。哲学家研究不能仅跟在科学家后面人云亦云,要善于把握"科学之源与哲学之流"的关系,善于将科学发展成果为哲学所用。这里,立足于宇宙学的背景资料,从本能系统的辩证唯物主义角度认为,物质第一动力是物质本能自分形。

本能物质是自分形的,自分形是不均匀的。

从哲学来看,物质必须是自己,即为"是";物质表现自己必为"是者"。物质表现自己的根本方式是自分形,物质相互表现自己的方式是整形。来源于"是"的"是者"是一个物质系统,是一个包括自分形、自整形和他整形的物质系统统一体,即现实系统物质。

本能物质自分形产生运动,揭示本能物质与游离态物质(能量)和分形质(机能物质)的关系。本能物质 = 游离态物质(能量) + 分形质(机能物质) + 运动(注:其中" + "是指非简单加)。

本能物质自分形是不均匀的。本能物质自分形不均匀,这是一个现实。在现实世界中,我们看到的本能物质都是分形运动产生后的具体的本能物质,即是机能物质。世界上的任何事物与结构,例如物质、质量、能量、空间、时间、力场、电场、磁场、矛盾、概率、人类社会、人类思维等现象,都普遍地存在着不(非)均匀、不平均分布的共同特征。本能物质自分形不均匀性,是永恒发展的本能内在动力(亚物质整形是普遍联系的内在动力)。"当我们真实地观测这个客观的宇宙时,才发现它是充满了各种不(非)均匀的物质聚集体系——恒星、星系、星系团、大尺度结构等,宇宙中物质的分布是由均匀向不(非)均匀的状态演化的"。③ 李秀林、

① M. L. 库特纳:《天文学:物理新视野》(萧耐园、胡方浩译),湖南科学技术出版社,2005年,第 356 – 397 页。

② 爱德华·哈里森:《宇宙学》(李红杰、姜田、李泳译),湖南科学技术出版社,2008 年,第 327 – 328 页。

③ 武向平:《利用引力透镜效应探测宇宙中的物质分布》,载《中国科学院院刊》,1995(2)。

王于、李淮春等学者认为,宇宙中的任何物质结构都具有不(非)均匀的共同特征,即具有核心与非核心的构成差异。本能物质的自分形均匀与否,是以其运动及其表现的时间和空间为参照坐标的。任何结构的形成都是对"熵增加"原理所体现的均匀性的克服。这就是说,事物要素以一定的方式结合、形成某种状态时,在时间与空间上的分布必定不是绝对均匀的,一定是对均匀性的克服,不仅有大小多少之分,而且还有稀密简繁之别——较密集复杂之处是其核心结构;较稀散简单之处,则是其非核心结构部分。①

本能物质自分形不断生成分形质的同时,由于自分形的不均匀性(这种不均匀性来自于分形质前后之间的亚物质整形力),释放出不同程度的游离态物质,即能量。人类的宇宙观的最近一次剧烈冲击是关于暗能量。1998 年,美国天体物理学家佩尔穆特和澳大利亚物理学家施密特所领导的研究小组,分别宣布,宇宙膨胀的步伐不仅没有放慢,反而像是被一只巨大的无形之手猛烈推动着越来越快。他们断定:宇宙正在加速膨胀。天文学家发现,那漫天群星不过是宇宙能量海洋中一座座孤独的岛屿,岛屿周围无边无际的能量海洋才是宇宙的真面目。那巨大汹涌的暗能量是我们看不见的,只能通过间接观测来证实,但它们却是整个宇宙的主宰。

物质自分形不均匀性,不仅表现出分形质的变化,也表现为释放游离态物质(能量),以及物质分形带来的辩证运动。

(二)游离态物质(能量)与运动是本能物质自分形的外在表现

1. 游离态物质(能量)是本能物质自分形不均匀的外在表现。

唯能论代表奥斯特瓦尔德、马赫主义代表波格丹诺夫和切尔诺夫等人曾利用物理学的最新成就提出"物质消失了"的观点。唯能论从哲学上解释新的物理现象认为,运动的主体是能量,而能量仅仅是思想的符号,却并没有把握思想的符号与物质之间的关系。马赫主义认为"能量绝大多数时都是指物质的运动"、"能量是纯粹的符号"、"唯物主义和唯能论是同一回事"。对此列宁认为:"哲学唯物主义利用新物理学或由新物理学得出唯心主义结论,这不是由于发现了新种类的物质和力、物质和运动,而是由于企图想象没有物质的运动"②

世界是物质的,各种层类物质归根结底收敛于"本能物质"。海森堡就指出:"事情并不一定是确定的,而是可能发生或倾向于发生的事情便构成了宇宙中的

---

① 李秀林,王于,李淮春:《辩证唯物主义与历史唯物主义原理》(第四版),中国人民大学出版社,1995 年,第 66 – 67 页。

② 《列宁选集》第 2 卷,人民出版社,1995 年,第 197 页。

实在。"①假定本能物质在未自分形阶段,则它只具有自分形潜能——本能物质的自分形趋势,就是构成宇宙中"实在"的可能发生或倾向于发生;在人类认识世界中,我们总是无意或有意地把"潜能"理解为一种简单化的"奋争"。本能物质的世界中,简单性孕育了复杂性,"复杂性是从简单性中生成演化而来的",②本能物质自分形"简单性"能够通过演化而生成世界的"复杂性"。本能物质未开显(自分形)时,它具有能够产生"现实"及其"复杂性"的潜能——本能物质就是具有这种自分形潜能的"是",它通过自分形(展现"是")过渡为"是者"(现实)。

简单性原则几乎一直统治着自然科学的进展,因此,人们一直以为只有遵循了简单性原则,才能找到世界的本质规律,从而忽略了许多本不该忽略的复杂现象。实际上,随着现代复杂性科学的兴起,我们应该真正地在潜意识里牢固树立"复杂"、"潜能"的思想,以"运动"、"复杂"的眼光来看待事物,要真正做到把"复杂性"当作"复杂性"来处理。③ 简单性和复杂性两者中,片面地追求一者而抛弃另一者,既不符合现实世界,也本身是不系统的一种表现。本能物质系统要实现简单性和复杂性的统一:(1)本能物质追求简单性,(2)机能物质则追求复杂性,(3)亚物质追求本能物质和机能物质的统一。

能量是本能物质从简单性(自分形)生成复杂性(机能物质)的产物之一。能量一旦产生,置于机能物质之间,成为机能物质能量亚物质(下节将有阐述)形成包围机能物质的海洋。

2. 运动是本能物质自分形的表现

本质上,运动是指本能物质的自分形变化及其带来的亚物质和机能物质的自分形与整形变化,即宇宙中一切的由本能物质自分形引起的本能物质、亚物质、机能物质的一切变化、过程中所共有的东西。"运动"和物质的"自分形和整形变化"是同等意义的概念;自分形变化是运动的动力来源,运动是指包括了本能物质和机能物质自分形变化、机能物质和环境整形变化的现实表述形式。

运动具有例如机械运动等科学背景,进入哲学范畴以后主要是指机能物质的一般变化,而自分形变化则揭示着包括机能物质和亚物质在内的本能物质系统的运动来源、动力和一般变化表述。自分形变化揭示的"运动",并未直接表达或规定运动、变化的总体性质、趋势和方向性,但是抽象的揭示了自分形最大化的运动总体性质、趋势和方向性,即普遍联系和发展的总体性质、趋势和方向性。

---

① 海森堡:《严密自然科学基础近年来的变化》,上海译文出版社,1978 年,第 177 页。
② 陈其荣:《自然哲学》,复旦大学出版社,2005 年,第 83 页。
③ 苗东升:《论复杂性》,载《自然辩证法通讯》,2000(6)。

　　对于机能物质系统世界的运动,唯物辩证法揭示了它们的普遍联系和规律——然而,辩证矛盾是本能物质自分形动力之后表现的矛盾,却不是物质第一动力。本原物质的第一动力是自分形,根据物质本能自我辩证逻辑,自分形一旦产生和拥有,则必然生成物质演化发展的辩证矛盾,遵循自我辩证逻辑演化发展,比如,"运动是矛盾,是矛盾的统一"①是指本能物质自分形展开的自我辩证逻辑的阐述。本能物质自分形之后的运动的辩证矛盾研究,表明了:运动是本能物质自分形不均匀的外在表现之一。早在古希腊时期,赫拉克利特认为客观世界万事万物运动、变化的根源就在于事物中包含着矛盾;芝诺提出四个著名的关于否定运动的论证也表明运动过程总是包含着一定的矛盾,即运动的东西既不在它所在的地方运动,又不在它所不在的地方运动,芝诺由此否定了运动的存在。黑格尔清楚芝诺看到了运动中所包含的矛盾,即"某物之所以运动,不仅因为它在这个'此刻'在这里,在另一个'此刻'在那里,而且因为它在同一个'此刻'在这里又不在这里,因为它同时又在又不在同一个'这里'"②俄国社会党人切尔诺夫认为:"运动就是物体在某一瞬间在某一地点,在接着而来的另一瞬间则在另一地点"③列宁批判说:"(1)它描述的是运动的结果,而不是运动本身;(2)它没有指出、没有包含运动的可能性;(3)它把运动描写为静止状态的总和、联结,就是说,(辩证的)矛盾没有被它消除,而只是被掩盖、推开、隐藏、遮蔽起来"④

　　运动是本能物质自分形的表现。列宁认为运动的基本概念有两个:"(无限性)非间断性(Kontinuitat)和'点截性'(=非间断性的否定,即间断性)。运动是(时间和空间的)非间断性与(时间和空间的)间断性的统一。"⑤"非间断性"强调了运动的连续,突出了运动的无条件性和永恒性,表明运动不受时间和空间的约束——它只受本能物质自分形支配;"点截性"强调了运动的相对"静止"(在某研究坐标下的静止)的条件性和暂时性,受到研究坐标系的时间和空间条件的制约——它受整形力的支配,因此"点截性"帮助我们认识运动,划分运动,并开展表达、测量、描述运动的研究。

　　对于运动范畴,恩格斯指出:"就最一般的意义来说,就它被理解为存在的方式、被理解为物质的固有属性来说,它包括宇宙中发生的一切变化和过程。"⑥运

---

① 苗东升:《论复杂性》,载《自然辩证法通讯》,2000(6)。
② 《列宁全集》第55卷,人民出版社,1990年,第117页。
③ 《列宁全集》第55卷,人民出版社,1990年,第218-219页。
④ 《列宁全集》第55卷,人民出版社,1990年,第219页。
⑤ 《列宁全集》第55卷,人民出版社,1990年,第217页。
⑥ 《马克思恩格斯选集》第3卷,第491页。

动是物质自分形的表现,物质是运动的担当者,自分形及其运动是一切物质的根本属性和存在形式。任何事物都是物质的,都具有自分形性,都是自分形运动的,没有绝对静止的事物。一切事物都处在永恒的自分形及其运动、变化和发展之中,没有脱离运动的物质,自分形及其运动是绝对的,静止是相对的。任何运动都是物质的运动,没有脱离物质的运动。在研究中,不管物质区分为本能物质、亚物质、基质物质、机能物质等,还是统一抽象为物质,一切的运动都是由它们作为担当者的,不存在没有物质主体的运动。没有物质的"纯粹"运动是不存在的。

现实物质世界中,物质形态是多样性的统一,不能把多种多样物质运动形式归结为某一特殊的物质运动形式,比如机械运动,否则就会犯形而上学机械论的错误。物质运动是物质自分形的"一般的变化"①,包括了机能物质或基质物质在时空中的位置移动,也包括了亚物质的思维的一切运动和过程。物质的"最一般的变化"的运动形式是自分形运动,它从第一动力角度揭示了最一般的变化。最一般的自分形运动形式是抽象的、最高的运动形式,在该最高统一形式下,分化为具体的和特殊的多样性运动形式。本能物质最高统一形式下可区分本能物质、亚物质、机能(基质)物质,它们都可以作为具体运动形式的物质(载体)基础,由于物质自我辩证逻辑的特殊矛盾,于是物质自分形最高运动形式可分化出多样性具体的运动形式。这些分化的多样性具体运动形式并不是割裂的,而是受整理力相互联系着的体系,其中低级运动形式是高级运动形式的基础,高级运动形式是由低级运动形式发展而来的。无限多样的运动形式具有自分形运动形式的最高统一性。正如各种物质形态可以相互转化一样,各种运动形式也可以在自分形运动最高形式下进行相互转化,比如摩擦生热、生电,热引起燃烧,前者机械运动转化物理运动,后者物理运动转化为化学运动。只要物质存在则运动存在,因为物质存在的标志就是自分形运动;只要物质存在则运动是永恒的,因为物质没有起源和终结,运动也没有起源和终结。

(三)本能物质自分形的趋势及规律

本能物质性的研究,离不开运动,运动离不开能量。运动过程的本质联系及其必然趋势,可以被认识,它被称为规律。《辞海·哲学分册》把规律定义为"事物发展过程中的本质联系和必然趋势。"恩格斯指出:"除了永恒变化着的、永恒运动着的物质以及这一物质运动和变化所依据的规律外,再没有什么永恒的东西。"②规律存在于物质的运动过程之中,规律离开了运动则无所依托,不复存在。唯物

---

① 《马克思恩格斯全集》第 20 卷,第 491 页。
② 恩格斯:《自然辩证法》,第 24 页。

辩证法认为,事物运动、变化的源泉不在事物的外部,而在事物的内部。事物内部的第一动力是"是"过渡为"是者"的分形。分形展开的物质自我辩证逻辑表达的辩证法是现实机能物质普遍联系和发展的规律总结,矛盾是机能物质系统的"现实"运动内因。

本能物质自分形的趋势及其运动是有规律的。张套锁认为,应当把握规律与"运动"、规律与"根据"、规律与"表达"等联系起来,规律可定义为:在一定条件下,事物的本质联系在运动中体现出来的确定不移的必然趋势。① 运动的过程及其结果都只能是规律的"表达"(即表现)而不是规律本身。规律的意义体现机能物质系统中,主要是事物运动变化的确定不移的必然趋势。比如,生产力决定生产关系,这是生产方式内部本质的、必然的联系,其展开的过程中出现生产关系一定要适合生产力状况的趋势,它们统称为规律。黑格尔说:"实存转回到规律,也就是转回到自己的根据;……而分解运动的本质性就是根据。"②本能物质的自分形是自己运动的根据,也是自己运动的规律。本能物质的唯一特性是分形性,它决定着事物的存在及其本能发展方向和趋势;分形展开之后的亚物质整形性,它规定着事物的性质及亚物质事物发展的方向和趋势;本能物质和亚物质统一的机能物质,它规定者具体事物的属性、功能以及机能事物现实发展的方向和趋势。正如马克思所说的"规律本身"是"以铁的必然性发生作用,并且正在实现的趋势。"③马克思这一论述需要区分三个层次来理解:一是本能物质层次,"规律"="运动",本能物质的运动变化本身就是规律,即自分形规律;二是亚物质层次,"规律"="通过事物的运动变化表现出来",亚物质承载的普遍联系和发展,即整形规律;三是机能物质层次,规律只是事物运动中存在着的以铁的必然性发生作用并且正在实现的"趋势",自分形和整形博弈妥协的系统演化规律,正如恩格斯说:"任何运动形式都证明自己能够而且不得不转变为其他任何运动形式。到了这种形式,规律便获得了自己的最后的表达。"④

本能物质运动的第一动力为自分形,基质物质和机能物质运动的动力,既有来自内在的自分形,也有来自物质游离态表现的能量。在现实世界中,对于运动的动力,通常把其统一为能量——游离态物质。这种做法对于现实世界运动的研究是有效的,也是可行的;因为能量作为游离态物质具有内在自分形,能量作为游

① 张套锁:《规律定义刍议》,载《河北大学学报》,1995(1):108 – 109。
② 列宁:《哲学笔记》第159页。
③ 《马克思恩格斯全集》第23卷,第8页。
④ 《马克思恩格斯选集》第3卷,第48页。

离态物质可以同本能物质(基质)之间发生转化。广义的规律是指物质自分形最大化运动的一切联系和趋势;狭义的规律是指机能物质自分形和整形博弈运动的本质联系及其必然趋势;广义的规律对辩证物质世界具有解释功能,狭义的规律对现实物质世界具有"研究对象领域"的解释和预言功能(且预言通常能够被证实)。

根据本能物质自我辩证逻辑,自分形必然产生整形,事实上,自分形规律性是由亚物质承载并表现的。自然世界系统的亚物质规律性称为自然法则;人类社会系统的亚物质规律性称为社会规律。其中,自然法则是指以自然物质客体物自体亚物质为牵引的演化发展规律,是不以人的意志为转移的。人类社会规律亚物质,是指以人物质客体(由于其意识相对独立区别于一般物质客体而称为主体)的高度相对独立意识为牵引的公共亚物质——以人的高度相对独立的意识和思想为人类社会系统的支配,人类社会形态主要受人类意识思想的协调支配和约束,什么样的意识形态就会牵引产生什么样的社会形态,即什么样的社约亚物质决定并支撑什么样的社会形态,比如封建意识形态就会牵引支撑产生封建社会形态,打破封建意识形态创建资本主义意识形态就会使封建社会形态过渡到资本主义社会形态,社约亚物质是决定社会形态的根本力量。社约亚物质来源于人本身,服务于人本身,社约亚物质及其演化发展是人类社会系统的轨迹——标识出人类演化发展的道路,即人道。

三、亚物质性——整形性——"能量 + 时空 + 信息"

亚物质是本能物质自分形不均匀性的"涌生表达性"物质。"涌生表达性"亚物质包括三大类:一是本能物质的游离态物质,即能量;二是本能物质的"质"与"其分形质"之间的"间物质",主要表现为"时间"和"空间";三是本能物质的"质"与"其分形质"之间的"信物质",即信息。

一、"能量(亚物质)"来源于本能物质的自分形"涌生",它虽然相对区别于本能物质,但具有来源于本能物质自分形的本性——表现为"使事物(机能物质)运动"的性质——对机能物质而言,是整理性质。运动根本地是指本能物质自分形的表现,而现实中是指机能物质自分形相互作用(涌现)整形的表现。能量的本原属于本能物质性范畴(上一节有阐述),能量的机能属于机能物质性范畴,这里主要阐述机能物质能量。

二、"间物质(亚物质)"主要是指"时间"和"空间",是本能物质的自分形"不均匀性"的"涌现"产物,它是"亚物质意义"的相对独立的"专属内容"之一,它为机能物质客体的"不一"及其普遍联系和发展提供了环境和来源。

三、"信物质(亚物质)"主要是指信息,是指对本能物质的"质"与"其分形质"的分形运动过程以及它们的间物质"自我辩证逻辑性"的"可信性"和"全息性"的描述,它是使"质"与"分形质"相互"信"的描述:(1)"质"通过"信(亚物质)"展开抵达"分形质",(2)"分形质"通过"信(亚物质)"收敛归于"质"。这种"信物质"来源于物质,栖息于物质——且只有"在其栖息于物质条件下"才能进行识别和处理,所谓裸信息及其裸处理是不可能的。

亚物质是物质系统的"整形意义"的"层类物质",集中表现为(能量+时空+信息)亚物质的整形特性。

(一)"涌生事物亚物质"整形性是事物普遍联系的根本

世界物质本原是以物质系统而普遍存在的,是运动的,是普遍联系和发展的。"当我们深思熟虑地考察自然界或人类历史或我们自己的精神活动的时候,首先呈现在我们眼前的,是一幅又种种联系和相互作用无穷无尽地交织起来的画面。"①唯物辩证法认为,在无限的宇宙中,联系不是个别事物的暂时的、特殊的现象,而是一切事物、现象和过程所共有的客观的、普遍的本性;任何事物的存在都不是绝对孤立的,而是同周围其他事物联系着的;整个世界是由万事万物相互联系构成的统一体,每一事物都是统一联系之网上的部分或环节,都体现着整体的联系;同物质世界的存在和运动一样,物质世界中的联系也是无限的、永恒的。②哲学上,联系是一个普遍概念。追寻"联系"的本质:(1)"联系性"直接是亚物质整形性的表达,亚物质整形性是事物普遍联系的根本;(2)作为名词的联系,是亚物质的代名词。

亚物质是本能物质自分形之后的相互作用亚物质。对于物质世界普遍联系的研究,不能追溯到比"相互作用"更远的地方。正如恩格斯在反对信仰主义谬论追溯事物关系的"终极原因"时指出"我们不能追溯到比对这个相互作用的认识更远的地方。"③普遍联系是一切事物、现象的本性。本能物质自分形是无条件的,本能物质自分形之亚物质也是无条件的、普遍存在的,因此,普遍联系是无条件的,任何事物之间都因本能物质自分形性而具有的本能表现。现实世界事物的普遍联系也是无条件的,因为世界万物的共同本质和基础统一于"物质系统",而物质系统中的亚物质是普遍联系的直接根本。亚物质,包括间物质(时间物质和空间物质)、信息物质(自己表达自己的物质,其核心是自己表达自己的并使别物"确

---

① 《马克思恩格斯选集》第3卷,第60页。
② 肖前、李秀林、汪永详主编:《辩证唯物主义原理》,人民出版社,1999年,第167页。
③ 《马克思恩格斯选集》第3卷,第552页。

信"自己存在的、存在于自身或其他物质的亚物质)、能量物质(游离态亚物质,它是推动物质自分形或整形的动力)、综合亚物质(比如场物质,是包括间物质、信息物质和能量物质的整体亚物质,又比如包含介质物质的亚物质,主要是指"介质流")。综合亚物质主要体现在机能物质研究中,它包括了各种中介物质、或者通过无数"中介"或过渡环节的无限的亚物质体系。我们所面对的、具有积极现实意义的"联系"的差别性、多样性、复杂性和条件性,是因为"一切以条件、地点和时间为转移"①表明了认识坐标性,不同的认识坐标对于同一"联系"的认识回得出不同的结果,但不管如何,任何有条件的、差别的、复杂的联系,都仅仅是亚物质普遍联系无限内容和无限链条上的"部分"。

涌生事物亚物质是具有能量性、时空性、信息性等的涌生物质综合体,以"意识"的相对独立为最高等级状态。

(二)亚物质整形运动的"能量"

能量在本质上是本能物质自分形不均匀性的外在表现之一,是游离态的本能物质。能量一旦产生,进入机能物质世界——作为亚物质的内容,对机能物质具有整形(力)作用,它是改变机能物质速度的原因。因此,现实的亚物质能量是整形运动的动力。

科学家们通过不同阶段的研究能量,了解和把握宇宙。人类对于宇宙能量的研究,随着新的试验事实和现象的出现而发展变化。1998 年,科学家提出了宇宙加速膨胀的观点,并认为宇宙中存在大量的暗能量。里斯说:"大约 10 年过去了,显然暗能量并没有远离我们……在过去的 10 年里,也证实了暗能量处于物理学中两个最著名理论——量子力学和广义相对论的交叉之中。"②

能量伴随着机能物质。在现实生活中,能量对人类的生存至关重要,它可以维持生命体的存在,可以传递信息。在人类史上,人类发现了从其生存的环境中获取能量的各种方式方法,比如,从最简单地收集各种果实,到燃烧,到行船,到水轮。后来,在积累了大量的实验与观察的基础上,人类制造出了蒸汽机,取代人力和动物力,获得巨大能量。人们对于"热"的本质展开了大量的研究和激烈的争论。随着研究深入,亥姆霍兹在 1847 年发表了《论力的守恒》,第一次系统地阐述了能量守恒定律,从理论上把力学中的能量守恒原理推广到了热、光、电、磁,以及化学反应等过程中,解释了运动形式之间的统一性。能量守恒与转化使得物理学达到了空前的综合与统一。热力学的第一和第二定律实现理论化。奥地利的物

---

①　《列宁主义问题》,人民出版社,1955 年,第 634 页。

②　胡德良编译:《暗能量究竟是什么》,载《物理学》,2007(12):7。

理学家路德维克·波尔茨曼把热力学与分子动力学的理论相结合,发现了宏观的熵与体系的热力学几率的关系,导致了统计热力学的诞生,他还提出了非平衡态的理论基础。20世纪20年代以来,引入了量子力学,建立了量子化学、统计人力学,同时使得非平衡态理论进一步得到发展;普朗克在能斯特研究的基础上,利用统计理论指出:各种物质的完美晶体在绝对零度时熵为零。

(三)亚物质整形运动表现为"时间和空间"

本能物质的"质"与"其分形质"之间整形,是通过它们的间物质实现的。亚物质的间物质是亚物质整形核心表现。亚物质整形是通过服务或约束自分形的运动来实现的,体现为亚物质的间物质;间物质包括时间和空间。间物质是运动的基本属性,即时间和空间是物质运动的基本属性。

本能物质自分形运动是以亚物质间物质方式表现的,任何物质的运动都必以一定的时间和空间的方式、特性表现出来。时间和空间是物质及其运动的基本属性和普遍形式。在物质自我辩证逻辑系统中,一方面表现着本能物质自分形运动的基本属性,另一方面表现着亚物质整形运动的基本属性和普遍形式。

运动是本能物质自分形的表现。时间与空间是物质运动的形式和内容,是物质自分形运动本身的固有属性;时空与运动不可分离,具体的时空特性与结构是相对的、有层次的、变化的;时空不是平直的而是弯曲的,在不同的点和不同的方向上,其曲率是不同的。"运动是(时间和空间的)非间断性与(时间和空间的)间断性的统一。"①辩证唯物哲学认为,"空间是指运动着的物质客体的广延性和并存性的秩序。时间是指运动着的物质客体的持续性、间隔性和顺序性。"②时间和空间是运动的表达,运动是本能物质自分形表现以后的自我辩证逻辑表达,因此,时间和空间是物质运动的基本属性。时间和空间与物质运动是不可分离的,没有离开时间空间的物质运动,也没有离开物质运动的时间和空间,"物质和运动的存在是绝对的,物质和运动的具体形态、特性则是相对的、多样的。"③"唯物主义既然承认客观实在即运动着的物质不依赖我们的意识而存在,也就必然要承认时间和空间的客观实在性。"④这里更加深刻地认为,运动着的物质不依赖我们的意识而存在,我们的意识只是人脑系统中的高级亚物质,由于意识的高度相对独立性,而集中表现出具有高度自由、高度能动性和思维能力的主观性,客观实在性是相

---

① 《列宁全集》第55卷,人民出版社,1990年,第217页。
② 肖前、李秀林、汪永详主编:《辩证唯物主义原理》,人民出版社,1999年,第88页。
③ 肖前、李秀林、汪永详主编:《辩证唯物主义原理》,人民出版社,1999年,第92页。
④ 《列宁选集》第2卷,第176页。

对于主观意识性的范畴,因此,时间和空间在本质上是客观实在的,但在人脑系统的亚物质子系统(意识系统)中可以具有意识的高度自由和能动的构建信息模式的主观性——但是这种主观性是源于意识来源的客观性的,因而并不影响时间和空间是客观的根本属性。时空观随着人类认识的发展而变化,比如牛顿的经典力学时空观、相对论和量子力学的时空观等,然而正如列宁所说:"正如关于物质的构造和运动形式的科学知识的可变性并没有推翻外部世界的客观实在性一样,人类的时空观的可变性也没有推翻空间和时间的客观实在性。"①

世界是物质的,是物质自分形运动的。运动的基本属性有时间和空间。同时,运动是时空的表达者,一是运动物体所经过的空间,是纯一、可分的;另一个是经过空间的动作,是不可分的。人类一直有两个世界:生活世界(或感性世界)和科学世界。科学的物理世界被认为是感性世界的本质,并把时间视为运动方程的一个基本参量,"把时间视为独立的变量,是近代科学最重要的特征"②柏格森说:"由于物理学在理论和实践上的巨大成功,使得'近代人一下便走到极端,并把物理学设想成了囊括了感性世界所有事物的、完美无缺的科学'"③,这种把物理学地位无限提高的观点,不符合科学与哲学的思维逻辑。

1. 关于亚物质时间

时间概念起源于过程的持续性,与太阳的东升西落等自然现象联系在一起,地球自转一周为一天,平均太阳日的 1/86400 定义为时间的基本单位"秒"。拆除制定时间标准具体内容的脚手架,就可抽象出"时间"的科学研究和哲学研究概念。

奥古斯丁曾经指出:"时间究竟是什么? 谁能轻易概括地说明它,谁对此有明确的概念,能用言语表达出来? 可是在谈话中,有什么比时间更常见、更熟悉呢? 我们谈到时间,当然了解,听别人谈到时间,我们也会领会。那么时间究竟是什么? 没有问我,我倒清楚,有人问我,我想说明,便茫然不解了。"④

"在某种意义上,凡对文化和社会文明感兴趣的人都必定以这种或那种方式考虑时间问题和变化规律"⑤,因此对时间的考问与人类文明一样长久。古代哲学家把时间归于感官的幻觉,比如赫拉克利特把世界视为永恒的活火的同时,却认为火运动的尺度——"逻各斯"——是不变的。古希腊非真实的时间观又表现

① 《列宁选集》第 2 卷,第 177 页。
② 柏格森:《创造进化论》,湖北人民出版社,1989 年,第 262 页。
③ 柏格森:《创造进化论》,湖北人民出版社,1989 年,第 271 页。
④ 奥古斯丁:《忏悔录》,商务印书馆,1977 年,第 242、241 页。
⑤ 普里戈津:《从存在到演化》,上海科技出版社,1986 年,第 7 页。

为循环时间观和流逝时间观两种具体的时间观。其中,循环时间观源于对自然和社会人事的观察,自然四季永恒运转,昼夜不断交替,具有周而复返、周而复始的特征,人类由此认定时间和运动是周期循环上演的圆圈。流逝时间观来源于人生的体验,人生有限,必有一死,人总是从幼年、童年,经青年、壮年,最后走到老年,直到死亡,这是一个不可逆转的、无法抗拒的、自在的永恒流逝的过程。

柏拉图认为时间是永恒世界的永恒摹本,即永恒的运动,它按照数而运转;亚里士多德认为,运动有快慢之分,而时间只是均匀的流逝,时间只是运动和运动持续量的尺度,借助于均匀的时间,运动才区分出快慢。中世纪的哲人们将世界一分为二:上帝和它的创造物。一方面,它为了维护上帝创世的神圣行为,反对反对循环时间观;二是肯定时间作为上帝的创造物的价值,但把时间之流内化为人之心中,否认了时间的真实性。人类社会正常运转中,需要一个外在于各种活动的、均匀的、可以量化的、绝对的衡量尺度,因而,作为一切存在的外在的绝对形式的绝对时间由此出现。牛顿认为:"绝对的、真实的和数学的时间,按其固有的特性而均匀地流逝,与一切外在事物无关。"①

时间总是与自由、存在和人生意义相关联的。康德意识到了自由与时间的内在关联,提出将时间与自由二分:时间隶属于现象界,而自由则在本体界才存在。柏格森则把时间与空间分开,强调时间的特殊性;柏格森认为时间就是创造,"如果时间不是某种力量,那么,为什么宇宙会以在我看来是绝对的速度来展开相继的状态呢?为什么这一速度是特定的而不是任意的?这速度为什么不能一举展现,换句话说,为什么不能像放映电影那样,一切都给一次给定呢?愈是深入地考察这点,我们愈是感到:未来是现在的继起,而不是与现在并列,因为未来不能全面由现在决定;这种继起所占的时间不是某个数目,而是一种过程,对置身于时间的意识来说,它具有绝对的价值和真实性,因为时间具有无穷无尽的创造性"②

关于亚物质时间性的研究,这里从海德格尔关于"时间与存在相联系"的某些观点开始,展开讨论。海德格尔把时间与存在相联系,把"时间"分为时间性和时间,他认为,时间性即此在(人)的根本存在方式,"时间性是原始的自在自为的出离自己本身",时间性不是一种现成的存在者,而只是一种出离自身的状态,是一种动态或过程,它只在绽出中有自身。时间性是时间的源头,时间是时间性的到时。时间性既然是出离、绽出,那么,绽出总是有时机和机缘的,时间就是指时间性绽出的时机或机缘。存在者正是借助某种机缘展现出来或开展出来,并认为只

①　转引自吴国盛:《时间的观念》,中国社会科学出版社,1996 年,第 137 页。
②　柏格森:《创造进化论》,湖北人民出版社,1989 年,第 264—266 页。

有在时间中或在人绽出时显示出来的存在才是真正、真实的存在,才是世界内的存在者。

海德格尔的时间性,并不是时间性本身,而是物质自分形性表达的一种属性内容。物质自分形性首先是以运动和间物质亚物质表达的,时间和空间仅仅是间物质亚物质的内容。海德格尔追求时间来源于时间性,时间性具有的"出离、绽出"本质上是来自物质自分形性的内容。他的时间性"出离、绽出"显示出来存在的观点,把"物质和时间"、"物质和运动"的关系本末倒置了。没有物质作为载体,时间性和时间什么也不是,时间性并非在于时间之先。时间性犹如空间性,是现实的存在物质世界的运动的性质,在物质自分形运动之前,时间是不存在的;时间不存在,时间性也是不存在的。

就单纯研究时间而言,应当把时间的本体界定为亚物质,时间和时间性的本体是物质自分形运动的间物质亚物质;而就单纯研究亚物质而言,应当把其本体界定为物质,例如意识亚物质的本体是物质。打乱本能系统的辩证物质"自分形(大前提)——整形(小前提)——博弈妥协系统(结论)"逻辑,抛弃时间和空间的唯一物质本体,寻求或者捏造其他的本体而展开的逻辑自洽的理论研究,都是缺乏根基的空中楼阁理论,最终是经受不住辩证唯物主义考验的。

2. 关于亚物质空间

空间的概念起源于物体的广延性。日常生活中,空间的概念是非常明确的,比如房子的空间、容器的空间。抽离空间的具体脚手架内容,可以进入科学和哲学的空间概念研究。

一直以来,空间概念的研究存在两种:一是绝对空间:空间是独立的、是客观存在的真实客体;二是属性空间:空间是物质的广延、是物质的属性。17 世纪的牛顿在《自然哲学之数学原理》中说:"绝对的空间,其自身特性与一切外在事物无关,处处均匀,永不移动。"①牛顿物理学中加速度概念需要一个绝对空间参考系,20 世纪初期爱因斯坦在继承绝对空间概念的基础上提出狭义相对论,提出广义相对论之后,他抛弃绝对空间概念,支持属性空间概念,对此,爱因斯坦说:"我要指出,空间—时间未必能被看作是一种可以离开物理实在的真实客体而独立存在的东西。物理客体不是在空间之中,而是这些客体有着空间的广延。"②

1687 年牛顿在《自然哲学的数学原理》中发表了他的引力理论:"宇宙中每个

---

① 牛顿:《自然哲学之数学原理》(王克迪译),北京大学版社,2006 年,第 4 页。
② 爱因斯坦:《爱因斯坦文集(第一卷)》(许良英、范岱年编译),商务出版社,1976 年,第 560 页。

质点都以一种力吸引着其他各个质点。这种力与各质点的质量乘积成正比,与它们之间的距离平方成反比。"引力是万有的。牛顿引力理论中,时间就时间,空间就是空间,引力相互作用的传递不需要时间,而是在空间上瞬间传递的。1905 年爱因斯坦打破牛顿绝对时空观,提出狭义相对论,无论光源如何运动,真空中的光速对于不同的观测者都是有限且一样的,而且任何相互作用的传递都不能超过光速。认为时间和空间是相对的。1915 年爱因斯坦为了协调牛顿引力理论和狭义相对论,提出了广义相对论。引力被解释为时空几何的弯曲,它直接由时空中的物质的能量动量张量决定。比如地球对于苹果的引力,其源于地球巨大的质量扭曲了地球周围的时空,苹果在被地球扭曲的时空向地心运动:地球扭曲的时空,就像在一张蹦床中间放置的一个铅球,改变了蹦床的形状,苹果犹如蹦床上再放置的一个网球,在蹦床上向铅球的中心滚落。看上去,就像是这个铅球在吸引这个网球向它靠拢。牛顿理论理论中引力是瞬时传播的,因此没有引力波;但广义相对论中物质对时空几何的影响不是瞬时的,引力相互作用传递的速度不能超过光速。这种传播速度的限制导致引力波的存在。加速一个有质量的物体时,这个物体所产生的时空弯曲所发生的变化会以光速像波一样向外传播。这就是引力波。1916 年爱因斯坦写下了广义相对论中引力波的精确公式,从而预言存在以光速传播的引力波。有质量物体周围的时空是如何被扭曲的? 从亚物质整形运动的时空研究角度来看,关于时空弯曲可以这样理解:(1)有质量物体扭曲周围时空的动力来源于其自分形,时空的本性是有质量物体的自分形的涌生事物亚物质;(2)理想的绝对独立的有质量物体能够扭曲其周边直至无穷的时空,周边至无穷远的时空被扭曲的程度依次减弱;(3)任何有质量物体都是独特的,都具有自分形独特个性的唯一周围扭曲时空,不同有质量物体相互作用,即不同时空相互叠加,会产生引力波——加速一个有质量的物体时,这个物体所产生的时空弯曲所发生的变化会以光速像波一样向外传播。

在研究中,空间是相对于参考系而言的,不同的参考系和坐标系就是不同的空间;不同的空间,观察到的物质分布状态变化的快慢是不同的,即空间和时间都具有相对性。

时间和空间作为统一体间物质亚物质是不可分离的,可以采用参考系和坐标系开展研究,即研究的时间和空间具有相对性,但在本质上,时间和空间作为本能物质的间物质亚物质是绝对的。

(四)亚物质整形的牵引核是"信息"

20 世纪 40 年代,申农的《通信的数学理论》《在噪声中的通信》,维纳的《控制论》拉开了关于信息的独立研究。申农提出了经典的信息概念,认为要产生不定性减少,就要有信源与信宿,提出了信息的传输与识别等等一系列问题。维纳认为,信息就是信息,不是物质,也不是能量。随着信息研究的深入,主要表现出三个方面内容:一是表现为对申农、维纳信息概念的继续讨论,二是研究各个领域信息的表达、存储、传输、传播等等,三是对"信息是什么? 信息何以为信息?"的哲学研究。"就近来对信息研究的情况而言,无论是大类划分:机械信息学、生物信息学、人类信息学等等,还是分门别类:物理信息学、化学信息学……即各种单科信息学等等,都从不同的领域表达了对信息问题的见解,用各自学科的语言阐述着自己的观点。但是,这些讨论从总体上说都是对信息问题的个性研究(虽然,有人称信息学,有人称信息科学,在当前的实践中,都无碍大局)。"①这里主要从哲学角度研究信息本质。

1. 信息的本质是整形性亚物质

"信息就是信息,不是物质也不是能量。不承认这一点的唯物论,在今天就不能存在下去。"②邬焜教授说:"信息是标志间接存在的哲学范畴,它是物质(直接存在)存在方式和状态的自身显示。"③信息的本质不是物质本身,它是物质系统的亚物质范畴,具体说是指信息物质。信息物质,不是能量亚物质,也不是间物质亚物质,它是本能物质(基质)、能量物质、间物质亚物质、其他信息物质的相互关系的揭示且具有"可信可息"意义的亚物质,例如"它是物质系统所具有的,在物质与物质的相互作用中,具体物质(确切讲是物体)、能量的取值(参量)或取义(暗喻)。"④近代哲学家洛克曾经指出:"我们在考察各种实体时,往往当它们是各个自存的,认它们的一切性质都是在自身以内存在,而且与别的事物不相干的。……各种事物本身似乎是绝对的、完整的,可是它们所以有我们所见的各种明显的性质,只是因为它们是自然中别的部分的扈从。它们的可观察到的性质,行动和能力,都导源于外界的一些事物。而且我们在自然中所知的任何部分,不论怎样完备,怎样完整,而它的存在和优点,都只是由其邻居来的。"⑤信息亚物质是指由邻居而来的可信可息的相互作用亚物质。它包括三个方面的内容:一是指消除不确定性的"东西";二是表达确定性的东西;三是可信可息的东西。信息是亚物

---

① 黄小寒:《从不同领域信息学的比较研究再论信息的本质》,载《自然辩证法研究》,2005(12):87。

② 李升:《控制论与信息情报》,载《情报理论与实践》,2001(6)。

③ 邬焜:《信息哲学——理论、体系、方法》,商务印书馆,2005年,第45-46页。

④ 黄小寒:《从不同领域信息学的比较研究再论信息的本质》,载《自然辩证法研究》,2005(12):89。

⑤ 洛克:《人类理解研究》,商务印书馆,1983年,第579—581页。

质中的信物质,包括两个方面,一是对信宿不确定性的消除的信息;二是对信宿确定性的表达的信息。通常研究的信息是指第一种,即信息是对信宿不确定性的消除,因此,只要是消除了信宿对特定事物的不确定性,这个消除不确定性的"东西"就是信息。第二种信息是指,对于"过去的"、"知道了的"东西,已经是确切的信物质,不属于"消除不确定性的东西",它在当前研究中通常属于信息中的知识。

信息亚物质是整体亚物质整形的牵引核,也是本能物质体系的牵引核。信息亚物质的三大特性,一是消除不确定性,二是表达确定性,三是可信可息性。这三大特性统一决定了信息亚物质在亚物质整形过程中的核心牵引功能地位,也决定了本能物质体系中信息亚物质的核心牵引地位。信息是亚物质的核心内容之一。信息不是独立物质,是必须以质为载体的,仅仅是可以依附于质的、可以复制的和被识别共享的相对独立物范畴。信息区别于"质"的规定性,它是反映和标识"质的规定性"的一般匹配的相对独立等价物。信息,从字面来理解,"信"具有认识和感知的意义,即来源于事物、反映事物和描述事物的"可信"问题。息,具有运动与静止的转换意义,即一切事物的相互作用——存在、联系、运动和发展的统概意义。消息,从字面意义理解,消即消除庞大的、无穷的、复杂的一切事物的相互作用的不确定性所表现出来的即剩余的那一部分——"息"。信息区分为三类:一是狭义的信息,即申农信息论,不注重信息的内容,而重视信息传递形式和方法。二是广义的信息,即质的反映、认识描述的一般相对独立等价物,比如符号、文字(包括知识和智慧)、图像、态势等等,人们在日常生活中获得的信息。三是机制信息,即系统内部自组织涌生事物亚物质的自复制分形遗传和变异的超循环质机制性相对独立意义及其载体,主要表现在生物体的遗传和变异,表现在物种的延续(个体生命体的死亡和新生命体的诞生的超循环系统内部机制意义)。

2. 信息亚物质整形是运动的

信息的本质是亚物质,它与能量和时空是紧密联系的。信息在表达确定性和消除不确定性方面具有不同的水平:一是,对于表达自分形性的确定性,"信息是分形成一个不同的不同";二是,对于消除不确定性,信息对于不同层次的事物来说,可以有相同的或有相似的信息模式。信息作为亚物质本身是具有来自本能物质自分形性的运动变化性,或者说信息本身也有进化,这种进化是通过信息"涌现"而发生的,即基质信息相互博弈作用可以生成具有"涌现亚物质"信息系统,比如人脑的思维性推理和创造过程。因此,从系统科学角度看,信息是不适合直接还原,可以有条件地还原。"今天的世界,由于赛伯空间和虚拟现实的出现,令人眼花缭乱。那么,赛伯空间和虚拟现实的本质是什么? 实际上,是信息的运动。"①信息亚物质整形,可认为是同物质世界的物质能量过程并存的相对独立的特殊运动过程。信息亚物质整形过程存在于一切物质的互动之中,包括人与人之间、人与机之间、动物界与植物界之间、一个细胞与另一个细胞之间的信号交换。信息亚物质整形是运动的——它普遍存在于整个物质世界,是富于一切运动形式之中的。当信息亚物质整形运动,被其他事物反映出来就形成了"反映信息"(或"认识信息",对于人而言于是存在"原型世界"和"信息世界")。不管信息处于本能物质体系,还是处于认知事物体系,信息亚物质整形都是运动的。

3. 机制信息是亚物质整形的牵引核

亚物质整形,是指包括了能量、时间、空间和信息一体的整形支配。其中,信息亚物质是整体亚物质整形的牵引核——根本缘由本能物质系统自分形的机制信息。信息本体论与认识论是紧密联系的。哲学研究的信息主要是机制信息和认知信息,其中的机制信息主要是本能物质系统中的机制信息,包括本能物质(基质)机制信息、亚物质机制信息、机能物质机制信息等,这是信息本体论的问题;其中的认知信息是指以人为中心获取的信息,是科学研究的内容,也是哲学的信息认识论方面的内容。单纯的信息本体论是指信息亚物质论。就信息本体论而言,信息是客观的,因为信息是亚物质,它一方面是指物质或物质的亚物质本性(其包括了意识亚物质),意识本身是亚物质的内容;另一方面是以人为中心或标准的相对意识而言的自在性,包括了对感觉与知觉而言的自在和对思维与意识而言的自在,它们的产生和存在与意识无关,即独立于意识。

在机制信息方面,艾根认为"变异度与差异、多样性这一类概念属于同一序列,具有很高的概括性和灵活性……用变异、差异、多样性来理解信息,还可容纳多种等级的质的内容。"②陈定学认为:"世界上所有的物质形态都有可能产生、发出、传递、接受并存储信息。信息广泛存在于一切事物与一切过程之中。所以信息并不仅仅是人类反映、认识的结果。……信息就是系统的密码,就是构成系统的元素排列组合所形成的密码。这些密码是系统组织状态的度量与反映。"③世界上可以不存在人类,但不可能不存在信息。运动是物质的属性,信息是物质运动的亚物质。信息是物质自分形表达的亚物质比如能量、时间、空间之间关系不

---

① 黄小寒:《从不同领域信息学的比较研究再论信息的本质》,载《自然辩证法研究》,2005(12):90。

② 中国社会科学院:《哲学探索集》,中国社会科学出版社,1988 年。

③ 陈定学:《究竟什么是信息》,载《中州学刊》,2006(11):240。

均匀程度,可以看作物质系统的内在机制排列组合的有序化形式,也可以是不同物质系统之间互相联系的一种组织机制形式,揭示了一切事物进化的本质,因此,信息亚物质,就机制信息而言是任何一个物质系统的组织性、复杂性的自分形性的整形过程的标志,是亚物质整形的牵引核。

4. 认知信息是有人参与的认识和改造世界的亚物质整形牵引核

信息认识论是讨论信息如何被如实地认识的问题,其实质讨论的是认知信息问题。在信息本体论的基础上,"对人而言,物质的信息怎样却与人的感觉和意识相关,对感觉与意识具有不同的依赖性。……在认识的过程中,人的认识是由与观察对象间的相互作用及其间的想象和理论的混合结构组成的。……也就是说,人对信息的认识与提取与自身情况相关,具有人的选择性、价值取向。……实际上,一个事实是不是客观的,不是看出来的,而是对这一事实附加的一个哲学判断。"①"物质——意识"系统则为信息的普遍存在、永恒运动提供了相应的结构。信息能够被认识,本质上是因为意识的亚物质相互作用"反映"本性②,具体只管而言,一是物质具有不依赖人的精神意识、感觉经验等而独立存在的客观性。二是物质具有能被人的眼、耳、鼻、舌、身等感官同时感知的实在性。信息的获得,有三种基本方法:一是裸匹配,即直接获得匹配的信息,比如感官直接获得的反映;二是调制匹配,比如通过科学技术等中介获得的反映和认识;三是解调匹配,通过科学技术或机制等反调制而获得反映、认识和存在的匹配。通常信息都是复杂的混合方法。信息和能量是守恒的:一方面信息来源于信源是守恒的;另一方面,信息在抵达信宿过程中,深入会受到干扰,造成信息的丢失,并不是信息本身的缺失,因为该信息和干扰(信息)整体是守恒的。

信息的存在需要物质载体,需要通过文字、语言、图像等具体物质形式表现出来。认知信息是整个人类社会演化发展的牵引核。人类社会的发展过程,就是认知和科技(信息)牵引实践改造世界发展的过程。当前,认识信息及其技术牵引人类发展尤为巨大。邬焜在《信息哲学——理论、体系、方法》一书中认为,信息科学技术对信息的发掘利用,使人们发现了新的世界,即信息世界。"信息世界的发现从根本上改变了人们对世界构成的理论,提供了全新的事物存在与演化的世界图景和思维方式。"③

---

① 转引自黄小寒:《从不同领域信息学的比较研究再论信息的本质》,载《自然辩证法研究》,2005(12):89。
② 后面认识论将详细讨论。
③ 邬焜:《信息哲学——理论、体系、方法》,商务印书馆,2005年,第14页。

四、机能物质性——涌现性——"组织 + 功能"

任何现实物质都不是一个囫囵整体,通常都作为本能物质系统内部的子系统(基质)而表现出相应的机能,称为机能物质。机能物质主要包括基质物质、亚物质和涌生亚物质(结构功能、层次转化、整体优化、差异协同、自组织涌现等)的整体机能。

(一)机能物质涌现性

机能物质作为本能物质的自分形物质,它是指普遍联系物质世界中的"现实"物质。机能物质离不开现实的普遍联系,即机能物质之间普遍联系是综合亚物质整形。综合亚物质的亚物质整形性即是机能物质系统的"非整体非部分、亦整体亦部分"涌现特性。从系统科学角度来看,亚物质就是涌生事物。在世界事物之间,相互联系、相互作用是普遍的,它们都是系统内部的组分之间的普遍关系。假定,系统内部的"组分与组分之间"的"以相互作用为核心形成的统称",在研究中能够作为一种特殊的相对独立的事物"抽象"出来,即"相互作用"生成的承载涌现的事物,称为"涌生事物亚物质"。涌生事物亚物质是为了解释涌现而专门假设的一个系统科学研究概念。它的目的只有一个,就是作为涌现的直接承载而解释涌现机能;它的存在就是"非整体非部分、亦整体亦部分"特性的具有层次结构和关系具体形态的综合流,它不能自在独立,只能依附在组分事物作为系统内部"不可分割"的相对独立研究对象。

20 世纪 20 年代,在生物学领域,机械论和活力论的思想论战被科学界和哲学界关注。机械论者用分析的方法把生物问题还原为物理和化学问题,把复杂的生理和心理过程看成是各部分的机械相加,指出了机体的部分物理化学机制,但无法解释复杂的生命体统一特性。活力论者则认为生物体内存在着一种特殊的"活力",生物体内的整个生命过程就是由这种超自然的力量支配着,具有神秘主义色彩。因此,贝塔朗菲提出"机体论"代替机械论和活力论。他指出,各种有机体都是按等级组织起来的,是分层次的,从活的分子到多细胞个体,再到个体的聚合物,各层系统逐级地组合起来,成为越来越高级越庞大的系统。机体论的"结构"和"层次"特性,就整体而言是具有系统的"非整体非部分、亦整体亦部分"特性。"结构"和"层次"不直接的是整体,但它们支撑整体,它们不直接的是部分,但它们连接部分,它们作为"非整体非部分、亦整体亦部分"而承载着涌现现象。

"非整体非部分、亦整体亦部分"是由苗东升老师在研究系统生成的"微"时提出的,这里将"非整体非部分、亦整体亦部分"进行完善,因为它对于直观的描述和理解系统内部涌现的承载,对于透视系统涌现的本质,对于说明涌现的存在都具有积极意义。"非整体非部分、亦整体亦部分"所表现的核心理念就是"不可分理念",即是系统科学的核心理念。"非整体非部分、亦整体亦部分"说起来有点神秘(与系统中的涌现神秘密切相关),但又能够提供一种直观理解,而这恰是选择它作为解释涌现的积极因素。

国内系统生成论的研究主要有三种观点:有生于有、有生于无、有生于"微"。金吾伦提出"生成子"的观点,李曙华提出"生成元"的观点,苗东升提出"有生于微"的观点。"生成子"、"生成元"和"微"大体是同一个意思,苗东升认为:"微或生成元是一种非整体非部分、亦整体亦部分的存在形式,生成过程既是分化过程,又是整合过程,包括系统自身组分的分化与整合,以及系统与环境的分化与整合。""从信息观点看,作为一种特殊存在状态的微本质上是一种信息形态的东西,它只需要极少量的物质载荷、极少的能量传递,却包含着生成某个未来系统的核心信息。现代科学提出的生成元就是系统生成过程起点的那个微,如哺乳动物的受精卵……科学家头脑闪过的灵感等,都是生成过程起点的微。"①"微"的核心是"非整体非部分、亦整体亦部分"的特性,该特性贯穿系统创生、演化和死亡的整个过程。在系统中,"微"是如何从无到有存在的?"微"在什么条件下才能够显现,显现以后又是如何存在于系统中的?"微"和涌现的关系如何?"微"生成为稳定的"层次"和"结构"以后又是如何使系统成为整体的?……这些都是值得深入探讨的问题。

经典科学遵循简单性基本原则,经典科学的终点在于被认为太过复杂难以涉足的领域,而这恰是复杂性科学的起点。经典科学采用"拆零"的方式,使世界简单化,用简单代替复杂,而事实上,系统在生成及演化过程中"以不断变化的形式引起永恒的新奇性和新的涌现现象"②这些不能用经典科学分解——还原的方法约化为简单性。随着系统科学和复杂性科学的发展,经典科学意义上的简单性原被抛弃了;然而透过复杂系统理论和复杂性科学寻求复杂性下简单的机制,是研究复杂性的目的——获得从简单机制把握复杂的机制规律和原则(当然经典科学的简单性原则不适用于复杂性科学)。经典科学,把"非整体非部分、亦整体亦部分"忽略了,或者把"非整体非部分、亦整体亦部分"直接还原划归了组分,导致经典科学的简单性原则不能适用于具有涌现现象("非整体非部分、亦整体亦部分"特性不能忽略)的整体性问题。"复杂性科学强调世界的复杂性,不但没有否定简

① 苗东升:《系统科学精要》,中国人民大学出版社,2006年,第39页。
② 霍兰:《涌现:从混沌到有序》(陈禹等译),上海科学技术出版社,2001年,第5页。

单性原则,恰恰证明了在事物复杂性的背后依然存在简单的规律。"①因此,探讨复杂性问题的内部简单性机制(内在机制原理),要求我们研究"非整体非部分、亦整体亦部分"特性,即涌现特性。

(二)机能物质系统的涌生事物亚物质组织——秩边流组织

机能物质系统中的亚物质涌现生成涌生事物。涌生事物在机能物质系统中是一种"组织流"。因为涌生事物亚物质是一种抽象的综合流。在系统内,组分之外的统称为亚物质组织流。流是系统的内环境,准确地说又是系统内组分(子系统、元素、要素、部分)的外环境。在系统中,流呈现的形态就是层次结构形态。结构和关系,作为脱离"组分"的相对独立研究对象,它是作为流的形态表现出来的,是以系统内外部的物质、信息和能量的相互交换为核心的综合描述。

苗东升认为,"结构是由系统元素相对稳定的关联所形成的整体构架"的定义虽然有助于理解结构的丰富内涵,但也有值得商榷之处。构架是越来越流行而尚无统一理解的用语,有些文献讲的构架就是结构;用含义不甚明确的概念来定义另一概念,逻辑上不合理。② 结构就是要素之间互动互应方式的总和。③ 组分之间互动互应的总和(不包括组分),本质上是秩边流组织的描述。首先,结构是秩边流整体的存在形态描述,是一种存在。其次,结构才能被从多个角度去考察和研究。秩边流模型中的边流组织是机能物质的亚物质系统,具体表现如下:

(1)边流组织结构的存在性。没有秩点就没有边,没有边就没有流,没有流就无法承载结构。系统组分事物边之间的统称为流。组分秩点"边"之间,不是真空,是包括了物质、能量和信息的混合体,它自然是一种存在。流结构具有存在性,准确地说是亚物质存在性,这是流结构形态能够展开丰富研究的基础和前提。

(2)边流结构的时空特性。边流组织作为亚物质,本身就包含了时间和空间等间物质亚物质。不同的秩点在不同的空间整合的系统的边流的结构描述是不同的,如上下、左右、前后等。秩点之间的相互支撑、相互制约的边流的空间结构关系,称为边流的空间特性。比如窑洞、平方、板楼等空间结构。边流在不同的时间,不同的阶段,具有不同的动作,这些不同时期、阶段的运动关联、衔接、过渡的方式,形成边流的时间结构描述;比如抗日战争的三大阶段。

(3)边流结构的动态特性。本能物质是自分形运动的。机能物质流亚物质也是运动的。因此,流的结构描述也是具有动态性的。流的静态形式的结构描述,

---

① 崔东明:《复杂性科学需要简单性原则吗?》,载《系统科学学报》,2012(2):14-18。
② 苗东升:《系统科学大学讲稿》,中国人民大学出版社,2007年,第29页。
③ 苗东升:《系统科学大学讲稿》,中国人民大学出版社,2007年,第31页。

称为框架结构,体现的是组分之间、秩点之间固定的连接方式和关系的流的状态描述。流,在动态情况下,根据流的动态特性,系统在其工作运行中显示出来的组分互动、秩点互动方式及关系的流的动态状态描述,称为流结构的运行结构。汽车的固定结构是框架结构,汽车运行时的流的状态描述,是汽车的运行结构。文章的章、节、段落是框架结构,文章的作者文思及文章安排是运行结构。

(4)边流结构的软硬特性。根据系统的秩点的物质、能量和信息的组合,物质方面的边流的状态描述是系统的硬结构,能量和信息方面的边流的状态描述称为系统的软结构。从另一角度说,显在的、容易把握的、具有普适性把握的"硬性的"结构称为硬结构,难以把握的、潜在的、因人或参考坐标不同而把握不同的"软性的"结构称为软结构。电脑硬件连接方式,是硬结构,软件则是软结构;社会系统中,职务关系、行政关系、财政关系等属于相对硬结构,而思想、感情、文化等方面则属于相对软结构。

(5)边流结构的形式和方式性。系统科学把结构定义为组分或要素之间关联方式的总和。说明结构具有方式性,组分与组分之间不同的关联方式,具有不同的结构。本质上讲,不同的关联方式,即是边的不同相互作用的方式。通常而言,系统的关联方式是多种多样的,穷尽研究一切关联方式是不可能的,有些关联方式是主要的,有些关联方式是次要的,有些关联方式是可以忽略的。根据人的研究需要,人们总是选择一部分合适的形式和方式来研究系统,比如链式结构、环形结构、树状结构、嵌套结构、塔式结构、网络结构等。

(6)边流结构的关系性。系统科学的结构,是边相对稳定的关联所形成的流整体的描述,是组分与组分之间的关联方式的描述。在关联方式"关联"的同时形成了关系。组分与组分之间的关系是复杂的,要素之间的关联本质上是双向的。相互联系、相互作用、相互制约、互动互应,系统中一个要素变化,原则上其他任何要素都要受影响——同时影响的变化反馈作用要素的变化——形成对要素变化的回应。流结构,作为系统的边相对稳定的关联所形成的流整体的结合与构成性描述,如果系统内的秩点与秩点的相对稳定关联形成的流整体的结合性关系描述,则称为流结构的关系。

(7)边流结构的层次网络特性。由于系统的边的不同,边与边组成子系统的不同,在一个系统中,流的不同部分可以区分为层次;另外,流,由于秩点的立体排列与组合,边之间的总合形成秩点间隙的网络状态及其表现的性质,即流的网络特性。系统的层次理论中,只要是系统,至少有两个层次,即组分层次和整体层次。

（三）机能物质系统的整体功能——秩边流效应

秩边流效应的核心表现为涌现效应。涌现的基础是秩点组分为根本，边流结构和关系为直接承载，信息为牵引，微小涨落为动因。没有秩点组分承载的边流结构是无法具体存在的。总的看来，系统的边流效应研究跟系统的组分质料、组分数量、组分边流结构具体形态和环境都有关系。苗东升教授认为，涌现来源于四种效应：组分效应、规模效应、结构效应、环境效应。参照之，可把系统的"边流效应"也划分为四类：

（1）秩边流效应之组分效应。对于系统科学来说，组分是重要的，钻石项链系统和玻璃项链系统是重大区别的。巧妇难为无米之炊，给一堆沙子，神仙也难以造出可口的食物。很显然，组分（系统秩点）的基质、特点、长处和短处等是造就系统整体特性的实在基础，或者说是唯物论基础，它决定了系统只可能是什么，而不可能是什么。同秩边闭合体就是秩点，同秩闭合边包囊的基质的不同，形成不同是秩点。在系统研究中，重视不同秩点组合成系统的研究，即系统有两个要点：多元和异质。苗东升认为"二者对系统整体涌现性的形成都是不可或缺的"①，浅以为，多元同质的系统，也是有可能产生涌现的，比如同一水气体分子系统的液、气、固化涌现现象。系统涌现产生，满足边流效应就必然产生涌现，边流效应的大小——能够达到适可而止研究的地步——通常是具有多元和异质的组分基础的。人本身是一个复杂体，是异质的系统，对于系统涌现的认识和需求，直观性和经验性在于具有多元和异质的系统涌现。比如，单调不成音乐，单一动作不成舞蹈，美丽涌现在于多元和异质的有机涌现。

（2）秩边流效应之规模效应。流的不同质边的多少，决定流的组成和性能，也决定流在系统中的作用。因此，系统的规模大小的不同可能对系统的属性和行为产生不可忽视的影响。这就是系统的规模效应。它的本质是边的规模形成的流的规模对流的属性变化，进而产生对系统整体的属性和行为、功能的影响。规模是形成系统整体涌现性的必要根据。一不成为系统，也是不具有涌现性的。这就是没有规模的。两个以上的事物及其对应流的统一体才称为系统。人多势众，众人拾柴火焰高，是直观的规模效应体现。但是，我们研究系统，是为了认识和改造系统，落脚点是实践，因此，研究系统规模并非越大越好，适可而止。

（3）秩边流效应之环境效应。一般系统都是开放系统，都存在环境效应。环境对于系统的秩点以及流的边、边的流影响都很大，如果系统环境中的事物，突破系统边力，通过流道进入系统，影响系统的物质、能量和信息，如果在流边力的控

---

① 苗东升：《系统科学大学讲稿》，中国人民大学出版社，2007 年，第 23 页。

制范围内还好,如果超出了流边力的控制范围,可能突破流边进而影响秩点,从而整体的影响系统的涌生事物亚物质,进而直接影响系统,甚至导致系统崩溃。当然,系统的正常的物质、能量和信息需求是通过流的吸引力或系统的能动力,将环境中的负熵吸收进系统,通过流道输送和分配给不同的部分——通过边渗透提供给秩点,进而维持秩点的自我发展变化的相对稳定性——从而使系统整体涌生事物亚物质相对稳定,即系统相对稳定。在吸收负熵的同时,秩点也将正熵通过边渗透到流,由流输送到系统环境之中。

(4)秩边流效应之边流结构效应。边流效应的结构效应研究是最为复杂的,也是系统科学的重点。流的层次结构形态是边流效应之结构效应的具体表现,这在上节已经有详细讨论。

五、本能系统物质演化性——以宇宙大爆炸理论为例

时空总是和运动相互一致的。物质自分形不会停止,运动不会穷尽,时空不会穷尽。20 世纪,人类的宇宙观经历了三次剧烈的冲击。第一次是 20 世纪初,爱因斯坦的相对论使人们认识到宇宙根本就不是我们所想象那样是坦荡平直的,而是弯曲崎岖的;第二次是 20 世纪 30 年代至 60 年代,"宇宙大爆炸"理论从提出到获得天文观测证实,指出宇宙是有一个开端,也是有限的。第三次是 1998 年,科学家断定:宇宙正在加速膨胀。大爆炸宇宙学认为我们的宇宙形成于 2×10^{10} 年以前开始的膨胀,太爆炸发生在 10^{-43} 秒。这就是时间的开端。时间有开端,宇宙有开始,表面上看,这与唯物主义哲学不相容。实际上,这里涉及对研究对象的界定。首先宇宙并不直接等同于辩证唯物主义的"物质",宇宙学中的宇宙是人类所认识的宇宙,它不直接等同于世界的本体,也就是说,在当前宇宙学的"宇宙"之外,可能还存在其他的人类尚未认识的"宇宙"。其次,当前科学研究的时间,来源于"特定的"宇宙物质运动的描述。根据本能物质的"自分形(大前提)——整形(小前提)——博弈妥协系统(结论)"自我辩证逻辑,并不能直接得出当前所认识的宇宙物质就是物质本能系统本身和全部。这里立足物质本能辩证逻辑思维,对宇宙大爆炸理论进行相关思考,将具有积极的哲学意义。

(一)关于大爆炸宇宙理论模型

大爆炸理论是关于宇宙形成的最有影响的一种学说,大爆炸理论诞生于 20 世纪 20 年代;40 年代美国天体物理学家伽莫夫等人正式提出了宇宙大爆炸理论;50 年代,人们开始广泛注意这个理论;60 年代,诺贝尔物理学奖获得者彭齐亚斯和威尔逊发现了宇宙大爆炸理论的新的有力证据——宇宙背景辐射,并证实其是宇宙大爆炸时留下的遗迹,从而为宇宙大爆炸理论提供了重要的依据;20 世纪,集科学的智慧和毅力一身的在霍金对于宇宙起源后 10－43 秒以来的宇宙演化图景作了清晰的阐释。至此,大爆炸宇宙模型成为最有说服力的宇宙图景理论。然而,至今宇宙大爆炸理论仍然缺乏大量实验的支持,而且我们尚不知晓宇宙开始爆炸和爆炸前的图景。

2004 年 5 月 22 日发表于英国的《新科学家》(NeW Scientist)杂志的一封《致科学界的公开信》阐述了一些反对的意见,主要如下:

(1)大爆炸理论越来越多地以一些假设,一些从未被实证观察的东西作为自己的论据:暴胀、暗物质和暗能量等就是其中最令人震惊的一些例子。

(2)大爆炸理论没有任何量化的预言得到过实际观测的验证。该理论捍卫者们所宣称的成功,统统归功于它擅长在事后迎合实际观测的结果,它不断地在增补可调整的参数,就像托勒玫的地心说总是需要借助本轮和均轮来自圆其说一样,或许,大爆炸论并不是理解宇宙历史的唯一方式。

(3)我们尚不知晓宇宙开始爆炸和爆炸前的图景。比如,大爆炸以前的宇宙是个什么样子?按说应该是虚无的,连时间和空间都没有。可是,如果什么都没有(包括那个"原子火球"),爆炸又是怎么发生的呢? 一粒比灰尘还要小的微粒,竟能容纳整个宇宙的压缩质量?

宇宙大爆炸理论,是基于观测和一些规律、现象的假说。这个假说,在没有绝对被证明之前,是值得商榷的。现在多数宇宙学家都认为,在大爆炸之前,没有能量、物质、时间和空间。或许问:如果什么都没有,爆炸怎么会发生呢? 而且,宇宙这种"无中生有"的起源是与热力学第一定律不相符的。

一个科幻小说题材中,一个人绕宇宙旅行一周后又回到了出发点。然而霍金告诉我们:"这实际上并没有多大意义,因为一个人还没有来得及绕一圈,宇宙已经坍缩到了零尺度。你必须旅行得比光波还快,才能在宇宙终结之前回到你的出发点——而这是不允许的!"对于时间来说,它有开端和终点,如同一条绳子的两端,也就是有边界的;当人们将广义相对论与量子力学结合起来的时候,我们就可以将这条绳子的两端连起来,使时间和空间都成为有限的,并且是无界的。在这里,时间和空间指的是一般自然的时间和空间,然而,在宇宙大爆炸瞬间,一切的常规物理学定律都失去了效力——其是否也意味着,当前研究的一般自然的时间和空间,也失去了效力;或者说:当宇宙开端及开端前,目前一般的时间和空间概念及其研究对象(包括目前时空)都失去了效力——它所对应的是另外一个层次的时间和空间。因此,从辩证思想的角度来看,纯粹严格地讲,宇宙是没有开端的——它的开端是先一层次世界的结束,是另一层次世界的开始,可永远无穷的往前延伸……但,从我们一般自然(这个层次世界)的时间和空间研究角度来看,宇宙是有开端的——从这方面讲,可以有条件的支持宇宙大爆炸理论。

(二)基于本能系统物质的宇宙统一问题

科学家们一直试图寻找一个单一的理论来完整的描述我们的宇宙,这也是爱因斯坦的梦想,他晚年致力于这方面的工作,但是由于当时的科学条件,他的梦想没有实现。现在科学看来,大统一理论已经初见端倪。科学家们已经在实验中证明,在大于100吉电子伏的能量下(这个能量被称为"弱电统一能量"),弱力和电磁力之间的差别完全消失!同时科学家们预测,当能量更大时(大约在一千万亿吉电子伏)——我们称为大统一能量——强力、弱力、电磁力的差别将消失,这三种力的统一就是"大统一理论"。

从哲学角度看,从批判的科学角度来看,大统一理论的特点有两个方面:一、理论形式是非常简单的;二、理论展开内容却是统一一切的无穷复杂的;其使这两方面符合"批判的科学"的完美结合——能在"批判"中不断展开演变,也能将不断地展开演变无穷统一于该理论。物理学或宇宙学正探索这个问题,从哲学层面也可以探索——科学和哲学走向汇合——具体体现是:本能物质自我辩证逻辑表现的自分形不均匀性和亚物质整形性的对立统一理论。

基于本能系统的物质宇宙大爆炸后,宇宙开端前、宇宙开端及宇宙开端后是一个连贯的系统整体。1948年,伽莫夫等在美国《物理评论》杂志上发表了关于大爆炸宇宙学模型的文章:提出宇宙是由甚早期温度极高且密度极大,体积极小的物质迅速膨胀形成的,这是一个由热到冷、由密到稀,不断膨胀的过程,犹如一次规模极其巨大的超级大爆炸。理论对宇宙的开端前(爆炸前)的图景并无具体阐述。宇宙开端后,宇宙大爆炸理论有详细的描述,直到今天现状——呈现着并正在展开和演变着的自然;我们所处的、所研究认识的这个自然,是宇宙展开过程的一个层次或一个阶段过程——它的下一个层次或下一个阶段方向是指向新的宇宙开端前——本质概括来说,直接地,宇宙开端后就成了下一个(新的)宇宙开端前;绝对上讲,宇宙开端是没有的,宇宙开端后、宇宙开端前和宇宙开端三者是"环绕闭合"的——宇宙是一个"闭合圆";所谓的宇宙开端的确立,是以我们研究和认识的这个"自然"为参照的;因此,我们通常的宇宙大爆炸理论的宇宙开端,准确说应当是"我们现在所处自然——这个展开层次世界"的开端——它仅仅是宇宙展开过程的"一个层次"的"世界",是狭义世界。正如,霍金在《大设计》依赖模型建构的宇宙观点:一是他声称利用量子理论证明了"多重宇宙"的存在,我们这个宇宙只是同时从无中生出、拥有不同自然法则的多个宇宙中的一个;二是他预言M理论(可以视为"超弦理论"的升级版)作为"多重宇宙"法则的一种解释。假定霍金建构的宇宙观是正确的,多重宇宙则也是符合超循环螺旋原理的宇宙,因为它充其量是对宇宙超循环螺旋可能分叉现象的描述,犹如猿猴动物超循环螺旋的分叉——多种猿猴类,人所在的宇宙,仅仅是类似于从猿到人特定分叉方向的特定宇宙存在。

科学家霍金在其《大设计》一书的开始宣称"哲学已死",而在末尾宣称"上帝不必要了"。前者是因为:哲学跟不上科学的,特别是物理学现代发展的步伐;后者是因为:存在像引力这样的法则,所以宇宙能够"无中生有","不必祈求上帝去点燃导火索使宇宙运行",上帝现在不再是必要的了。事实上,只要有人存在,哲学就死不了;科学并非解决了想象的那么多,正如《自然》杂志的书评作者迈克尔·特纳认为,霍金在《大设计》中其实只是用"多重宇宙"这一存在争议的观点"替代而不是回答了关于怎样选择和谁选择的问题",并没有真正回答宇宙为什么是"有"而不是"无"。至于霍金主张的引力让万物从无中生有,则是从根本上回避了空间、时间和 M 理论为何如此的问题。

(三)本能系统物质的宇宙大爆炸思考

科学的理想是实现可实证科学对改造世界的思想化和哲学化,哲学的理想是实现指导实践和改造世界的可实证化、科学化和有效化,两者是系统融合的。孔德说:"科学的目标就是发现规律,所有这些规律的总和决定了社会发展的进程。"他又指出:"按照实证原则,只有找到了规律或提出了能接受经验检验的假说,才能对有关的事实做出有效的解释。……实证体系倘若达到了完善的地步,它将一切现象看成是一个唯一的总事实(如重力)的特例。……科学的进步是在不断地扩展推广事物之间的联系的前提下,减少明晰而独立的规律的数目。"①爱因斯坦曾指出:"理论物理学家的目的,是要以数量上尽可能少的、逻辑上互不相关的假说为基础,来建立起概念体系。如果有了这种概念体系,就有可能确定整个物理过程整体的因果关系。"孔德意识到:"企图发现'唯一的总事实'或决定一切现象的运动规律看来是无法实现的。……由于知性的局限,人类永远不可能达到那种完美的理想境界。"然而,要试图达到这种"境界",只有用"无限知识"对应"无限世界",最好的办法就是"以变识变",即辩证法。人进一步认识到现实世界具有无限的方面和属性,要想以任何"一种理论"来把握这无限的整体是不可能的——但,这里以为探索以"内在自身变化的理论(能够包罗无穷子理论)"来把握的整体是可能的(即以变化把握变化),这就是本能系统辩证唯物。

古代人民在对宇宙的直观认识中就表现出朴素的系统思想。本能系统物质认为,人类现代科学微观和宇观方面是全息相关与统一的。"现代宇宙学对宇宙

---

① 盛文林编著:《人类历史上的重要学说》,北京工业大学出版社,2012 年,第 29 页。

起源和演化的宇观领域的研究,与人类对微观世界领域的研究已经相互融合和统一了。"①在"宇宙红移"、"3K 微波辐射"和"氦丰度"等宇宙起源和演化的原始信息基础上,诞生了现代宇宙学。"各类原子、基本粒子、各类分立的能量场、乃至超弦,等等,不仅具有微观世界存在方式的意义和价值,而且还具有宇宙学的逐级演化生成的意义和价值。……人类现代科学的微观领域的研究和宇观领域的研究相通、相融了。"②本能物质系统宇宙具体表现为 6 个不同演化阶段的特征,即宇宙开端(宇宙时为零)、超大统一场支配的宇宙阶段(宇宙时 0 ~ 10 - 43 秒)、混沌场及量子力学真空涨落阶段(宇宙时 10 - 43 ~ 10 - 35 秒)、宇宙的暴胀阶段(宇宙时 10 - 35 ~ 10 - 32 秒)、基本粒子生成阶段(宇宙时第一秒内)、辐射时代前期的核合成阶段(宇宙时 1 - 3 分钟)。按照现代宇宙学的描述,原始宇宙的演化阶段过后,首先进入的是一个由各类辐射能支配的时代(持续了一万年左右),再后来才进入了由实物(有质量的实体)支配的时代,实物时代可分为原子结构形成的阶段、辐射与实物分离的退耦阶段、原始星系的形成阶段、恒星的形成和进化阶段……现代宇宙学为我们描述了一条从超微观到微观、再到宏观和宇观的演化生成之路:超弦(超大统一力场)——基本粒子(四种基本相互作用力场)——电子、质子、中子——化学原子——宏观物——星系、天体……③本质上,宇观与微观演化是相通和相容的,宇观与宏观演化也是相通和相容的。

本能系统辩证唯物,以自分形为第一假设(事物的自在存在和自为存在的一般性表述),辅之以博弈整形力(一般事物系统受自约亚物质和他约亚物质支配,人类社会系统受社约亚物质支配),来解释和预测尽可能多的经验事实。总地看:人类微观研究和宇观研究的两极是相通的,都是世界系统的子系统,都遵循一般系统存在和演化规律,核心地受系统涌生事物亚物质支配——它不仅支配宇宙事物的存在和演化,也同样支配人类哲学和科学的探索进程,表明了人类科学与哲学具有全息性和统一性——推动本能系统辩证唯物之哲学科学化和科学哲学化的统一。

---

① 邬焜:《现代宇宙学揭示的宇观、宏观与微观演化的相通性中体现出的哲学与科学的内在统一性》,载《系统科学学报》,2015(2):1。
② 同上,第 2 页。
③ 邬焜:《现代宇宙学揭示的宇观、宏观与微观演化的相通性中体现出的哲学与科学的内在统一性》,载《系统科学学报》,2015(2):2 - 5。

第五节　本能系统物质中的"意识"亚物质

经典唯物辩证法认为:物质是显示世界的统一基础,物质世界发展到一定的阶段上,产生了人,并"产生"了与自己既相对立又相统一的意识现象。但这一过程的说明并不能让人满意,主要的原因是对物质的研究并没有达到令人满意的高度——决定了意识的研究不可能令人满意。本能系统辩证物质观认为:物质是显示世界的统一基础,物质世界发展到一定的阶段上,"显现"出了与传统组分基质物质(客观实在性的实体)既相对立又相统一的意识现象——意识亚物质。

一、意识亚物质的起源

意识的起源问题一直成为科学史上和哲学史上的最大难题之一。早在远古时代,人类就开始探索自己的意识的奥秘。原始时期的人们认为万物都有灵魂,把意识看作是一种寓于人体之中而在人死亡时就离开肉体的灵魂的活动。这种灵魂观念后来成了宗教神学和唯心主义学派哲学产生的思想渊源之一。哲学历史上,形形色色的唯心主义哲学往往从不同方面宣扬精神、意识的独立自在性,把意识解释为某种不仅不依赖于物质反而派生出物质的神秘的"实体"。当然,旧唯物主义哲学也形成了一些的观点,比如把意识归结为"某种"精微的、特殊的物质,或者把意识认为其仅仅是对外部现实世界的直接反映。二原论哲学把物质和意识看作是两种彼此独立的实体。马克思主义哲学对意识的基本观点是:"我们自己所属的物质的、可感知的世界,是唯一现实的;而我们的意识和思维,不论它看起来是多么超感觉的,总是物质的、肉体器官即人脑的产物。物质不是精神的产物,而精神却只是物质的最高产物。"①从物质世界的演化中产生出能思维、有意识的生物(人),这是物质世界运动的内在本性和必然结果——这种运动的结果使物质的两种基本形态相对"显现"于"生物(人)"系统中,并以客观实体和意识的相互对立和统一的形式"显现",这是世界发展的必然结果。从物质的系统解构模型中可以看出,质和道,可以相对独立,而道的相对独立,在最高级的表现就是"意识"。意识的产生,也就是意识从物质的发展中相对独立显现出来,有其自然发展的基础,有社会发展的基础,也有人神经生理的基础。

一是人类意识于物质世界显现的自然发展基础。人类及其意识是物质世界

---

① 《马克思恩格斯选集》第4卷,第223页。

自身长期进化的结果。由自然物质到人类的进化是一个漫长的过程,意识作为物质的一种形态(涌生事物亚物质),从物质世界中相对显现出来,也经历了一个漫长的过程,至少经历了三个具有决定性的发展环节:从蕴藏于一切物质所具有的反应特性的显示到蕴藏于低级生物的刺激感应特性的显示;从低级生物的刺激感应性的涌生事物亚物质显示到高级动物的感觉和心理的涌生事物亚物质显示;由一般动物的感觉和心理涌生事物亚物质显示到人类意识的涌生事物亚物质显示。在这个过程中,意识作为涌生事物亚物质的显现程度越来越高,从反应特性到人类意识是依次转化的向高级独立相对显现的过程,意识是涌生事物亚物质这种物质基本形态相对独立显现的最高形式,自然界的这些进化过程,为人类意识的相对独立显现的发生提供了自然基础。

二是人类意识于人脑物质系统显现的神经生理基础和社会基础。马克思指出:"人们的意识……也是受他们的肉体组织所制约的。"①关于这一点,在系统辩证法中组分事物和涌生事物亚物质的相互存在关系中已经阐明了。人类意识的产生,即涌生事物亚物质的相对独立显示,必须要有人肉体的生理基础,其中最关键的是人脑。脑的出现是生物为适应环境而长期进化发展的结果。从高等动物的大脑发展到人脑,脑的重量成倍地增加,脑的结构特别是大脑皮质的构造更加复杂。人脑的进化不仅表现为量的增长,更是表现在质的变化上,人脑量的变化实际上是新质的扩张。人脑中约有 1000 亿个神经细胞,神经细胞构成中有核糖核酸这种复杂的生物大分子——其被认为是存储记忆的物质基础——所谓"记忆的存储"是指涌生事物亚物质的信息模式被神经细胞所携带的过程,反过来,记忆展现是信息模式从神经细胞中释放出来并与涌生事物亚物质结合"使涌生事物亚物质在神经系统中相对独立显现出来"——显现出来的结果在神经系统中就是记忆的展现。人类意识活动,必须依赖人脑,同人脑的高级神经活动的生理过程以及物理、化学过程是分不开的,但是仅仅用这些过程也是无法解释的,它还必须用系统科学的原理结合解释,尤其是系统辩证律和系统自组织原理。意识作为人脑的机能,其具体的生理运行机制并不是直接看得见、摸得着的,对意识的研究带来一些困难。现代科学对意识活动的生理机制的了解,从反射过程及两种信号系统学说深入到神经细胞的水平,但这些研究都是意识的形成机制过程研究,而对意识的本质并没有更深的探索。随着系统科学的发展,本能系统辩证唯物的亚物质意识观揭开了意识本质的神秘面纱。

---

① 《马克思恩格斯选集》第 1 卷,第 33 页。

二、意识作为一种亚物质形态显现的本质和结构

意识作为物质的一种基本形态的人脑系统中的有条件的显现的本质,其显现过程的活动称为意识活动。意识是物质的涌生事物亚物质基本形态显现,意识活动完全不同于一般传统组分事物(实体)的活动,其显现出独特的本质、复杂的结构和内容。

（一）意识活动是人脑系统中高级涌生事物亚物质的反映

意识的本质是涌生事物亚物质,意识作为物质的一种基本形态显现的本质过程就是意识活动——笼统的来讲,体现为人脑的机能。人脑是为的器官,但不是思维的源泉。仅仅有人脑,还不能使意识相对独立显现出来,还需要人们在社会实践中同外在的客观世界(包括组分事物和组分事物携带或组分事物系统蕴涵的涌生事物亚物质信息模式)打交道,使人脑和其他各种反映器官同客观世界发生联系,才会产生意识活动。马克思说:"观念的东西不外是移入人的头脑并在人的头脑中改造过的物质的东西而已。"[①]马克思提出了观念是物质的,并且是"改造过的物质的东西",并不知道所谓"改造过的物质的东西"实质上是物质的另一种基本形态的显现。列宁说:"感觉是客观世界,即世界本身的主观映象。"[②]其揭示了意识活动的本质方式是"映象或反映",是物质对物质的反映,而不是非物质对物质的反映;随着系统科学探索深入,是人脑系统中的基于系统的一种基本形态物质(涌生事物亚物质)对两种基本形态物质或两种基本形态物质构成的系统的反映。"反映"概念最初是用来形容光的反射性质的。因为外界客体作用于人的感觉和思维器官后,能在思维着的头脑中"复制"、"再现"客体,作出了相应的类似光的"反映";但是,意识这种反映是基于人体(人脑)系统自组织的需要的能动的反映。人的反映不是消极被动的反映,是最高级的、"能动的"反映,由于高级涌生事物亚物质对低级涌生事物亚物质构成的纯粹涌生事物亚物质系统反映在人脑系统中的相对独立活动,使具有纯粹涌生事物亚物质本质的观念事物(如神话、上帝、鬼怪等)得以在反映中出现——而本质上是具有某种人系统满足需要的创新的信息模式与人脑中涌生事物亚物质的结合的显现。由于反映的能动性,"改造过的物质的东西",即反映的表现,不同于外在的、未被人脑改造过的物质本身。总之,人的意识是主观的映象,包括客观世界的主观映象以及该主观映象在人脑中的再次或更多次的映象,也包括来自人脑系统本身的涌生事物亚物质的映象。

---

① 《马克思恩格斯选集》第 2 卷,第 217 页。
② 《列宁选集》第 2 卷,第 117 页。

传统物质和意识的对立统一,是相对的对立统一,在本质上都统一于本能物质。因为,意识活动是人脑系统中高级涌生事物亚物质对低级涌生事物亚物质、对客观实体组分事物携带的涌生事物亚物质的系统相互作用的活动反映。

(二)关于意识亚物质的存在形式

意识在人的头脑中是怎样存在和活动的,这是个哲学问题,也是个脑科学问题。恩格斯在《自然辩证法》中谈到物质的运动形式时明确指出:"终有一天我们一定可以用实验的方法把思维'归结'为脑子中的分子的和化学的运动"。① 这里面所描述的都是意识的活动表现的过程或机制,不可简单归结为脑的物理、化学和生理过程的必然结果,因为这些都没有对意识存在形式的本质进行阐述。列宁在《唯物主义和经验批判主义》中提出:"世界上除了运动着的物质,什么也没有"。② 泽东在《矛盾论》中也说:"除了运动的物质以外,世界上什么也没有"。③ 这就是说,人的意识也是运动着的物质。但是,对是什么类型的物质? 什么样的存在形式? 对这些问题并没有进一步阐述。意识虽然表现的过程或机制是有脑的物理、化学和生理的过程,这仅仅是脑系统的组分事物系统基础上的脑系统的活动揭示——在这个揭示中,描述了有脑系统涌生事物亚物质的特性,但并都"强加"给了组分事物,这是不合理的,也是不科学的,因而只有在涌生事物亚物质基础上,提出:意识是脑系统的于组分事物(脑的实体事物)平等的涌生事物亚物质,这才能使"意识是物质的"论断达到科学的自恰统一。

(三)意识亚物质活动的基本结构

意识作为人类的活生生的精神世界,是一个相对于组分事物物质相对独立的复杂的观念活动系统。意识是人类大脑反映和把握现实世界的心理活动和精神活动的总和。人类的意识活动作为一个多水平、多层次、多向度的观念体系,意识世界的各种内容和形式并不是彼此分离的、杂乱无章的,而是互相有机地联系的,并具有一定结果和功能的统一体。在这个统一体中,始终贯彻着一种特别功能的狭义意识——起控制协调人的思维和生理活动的涌生事物亚物质的"经常性"的"子系统",我们称为主控意识。"主控意识"被认为是人体人脑中的常驻的高级涌生事物亚物质子系统。它的本质是涌生事物亚物质;它的高级指相对于初级涌生事物亚物质的高级;它的常驻指的是已经相对应人脑的组分事物发展而形成的具有的涌生事物亚物质中、相对独立的对该系统起主要控制和调节作用的子系

---

① 恩格斯:《自然辩证法》,人民出版社,1956 年。
② 《列宁选集》第 2 卷,人民出版社,1972 年。
③ 《毛泽东选集》第 1 卷,人民出版社,1967 年。

统,伴随着人脑的存在而一直的经常性的存在;这个过程与人脑组分事物是同步的,只要人脑形成存在,它就存在;这个涌生事物亚物质子系统的功能就是主导控制和协调人体机理,更多研究的是控制协调人的思维活动和生理活动。诸如感觉、知觉、概念、判断、推理、想象、欲望、情感、意志以及社会的意识形态和精神文化生活,等等,都是主控意识协调或控制人的思维活动的意识系统结果表现,或协调或控制人的生理活动的意识系统同生命系统结合的表现。主控意识是高级涌生事物亚物质聚合体,在人脑思维活动或意识活动弱的时候(比如睡眠时候),被相对分散的由相应的脑细胞组分事物携带(主要携带涌生事物亚物质当量,包括信息模式);当人开始思维或意识活动的时候(比如醒来),相应脑细胞将迅速释放相关涌生事物亚物质当量及信息模式,继而迅速形成高级涌生事物亚物质并在脑系统组分事物体系的作用下迅速形成"聚合体"——形成"主控意识"对整个人脑的思维活动和意识活动进行调节和控制。在以主控意识为主导的意识活动系统中,意识世界有几个基本结构:一是由意识反映的对象而形成的内容结构,二是由主客体关系内容而形成的意识反映的功能结构,三是由意识系统自身子组织的活动形式和水平而形成的意识反映的形式结构。

三、意识亚物质的本质特性

意识作为人们在对象性活动基础上对世界的一种概念的反映,表明意识和实践具有十分密切的关系。意识离不开实践,实践也离不开意识。一方面,因为意识是生成的,在生成过程中人脑提供了涌生事物亚物质基础,而实践提供了涌生事物亚物质显现活动需要的信息模式,并反过来促进实践的发展,这个过程的循环,使意识不断地发展并走向高级。意识本身并不等于实践,意识在人脑下与世界的能动的相互关系活动的过程才表现为实践,因此,实践性是人类意识的一个重要特点。意识本身具有一些具体的特性。

(一)意识的根本特性是亚物质性

意识的根本特性,在各种唯物论哲学中阐述都没有"十分明确"——它就是物质性,即亚物质存在性。意识是人类活生生的精神世界的活动,世界是物质的,它的根本特性必然是物质的,这一点可由系统科学发展下的系统辩证律的涌生事物亚物质来对应而得到事实的证明。当系统科学相对传统科学建立起来,当系统辩证律中涌生事物亚物质相对于组分事物提出,涌生事物亚物质相对于传统的物质观而确立——这种确立使传统的意识观得到了在物质基础上的解释,使这种解释成为一种可能,最终使传统物质和意识的在系统条件下的统一提供了基础。总的来说,辩证体系下,基于存在辨证基础上,在系统辩证律的基础上,存在体中的涌生事物亚物质,存在体中,定在和变在之间"相互渗透、互为你我"的统一部分——是整体中真正相互渗透、你中有我我中有你的部分,直至对立统一整体,这个涌生事物亚物质和一般系统中的涌生事物亚物质不同。因为,一般系统中能很明显的区分组分事物(机能物质存在体),它的涌生事物亚物质主要是自身存在体与自身存在体的组分事物关系,即机能物质自分形之间关系,涌生事物亚物质因而是机能物质之间的整形涌生事物亚物质。这揭示了意识的原始本质(涌生事物亚物质)在世界物质中作为与组分事物(实体)具有同等地位的形态,即揭示意识的物质本性。世界是物质的,意识的最高特性是物质性,准确地说是亚物质性。意识从"改造过的物质的东西"到涌生事物亚物质的本质,从各个层次、各个角度来阐述意识是物质的,而只有涌生事物亚物质的提出,才提供了自洽的逻辑证明。

(二)意识亚物质的相对独立性

意识的相对独立性,主要由人脑系统中组分事物物质的对其的决定性和意识自身独立发展性的共同作用中来揭示;也可以考察传统物质的决定性和意识的能动性的关系中揭示。人类意识的产生、发展和成熟,必须依赖于被意识的客观对象和物质的实践活动,同周围的显示世界不可分割的交织在一起;它的产生也必须依赖人脑这个物质系统,尤其是物质系统中的组分事物形态(脑细胞)——当人脑中组分事物对涌生事物亚物质当量的携带、释放和控制的能力、效力越高越大,意识的作为涌生事物亚物质的显现越容易、也越高级——这种显现是在脑系统中的相对独立显现。因为涌生事物亚物质在系统之外,无法相对组分事物独立显现出来,也无法独立的进出人脑系统——这些过程都必须依赖组分事物(即传统物质,实体)来进行。由于人脑的高度发达,意识在人脑系统中也随着人类的发展而达到了高度的相对独立性。正如马克思、恩格斯指出,人类意识一开始是同周围可感知的环境和生活实践活动"纠缠"在一起的,由于社会的发展,特殊是"从物质劳动和精神劳动分离的时候起",意识就有了更多的相对独立。它的本质就是,意识系统高度发展,从对周围环境和实践的组分事物的反映,到对该反映的涌生事物亚物质的再次或多次高级反映——这些反映都是在涌生事物亚物质内容层次间进行的,这些较纯粹的高级的涌生事物亚物质内部的系统自组织和再组织的活动情况称为脑力劳动,在表象上形成的对外界组分事物的相对"脱离"——即相对独立。意识的主观性——相对于传统物质(组分事物)的涌生事物亚物质性质的集中体现,在人类哲学研究中称之为"主观性",是人类研究意识的最直接的一个特性,它的涌生事物亚物质系统的独特存在方式和存在形式,使其具备相对独立的自觉的能动作用,意识表现出自由性、意向性、预见性、创造性、超越性和反思性等各种意识类型的高度相对独立。

（三）意识亚物质自组织表现的主观能动性

意识的能动性，是人类意识的重要特点之一。意识的能动性是人脑系统中涌生事物亚物质子系统的变在性使该子系统相对独立（摆脱系统束缚）的内在本性的表现——它并没有超越物质亚物质存在性，相反，它正是物质亚物质存在性的表现，物质的系统形式存在的涌生事物亚物质形态的性质的表现。意识能动性表现为，人的活动是有目的、有计划的创造性活动。这里的"目的和计划"是人脑系统自组织的需要体现——它是人脑系统的组分事物系统和涌生事物亚物质系统的精致的、微妙的对立统一的活动的需要，可以使这些"计划和目的"改变。这种自组织使涌生事物亚物质系统的特殊的高级的部分（意识系统）得到相对的高度的独立，而使其本身具有意识系统内部相对独立的系统自组织——形成意识活动本身展现出创造性的活动过程。意识的能动性，通过人脑组分事物和人体组分事物以及人体系统的综合运用，突出的表现为对客观实体世界的改造——这是能动性改造世界的核心过程。意识能动性的直接对象是脑系统中的低级涌生事物亚物质，然后通过人体系统，主要对外部世界的实体事物进行能动作用，因此必须遵循涌生事物亚物质形态规律和组分事物形态规律。一、涌生事物亚物质形态方面：规律意识活动有自己的规律，意识是脑系统的涌生事物亚物质，离开系统，意识不存在（被组分事物携带，涌生事物亚物质不能相对独立显现），组分事物（脑细胞）发展程度不高，影响意识的产生和发展；在单独的或割裂的脑系统的部分，意识也无法成系统的相对独立出现——但有可能在某些动物中表现涌生事物亚物质的性质，即反射特性。二、组分事物形态方面：主要是客观实体，也就是传统物质的部分的运动规律。意识的能动性是通过实践来实现的，这个过程的完成，必须依赖于一定的（基质）物质条件和（基质）物质手段。

第六节 本能系统物质世界的"伦理"

科学的观点及方法对于一般物理（包括化学和生理）现象的解释，似乎一直是成功的。然而，在"人之现象"的意识"难问题"或"解释的鸿沟"面前，科学似乎陷入了无法逾越的困境。问题在于，未能把科学研究对象的事物同人学研究对象的人作为一个共同的更广大的系统来研究，也导致了科学研究方法的局限，导致了科学研究方法和人学研究方法的割裂。德日进①在《人之现象》一书中指出:"从一个纯粹实证的观点来看,人是科学所探讨中最神秘的也是最棘手的对象。事实上我们可以承认说,科学在其宇宙论中还不曾为人找到适当的地位。"②把科学的"一般物理现象事物"与"人"作为平等的科学对象,梳理人在宇宙中的"本原"位置,这是有必要的。

系统物质世界的总伦,囊括了一般物质事物的伦理法则(自然法则)以及人与人之间的伦理法则(道德法则),自然法则和道德发展的本质都是本能物质自我辩证逻辑系统表现的"(亚物质)伦理",即"亚物质"填平了"一般物质事物关系"到"人的意识及其关系"的"解释的鸿沟"。

本能系统物质世界的最高伦理是不以人类意志为转移的"本能"物质自我辩证逻辑,基本伦理是指不以人类意志为转移的"机能"物质自我辩证逻辑,人类伦理是以"人"为中心的"人类"自我辩证逻辑。系统物质世界之总伦,是指世界物质自我辩证逻辑系统中的亚物质总体揭示和表现出的总普遍联系、总关系和总发展趋势,可以简称"广义物伦"。人伦是广义物伦的子系统,即人类之间的总伦理。人伦是指人类自我辩证逻辑系统中的亚物质揭示和表现出的人与人相互联系、相互作用关系和总体发展趋势等。

正如黄建中在《比较伦理学》中指出:"所谓'人伦',自以'人类间之关系'(interhuman relations)为限,而'人类外之关系'(extrahuman relations)似可存而不论,其实人与动物同为含识之伦,与生物同为含生之伦,与无生物间为含质之伦,则亦可谓之'物伦'。人类间之关系,或谓之'社会关系',人类外之关系,或谓之'自然关系','每一社会关系,固可仅由其他社会关系诠释之,每一社会事实,固可仅由位于其他无量社会事实之织体中了解之'。然人类间之社会关系,不能全离人类外之自然关系而独立;人类行动,时而在自然范围内,时而在社会范围内,实往往兼人二者之藩。"③

一、本能系统物质的"认知伦理"

当今人类具有高度发达大脑的人类,其思维可以天马行空,角度可以五花八门,以至于我们的意念及其主观色彩可以膨胀到极点,让我们误认为自己超脱了

---

① 德日进(Pierre Teilhard de Chardin),系 Pierre Teilhard de Chardin(皮埃尔·泰亚尔·德·夏尔丹)的中文名字,法国哲学家、神学家、古生物学家、地质学家,是"北京猿人"的发现者之一。

② 德日进:《人的现象》,新星出版社,2006 年,第 105 页。

③ 黄建中:《比较伦理学》,山东人民出版社,2011 年,第 4 页。

自然,常常失去了人类在自然世界应有的定位。用以主观意志为转移的错位观念去主宰世界,从局部来看,似乎我们能战胜自然,比如创造自然世界中的各种人工事物,而从整体的长远的历史来看,我们并没有获得预期的胜利,一方面,科学越来越发达,但人类自身的问题却并没有因此而得到根本的改善,甚至越来越多;另一方面,人类在自然灾害面前仍旧非常弱小,并不因为人类主观假装的强大而有任何改变……

"几乎所有人都把自己定义成这种或者那种类型的人,由此可以推论出人具有这样或者那样的素质,大家却很少想到自己根本就是普遍意义上的人,有着普遍人性。"①一般系统人不仅强调"有着普遍人性",而且强调"普遍的物质性",即具有自然世界的共同本质,从而理性把握人在自然世界的定位。这就要求,从不带有任何偏见和主观色彩的角度来思考人和自然世界的相互作用关系,这对人类自身的认识具有重要意义。

人是自然界演化的最高级物种,在讨论人之前先讨论自然界一般物质。自然界一般物质包括物质客体和亚物质,物质客体是如何从亚物质的海洋中相对独立出来,一个新生的具体物质客体如何从物质客体与亚物质的海洋中涌生出来?

人类不断发展,但"人类在自然世界的定位没有本质改变",改变的是人同自然世界相互作用的认识把握。这种相互作用的认识把握,可以不断地走向全面和深入本质,却不能实现绝对的全面和达到绝对的本质。我们会发现:人和猿跟其他的动物在认识自然世界的定位上没有绝对本质区别,只存在相对的类本质区别——即方式方法、能力和效果区别。假定,类人猿等动物的自然世界是一个"黑箱",它们并不能把黑箱完全的、绝对的、无一遗漏的打开,它们打开的、接触的东西,是一定时间范围和一定空间范畴的事物,尽管类人猿可以不断地努力但它们的努力是有限的,而人类由于意识高度独立可以无限趋近黑箱本质——但事实上,这只是个进行时,没有完成时。从古猿走过来的人同类人猿并没有本质的区别,即人类并没有改变自身在自然世界定位的绝对本质。然而,人类比动物高明之处在于,由于人类高度相对独立意识出现,使人类获得了脱离动物的在自然界定位的相对独特本质,表现为人对物质世界的主观能动(意识)认识。

(一)人的身与心的"认识统一"

人既具有实体生理的物质客体属性范畴,又同时具有高度相对独立意识为核心表现的知觉、记忆、想象、感受、思维、意识、意志等"思维"属性范畴。人作为具有思维的生命体的出现,是宇宙演化发展的重大事件。人体系统的自组织意识使

---

① 叔本华:《人生为何不同》(梁亦之译),新世界出版社,2012 年,第72 页。

人类在地球生命区域中获得自己独立的、个性化的属性,他思维思考并以智慧改造世界脱离于一般动物而成为万物之灵——这可作为大量哲学、道德及宗教研究的出发点。人类之前,地球上不存在思维,如今具有人类这种高级且庞大的思维,并且,世界在人的思维和实践改造中,面貌发生了翻天覆地的变化。人类思维虽然具有万物之灵的崇高地位,但并不能因此而改变其亚物质之总伦理的归属属性。

在笛卡尔二元论中,存在两个异质的、不相容的范畴,即物理的"广延的"身与心智的"思维的"心,它们被分割在了两个存在论领域。物理本体构成了物质科学(物理学、化学、生理学)的对象,如物质、能量、力、力场、电场、磁场、基本粒子、原子、分子、细胞、神经系统等。心智本体就是那些具有"思维"品质的"事物",如感知、心智意象、情绪、言语思想、愿望、信念、意志等。用二元论的"身"和"心"两类范畴来研究人,将出现如下问题:(1)两个异质的、不相容的范畴所描述的"事物"(身与心)如何存在和发生相互作用? (2)一个客观的、第三人称可描述的物质系统为什么会引发或产生一个主观的、第一人称的体验? 面临这类问题时,那些传统的或新生的存在论理论并没有完全纾解"人之现象"所带来的困扰。而且,同样的"难问题"也出现在其他领域,如道德哲学中的决定论与自由意志的对立、生物哲学中的机械论与目的论的对立等等。① 亚物质总伦研究致力于解决着这些问题,如下:

对于第一个问题:"身与心"在最根本处是统一的,统一于物质;"心"是在"身"组分事物构成人体系统的同时生成的契约性涌生事物亚物质——相对独立物;它们之间的存在和相互作用关系,就是系统组分与涌生事物亚物质的存在与相互作用关系②。

对于第二个问题:一个客观的、第三人称可描述的物质系统产生了高度相对独立的意识——反过来能够将自身系统及其身外事物作为自己的对象,表现为"一个主观的、第一人称的体验";其根本原因来自于高度相对独立的人体自约亚物质意识的支配运行。

世界是系统的,从存在元,演变到一般存在物,这个过程极端复杂。系统是内部组分是自分形的,同时系统又是整形力支配的。系统在远离平衡条件下,从稳定到不稳定,又到重新的整体稳定的过程,这一过程同时也是系统自学习、自适应

① 严国萍:《一体两面论:关于"人之现象"的新形而上学——一个回应"人之现象"的形而上学》,载《浙江社会科学》,2012(6):104–117。
② 参见《系统涌生原理》之涌生事物亚物质相关内容。

的过程。当从粒子演变到分子,地球的深入研究现状表明出现了两种走向:一为无机存在,一为有机存在——就地球而言,我们都承认这两种走向。无机物和有机物的分化,在本质上也是生成元生成过程中的系统自组织的结果;但是,它们的特点在于,其分化,使系统研究上升到一个层次,作为了系统研究对象划分层次的一个标志——从系统的组分事物和涌生事物亚物质相互混沌(宏观上)到为系统的组分事物和涌生事物亚物质相对"显性——显示特性"独立分化的开始提供原始的载体环境——生命(包括原始植物生命和动物生命)作为里程碑的标志——使组分事物和涌生事物亚物质相对"显性"独立分化。达尔文的进化论说明了:生物存在体作为一个在世界演化进程中较高级、较完整、能被人直观感觉相化和印象化的系统,它们从已经存在向不同生物系统层次之间的"宏观"相互转化和演变的关系——适者生存,并向高级的演化发展,即进化的理论。动物出现,实现了"相对独立显性"分化,即实现了两个相对独立(组分事物和涌生事物亚物质,比如思维细胞体和思维信息)及其有机的统一。人脑的出现,组分事物和涌生事物亚物质于人脑中得到高度的相对独立,使人脑认识条件下,主观和客观得到相对有效独立的区分,这使认识得到充分的开发和利用。

(二)本能物质是"思维自觉到本性"的共同绝对存在

抽象的本能物质是"思维自觉到本性"的共同绝对存在。抽象本能物质是对于自然世界整体的一种概括性描述,它只代表自然世界整体存在意义,没有任何别的。即抽象本能物质是一种形而上的研究概念,它没有"量"的具体化,它唯有物质存在的自分形开显性。抽象本能物质如果没有自分形开显性,即连"存在"都不是了,那么它就失去了抽象本能物质的概念意义。从这个意义上讲,抽象本能物质就是绝对存在的表述。对抽象本能物质的任何研究都需要通过抽象本能物质的自分形展开来进行,即抽象本能物质要通过自分形开显为不同层次的机能物质存在体而获得通向实践的研究。抽象本能物质的绝对存在是指自然世界整体抽象本能物质的绝对存在,其自分形开显性是自然世界整体抽象的本能物质向自然世界具体物质体的展开性质,抽象本能物质通过自分形展开,总能达到具体存在物质体;并且自然世界整体抽象本能物质必须是通过向下展开达到具体存在物质体而获得抽象本能物质的自分形开显,即获得抽象本能物质的绝对存在证明。

物质的质道旋系统解构模型的核心逻辑是"自我逻辑辩证的本能系统"。任何物质体的任何性质都必须通过本能系统的"自我逻辑辩证的作用"来显现或揭示。为了研究方便,将抽象本能物质的逻辑始点,称为"存在元"(其仅仅表示抽象本能物质收敛的最高逻辑起源,即除起源开显性外没有任何其他意义);任何开显的机能物质都称为"存在体",存在元和存在体具有共同的本能系统"亚物质存在性",它们由"作用"来揭示。物质世界是无穷的,人类满足需要性是无穷的,认识世界和改造世界是无穷的,任何存在体的相对亚物质存在性都可以在人类的改造下发生变化(事实上它自身也是自动自为的)。对从存在元到存在体的物质及其开显的亚物质存在性,研究如下:

假定存在元是物质细分极端收敛的逻辑终点,即是研究物质起源的"人为规定"的母态。本能系统的亚物质存在性区分为绝对亚物质存在性和相对亚物质存在性。绝对亚物质存在性,仅仅是指存在元"本能系统"表现的自我逻辑辩证的亚物质性质;相对亚物质存在性,是指机能物质系统之间表现的辩证相互作用的亚物质性质。存在元的自分形开显具体化称为存在体(事物),相对亚物质存在性是指存在体之间、存在体与存在元之间相互作用表现的性质。在物质世界研究中,基质物质是核心,亚物质和相对亚物质常被指属性,比如书是一个基质物质存在体,书纸的白色、书香、书内的字的颜色都是书的亚物质存在性(基质物质属性)。

(三)机能物质是"思维能动独立性认识条件下"的"不一"相对存在

本能物质开显的机能物质客体,它是认识的"这样"(但在金鱼那里可能被认识为"那样"),即是"人类思维能动独立性认识条件下"的"不一"相对存在。

黄建中在《比较伦理学》①中讨论"相对事象和绝对理想"时提出:"父之名分待子而成立,无父亦不能有子;兄之名分待弟而成立,无兄亦不能有弟;夫之名分待妇而成立,无夫亦不能有妇;诸如此类,皆人与人之'相对关系'。任何人不能离群孤立而无待于他人,任何物不能离群孤立而无待于他物,任何群不能自为一孤立之体而无待于他群。""事事物物与其他一一事物为相对",并提出"人有爱憎,物有摄拒,亦均互相对待之事也。"可见,认识的事物是相对的,本质上是指"研究事物"是相对的:事物(本能物质)是绝对存在的,但具体开显的形式(机能物质)是相对的,即具体事物存在是过程的、相对的——人类是具体机能物质体,认识对象是过程的机能物质体,因此"认识的事物"通常是研究条件下表现的"相对的(物质)"。

研究的相对性,是指研究具有"效用意义"的相对性。例如:原子核内的电子相对于眼睛,它不存在,但相对于原子核内的质子,它是存在的;空气中的细菌相对于眼睛,它不存在,但相对于空气中的氧气,它是存在的……事实上,眼睛、原子核、电子、质子、细菌、氧气等都是绝对存在的,只是在具体研究中由于研究者与被研究对象的位阶(层阶)不同、研究工具不同,可能出现某一被研究对象相对于研究者甲来说是存在的,而相对于研究者乙来说是不存在的。这种现象,称为开显

---

① 黄建中:《比较伦理学》,山东人民出版社,2011 年。

机能物质的相对存在原理。"A 相对于 B 的存在"称为相对存在。原子核内的电子相对于眼睛,它不存在;但相对于原子核内的质子,它是存在的。绝对存在的研究侧重抽象本能物质层面,相对存在的研究侧重具体物质体的层面。具体物质体是抽象本能物质的一种展开状态,它的根本来源是抽象本能物质,具体物质体的消灭并不影响抽象本能物质的绝对存在。人和动物可以死亡,书可以销毁,高山和海洋可以转变……这一切的消亡或者转变并不影响整个地球(自然世界)抽象本能物质的存在,因为它们都是具体物质的存在体。从哲学上探究物质本原,不能不从相对存在开始,不能不从现象开始,正如黄建中从"现象"开始研究伦理之规律时指出:"要之事象必求其是,理想必求其当,伦理学虽以理想为归,仍不能不从事象始。"①

(1)开显机能物质必然具有相对存在的定位。通常地,亚物质的时间和空间是人类认识开显机能物质的起点。抽象本能物质,开显为具体的物质体,在研究中可以将全部的具体物质体按照时空的不同划分为不同层次,比如世界可以划分为宇观层次、宏观层次和微观层次;或者按照自然世界的演化阶段区分事物演化前期层次、事物演化当前层次和事物演化未来层次;不管如何,它都具有相应的时间和空间亚物质的存在定位的。例如:具体物质体的茶杯、人脑、上帝具有各自不同的存在定位,茶杯具有一般自然世界物的"实体"存在定位,人脑不仅具有一般自然世界物的"实体"存在定位并且突出了以"意识"为核心涌生事物亚物质的功能意义,上帝则是具有某种特殊信息模式和意义的抽象涌生事物亚物质(思维内容)的存在定位。

(2)开显机能物质必然与其他开显机能物质存在相互作用关系。开显的任意两物质体之间的关系是"绝对相互作用关系"。一切的物质体之间的相互作用的自组织生成"它们共同的"系统涌生事物亚物质,统治和束缚着一切的物质存在体。开显的物质是指各种机能物质存在体。世界一切机能物质存在体的涌生事物即共同亚物质支配趋势(共性存在趋势)决定了世界总体变化性,包括时间、空间、运动在内的除存在性的所有开显的研究属性(尽管在人类的认识中表现各异,但本质上都是共性亚物质整形支配的内容)。

(3)开显机能物质普遍联系和发展表现出辩证法规律。任何一个机能物质体向另一机能物质体转变,这个过程中必然伴随物质、能量和信息的变化(本质上是本能自我辩证逻辑的物质存在与发展),它体现了机能物质分形整形博弈妥协的辩证规律。

---

① 黄建中:《比较伦理学》,山东人民出版社,2011 年,第 7 页。

当前,人类的发展特性是人类社会系统的共性亚物质整形支配的存在趋势表现,"发展"是一种"相对的高级的"共性亚物质存在趋势(任意确定事物的发展过程都是某种高级的共性亚物质存在趋势的具体表现)。物质存在性是指物质分形整形的博弈妥协系统性,必须通过"作用类"体现,不管是机能物质存在体的相对存在性,还是本原物质的绝对存在性,可表示为:"任意 A 和 B 之间的绝对相互作用关系"或"任意 A 和分形 A' 之间的绝对相互作用关系"。通常地,任何事物与另外的一切事物之间都有绝对的"作用"关系——比如物理学的万有引力就是一个例证,这也表明哲学物质系统中的标志相互作用关系的亚物质是普遍存在的。

二、本能系统物质世界的"物伦之理"

本能系统物质世界的"物伦之理",就是指本能系统物质的本能自我辩证逻辑的"自组织"规律。"物伦之理",在哲学上可以归纳为"对立统一、质变量变、否定之否定"三大规律,在科学上可以归结为物理原理(定律、规律)、化学原理和生物规律等,在一般"自组织"方面主要表现为系统科学的生成论研究,在人类自身研究中表现为人类伦理。

哲学的物质本能系统自我辩证逻辑的物质自我表达伦理,是指人和其他世界事物都遵循一般系统的本能(机能)物质分形和亚物质整形博弈妥协支配的共同演化规律。

哲学的物质本能系统自我辩证逻辑表达的物伦之理,是"本能物质开显为机能物质"普遍联系和发展的规律总结。其中唯物辩证法的三个规律是哲学的物质本能系统自我辩证逻辑的重要内容,它透过机能物质世界,总结出了介于机能物质世界的本能物质自我辩证逻辑之间的"物质本能开显机能"的普遍联系和发展的基本规律。

科学是物质本能系统自我辩证逻辑表达的机能物质普遍联系和发展的具体领域系统形态及其内部规律的智慧总结。科学通常具有可实验重复性,它对于推动人类的物质生产而言,可称为"第一生产力"。

在系统科学研究的"一般自组织"中,系统中生成元的命运有两种:一种是生成元在偶然涨落的情况出现,在非偶然涨落的情况下或生成元生存条件消失,将使生成元的存在情况发生逆反或其他倒退——通俗的说,也就是消亡的过程;另一种是生成元在偶然涨落的情况出现后,且这种偶然涨落情况发展为有利条件,或者系统本身的偶然涨落的情况成为一种规律或者反复出现,生成元在不断地自选择条件下,数量增多,同时逐步增多的生成元开始有效的影响原来系统——自身组成一个逐步增多的系统,生成元作为系统的新组分或变化的组分,在分形和整形的作用下,使其在系统中与它在组分事物进行定在和变在的相互竞争、相互协同和进行功能耦合。自选择,作为生成元的瞬间状态描述,自选择一旦产生,进入自组织。不断地自组织是指,通过生成元的相互之间的竞争、协同和相互耦合,生成一个相对稳定的新系统——它作为一个整体(系统)的新生成元,作为更大循环功能整合的单元进入更高层次的进化过程。这个过程不断地延伸和扩大,适合在整个世界的演化过程。在生命系统生成过程中,在高度关联的系统组织中,经过不同层次因果的反馈循环、自我选择和组织,自催化与交叉催化嵌套起来,突变组织形成多重循环逐步地强化自我稳定。在新的稳定系统中,其整体功能不断完善,信息不断积累,并层层转换传送,最终使系统整体得以稳定生长,实现向高度有序的宏观组织进化。

在自然界系统发展到一定程度时,诞生了人类。人及人类系统作为宇宙系统中的相对独立子系统,其作为主体对外界物质世界表现的相互作用关系称为对外"人伦"。人脑的涌生事物亚物质和一般动物的涌生事物亚物质的区别在于其高度相对独立性,可以趋近绝对独立,但不能实现绝对独立,这就决定了人脑涌生事物亚物质生成了对外具有的"主体性"。所有的涌生事物亚物质都有趋向绝对独立的发展趋势,只是人脑涌生事物亚物质在这个发展链条上,处于最高级。人脑系统涌生事物亚物质效用认识具有最大化趋势,同时它又受现实的组分事物及环境制约。因此,人类是一种最高级的能够自我意识并开展认识研究的自我系统存在和发展的伦理的物种。人伦,是人类社会系统中支撑人类本身的重要亚物质种类——基础社约物(亚物质)之一。

三、人类社会系统的"人伦之理"

"科学者,叙述者也,实验者也。叙述古今人所谓善恶之一切行动及其标鹄,已超乎人力以外;若为道德实验,则姑无论后至之实际结果不便实验,而道德觉识之本身,同时亦须施以实验,且须备有受验之主体,其事于伦理实为无用。道德觉识宣示道德判断而无所犹豫,创造社会制度而有继续批判之权威,正与哲学对于素不思索之种种设想加以反复思索,同一态度;故伦理学乃哲学而非科学。"[①]

物质本能系统的亚物质关系揭示可称为伦理,而亚物质对应着秩边流模型的道,因此,从这方面看,伦理亦可称为道。这里认为,"道"分广义道和狭义道。广义道是指宇宙道,是系统之亚物质,是自然整合支配事物朝着系统目的态演化发展的自约亚物质。狭义道包括天道和人道:(1)天道,是自然界的不争、不言、不骄

---

① 转引自黄建中:《比较伦理学》,山东人民出版社,2011年,第8页。

的没有制物之心的如柔水无为而为又阴阳相生的自约亚物质。(2)人道,是人表现为人的理想和高尚道德情操的自约亚物质,当然也含有自私、骗狭、不公的自分形之"心"。(狭义)道是中华传统文化的核心概念之一。人类社会系统的"人伦",是指同狭义"道"相统一的"人伦之道"。

(一)理想的"人伦之道"

人类系统自组织显示,人脑意识亚物质认识的最终目的是实现人类最大化:(1)亚物质(意识)趋向绝对独立的支配,追求智慧统摄最大化,即认识世界最大化;(2)人类(物质机能体)追求人对世界主宰的实践最大化,即改造世界最大化;(3)追求人全面的自为(自由)自分形发展最大化。

理想"人伦之道",表明了人类具有天性优良的基因,并主宰着世界万物;人类为自身天性优良而存在,而认识,而生活;人类在理想"人伦之道"上,向着无限幸福和恒久生存的目的态前进着。

(二)现实的"人伦之道"

人类在理想"人伦之道"上的实践化,称为现实"人伦之道"。人们在通往幸福与恒存之目的态的理想"人伦之道"上,不仅把人外的世界万物作为了自己主宰的对象,单方面也把他人作为了自己主宰的对象——同样地把自己置身于他人主宰的对象之内容。这意味着,理想"人伦之道"在现实生活中是复杂博弈相互作用的。现实人伦之道,包括人伦理性和人伦感性,通常两者浑然一体。人伦理性是理想人伦之道的"恒存"在公共社约亚物质中的具体化,包括人伦的公共维生特性、人伦的层次结构特性等,表现出社会分工特性及其基本社会关系的稳定性、演化性和优化性。人伦感性是理想人伦之道的"幸福"在公共社约亚物质中的具体化,主要表现为主体心理感受特性。人是认识的主体,由于认识主体的意识自约亚物质的最高级别相对独立地位,决定了:一方面,人的自约亚物质意识具有最高地位,另一方面,人的自约亚物质不能完全自我理性,受制于人自身及环境。人以主体姿态对世界作用表现的"人伦之道"具有主体心理感受特性——任何认识都是一种心理感受,不能是绝对理性的(尽管,作为认识主体的自约亚物质意识试图理性来做,但这只是理论上的;它一定受认识主体意识的局限,不能达到绝对理性,只能相对理性)。由于主体心理感受特性非绝对理性,所以任何认识结果都非绝对精确——任何认识都受制约于它的条件和前提。严格地说来,"人伦之道"表现的主体心理感受特性是一种认识的模糊特性,其具有认识效用条件下的匹配性①,比如萝卜青菜各有所爱。

---

① 参见温勇增:《系统效用认识论》,中国书籍出版社,2012年。

(三)系统的"人伦之道"

人类社会系统的"人伦"是人类系统内部的相互作用关系。如果说人在物质世界系统中的对外"人伦"主要为他约亚物质研究,则人类社会系统的"人伦"主要为自约亚物质研究。人类社会系统的内部人伦,其研究应当始终忠于人类天性及生活,应当从整体上把握和考察:在理论上探讨至善之规矩,在实践中研究达成至善之方法和途径,总的来说,就是从理论和实践两方面获得人类社会系统内部关系——人类社会系统自我契约的涌生事物亚物质。人是系统的。"个人为组合家族、社会、国家民族之原素,亦为构成世界人类、宇宙万物之分子,正犹细胞之辅翼协合而为体素,而为官器,而为系统,而为有机体。……个人浑然于家族、社会、国家民族、世界人类及自然界一切物类之中,直觉其和合为一体,而无复彼我之分,内外之殊,更无远近亲疏之别,有爱元憎,有助无争是:谓和之至,是谓善之至。"①

人生活的自分形最大化是自己的本能而已,相互之间的本能博弈妥协生成相对固定的关系制约下的本能——本能演化为习惯,共同遵循的习惯演化为习俗、伦理、道德等。黄建中指出:"许慎说文人部曰:'伦,辈也。'羊部曰:'群,辈也。'伦与群均训辈,似伦亦可训群。荀子富国篇'人伦并处'注云:'伦,类也,其在人之法数,以类群居也。'"②伦,作为人类社会之相互关系,在中华传统文化中表现为儒释道。中国古代的"道"理念的产生时期,其研究对象是相对独立于人的自然界,有些观点蕴涵着系统思想,但并不直接具有一般系统意义。"《道德经》用自然'天道'否定'人道',在理论上有其偏颇的一面。"③《汉书·艺文志》中说:"儒家者流,盖出于司徒之官,助人君、顺阴阳、明教化者也。游文于六经之中,留意于仁义之际,祖述尧舜,宪章文武,宗师仲尼,以重其言,于'道'为最高。"孟子发展孔子的民本论提出"民为贵,社稷次之,君为轻。"《大学》中的正心——诚意——修身——齐家——治国——平天下,它们是一脉相承的。张载说:"为天地立心,为生民立命,为往圣继绝学,为万世开太平。"

亚里士多德认为:"伦理推论以人生行为之经验为前提,幼稚者无此经验,不适于治伦理学。人之幼稚,或在年龄,或在性格;辈任情纵欲,授以伦理知识,实为

---

① 黄建中:《比较伦理学》,山东人民出版社,2011年,第6页。
② 黄建中:《比较伦理学》,山东人民出版社,2011年,第22页。
③ 张岂之:《"道"在不同历史时期有不同内涵,但也有共性,反映了中华民族最深沉的精神追求——"道"是中华传统文化中的核心理念》,2015年4月13日《北京日报》第17版。

无用。唯人当行动情欲受制于理性时,则穷理致知始为极有价值。"①人类社会系统的伦理相互作用关系总体为"知行并进"模式。伦理的善恶标准有先天的部分即本能,更主要是后天的部分,人为知理之动物,知行逻辑及相互关系可有:"不知而行"、"行而后知"、"知而后行"、"知而不必行"、"行而不必知"、"知其所行,行其所知",等等。"知行并进"的总体模式下,允许出现"行而后知"或"知而后行"的具体内容,它们是"知行并进"的内部差异或迟延的表现,达成"苏格腊第言'知德一致',王阳明言'知行合一'"②。

第七节 本能系统辩证物质的"质道旋"解构模型

本能系统辩证的物质研究,"不能用显微镜,也不能用化学试剂","必须用抽象力来代替。"③辩证物质的本能系统,不仅要使辩证唯物主义具备了彻底系统精神(具备了彻底辩证意义),而且要使物质自身不被彻底辩证法的熊熊大火自我焚灭。物质是系统的,包括本本能物质、亚物质、基质物质(机能物质),包括了经典传统科学的物质(比如基质物质),也包括了系统科学的物质(比如结构关系亚物质)。传统物质观,局限在唯心与唯物分割与对立的斗争圈子里,难以获得全新抽象的宽广视角。辩证物质本能系统的研究中,提出了物质的本能系统模型及"质道旋"解构模型,揭示了物质作为抽象系统和具体系统的统一:思维(涌生事物亚物质)与存在(组分基质物质)是同质于物质系统的,它们不同于黑格尔思维与存在的同质性逻辑,辩证物质本能系统揭示了"存在"对"思维"的优先性,即本能物质对亚物质的优先性。

一、辩证物质本能系统解构的"逻辑起点"

物质不是一潭死水,而是运动的、普遍联系的,即是本能系统运动演化的。辩证物质本能系统具有抽象力,它是抽象物质的逻辑始点。实症的开始点,比如客观粒子开始点、精神开始点等都是局限的,是与永恒的世界发展和认识发展的规律相互悖谬的。但,作为抽象的、本原的开始点,利用抽象力归结为逻辑始点,它

---

① 详见《尼珂玛克伦理学》英译本篇一,章二,页4-5(转引自:《比较伦理学》,山东人民出版社,2011年,第13页)。
② 黄建中:《比较伦理学》,山东人民出版社,2011年,第14页。
③ 《马克思恩格斯全集》第23卷,人民出版社,1971年,第8页。

仅仅是一个本原开始点而已——除此之外无任何意义。哲学是时代的精华,随着时代发展而存在不同的发展认识,不同的时代呈现出不同的精华;换句话说,本原开始点,在古代提出是金木水火的观点,在近代发展中提出是原子的观点,在当代认为可能是基本粒子、弦等,……但,不管是具体什么,它们在逻辑上都可以有一个共同的开始点。抽象力研究的辩证物质本能系统的逻辑开始点,不是具体的开始点,而是抽象的本原的开始点——唯一的本能就是指向展开“物质”。抽象力的物质逻辑开始点,对于显在具体物质开始点来说,是“隐性的”(具体哲学是具体物质系统的时代精神的现实产物),抽象的物质逻辑开始点包括了一切具体哲学作为时代精华展开的物质,它们是统一的。

在传统唯物主义哲学中,物质作为世界的本原——曾被这样认为是:囫囵整体。物质本原被赋予囫囵整体,这一开始就注定进入机械论和还原论的认识方法范畴——因为,不管如何赋予囫囵整体物质外在功能、属性和推动力,都无法替代其内在动力,即它失去了自我发展的事实,机械论会使物质理论在最深处出现问题,比如,把矛盾的大火烧向彻底的终极辩证,辩证法会把自身烧毁。物质本原的囫囵整体观点,将禁锢人们对世界认识,本原物质囫囵整体意味着:一是不可分,即物质无法展开,只能作为囫囵整体与其他事物发生作用;二是无法找到物质自我发展的内在动力,本原物质囫囵整体不可分,则不能自我发生改变,丧失自我发展能力。这与我们认识到的世界是不相符的。

辩证物质本能系统揭示了最高抽象系统物质的根本性质。辩证的本能系统本原物质,作为最高抽象的系统物质,在唯物哲学本体论研究中,可以作为逻辑第一出发点。世界的本原有一个逻辑出发点,即物质——它除此之外没有任何意义(如果物质不展开,则物质是绝对独立的,不展开的物质将失去理论基础的意义);物质是不断发展的,所谓展开,是物质从“潜在”向“显在”过渡,从所谓的“潜在囫囵”向“系统整体”过渡。物质的逻辑第一出发点,在未展开之前,收敛为了一个辩证本能系统的物质概念,物质的逻辑出发点的展开是一个抽象系统(即物质最高统一的开显系统,而不是潜在的囫囵物质概念),是一个不断展开的系统。

本能系统物质的抽象是一个系统整体的“一”,一切的事物作为物质——作为系统整体指向“一”——收敛为“潜在”的唯一逻辑起点。我们从机械地认为,世界是物质的(无任何展开),这样的物质就是所谓的“潜在”的“囫囵物质”,它仅仅是指静止的本能系统物质形态,本质上,“潜在”的“囫囵物质”,是具有“开显性”的最高抽象的系统物质,不管它如何具有整体性和对外“一”性,它作为本能系统物质是自我运动、自我发展的。如何研究“开显的最高抽象的系统物质”的自我运动发展,是物质的系统解构模型需要解决的问题。

二、辩证物质本能系统的"质道旋"解构模型

物质的本能系统解构模型:(1)把一般物质的"实体"或"各种特定的(比如场)或实存的物质"称为物质客体,即"质";(2)把物质客体属性及物质客体之间的能量、时空、关系、相互作用等(流或介质流)称为亚物质,即"道";(3)把物质客体在亚物质支配下的整体运动趋势、运动及运动轨迹称为"旋"。

物质是自我运动的,其本原动力就是自分形。① 金岳霖教授在《论道》②中认为"能不一",即"能"没有性质,如果说有就是"不一"。借用这种思维提出:本能系统的本原物质没有性质,如果有,则只有是自分形开显性(向"开显的最高抽象的系统物质"过渡)。物质研究中,形不能无质,质不能无形;"形"主要为属性特性,"质"主要为质料。"开显的最高抽象的系统物质"有形有质,"质"是第一的,最基本的"形"是自分形表现的、具有"分形前物质"和"分形后物质"的"过渡共同涌生事物亚物质形态"。因此,"开显的最高抽象的系统物质"内部可区分两大类材料:一是"分形前物质"和"分形后物质",是在本原处的纯粹的本能物质,称为"质料"(简称质);二是"分形前物质"和"分形后物质"的"过渡共同属性和关系部分"(即系统的涌生事物亚物质),准确地说是亚物质,它是物质自分形的自我契约通道,称为道料(简称道)。"开显的最高抽象的系统物质"的内部自分形使系统物质(机能物质)呈现一种螺旋上升发展状态,可描述称为"旋"。

综合而言,"开显的最高抽象的系统物质"具有质料、道料和旋三个内部划分。通常地,物质可分为质料(简称质)和道料(简称道),小的东西如电子有质料,有道料(属性和关系特性);大的东西如太阳有质料,有道料(属性和关系特性);旋是质料和道料的运动及其轨迹。"开显的最高抽象的系统物质"作为一个整体具有内在的本能系统逻辑,物质既是抽象的整体,又是具体的整体,具有双重意义。不管是抽象的物质,还是具体的物质,都展现为三个面,即质、道、旋。它们内在联系的逻辑第一动力是分形,分形下的原质与分形质(紧邻变化的原质)博弈涌现的涌生事物亚物质生成整形力,这是它们内在联系的现实逻辑。

质,是抽象物质的第一开显,它是指"研究对象"的本原或者质料,对于整体世界的抽象而言,直接收敛于物质。质,可以是"潜在的"或"显在的",潜在的是指纯粹本能物质,显在的是指包括本能物质和亚物质的机能物质(系统),比如:对于物理系统而言可以是原子或基本粒子或弦,对于化学可以是分子,对于生物学可

---

① 参见温勇增:《系统涌生原理》,经济日报出版社,2014 年。

② 金岳霖:《论道》,商务印书馆,1985 年。

以是生物,对于社会系统可以是人。物质,它在抽象处不直接是"显在的";而在开显处,则直接是具体的。质,在开显形态下,描述为质的规定性(不管该规定性起讫为久为暂),可区分为不同的质。

原质与分形质(紧邻变化的原质)的博弈涌生事物亚物质,称为"道"。质的规定性"有位于时空上一刹那一频度之点"①及其维系,称之为"质点"。"原质点与其邻接变迁的新质点"之间的相对独立涌生事物亚物质,就是"道"。"道"的意义,在于支配物质从原质过渡为新质(即具有分形质的新质),在于整理"质",贯彻世界物质的统一性,表达物质本能系统的统一意义。现实系统中,由于其具有不同的组分质,"道"通常是指"某质与其他质"的博弈涌生事物亚物质,常常产生以"质"为核心的机能涌现。道,一旦获得高度的相对独立(比如在人脑中相对成意识),可对"道的世界(例如思维)"参照"质"的性质,进行复杂"道"的意义的研究。中国古代道家学者认为,道是事物的本源,道为一,一生二,二生三,三生万物……中国道家思想侧重于演化的中介及其变化,"质道旋模型"中的"道",是特指涌生事物亚物质——旧质向新质过渡的中介事物意义。

原质与分形质(紧邻变化的原质)在博弈中的涌生事物亚物质支配趋势及其支配过程的开显,称为"旋"。旋,包括了运动趋势、运动及其轨迹,即表现为支配趋势及支配过程。运动包括两个部分,一是质的分形趋势及分形机能开显;另一部分是涌生事物亚物质支配趋势及其支配机能开显。从本质来看,这两者是统一的,前者是显在的,后者是显的潜在,它们是分形和整形的统一。通常地,运动包括运动趋势和运动两部分,分形趋势和涌生事物亚物质支配趋势称为运动趋势,而分形开显和涌生事物亚物质支配开显,称为通常的"运动"。旋,在开显的时候,具有运动的形式及其一切属性;在不开显的时候,具有运动的趋势和准备。

从系统秩边流模型来看,物质被看做一个秩点,它包括质、道、旋的内部划分。"质"是事物的内在的本质的那种归根结底的追求。"道"是相应"质"所表现出来的涌生事物亚物质,表现两个内容:一个是同道〔原质与分形质(紧邻变化的原质)的博弈涌生事物亚物质〕,即自涌生事物亚物质;一个是异道(质与其他质的博弈涌生事物亚物质),即相互涌生事物亚物质或他涌生事物亚物质。"旋"是"质"和"道"同体的运动。在本体论上,任何事物都可以收敛于抽象物质——"潜在"的世界本原统一(同一),任何物质都可以描述为"质道旋共同体"——它是物质,准确地说是物质本能系统的具体化。在本原物质的"质道旋共同体"的最高开显统一之下,任何开显的物质内容,哪怕是迈过"最高统一收敛"的开显一步,它也是

---

① 黄建中:《比较伦理学》,山东人民出版社,2011年,第1页。

"不一"的。因此,作为具体的物质,没有两片完全相同的叶子。但是,所有的世界事物都统一于物质这个本原——表征世界统一于本能系统的"质道旋共同体"。本原物质,作为一个"潜在"的逻辑始点,不开显,我们无法展开研究——我们只知道它是一个概念而已,换成其他概念也同样能够该逻辑始点——问题在于,通过物质的开显来论述它作为世界本原的地位。

本原物质(逻辑始点)和开显机能物质(各种事物)的共同研究模型,是质道旋系统模型。该研究模型中:质主要是指秩点的质料,质料是事物秩点的根本的一个方面,是事物作为物质的一个最根本的方面——质料是物质的一种内在规定性,而道料是物质的一种外在规定性,只强调内在规定性,而不强调外在规定性的物质,不是严格的、完全的物质研究——"质料"和"道料"是物质的同等重要的两个方面,另外这两个方面"共同"必然具有第三个方面"旋";因此,物质具有质、道、旋三个方面:(1)有"质"必有其对应的"道",有"质"必有"质"的"旋";(2)有"道"必有承载和携带"道"的质,有"道"必有"道"的"旋";(3)有"质道"必有"旋",有"旋"必有承载"旋"的"质道"。在还原论和机械论研究中,传统唯物主义通常强调"质"而忽略"道"("道"次于"质"的地位),唯心主义侧重"道"而忽略"质料"(坚持精神第一性),并且降低表征运动的"旋"的思维,使其脱离了作为系统整体的意义。

质道旋模型与笛卡儿"二道论"具有本质的区别。笛卡儿的哲学"完成了、或者说极近乎完成了由柏拉图开端而主要因为宗教上的理由经基督教哲学发展起来的精神、物质二道论"[1]。本能系统物质的"质料面"和"道料面"是同等重要的,因为它们在根本上是以"同体"方式出现的;但是,它们在同体同等重要的基础上是"内在规定性"和"外在规定性"的关系,表现为携带者和被携带者的关系,具有"神"和"形"的关系。因此,质料面和道面,在物质这个统一概念下,既具有同等重要的同一事物的两个面的基本属性,同时又具有"神"与"形"两个面的相互区别相互联系的基本关系——内在规定性引领外在规定性、外在规定性制约内在规定性。"形"要被"神"携带,"神"要被"形"显现,没有神就没有形,没有形也找不到神。"旋"是物质的延展面,具体地说是"质料面"和"道面"的延展面——延展面主要以时空纬度来表示,以运动来描述,蕴涵着联系的基本意义。因此,物质是由两个基本面和一个延展面构成的纺锤状系统解构模型,如下:

---

① [英]罗素:《西方哲学史》(下卷),商务印书馆,2005年,第91页。

从物质的系统解构模型来看,物质系统的描述支点是"道","道"描述"物质"从抽象到现实开显及其存在和发展,它向内支撑抽象物质,向外支撑开显机能物质,并使它们成为一个整体显现的超循环存在和发展。

"质道旋"展开物质系统的描述,统称为事物。事物及其演化,在自然界被描述为物理现象,在人类道德界被描述为伦理现象,它们都遵循物质存在及变化的分形和整形共同法则,它们又各自有自己独特的存在演化规律,前者称为自然法则(自然律),后者称为道德法则(道德律)。

三、物质的本能系统模型与"质道旋"解构模型的统一

斯宾诺莎、莱布尼茨、谢林、叔本华、怀特海、德日进、奥罗宾多、罗达吉须南等人持有一种外在性和内在性统一的"两面一元论"或"一体两面论"(该提法首先被斯宾诺莎采用)的自然观,认为,任何事物无论它处在自然演化的哪个层次上,无论它是夸克、原子、分子、有机大分子、细胞、低等生物、人还是社会系统,除了可被一个第三人称的观察者观察到的外部特征和活动外,它都有一个"成为它所像的某种东西"(something like to be it),即它作为第一人称者的内在性的方面。该自然观在存在论上是一元的,但这个一元本体有两个面向:这两个面向在演化的展开中始终是对应的:有什么样的外在性就有什么样的内在性,反之亦然。威尔伯(K. Wilber)对一体两面论进行了系统整合和发展可称其为"全子四象限理论"(Holon – Four – Quadrants Theory)。[1]

但是,在一体两面论中,这个一元本体并没有确定为物理性本体[2];因此,一体两面论并不是唯物论,更难以把握物质的内在性(质)和外在涌现性(道)及其共有的运动及其趋势(旋)的关系。列宁说:"物质是标志客观实在的哲学范畴"[3],根据物质的橄榄状系统解构模型,借用列宁的表述模式认为:物质是标志世界本原及其自我辩证逻辑展开的哲学范畴。物质具有"一本三面性",一本,就是世界的本原,即物质;三面是物质展开的"质道旋"三面。面不独立于本,本必须以面显现,三面不能各自独立(如果面独立,则世界会走向"一本三源论",即世界有三个本原,就容易走向多元论)。质道旋是一个共同体,三者不能割裂的独立存在。任何"本"都必须展现开显全部三面,只开显一面或者两面的"本"是不存在

---

① 参见严国萍:《一体两面论:关于"人之现象"的新形而上学———个回应"人之现象"的形而上学》,载《浙江社会科学》,2012(6):104 – 117。
② 同上。
③ 《列宁选集》第2卷,266页。

的(任何物质都具有"一本三面性")。

物质是具有物质的质态、道态和旋态的系统物质。马克思对于物质的规定并不明确,列宁对于物质的定义也主要借助于与精神的比较和区分来下的定义。从系统科学看,辩证物质是一种本能系统的存在。抽象的物质,是本能系统物质,是脱离一般意义上的抽象系统物(抽象系统中"质道旋"组分不能独立出来,而一般系统的实体组分可以从系统中相对独立出来),却不是绝对囫囵整体(自身不能有任何的变化且不与外界有任何的交换的整体)。抽象物质的"质道旋"三态,具有同一本质,并作为了系统物质本能的不同方面揭示着物质的本质。

物质的本能系统模型与"质道旋"解构模型是统一的:(1)"质道旋"解构模型的"一本"与物质本能系统模型的抽象之"本"是同一的。世界本原的物质是辩证的、本能系统的,是自己确立自己,自己开显自己,自己发展自己。世界运动的第一推动力,蕴涵在系统物质自身内部,是系统物质自身,而不是别的什么世界之外的东西。系统物质本原只有一个,那就是物质,准确地说是系统物质。(2)"质道旋"解构模型中的"质料面"与物质本能系统模型中的"基质物质"是同一的;"质道旋"解构模型中的"道料面"与物质本能系统模型中的"亚物质"是同一的;"旋"是指物质本能系统模型中物质系统的自分形引起的运动及其轨迹。(3)"质道旋"解构模型与物质本能系统模型具有整体的一致性。"一本三面"作为一个整体,一本是三面高度综合、高度抽象和提炼,三面是一本的展开、开显和显现。三面中,一面是质料,二面是道料,三面是旋,三个面是物质本能系统同体的,但不是等同高度的,一面具有逻辑在先的意义,二面和三面具有开显机能意义,质面具有分形,分形的开显以"道"为机能,以"旋"为形式。物质本能系统模型中的本能物质、亚物质、机能物质也不是同等高度的,本能物质具有逻辑在先性,亚物质和机能物质具有开显机能意义,亚物质整形及运动作为"旋"的表现形式。

第三章

物质的"本能——机能"系统辩证法

"本能——机能"系统辩证法是指包括本能系统辩证法和机能系统辩证法在内的整体性辩证法。本能系统辩证法,即唯物辩证法;机能系统辩证法,即系统辩证论;它们是来源于物质本能系统的自我辩证逻辑的不同层次、不同侧重的规律总结。唯物辩证法是物质本能自我逻辑辩证的"本能现实形态"的规律总结,机能系统辩证论是物质本能自我逻辑辩证的"本能现实形态"的具有"涌现"机能的系统科学总结。

第一节 辩证法的历史演化

公元前5世纪,古希腊哲学各派的哲学家比较注重于争论的技巧和方法,古希腊的哲学家们围绕着关于世界本原问题的争论产生了辩论的方法。在谈话和论争中,哲学家们把论证和分析命题中的矛盾,以及揭露和克服对方论断中的矛盾以求得真理的方法,叫做辩证法。最初意义的"辩证法"是由公元前5世纪埃利亚学派的哲学家芝诺创立的。芝诺的辩证法是指:思维自身的矛盾运动和这种运动对于对象自身矛盾的接触,以及通过揭露对方论点中的矛盾而探求问题的方法。亚里士多德称芝诺是"辩证法的创立者"。辩证法作为人类的思维活动的描述,芝诺之后在黑格尔的精神现象学中获得了丰富的阐述,黑格尔提出了精神的辩证法,率先创建了辩证法研究的一般范式。黑格尔的"这个范式"的"基础"存在问题,遭受到后来学者的普遍攻击,马克思把辩证法从黑格尔的唯心主义中拯救过来,形成了科学的唯物辩证法。如果说黑格尔辩证法开创了辩证法的"系统"范式,那么可认为马克思的一般唯物辩证法创建了辩证法的"经典"(犹如牛顿力学的"经典")。总的来看,辩证法的发展主要经历了三个阶段:古代朴素辩证法、德国唯心主义辩证法和马克思主义辩证法。

一、古代朴素辩证法

古代朴素辩证法,是与古代社会的生产水平相适应而产生的一种自发的、朴素的辩证法。在中国古代哲学中,也有着和古希腊一样的丰富的辩证法思想。虽然,中国和希腊的古代辩证法,孕育着辩证法学说发展中的各种观点的胚胎和萌芽。但由于古代的科学发展水平和社会历史条件的限制,人们不能解剖、分析自然界,只能从整体上进行总的直接的观察,使古代辩证法思想必然带有原始的、自发的、朴素的性质,它只是描述世界的一般变化,不能真正了解世界的一般辩证性质。

(一)中国古代朴素辩证法

公元前 11 世纪,中国古人提出了"一阴一阳之谓道"的阴阳学说,认为天地万物都有既相互对立、又交互作用的阴阳两种力量,这两种力量构成事物的本性和运动,表达出矛盾法则。在中国古代的《易经》中,"八卦"和以两卦相叠演的六十四卦的学说,从正反两方面的矛盾对立和相互转化来说明事物的发展,蕴涵着朴素辩证法的萌芽。在老子的学说中,蕴涵了观察到在自然界和人类社会中普遍存在着有无、难易、长短、贵贱、高下、祸福、兴废和在军事战术战略上的攻守、强弱、以柔克刚等等相互依存、相互联结的对立面;同时阐述了,相互矛盾着的对立双方不是一成不变的,而相互转化的"正复为奇,善复为妖",正常能转化为反常,善良能转化为妖孽,等等。老子虽然只讲对立面的同一性,而不讲对立面的斗争性,却鲜明地表述了朴素辩证法思想。《孙子兵法》克服了《老子》辩证法思想的弱点,孙子认为治乱、勇怯、强弱、劳逸、饥饱、安动、众寡等的对立不是一成不变的,在一定条件下是相互转化的,"乱生于治,怯生于勇,弱生于强","敌佚能劳之,饱能饥之,安能动之","敌虽众,可使无斗",以及主张交替使用"正"、"奇"两类战法,"避实而击虚","避其锐气,击其惰归","攻其无备,出其不意"等,关键在于正确地发挥主观能动性,保持灵活性,创造条件使矛盾向着有利于我而不利于敌的方向发展。

秦汉以后,辩证法思想进一步发展,主要代表是唯物主义哲学家张载和王夫之。北宋时期的张载认为世界统一于包含阴阳两个对立的"气",提出著名的"一物两体"的辩证法命题。他认为"气"是组成整个世界的最高实体,万物是"气"这同一实体的不同形态,肯定天地为本,人心为末,即肯定物质第一性和精神第二性。他指出构成世界的"气"处于永恒运动中,"气块然太虚,升降飞扬,未学止息";提出"动非自外"的思想,事物运动的原因不是外力,而源于内因,在于"气"本身两个对立面之间的互相吸引和互相排斥的结果,"太和所谓道,中涵浮沉、升降、动静、相感之性,是生氤氲、相荡、胜负、屈伸之始"。他认为由"气"构成的任何事物都是阴阳矛盾对立的统一体,"无无阴阳者",没有对立,就不成其为事物,"物无孤立之理,非同异、屈伸、始终以发明之,则虽物非物也"。张载把各种个别的对立概括为"两",把各种个别的统一概括为"一",强调事物总是"有两则有一"、"若一则有两"的"两"与"一"之间互相对立、互相依存的对立统一的关系,"不有两,则无一","两不立,则一不可见,一不可见,则两之用息"。这种"两"与"一"的对立统一的关系,推动事物的变化和发展。他还模糊地观察到事物在发展过程中的"变"与"化"的两种运动状态,这种著"变"渐"化"的思想包含了关于量变质变辩证思想的朴素猜测。

(二)古希腊朴素辩证法

古希腊哲学的思辨最初表现为"诧异",也就是好奇心;其思辨精神有五个特点:静观、辩证、演绎、理智和实践。赫拉克利特的残篇里充满了"既是……又不是"的格言,阐述着一个事物生成另一个事物时的观点,他用很多事例来说明这样的关系:1. 转化的关系:事物无时无刻不向自己的对立面转化,只是什么感觉不到这种变化。当我们肯定一事物是如此这般时,它已变成另外一个事物,"万物皆变,无物常驻,如同人不可能两次踏进同一条河流。"①2. 和谐的关系:对立的状态或相反的性质共存,产生出和谐。比如,不同的颜色绘出逼真的肖像,不同的音调造成动听的曲调,琴弓和琴弦之间的张弛结合。3. 同一的关系:对立面是同一事物的不同方面。比如,医生所用的恶的手段(割、烧等)和善的效果、圆周的起点和终点、上行和下行的道路都是同一的。4. 相对的关系:对某一事物的取舍有不同的标准。驴喜欢草料,人喜欢黄金;最美丽的猴子相对于人来说也是丑的。赫拉克利特用格言的方式表达了生成中事物的转化、和谐、同一和相对的关系即现在所说的对立统一的辩证关系。如"不朽的有朽,有朽的不朽"、"我们踏入又不踏入同一条河流,我们存在又不存在"②等,后人从中发掘出辩证法的源头。

芝诺是巴门尼德的学生,他针对伊奥尼亚派的变化本原观,提出了否认运动可能性的四个论证。1. "二分法":运动着的事物在达到目的地之前,首先完成全程的1/2,在达到1/2处之前,又要完成它的1/2,如此分割,乃至无穷,永远也到达不到目的地。2. "阿基里和乌龟赛跑":设想奥林匹克赛跑冠军阿基里和乌龟赛跑,乌龟先爬一段路程,当阿基里跑完着段路程时,乌龟又向前爬了一段路程;当阿基里跑完这段路程时,乌龟又向前爬了一段路程,一追一爬,以至无穷,阿基里

---

① 《西方哲学原著选读》,上册,商务印书馆,1981 年,第 23 页。
② 《西方哲学原著选读》,上册,商务印书馆,1981 年,第 22、23 页。

永远也赶不上乌龟。悖论说明运动没有快慢之分。3."飞矢不动";4."一倍的时间等于一半的时间";芝诺首次运用了悖论的方法进行诘难,继承了思辨的风格,在历史上引起长久的思索,至今仍保持着理论上的魅力。因而,亚里士多德推芝诺为辩证法的创始者。

在古希腊,不仅辩证法思想得到体现,辩证法概念也被第一次提出——柏拉图对话第一次运用"辩证法"这一概念。苏格拉底的辩证法,采用"诘问式"形式,以提问的方式揭露对方提出的各种命题、学说中的矛盾,以动摇对方论证的基础;而承认自己无知,不给予正面的回答,被称为"苏格拉底的讽刺"。这种揭露矛盾的辩证思维,是西方哲学史上最早的辩证法的形式。智者派最早的主要代表普罗泰戈拉提出每一个问题都有互相对立的方面;高尔吉亚在驳斥埃利亚学派否认非存在的形而上学观点时,揭示了思维与存在的差别,接触到存在与非存在的联系与转化。后期,智者派的辩证法演变成为诡辩论。柏拉图不仅继承传统的通过揭露对方论断中的矛盾并加以克服的方法,而且把辩证法看作是认识"理念"过程中由个别到一般、又从一般到个别的方法,是"理想国"中教育的最高阶段的内容。他认为理念是离开具体事物而独立存在的精神实体,"辩证法"认识的对象就是永恒不变的理念。他在哲学著作中,对同与异、大与小、有限与无限、存在与非存在等对立概念,运用归纳、演绎和反证等逻辑技巧进行分析,说明对立的东西能够同一的辩证思想,丰富了辩证法的内容。但是,这种分析不是建立在对客观事物的概括基础上,而是把永恒不变的"理念"作为他哲学的出发点和最终目标,这使他的辩证法带有很大的局限性。

亚里士多德在批判柏拉图"理念论"的基础上,研究一和多、整体和部分、个别和一般、质料和形式、潜能和现实等范畴之间的关系,包含着由对立面想到联系和转化的思想;既讲对立面之间的联系、转化,有时又割裂对立面之间的联系;既讲一般不能离开个别而存在,有时又把一般与个别绝对对立起来;既承认"潜能"中的对立面是统一的,却又否认现实中的对立面的统一,把运动的动力归之于"第一推动者",等等。亚里士多德认为辩证法既作为"研究实体的属性"、"揭露对象自身中的矛盾"的方法,又作为形成概念、下定义和检查定义是否正确的方法。他在探索各种对立的范畴中所揭示的对立物的相互联系,相互转化和反对把对立面僵化的等等思想,是对辩证法的积极贡献。因此,恩格斯称亚里士多德为"古代世界的黑格尔"。

二、德国古典哲学的唯心辩证法

18 世纪末和 19 世纪初,德国古典哲学的主要代表人物有康德、黑格尔等。康德认为辩证法是理性自身包含的矛盾,即"纯粹理性之自然的不可避免的辩证法",当人们运用有限的范畴认识世界的本质、认识作为无条件的整体的世界时,必然会陷入自相矛盾,即"二律背反"。这种矛盾是理性在进行认识活动时必然产生的假象,是不可避免的矛盾;研究和论证这种假象的客观性和矛盾的必然性,揭示先验假象的逻辑,就是辩证法。黑格尔认为康德的"二律背反"指出了理性必然会碰到的矛盾,是近代哲学中最重要、最深刻的一种进步。德国古典哲学的唯心主义辩证法,以康德、黑格尔等为代表,在自然科学发展和社会革命兴起所显露的辩证性质的社会历史条件下,以唯心主义形式将辩证法的研究推向了"自觉"的新阶段。

(一)康德、费希特和谢林的辩证法思想

康德是德国古典唯心主义哲学的创始者。他第一次指出人的理性思维发生矛盾的必然性,提出关于理性思维的"二律背反",探讨和揭示了思维的辩证结构及其矛盾运动。费希特进一步制定他的哲学的基本公式:"自我"建立自身,又建立"非自我",最后达到"自我"和"非我"的统一;认为"自我"和"非我"互相排斥,又"彼此互相限制"而得到统一。这对矛盾是"自我"本身和整个世界得以存在和发展的根据,实际上揭示了矛盾是事物发展源泉的辩证法思想。谢林认为最高本原是主体和客体的"绝对同一",即"绝对","绝对"中没有矛盾,但有欲望和行动的无意识活动,产生了精神和自然界、思维和存在、主体和客体的差别和矛盾,由此引起发展;自然界是"绝对"即宇宙精神的发展过程,是一个相互联系的统一体,一切事物都处在发展变化的过程中。谢林的哲学思想包含有辩证法的合理因素。

(二)黑格尔的辩证法思想

黑格尔提出辩证法,具有其强大的时代背景,同时,加上天才的哲学思维,使辩证法作为其哲学的一个重要部分创建诞生。在精神的基础上,黑格尔的辩证法具有初步规范的、系统的辩证法范式内容,它使人类研究哲学辩证法的历程迈进了一个里程碑。尽管它有许多不足,但它作为一个"巨人"为以后辩证法的发展铺开了道路,也为哲学的继承和批判开创了伟大的来源。

黑格尔在《精神现象学》、《哲学全书》、《哲学史讲演录》等书的前言部分,集中阐述了他建立哲学体系的动机和依据。他的阐述表明了他的体系所具有的"采众人之说,成一家之言"的综合性。黑格尔哲学的特点和优点在于其整体性,因而确定了黑格尔在哲学史上的集大成者的地位。对于黑格尔哲学体系来说,黑格尔继承并彻底贯彻了谢林的做法,把本体论、认识论、自然哲学、道德哲学、艺术哲学、历史哲学和宗教哲学等各门学科结合成一以贯之的体系;辩证法是贯彻在所偶这些领域的原则、规律和过程。黑格尔的哲学体系可以分为三部分:一、精神现象学:说明人是如何认识绝对精神的。二、逻辑学:说明绝对精神是如何运动的。三、应用逻辑学:包括两个方面,一为自然哲学——说明绝对精神如何被异化为自然的运动;一为精神哲学——说明绝对精神是如何在人类社会和精神领域中运动的。

黑格尔的逻辑是辩证法,辩证法和形式逻辑的区别在于,形式逻辑不承认矛盾,而辩证法却是以矛盾为原则。黑格尔认为,矛盾是"推动整个世界的原则","是一种普遍而无法抵抗的力量,在这个大力面前,无论表面上如何稳固坚定的事物,没有一个能够坚持不动"。① 黑格尔从费希特那里接受了辩证逻辑的三段式的形式,既正题、反题、合题的形式,他的高明之处在于看到,无论哪一种形式都是对前一形式的否定,形成螺旋式的上升,直至达到终极目标。费希特看到了辩证法与自我意识的活动和内容之间的必然联系,黑格尔肯定了费希特的功绩,同时批判了费希特把辩证法局限在自我意识范围内的缺陷。黑格尔把传统上用以表示客观对象的实体概念与用以表示主观意识的主体概念结合在一起,提出了"实体就是主体"的论断。认为,实体是辩证运动的主体,它的特征在于能动性:它自己设定自身,并在克服矛盾对立面的辩证发展过程中实现自身,完善自身。黑格尔是用辩证法来规定包括认识过程在内的一切历史过程的,本体论(即阐明绝对精神辩证运动的逻辑学)是全部体系的基础和核心。黑格尔实现了辩证法、认识论的统一,因为,辩证法的范畴和规律是认识论的对象,认识论是辩证法在人的意识中的应用;一方面,黑格尔的《逻辑学》是按照存在的顺序处理人的意识的,把它当作绝对精神发展的一个阶段,即"主观概念"的阶段,包括概念、判断和推理等环节;另一方面,他在《精神现象学》中则是按照认识的顺序来处理绝对精神的,它只是在人的意识发展到最后阶段才呈现出来。

在西方,黑格尔之后的哲学,主要是围绕着黑格尔的继承和批判展开的,一个方向是在继承和坚持黑格尔的思想上的发展,另一个方向是在批判和反对黑格尔思想的方向上的发展。可见,黑格尔的哲学对后代的哲学产生着重要的影响,其中最为重大的应当是辩证法。唯心主义哲学家黑格尔是第一个全面阐述辩证法的一般运动形式的人,其阐述了辩证法的质量互变规律、对立统一规律、否定之否定规律以及本质与现象、原因与结果、同一与差别、可能与现实、必然与偶然、必然与自由等辩证法范畴,建立了庞大的唯心主义辩证法体系。他第一次把世界描写为一个充满矛盾的过程。自然、历史和精神的世界都因矛盾引起运动、变化和发展,矛盾是一切运动和生命力的根源。黑格尔认为一切现象都是对立物的统一,

---

① 黑格尔:《小逻辑》,商务印书馆,1980 年,第 267、190 页。

"两上对立面每一个都在自身那里包含着另一个,没有这一方也就不可能设想另一方",且对立面因其内部矛盾运动而在一定条件下向相反的方向转化,标志着渐进过程的中断和新的质态的产生。黑格尔的哲学体系是"绝对观念"不断转化的进程,他所说的自然界或历史都是"绝对观念"的外化或异在。黑格尔的辩证法是"思想的自我发展",是不彻底的。黑格尔在客观唯心主义基础上丰富和发展了辩证法概念。在哲学史上,黑格尔第一个在宇宙观意义上使用"辩证法"概念,认为辩证法不只是一种思维方法,同时是适用于一切现象的普遍原则和宇宙观。他在概念矛盾运动的辩证分析中,进一步阐明所谓辩证法就是研究对象本质自身的矛盾。这种矛盾是支配一切事物和整个宇宙发展的普遍法则。他认为辩证法所揭示的对象本质自身的矛盾和作为发展动力的原则,是普遍适用的"真正的哲学方法",只有通过辩证法,才能把握哲学真理和获得其他科学知识。黑格尔把概念的运动原则称为"辩证法",试图从现象的内在联系上揭示运动和发展的源泉及其内在联系的真实内容,从而把辩证法的研究推向一个新阶段。黑格尔把辩证法当作"思想的自我发展",强加于自然界和人类历史,因而是唯心主义的辩证法。

三、马克思主义的唯物辩证法

一般唯物辩证法,即马克思主义唯物辩证法,它是马克思主义哲学的灵魂。马克思把辩证法从黑格尔唯心主义中拯救出来,挖掘其合理部分,并改造和发展,融入伟大的创新,形成符合一般科学和认识的一般唯物辩证法范式,对世界和哲学的影响产生着重大而深远的影响。

马克思主义唯物辩证法是建立在唯物主义基础上的科学形态的辩证法,是马克思和恩格斯在19世纪40年代总结了自然科学的新成就和无产阶级斗争的历史经验,批判地继承了人类思想发展的优秀成果而创立的无产阶级认识世界和改造世界的世界观和方法论。19世纪中叶,自然科学的发展成就愈益揭示的自然界的辩证性质和无产阶级革命的兴起所赤示的社会历史的辩证性质,使马克思主义哲学的产生成为历史发展的必然。马克思和恩格斯在概括无产阶级革命实践经验和自然科学最新成果的基础上,抛弃黑格尔唯心主义哲学体系,批判地吸取其辩证法的"合理内核";抛弃费尔巴哈形而上学唯物主义中的唯心主义杂质,批判地吸取其唯物主义的"基本内核",融入自己的新发现,创立了唯物辩证法。他们认为辩证法是客观世界本身所固有的规律,思维辩证法是客观辩证法在人头脑中的自觉反映,辩证法的规律来源于客观现实,而不是来自主观精神或绝对观念,从而使辩证法概念第一次获得真正科学的内容和形态。

马克思深刻领会了黑格尔辩证法的实质,将其创新、改良加以拯救,并贯彻到

《资本论》的论述中——从商品、货币到资本的转化以及概念运动过程的论述都体现了辩证的鲜明特征。辩证的否定是新范畴产生的根源,资本的产生就是商品和货币矛盾运动的必然结果。为此,马克思指出:两个相互矛盾方面的共存、斗争以及融合成一个新范畴,就是辩证运动的实质。①《资本论》的第一篇和第二篇,从商品和货币的矛盾运动过渡到资本关系的产生,这是否定之否定规律的具体表现形式。而第一篇商品和货币,集中体现了矛盾双方之间具有的对立统一关系。货币转化为资本,是通过流通过程实现的,价值增值的过程是一个价值量变化的过程,这一量变引起了质变,使得整个生产关系发生了改变。这就是量变质变规律在《资本论》中的体现。第三篇绝对剩余价值的生产,第四篇相对剩余价值的生产,第五篇绝对剩余价值和相对剩余价值的生产,这三篇是分析和综合的对立统一关系的体现,分析把握的是矛盾每一个方面具有的特点,综合是将矛盾双方合为一体,进行总体分析。这里再次体现了对立统一规律在《资本论》中的具体表现形式。总之,在马克思的《资本论》中辩证法的三个规律都全面展示出来了。

恩格斯提出了辩证法的三个规律,之后并没有对三个规律之间的内在联系进行分析和阐述。这一点恩格斯在《自然辩证法》中有明确的论述。《自然辩证法》主要解释了量变质变规律的含义,对于其他两个规律的内涵没有进行具体的说明。到了列宁时代,对于辩证法三个规律之间的联系,列宁进行了初步的探讨,他得出了对立统一规律是辩证法的实质与核心这一观点,并且明确指出,这个观点需要进一步解释和论证。由于列宁的早逝,辩证法三个规律之间的联系问题在苏联哲学界中断了研究,这个重大的辩证法理论问题被暂时搁置起来。斯大林接替了列宁的领袖职务,但是他对马克思主义哲学没有进行过深入的研究。斯大林从根本上否认辩证法有三个规律,只是片面地强调量变质变规律;由于他从思想路线上背离了列宁的辩证法,陷入了形而上学的"两极论"和"无矛盾论"中,使得马克思主义辩证法在斯大林那里出现了中断。

毛泽东继承和发展了列宁的辩证法思想。早在1937年抗日战争前,毛泽东就根据列宁关于对立统一规律是辩证法的核心这一思想,对唯物辩证法进行了深入研究,从而撰写出《实践论》和《矛盾论》,这样一来,列宁关于对立统一规律是辩证法的核心这一观点在毛泽东的哲学思想中得到了继承和发展。新中国建立以后,毛泽东出于研究社会主义革命理论的需要,对辩证法的三个规律之间的联系进行了多次探讨,从1958年开始直至1965年"文革"前,毛泽东始终在思考辩证法三个规律之间的内在联系。

---

① 《马克思恩格斯选集》第1卷《贫困的哲学》,第111页。

第二节　物质"本能—机能"的总体辩证认识

黑格尔的辩证法是"自我"辩证的,其"本原"是"精神自我"。唯物辩证法把黑格尔的辩证法合理内核拯救过来,唯物辩证法也是"自我"辩证的,但其"本原"是指"物质自我"。马克思把黑格尔的辩证法合理内核拯救过来,把"辩证法"(方法)嫁接在"物质"上,嫁接"成活"了——马克思、恩格斯、列宁等人对(各种现实的)"活"进行了丰富阐述(例如《资本论》);但是,"活"的自我辩证逻辑(即从源头阐述)还有待于"真正"地"完善并体系自成"——以确保从"源头"区别于黑格尔的自我辩证体系。

康德哲学中,提出要把"理性"围绕"经验"转,来个"哥白尼式的大革命",让"经验"围绕"理性"转,也就是让"主体"围绕"客体"转,变化为"客体"围绕"主体"转。姑且不讨论康德的如何"转法",即"感觉经验和理性形式"、"主体和客体"它们谁围着谁转的问题;"应"重点讨论系统"一般"事物的"相互作用关系",而暂不讨论世界系统中"特定组分"事物的关系——尽管我们"讨论"本身就是世界系统内"特定组分"事物的关系;但,当"思维"自觉到"思维的本性",则趋近于"思维与存在(主体与客体)"的一致性,即它们共有的性质。"主体与客体"共同的"最一般"普适性,即它们共同的物质本原性(物质本能系统自我辩证逻辑性)。

物质本能系统自我辩证逻辑表现为"本能—机能"的总体辩证体系。列宁认为,唯物辩证法"主要的注意力正是放在认识'自己'运动的源泉上。"[①]并因此认为"对立统一规律"是自己运动的源泉。这种观点是需要丰富和发展的:"'自己'运动的源泉"是物质本能的自分形,"对立统一"是物质本能系统自我辩证逻辑的"内容规律"——本能系统物质自我辩证逻辑的分形与整形力关系承接着以"对立统一"为核心的辩证法的具体化,即在总体辩证逻辑基础上展开的具有"物质本能辩证法的层面"、"物质'本能—机能'过渡的层面"、"物质机能辩证法的层面"的辩证法体系。

一、"思维自觉到思维本性"的"本能—机能"整体性辩证认识

黑格尔认为,"自然"只是"理念表现自己的一种方式","自然界作为他在形式中的理念产生出来的",辩证法只是观念的辩证法:发展是理念、观念的发展,联

---

① 《列宁选集》第2卷,第712页。

系是概念的相互联系,而自然界的辩证法只不过是它的"外化"。马克思和恩格斯对此进行了批判和继承,恩格斯明确指出:"马克思和我,可以说是把自觉的辩证法从德国唯心主义哲学中拯救出来并用于唯物主义的自然观和历史观的唯一的人。"

当"思维自觉到思维本性"时可发现:"自然"是"物质自为的表现",自然界是"本能物质"自分形(自为)的产生物(机能物质),人是自然界(机能物质)发展到一定阶段的产物(机能物质)。本能物质至机能物质的过程,贯穿本能物质自我辩证逻辑,具有物质的"本能—机能"的"整体性辩证"规律。

(一)"思维自觉到思维本性"的整体性辩证法

辩证法,首先是一种认识论。作为一种具有主体与客体"偏正关系"的认识,这正是它的"局限"。打破这种"偏正关系",让"思维自觉到思维本性",即主体与客体具有平等性——提升客体物质的"本能自为"的能动性,同时降低主体的"人为放大"的自我能动性——尽管能动性一方在主体显示,主体能动性远远大于客体的自我能动性,但就"物质自为的能动性"而言,它们作为统一的物质(能动性"本性")是平等。比如,同为"人",国家主席和纺织工人,就"人能动本性"而言是平等的,只是该本性表现的具体"能动本性"能力不同而已;同样,同为"物质",主体和客体就"物质能动本性"而言是平等的,只是该本性表现的具体"能动本性"能力不同(主体能动性最为高级,且相对脱离于一般动物、植物和矿物)。

主体与客体之间打破偏正后,辩证法就需要改变自己的形式,保留合理的辩证精神内核,不带有任何个人偏向地自为地向最高理性进发——(通过思维自觉到本性)达到物质本性。

卢卡奇在《什么是正统马克思主义》中,呼吁在方法论上重塑马克思主义的真正本质,认为应坚持马克思的研究发方法,即辩证法。唯物辩证法是关于联系和发展的科学,是在事物普遍联系和不断发展中,总结出的关于事物和人的思维中普遍联系与发展的基本规律,即对立统一规律、量变质变规律、否定之否定规律。"总体性"的辩证法作为马克思全部著作中占有"方法论的核心地位"意义,总体性表现为"总体对于部分的遍及一切的优越性"(卢卡奇)。马克思对"旧世界"的批判是对经济、政治和意识形态的总体性批判,因此革命也应当采取包括阶级意识在内的总体革命模式。"不是经济动机在历史解释中的首要地位,而是总体的观点,使马克思主义同资产阶级科学有决定性的区别。"①现当代的资本主义是对其经济、政治、文化乃至日常生活的"总体专政"统治,需要对其在社会生活的各个

① [匈]卢卡奇:《历史和阶级意识》(杜章智等译),商务印书馆,1999年,第77页。

领域进行总体化运动,通过"总体革命",达到"总体性社会主义"。①

黑格尔的辩证法代表的是一种以辩证矛盾为动力、以客观必然性为表现形式、以同质性的"一"为主导的线性发展逻辑,与它相对应的理论和政治诉求是"总体性的辩证法、历史发展的线性目的论、共同利益的先验主张以及个人和自主主体对中心权威主体的屈服"②

马克思把黑格尔那里倒立着的辩证法拯救过来,"整体性"体现在马克思主义全部精神的方法论、认识论和逻辑学的交织一起的整体性系统意义。"总体性"的辩证法,并不直接等同于"整体性"的辩证法。前者具有"简单的加和总体性"的倾向,而后者强调具有"涌现的(包括加和和非加和的)系统性"的整体性。一方面,辩证法是整体性的,不能侧重其一而忽略其他,比如萨特认为:"辩证法的特性就是人类的特性。""当人消失的时候,辩证法也消失。"(施密特)把辩证法侧重了认识论中人的意义研究,并且只强调了"作为人的附属性",认为马克思主义哲学的研究对象并不是包罗万象的"整个世界",而是充满主体性的"人类社会历史",忽略了"自然辩证法"的现实——这与马克思主义整体哲学是不一致的——当"思维自觉到思维本性",辩证法是"人"和"人外之物"的共同普遍特性,即辩证法是指物质的"自我辩证逻辑"的分形整形博弈妥协的"现实规律特性",可以总结为以"对立统一"为核心的三大规律,具体可分"物质本能层面的辩证法"、"物质机能层面的辩证法"和"物质'本能—机能'过渡层面的辩证法"等内容。

(二)"本能"的整体性辩证法

本能的辩证法是指来源于本能物质的自我辩证逻辑的"表现"的规律性总结。"本能"的辩证法的整体性,是指"物质自为"即本能物质自我辩证逻辑表现的整体性。"本能"的整体性辩证法研究有两个方向,一个是指向"来源"的抽象统一的"一",即指向物质本能自我辩证逻辑;另一是指向具体规律的"多",即指向对立统一、质变量变、否定之否定三大规律。"一"是本能整体性辩证法的抽象内容(来源),"三大规律"是本能整体性辩证法的具体内容(表现规律);通常所说的本能辩证法是指后者。三大规律的本能辩证法作为物质本能系统辩证逻辑的具体表现内容,是一个"整体"。这个"整体"中,"对立统一"是核心,"统一"是侧重指本能物质自我辩证逻辑的"自为"自分形的"同一"(本能物质性),"对立"是侧重

① 黄顺基、郭贵春主编:《现代科学技术革命与马克思主义》,中国人民大学出版社,2007年,第336页。

② Micheal Hardt and Antonio Negri, Labor of Dionysus: A Critique of the State - Form, Minneapolis and London: University of Minnesota Press, 1994, p. 286.

指本能物质自分形(不均匀性"扬弃")表达的"否定或对立"。研究辩证法,任何取"此"舍"彼"都是背离辩证法整体性的。

比如,霍克海默和阿多诺合著的《启蒙辩证法》,揭示了以技术理性为核心的、以人的自由和对自然的统治权为宗旨的"启蒙"最终走向了反面,走向了理性的自我毁灭和理性对人的统治的悲剧。阿多诺的《否定的辩证法》成为西方马克思主义的后现代转向的预演。"矛头直接指向'同一性',认为同一性就是某种压抑的代名称,因为同一性意味着一个事物或一个方面占据了第一性的基础地位,成为主导其他方面的绝对根基。这种同一性与人的自由和解放相背离。……否定的辩证法同后现代主义精神有契合之处:否定同一性、同质性、整体性,宣扬非同一性、非同质性、非整体性,由此反对本体论、本质主义、基础主义。在社会建制放,试图建立一个多元共生社会。在这种意义上,'否定的辩证法'为后现代马克思主义埋下伏笔。"①

《否定的辩证法》及其带来的后现代思想,显然不具有"严谨"的"整体性"辩证法思想。"同一"来源于"(本能)物质统一性",而"对立(否定)"来源于物质自分形不均匀性,两者统一于现实机能物质(存在)的普遍联系和发展。人作为一个既成的机能物质存在体,自分形不均匀性(存在发展)是人存在的"现实"本性。"马克思本人非常重视'否定'在辩证法中的作用,而否定就是强调非同一性。'矛盾就是非同一性'。只有'否定',人性压抑才能得到释放;也只有'否定',社会才能从禁锢走向开放。"②

"整体性"辩证法,对"同一性"和"否定"的一致性逻辑贯通自洽需要把握两点:(1)"理性"的悲剧中的"理性",是指自然科学的理性,是狭义的;自然科学的理性仍旧是划定范围的理性,是圈内的理性,自有其局限性,并不是最高原则的"理性"(思维自觉到思维本性的理性);因此,只有人的自由和解放(思维)打破各种"所谓理性"的圈圈限制,使思维自觉到思维本性处,才能真正把握"来自本能物质"的"同一性"。(2)反对整体性,就是反对辩证法。否定的辩证法,即反对了整体性的辩证法,就是反对了辩证法本身。"否定"的辩证法,强调"人的自由和解放",但这一切不是在真空中进行的,没有"环境"的自由和解放是荒谬的。自由和解放是一个过程状态,一方面自由和解放可以在比较中获得感受,另一方面自由

---

① 黄顺基、郭贵春主编:《现代科学技术革命与马克思主义》,中国人民大学出版社,2007年,第342页。

② 黄顺基、郭贵春主编:《现代科学技术革命与马克思主义》,中国人民大学出版社,2007年,第342页。

和解放在人的平衡、和谐与幸福状态中获得感受;没有"比较的对象"、没有"平衡的环境",则一切都是"虚无"。即,否定的辩证法,反对了整体性,就反对了达成自己要获得自由与解放的目标,事实上,走向了否定的自我毁灭。

（三）"本能——机能"的整体性辩证法

整体性辩证法不是"不食物人间烟火"的辩证法,恰恰是"现实的"、"活生生的"辩证法。整体性辩证法,来源于本能物质自我辩证逻辑,表现为"本能——机能"的整体性辩证法具体形态。其中,"本能唯物辩证法"是关于联系和发展中总结出的"对立统一规律、量变质变规律、否定之否定规律"的科学;"机能系统辩证法"是关于系统"涌现"机能研究中总结出的以自组织为核心的系统辩证论（科学）。

物质本能自我辩证逻辑展开为"本能——机能（现实）"的整体性唯物辩证法。任何物质都具有辩证物质的"本能系统",是指物质具有"自分形（大前提）——整形（小前提）——博弈妥协系统（结论）"的自我辩证逻辑。物质本能自我辩证逻辑,是"本能——机能"的整体性辩证法的"来源",即"本能"的整体性辩证法,表达为"本能唯物辩证法"——"机能系统辩证法"。

在自然界,矿物、植物、动物和人类等是"本能——机能"的整体性辩证关系。物质本能自我辩证逻辑是贯穿一切"物质（包括意识）"的绝对支配者。"本能——机能"的整体性辩证关系,是现实物质"普遍存在、运动和普遍联系与发展"的规律揭示。人的意识（亚物质）,对客体进行"效用认识"的"适可而止"首先选择的是"简单"的、"机械"的认识;但用"效用认识"的机械性来对待"本能辩证物质系统"则是错误的（尽管人作为现实机能物质体,完全追求并获得辩证物质"本能系统"的"一切研究"是不现实的）。

辩证法,因为在"思维自觉到思维本性"条件下,具有了最高的理性地位。"本能——机能"的整体性辩证法,既是辩证法的最高理性形态,又是现实的、具体的"整体性"形态。要防止辩证法的熊熊大火把自己焚毁,就要防止辩证法的"特殊"等同为"一般"直至"最高理性",即用"部分"去替代物质本能自我辩证逻辑的"系统"。

根据研究需要,"本能——机能"的整体性辩证法,以"对立统一"为核心规律可区分为三个层次:本能唯物辩证法层次、机能系统辩证论层次以及"本能——机能"过渡辩证层次。

二、物质"本能"层次的"唯物辩证法"

马克思主义的传统"唯物辩证法",是指来自于物质本能自我辩证逻辑的"本能层次"的辩证法。物质观(本体论)、辩证法(逻辑学)、系统论(认识论)、方法论相互统一,是使"物质之本的世界观"与"现实"达成一致性贯通的根本理论途径;马克思主义唯物辩证法是这一"途径"的本能层次的科学的揭示理论。

(一)物质本能系统的"自我辩证逻辑"是"唯物辩证法"的来源

马克思早已将黑格尔倒立着的辩证法改造"以足立地"。唯物辩证法的根本"载体"和"来源"是本能系统物质。唯物辩证法不是无根之物,任何时候它都是以物质为载体的,不存在任何的裸辩证法,所谓的观念的辩证法在本质上也是物质的。物质的本能系统自我辩证逻辑是辩证法的来源。

物质本能系统的自我辩证逻辑:大前提:任何事物都具有本能自分形最大化动力;小前提:各事物本能自分形最大化动力之间自组织协同涌现出系统整形支配力;结论:事物既是本能分形自动的,又是受所在系统约束的,博弈契约性妥协是它们各自最大化演化共存的现实系统。

辩证法的"三大规律"都是对本能系统"自我辩证逻辑"的不同角度总结规律。比如,"对立统一规律"是对"逻辑"的分形整形博弈的斗争角度作出的规律总结,即"分形和整形的博弈妥协"是辩证法"对立统一"的直接来源;"质变量变"是对现实物质系统向另一现实物质系统变化的规律总结;"否定之否定"是对同一现实物质系统演化发展的规律总结。

"本能"层次的"唯物辩证法",来源于物质本能自我辩证逻辑。本能自我辩证逻辑的"分形整形博弈妥协",是以"对立统一"为核心的传统唯物辩证法三大规律的来源。对于世界事物"存在"的阐述,黑格尔有一个非常的思辨:"A 是 A,A 也是非 A,而非 A 表明它自身将终究是 A。"黑格尔对"存在"的阐述,犹如玩弄"对立"和"同一"、"同一"和"差异"之类的文字游戏,它是"局限"的、"表面"的对"存在"的"有条件"阐述;而,世界存在的"性质",作为"最普适"的"最统一"的性质,应当是一种"内容丰富"的、"本质"的、"无条件"的"自恰"阐述。

本能物质自分形与亚物质整形的博弈妥协性,是"对立统一性"的来源。世界系统的一切事物都是本能物质分形整形博弈的对立统一体(自分形不均匀性产生了不同的机能物质),机能物质事物自身内部既是对立的,又是统一的,处于运动和转化过程之中,处于永久的产生和消亡之中。

运动的本质来源是物质的自分形。本能物质自分形与亚物质整形的博弈妥协性,是"质变量变和否定之否定规律"的来源。本能物质世界,在机能物质存在中发展,并在机能物质存在中永恒,轨迹是一个抽象的超循环螺旋上升;人类探索的宇宙起源(包括宇宙大爆炸点),仅仅是这个抽象超循环螺旋环上的点的存在表现形式("人"存在范畴内对该存在点的表现形式的一种研究性追求需要),所有

"人为"的对世界"分割"(时间分割和空间分割)都是属于"该范畴"。本能物质自分形运动表达为机能物质系统,它在自分形牵引的分形整形博弈妥协的"内部作用"中"推动自我"发展,在世界机能物质系统发展的特定阶段,产生了人类(机能物质)和人类社会(机能物质)。

(二)物质本能系统的唯物辩证法的要义

本能物质系统自我辩证逻辑的唯一的现实的科学规律总结,是指唯物辩证法规律体系。马克思主义唯物辩证法的要义如下:

1. 唯物辩证法的总特征是联系和发展。唯物辩证法认为整个物质世界是"各种物体相互联系的总体",一切事物、现象及其内部诸要素之间都是相互影响、相互作用和相互制约的;"一切差异都在中间阶段融合,一切对立都经过中间环节而互相过渡",坚持以整体性为原则的系统方法观察事物;事物的相互联系、相互作用而构成运动,由小到大、由不完善到比较完善、由低级到高级的发展,使新陈代谢成为宇宙间普遍的发展规律。

2. 唯物辩证法的科学体系是由基本规律和诸多范畴按其内在联系而组成的。它的基本规律即质量互变规律、对立统一规律和否定之否定规律是构成唯物辩证法理论体系的主体。质量互变规律揭示了一切事物运动、变化、发展的两种最基本的形式或状态,即量变和质变及其内部联系和规律性。对立统一规律揭示了事物内部对立双方的统一和斗争,是事物普遍联系的根本内容和变化发展的根本动力。否定之否定规律揭示了事物由矛盾引起的发展,即由肯定—否定—否定之否定的螺旋式的前进运动。它的范畴体系包括本质与现象、内容与形式、原因与结果、必然性与偶然性、可能性与现实性等等,是对客观事物的本质关系的反映,是辩证思维的逻辑形式。唯物辩证法的基本规律和范畴体系科学地概括了人类对自然、社会和思维运动的普遍联系和全面发展的不断深化的认识过程,并且指导人们认识运动的发展。

3. 唯物辩证法科学体系的实质和核心是对立统一规律。列宁说:"可以把辩证法简要地确定为关于对立面的统一的学说。这样就会抓住辩证法的核心。"在唯物辩证法科学体系中,对立统一规律贯穿于辩证法共他规律和范畴,其他规律和范畴则是对立统一规律在不同方面的展开和表现形式。辩证法"就是承认(发现)自然界的(也包括精神的和社会的)一切现象和过程具有矛盾着的相互排斥的、对立的倾向"。毛泽东指出:"唯物辩证法的宇宙观主张从事物的内部、从一事物对他事物的关系中去研究事物的发展,即把事物的发展看做是事物内部的必然的自己运动,而每一事物的运动都和它的周围其他事物互相联系着和互相影响着。事物发展的根本原因,不是在事物的外部而是在事物的内部,在于事物内部的矛盾性。"事物内部的矛盾性,是事物发展的源泉和动力,决定了客观事物是一个无限的发展过程。唯物辩证法揭示了事物发展过程的内在本质及其规律,是最完整、深刻而无片面性的关于发展的学说。唯物辩证法不是封闭的,而是科学的开放的体系,反映着不断发展的客观现实的生活和实践,决定着人们对客观事物辩证法的集训是永无止境的。唯物辩证法没有究尽真理,只是为人们不断探索客观世界和主观世界的规律性指明方向,提供科学的世界观和方法论,显示出永无止息的强大生命力。

三、物质"本能—机能"过渡层次的"基础论"

根据系统科学的秩边流模型研究,在实践中可把传统抽象矛盾系统区分为"矛秩点、盾秩点及其相互作用的涌生事物亚物质"。"矛秩点和盾秩点相互作用的涌生事物亚物质"是物质"本能—机能"过渡的内容。

当把"矛秩点和盾秩点相互作用的涌生事物亚物质"被由具体的实体秩点或其属性来担当,则构建为一个特殊的、现实的"基础"矛盾系统。对此,陈书栋在辩证法研究的《基础论》中①认为矛盾的双方有一个共同的基础——这个基础就是矛盾支点,即物自体支点——涌生事物亚物质。田伯泰教授在评论《基础论》时的《要重视研究"第三个事物"》一文中说:如今,时代的发展在经济、政治、文化、科学技术等方面提出重大课题,对哲学思维方法有新的要求,只有哲学原理的突破和创新,才能更好地解决时代课题,所以在实际问题的分析上最好多立足于重大的时代课题。

基础矛盾系统通常具备三个条件:一、矛秩点和盾秩点是单独的实体组分或事物;二、在研究条件,矛秩点和盾秩点共同作用于某一第三方事物秩点(基础秩点,通常是可以是矛秩点和盾秩点之外的第三方事物)获得的涌生事物亚物质——主导研究突显;而矛秩点和盾秩点之间"自然博弈"的整形力涌生事物亚物质,在研究中可以忽略,或者相对独立转变(包括部分相对独立转变)为该第三方秩点;三、具有主导基础矛盾系统的研究条件下的涌生事物亚物质被基础秩点承载,或"相对独立"。

列宁在《哲学笔记》中指出:"可以把辩证法简要地确定为关于对立面的统一的学说。这样就会抓住辩证法的核心,可是这需要说明和发挥。"②陈书栋先生是接受矛盾是辩证法的核心的观点的基础上,展开对辩证法的研究的。他提出的基

---

① 陈书栋:《基础论》,河南出版社,2003 年。
② 列宁:《哲学笔记》,人民出版社第 3 版,1974 年,第 240 页。

础论。基础论的前提是基础矛盾系统。一个事物,一个开显的事物,都具有作为事物本身的抽象的基础矛盾系统;在这个基础矛盾系统中,有矛盾两秩点和矛盾两秩点共同涌现的基础(涌生事物亚物质秩点)。按照陈书栋的话来说:"对立面和基础的关系是一个事物矛盾内部的本质的关系"①从内部矛盾中寻找事物的动因,他说:"当你迈开两条腿走路的时候,就可以'回答了一切',也就是说,就可以回答了对立统一规律的主要问题。两条腿是矛盾的两个对立面,这个对立的双方都是因为共同作用于一个人的上身躯体,即矛盾的基础时才生成了矛盾;当左右腿分别轮流向前迈进时,也就是左右两腿分别轮流成为对基础起主宰、支配作用的主要的矛盾方面时,人才能前进。两条腿不断前进,也就是主要的饿矛盾方面不断发生转化,就使事物(人体)由一个过程发展到另一个过程;如果一个人一直走下去,当两条腿无力前进时,运动就要终止。辩证法的发展过程也大致上可以从这里看出来。……基础和对立面这对范畴是唯物辩证法的一个基本范畴。两个对立面和基础的关系是自然界、人类社会和人思维领域中最普遍存在着的一种关系。人的一举一动、一言一行,人们所从事的任何一件工作,无不都是在与周围的事物发生着联系,无不都是按照'一生而二'公式生成矛盾、解决矛盾。……事实上,有很多人早已经在按照矛盾的双方与基础的关系,去认识问题和解决问题,并且解决得非常好。……如果在坚持'对立统一规律是唯物辩证法的核心规律'时,又能从基础和对立面的关系去分析问题,可以加深我们对唯物辩证法的理解,可以帮助我们从事物的本质上去看问题,……而基础范畴的提出,是给矛盾的对立的双方提供了一个'基础',进而有可能'丰富'唯物辩证法。"②从陈书栋提出的基础论的背景来看,其理论可以提升为抽象本能矛盾系统向机能矛盾系统的过渡基础研究,即矛盾亚物质基础研究。

(一)基础矛盾系统中的"基础"与"涌生事物亚物质"

恩格斯指出:"必须先研究事物,尔后才能研究过程。必须先知道一个事物是什么,尔后才能觉察这个事物中所发生的变化。"③"为了了解单个的现象,我们必须把它们从普遍的联系中抽出来,孤立地考察它们。"④认识一个事物,首先要弄清楚"对象的本质自身中的矛盾",即事物自身的辩证法。陈书栋先生,从经验上升到理论,对具体矛盾事物系统的矛盾研究富有成效:核心的,他把握到了具体矛

---

① 陈书栋:《基础论》,河南出版社,2003 年,前言第 3 页。
② 陈书栋:《基础论》,河南出版社,2003 年,第 4 - 5 页。
③ 《马克思恩格斯选集》第 4 卷,人民出版社,1995 年,第 244 页。
④ 同上,第 328 页。

盾系统中,矛秩点和盾秩点相互作用涌现出"基础"(涌生事物亚物质)的事实;并且,涌现出的"基础"主要是某种携带有相应涌生事物亚物质信息的具体新事物(而非典型系统科学的纯粹涌生事物亚物质)。他把基础矛盾系统中,矛盾与"基础"的关系界定为"生成"关系,这是实际上同系统科学的系统生成论思想具有内在一致性意义。"生成"意味着:关系紧密,不可还原,同时可能相对独立。"我们从自然界、人类社会和人的思维活动中,可以发现大量矛盾生成的例子,即大量新事物的生成,都是由相互独立的两个事物共同作用于第三个事物的结果。这样,我们就可以把任何一个矛盾的生成简要地概括为一个'一生二'公式。这里的'一'是指第三个事物,这里的'二'就是我们常说的一个事物中矛盾的两个对立面。在这里,我们可以把这个'第三个事物'确定为矛盾的基础,即矛盾生成、发展和转化的基础。"①由于,陈书栋先生的生成来自经验和实践,因而,"基础"是指相对独立的具体事物,本质上是指矛盾系统涌生事物亚物质;基础和涌生事物亚物质它们各自提出的出发点和背景条件不一样,但研究的效用却具有一致性。

(二)基础矛盾系统是具有亚物质机能的一般具体矛盾系统

抽象层次的矛盾系统研究与具体层次的矛盾系统研究,在本质上具有统一性,而在具体形态上,要具有各自层次的效用性和适合性。基础系统层次的矛盾研究,是将抽象矛盾系统向现实矛盾系统过渡的基本的一般的具体研究。抽象矛盾系统中,有矛秩点、盾秩点和涌生事物亚物质秩点;而在基础矛盾系统中,不仅矛秩点和盾秩点是具体的,而且涌生事物亚物质也是具体的,更重要的是它们三者的关系,具有基础矛盾系统的具体性。对于它们"三者之间的关系",陈书栋在基础论中,从经验的角度,对它们进行了富有针对"效用"的总结。"如果我们只从矛盾的两个对立面的关系去看问题,不从两个对立面与基础的关系去研究问题,就有可能会影响我们去捕捉事物的本质,就有可能会影响我们的一些重要决策。"②陈书栋的研究,发现了从经验得来的,基础矛盾系统的矛盾研究的内容,他发现的矛盾对立面的基础实际上就是基础矛盾系统的涌生事物亚物质。他从物质无限可分性质中,在适可而止处发现了矛盾的"基础"。毛泽东所讲的物质可以无限可分的"分",除了机械可分之外,还包括了在组成一个事物的各种不同质的成分,把其中某一种特殊性质的"质"的成分分离出来,然后再对这一种特殊性质的物质进行研究,再从中分离出来某中更新的物质。③ 陈书栋将物质的这种分的

①　陈书栋:《基础论》,河南出版社,2003年,第13－14页。

②　陈书栋:《基础论》,河南出版社,2003年,前言第4页。

③　陈书栋:《基础论》,河南出版社,2003年,第5页。

思想运用到具体矛盾系统事物中,并分离出来某种更新的"事物",即基础矛盾系统中的"基础"。虽然,陈书栋研究基础论没表明自觉的系统科学思想,但其研究确是系统平台上的思维之花。

陈书栋在把握马克思唯物辩证主义哲学的抽象矛盾系统向具体的基础矛盾系统的现实过渡中,体现了传统马克思主义唯物辩证哲学的矛盾系统两要素向三要素的认识转变,即矛盾系统两要素基础上新增的要素为涌生事物亚物质。他认为:"世界上的一切矛盾,都有自己的基础。由于生成矛盾的两个对立面的性质不同,这个'基础'又分为三种类型:第一种类型,是一个独立的事物。加上矛盾的两个对立面,可以说一个矛盾是由三个各自独立的事物所构成。……例如生产和消费这个对立的双方只有作用于第三个事物——产品上时才能构成现实的矛盾。……第二种类型,是矛盾中某一矛盾方面(事物)的某一种运动形式。这个基础可以是矛盾双方中的某一个方面(事物)内的某一种质的组成成分;也或者是其整体,或是其某一个局部,或是其某一个组成成分运动时所呈现出的状态、形象、功能、作用、颜色、大小、高低、亮度、属性、声音、活动的方式、方法等运动形式。……看起来尽管它不是可以独立存在的第三个事物主体,但在矛盾生成当中它仍然是作为第三个事物来看待,它仍然是生成矛盾的基础。例如物理学中的作用和反作用。恩格斯指出:'一切自然过程都有两个方面,它们建立在至少两个发生作用的部分的关系上,建立在作用和反作用上……力作用于其上的这另一个部分的反作用,最多只表现为一种被动的反作用,表现为一种阻抗'这个'阻抗'就是'另一部分'物体的一种运动形式,亦即第三个事物,亦即矛盾的基础,如果无这种'阻抗',反作用就不能生成,于是作用和反作用的这对矛盾也就不能生成。……第三种类型,是指一个事物发展的两种对立的基本状态或基本运动形式所赖以生成的'第三个事物'。……这个第三种类型的矛盾的基础所生成的矛盾的两个对立面并不是原来的两个独立事物,而是指一个事物发展过程中的两个对立的基本状态或基本运动形式,……这里要注意两点:第一,任何一个事物的发展过程,都表现为两种对立的基本状态和两种对立的基本运动形式。……第二,宇宙间任何事物的运动形式都反映着这个事物本身内部特有的具体矛盾。"①由于陈书栋的研究是从经验和具体现实总结的抽象,是机能系统矛盾向本能系统矛盾的"过渡性"总结。因此,在抽象矛盾系统向具体机能系统矛盾的过渡的"基础矛盾系统过渡研究"中,首先,他并没有确立从抽象矛盾系统向机能系统矛盾过渡的"基础矛盾系统的自觉的本意",缺乏整体性;其次,"基础矛盾系统过渡研究"作为系统事物内部的、

① 陈书栋:《基础论》,河南出版社,2003年,第15-27页。

不能同事物整体具有同等的相对独立性地位的内部"基础",不仅体现为运动形式,更具有复杂的存在形态——它们综合起来,就是"涌生事物亚物质存在方式"。只有,认识到这一点,才真正揭示了抽象矛盾系统向具体机能系统矛盾的过渡的"基础矛盾系统过渡研究"本质。

四、物质"机能"层面的"系统辩证论"

物质本能系统的物质自我逻辑辩证,及其"本能现实形态"的唯物辩证法是系统辩证论的来源。系统辩证论是物质自我逻辑辩证及其本能现实形态(唯物辩证法)的"机能形态"。唯物辩证法是系统辩证论基础,系统辩证论是唯物辩证法的丰富和完善,它们具有共同的本能系统物质来源。

本能系统物质的自分形与整形博弈中,分形不均匀性产生的"对立统一"关系是根本的、是第一性的,分形产生(涌现)的亚物质整形的"差异协同"是相对的、是第二性的。对"现实系统"进行"普遍联系和发展"的研究,有两个方向:一是将"分形整形博弈妥协"强调为"对立统一"的唯物辩证法研究;二是将"分形整形博弈妥协"强调的"对立统一"适当的回归"差异协同"的系统辩证研究。

物质本能自我逻辑辩证系统中的"结论博弈妥协系统(结论)"是物质本能自我逻辑辩证展开的"现实系统"。在"现实系统"领域的普遍联系和发展的具体研究中,侧重对"开显系统"的强涌现机能(或不可忽略涌现机能)即"系统机能"进行研究,乌杰教授的《系统哲学基本原理》可认为是对"系统机能的典型系统"的有意义的哲学总结。

(一)"涌现"支撑的物质机能辩证逻辑

辩证物质的"本能系统"的"自分形(大前提)——整形(小前提)——博弈妥协系统(结论)"的自我辩证逻辑体系中,物质本能系统辩证逻辑的大前提:任何事物都具有本能自分形最大化动力;当这种"大前提"现实化为具体的机能物质系统——物质机能(系统)侧重研究的内容是"事物自组织涌现的整形系统存在及其演化"。具有"涌现"意义的"亚物质(整形)"是机能物质系统研究的基本内容,同组分事物具有同等地位的基本内容(在机能系统中,涌生亚物质与组分事物物质具有同等地位),即"涌现"具有支撑物质机能辩证逻辑的意义。

机能物质阶段是本能物质系统中的一个特殊现实阶段,根据效用研究原则,这里可以视为"涌生亚物质与组分事物物质具有同等地位",机能系统辩证是指以"涌现"为核心的、表现为对整体进行差异协同自组织优化的最小作用量辩证逻辑。

从贝塔朗菲发表"一般系统论"文章至今,系统科学从无到有的发展成为了庞大知识体系;其中构成论的系统科学已经比较成熟,生成论也正越来越受到重视。构成论,即作为描述对象的系统是已经给定的,或者既定成的,系统研究的任务是考察它的结构、特性、行为、功能和演化,制定相应的描述方法,并建立的理论体系。生成论认为,任何系统都不是从来就有的,更不是某个外来力量给定的,而是有源的,是从无到有生成的,主要研究系统的起点、生成的过程、机制和规律等。①构成论和生成论之间的关系是相互渗透的,相互统一的,在构成论的描述框架中有生成论的描述,在生成论的描述中有构成论的描述;它们的关系可以归结为组分事物构成和亚物质生成(整形)。对于机能系统整体自组织涌现的辩证逻辑,是唯物辩证法的特殊形态,即系统形态。机能物质系统辩证研究,强调“聚合规定性”,即强调一个系统整体,包括“肯定”的、相对稳定的“聚合规定性”和“否定”的、变化的“聚合规定性”,两者是博弈妥协自组织的对立统一关系。

“系统是由相互联系、相互作用的若干要素构成的有特定功能的统一整体”,系统的首要前提和基础是“若干事物(要素)”的“聚合”——这个“聚合”具有“肯定”的“规定性”,即相互联系、相互作用、有整体性的特定功能;其次,这个“聚合”是“自我扬弃”变化的,即具有变化性、发展性、演化性等动态特性。涌现支撑着这种“聚合规定性”,包括肯定的相对稳定的“聚合规定性”和否定的变化的“聚合规定性”,前者作为机能系统涌现“聚合”的肯定的“规定性”,可称为“定聚性”;后者作为机能系统涌现“聚合”的变化的否定的“规定性”,可称为“变聚性”。“定聚性”和“变聚性”统一于机能系统自身一体,它们具有博弈妥协自组织涌现的对立统一关系。

系统科学的构成论和生成论的主要区别在于,前者在系统“定聚性”的基础上展开研究;后者在系统“变聚性”的基础上展开研究,两者有部分的相互对立,更多部分是相互补充的,整体上呈现统一。可见,系统构成论和生成论的关系,完全可以在以涌现为核心的系统的定聚性和变聚性的对立统一性关系中得到认识。

阐明整体与部分的关系是系统科学的基本理论问题;它们的关系集中起来可以是一点:定聚性和变聚性的对立统一性。所谓定聚性,是指任何多个事物,都具有将相互之间关系、相互之间作用的构成固定的或规定的特性(这种固定性一旦具有符合要求的有整体性的特定功能的规定性时,称为我们通常研究的“系统”),这种特性使多个事物的构成方向指向“整体性”——使系统组合的层次、结构、功能等相对固定属性方面得到揭示;所谓变聚性,是指系统内所有事物,都有运动(保持自己事物本身特性的运动或变化)的性质,它们共同构成改变系统“构成固

---

① 苗东升:《有生于微:系统生成论的基本原理》,载《系统科学学报》,2007(4):1-2。

定"的特性,变聚性的方向指向新的构成固定——使系统组合的变化、演化和发展等动态属性方面得到揭示;定聚性和变聚性之间的关系是相互对立的,又是相互统一的,可在对立统一中相互转化和共同发展;系统自组织理论,充分说明了这一点;系统自组织理论是系统的定聚性与变聚性的对立统一性体现的一个揭示,它体现了定聚性向变聚性的转化,变聚性向定聚性的转化,以及他们之间的对立统一的共同发展。

1. 涌现支撑定聚性变聚性对立统一的机能系统基本辩证内容

(1)揭示系统内部辩证关系——系统内部所有要素或事物,相互间一定构成固定或相对固定的存在模式,这种固定主要体现在系统的层次性、结构性、整体功能性等方面;同时,系统内部事物由于自身具有的绝对运动特性,其一定因运动而改变这个相对固定的共同存在模式,它主要体现在系统的运动、演化、发展、自组织等动态性方面;这两个方面是相互对立的,又相互统一的,形成对立统一的辩证关系。

(2)揭示系统整体与系统外部辩证关系——系统和系统外的事物,相互之间一定构成固定或相对固定的存在模式,这种固定主要体现在,系统和系统外事物构成"新的更大"系统(其并不一定符合严格的系统定义,泛指既固定又变化的若干事物的聚合体;下同)的层次性、结构性、整体功能性等方面上;同时,由于系统自身的运动和其他事物的运动,决定了,其一定在改变这个"新的更大系统"的相对固定的共同存在模式,主要体现为系统的动态特性;从这两方面来说,两者是相互对立的,又是相互统一的,形成对立统一的辩证关系。

(3)揭示系统内部、系统整体与系统外部的辩证关系(即开放系统辩证关系)——系统内部、系统(系统边界)和系统外部(环境),三者相互之间一定构成一个相对固定的存在模式,在一个更广义的系统中反映着系统的聚合性;同时,由于系统内外物质、能量和信息的不断相互交换,使这种相对固定存在模式一定在发生改变,反映着一个更广义系统的聚合的变化性;可见,系统聚合的固定性和系统改变的变聚性,是相互对立的,又是相互统一的,形成对立统一的辩证关系。

2. 涌现支撑定聚性变聚性对立统一的机能系统基本辩证分析

依据系统基本辩证特性的内容,对在理想状态下独立系统的研究、理想状态下两个系统的研究和多系统的研究进行相关辩证分析:

(1)理想独立系统的研究分析。理想状态下,任一独立系统都是若干事物的定聚性和变聚性的对立统一体。理想条件下,独立研究系统与外界完全没有任何的物质、能量和信息交换情况下,系统的"定聚性"以维持其内部层次性、结构性和整体功能性等属性不变为根本;系统的"变聚性"以改变系统结构、层次、功能特性,从而维持系统变化、演化和发展的动态属性为根本;它们是"合二为一"的对立统一,该对立统一性揭示了系统的存在。

(2)理想条件的两个系统的研究分析。理想状态下,研究系统和系统环境中任一事物组成一个"新的更大"系统;假定研究系统为甲和系统环境的一个事物为乙(乙也作为一个系统);首先,系统甲和系统乙各自具有作为理想状态下独立系统的自身的系统基本辩证特性;其次,系统甲和系统乙之间具有相互的系统基本辩证特性,"新"产生三类:一、系统甲和系统乙在普遍联系作用下(组合)构成了"广义的一个新的更大系统"时候,系统甲和系统乙各自的定聚性组合成新的系统的定聚性,系统甲和系统乙各自的变聚性组合成新的系统的变聚性,它们之间在新系统中(研究系统甲和事物乙构成的系统)是对立统一关系。二、系统甲和系统乙,在普遍联系作用中,它们的各自系统的"定聚性"由于定聚的能力不一样,构成(或合成)"新定聚性"时产生矛盾,形成对立统一关系。三、系统甲和系统乙,在普遍联系作用中,它们的各自系统的"变聚性"由于变聚的能力不一样,构成(或合成)"新变聚性"时产生矛盾,形成对立统一关系。

(3)多个系统或开放系统的研究分析。研究系统和系统环境之间的系统辩证特性分析。研究系统在不同的条件和不同的环境呈现不同的系统状态,环境中的研究系统事物,一方面具有在理想状态下独立研究系统的辩证特性,另一方面具有环境中包括研究系统在内的多事物构成的新的更大系统的辩证特性,该两方面也是辩证统一的。研究系统与环境中任何一个事物(系统)的关系,构成理想的两事物系统的研究分析;随着研究系统与环境中事物的关系增多,构成复杂开放系统的辩证研究分析。

(二)物质机能系统的系统辩证法

乌杰教授著有《系统辩证学》①,其把系统当作研究或待处理的对象进行辩证考察,根据差异协同及辩证综合的应用,构建了系统辩证学框架。系统科学研究的系统,一般都属于典型系统,系统的矛盾网络特性是系统辩证法研究的一个重要内容,是唯物辩证法丰富和发展的背景资料。在系统中,可对矛盾网络采取维度划分的方法进行矛盾网络的辩证法研究:(1)系统辩证法的纵向维度分析,即一分为二分析;(2)系统辩证法的横向维度分析,即一分为多分析;(3)系统辩证法的立体维度分析,即对系统的结构功能耦合辩证分析(层次论和功能耦合论)。

一分为二。一分为二是矛盾的经典分析,也是核心分析。其两个对立面是相互统一的、互转化的;矛盾的一个对立面支配或主导矛盾的发展,决定矛盾或事物

---

① 乌杰:《系统辩证学》,中国财经出版社,2003 年。

统一的状态;其对组分事物适合,对系统适合,对涌生事物亚物质也适合,只是需要通过对组分事物的研究来间接反应。矛盾网络在系统宏观的一分为二,强调一个"多"字——多个事物的一分为二,即,把事物进行纵向切面分析,把系统所有的单个事物一分为二,这样,系统分成两个相互对立的切面集合——这两个抽象的集合形成系统的矛盾网络的抽象的一分为二分析。

一分为多。在一分为二的基础上,强调系统中不同组分事物的差异,对不同的组分事物在系统功能下进行划分,实施一种横向切面划分,形成"多类"或"多个"事物,称为一分为多。这种切面并不像一分为二,对事物核心进行切割,而是对组分事物整体差异的区分切割,重点是差异的区分;这种切割,一方面使系统内部事物的不同层次区分出来,另一方面使处于同一层次的不同事物区分出来;这是一分为多辩证方法的根本意义。一分为多是系统辩证法特有的,其从不同的层次、从同一层次不同组分事物和不同涌生事物亚物质的差异(这些差异本身是统一的)出发,在系统功能的指引下或者在系统自组织下,决定系统的某个或某些主要矛盾——主要差异事物(差异也是一种辩证矛盾)支配或决定着系统某一个发展时期或某个阶段的状态和演化。

结构功能耦合辩证法,也叫立体辩证法。其是在系统所有的组分事物的一分为二分析、一分为多分析基础上,结合系统辩证律的立体综合辩证法;它是一个立体层面的划分,主要包括系统层次论和耦合论。矛盾网络的一分为二在系统宏观上是抽象的,在微观上是具体的、单一的;一分为多指明了系统的层次,以及系统同一层次不同事物的差异,能够分析系统的主要矛盾,但是没有深入到层次之间的耦合关系,它侧重于组分事物的辩证研究。根据系统辩证律要求,在系统一分为二、一分为多的基础上,建立侧重系统功能的结构功能耦合辩证法,是非常必然的;它的特点在于分析揭示系统的基本矛盾,这个矛盾是系统存在的必要条件,与系统共存亡,在很大程度上决定其他矛盾的发展,是系统发展演化的基本推动力。①

经常地,人类研究的事物是复杂系统事物,系统由多个数目、庞大数目甚至无限数目个基础系统组成,系统内部矛盾复杂——系统事物是辩证的,系统内部事物是辩证的,系统内部事物相互之间是对立的,又是统一的;因此,如何有效研究划分系统内部事物对立与统一关系,对于系统的辩证法研究比较重要。

辩证法的核心是对立统一律,根据研究需要,系统把矛盾的适可而止分析可

---

①　姚志学:《系统辩证论丰富和发展了辩证唯物主义》,载《系统科学学报》,2006,14(2):1-
5。

划分为两个部分:对立部分和统一部分,对立是统一下"内容"的对立,统一是对立内容间"作用"的统一,"对立"和"统一"是同步的。这种系统辩证的适可而止研究,称为系统矛盾适可而止两部分分析法①。它是探索矛盾中"对立"部分和"统一"部分各自相对独立的规律特性和相互作用统一的规律特性;其侧重于对复杂的系统事物进行辩证法规律的宏观研究,侧重于解决系统事物的宏观抽象统一形式和系统具体内容的变化发展关系;在宏观上,矛盾统一形式是抽象的,统一形式是对一个矛盾集合系统的统一,统一的是多个的、复杂的、具有不同层次的矛盾对立内容。矛盾适可而止两部法,是系统辩证法与一般辩证法是相互融合的产物,是一般辩证法在系统的特殊和具体化。它侧重于解决系统事物的统一形式和系统的具体内容之间的变化发展关系;探索矛盾中"对立"部分和"统一"部分各自相对独立的规律特性和"互为你我"的规律特性。矛盾适可而止两部法是系统辩证律和系统网络多维辩证律在一般辩证法基础上系统形成的辩证法统一;离开任何一者都是不完整的,也将是孤立的、不具备有效系统特性的。矛盾两部分析法对于系统的整体性研究,对于系统内部的复杂性研究,都具有哲学的辩证法应用的指导意义。

第三节 物质的本能系统辩证法——传统唯物辩证法

在物质本能系统"自我辩证逻辑"基础上,人们自觉或不自觉地研究和总结物质本能自我辩证逻辑的规律,黑格尔提出了"对立统一、质变量变和否定之否定"为代表的辩证法规律,马克思把黑格尔的辩证法(合理内核)拯救过来,创立了科学的唯物辩证法。

传统唯物辩证法是物质本能系统自我辩证逻辑的丰富展开的"唯一"的科学规律形态。物质本能自我辩证逻辑与唯物辩证法的关系:(1)"大前提:任何事物都具有本能自分形最大化动力"是"世界物质是运动的"的来源揭示;(2)"小前提:各事物本能自分形最大化动力之间自组织协同涌现出系统整形支配力"是世界物质普遍联系的来源揭示;(3)"结论:事物既是本能分形自动的,又是受所在系统约束的,博弈契约性妥协是它们各自最大化演化共存的现实系统"是世界物质联系发展的以对立统一为核心的三大规律的来源揭示。总的看来,描述运动世界物质的普遍联系和发展的"对立统一、质变量变和否定之否定"辩证法,是物质本

———————————

① 参见温勇增:《系统矛盾之"两部分析法"》,载《系统科学学报》,2007,15(3):59–63.

能系统的自我辩证逻辑的"现实"的普适表现规律的总结。

一、对立统一规律的矛盾秩点系统分析

对立和同一是矛盾系统的两种基本属性。矛盾的对立属性又称为斗争性,矛盾的同一(统一)属性又称为同一性。对立统一规律是一个抽象的、普遍的矛盾运动规律。矛盾是反映事物内部或事物之间对立和同一关系的基本哲学范畴。在这里,把矛盾看作一个抽象的事物系统,"矛""盾"两个秩点是其组分,而其涌生事物亚物质使它们获得统一。

（一）关于矛盾秩点系统

传统矛盾系统应当特指这样一类系统,"矛秩点"和"盾秩点"是矛盾抽象系统的两个抽象的对立面。矛秩点有自己的分形,它要使自己获得开显最大化;盾秩点也有自己的分形,它也要使自己的开显最大化;两者,在绝对意义上"博弈":矛秩点的分形最大化必然影响盾秩点的分形最大化,相反亦然成立;为了获得各自分形最大化,在同一时空中,它们的根本关系是绝对的斗争关系。

矛盾的对立或斗争性是指矛盾双方,互相排斥——以使自己获得自分形最大化,表现为互相反对、互相限制、互相否定的属性,体现着矛盾双方互相分离的趋势。矛盾系统中的矛秩点和盾秩点可以比喻为生活中的矛和盾,矛始终是要向"最锋利"的自分形方向变化的,盾始终是在向"最坚固"的自分形方向发展的,两个自分形必然是互相斗争的、互相否定的——它们必然是或"激烈"或"缓慢"或"几乎为零"的博弈。其中,典型的激烈的矛盾,是传统矛盾研究的主要内容。

对矛盾两秩点相对独立的界定,黑格尔说:"在对立中,有差别之物并不是一般的他物,而是与它正相反对的别物;这就是说,每一方只有在它与另一方的联系中才能获得它自己的[本质]规定,此一方只有从反映另一方,才能反映自己。另一方也是如此;所以,每一方面都是它自己的对方的对方。"①黑格尔说的"它"和"别物"、"一方"和"另一方",就是"矛秩点"和"盾秩点"。"矛秩点"和"盾秩点"是相对立关系。恩格斯也说:"所有的两极对立,总是决定于相互对立的两极的相互作用;这两极的分离和对立,只存在于它们的相互依存和相互联系之中,反过来说,它们的相互联系,只存在于它们的相互分离之中,他们的相互依存,只存在于它们的相对对立之中。"②恩格斯的观点,很好地界定了矛盾系统中的矛盾两秩点的分形同涌生事物亚物质的整形力之间的相互作用,及其对矛盾两秩点和涌生事

———————
① 黑格尔:《小逻辑》,第55页。
② 《马克思恩格斯选集》第3卷,第494页。

物亚物质的作用情况。矛盾作为了事物的矛盾，矛秩点和盾秩点，都作为了具体事物或者作为了具体事物的具体方面或属性，比如，机械运动中的作用力与反作用力相互依存大小一致，体现了矛盾的同一性，但作用力和反作用力方向相反，体现了矛盾双方的对立性和差别性，即引起矛盾双方的斗争或排斥。矛盾的矛秩点和盾秩点的自分形的斗争性在现实中有着十分丰富的内容和无限多样的形式。例如，社会系统的阶级矛盾，生活中的批评与自我批评、争论与协商，生物系统的生存竞争、生物遗传与变异，机械运动系统中的吸引与排斥，……抽象层面的矛盾的理解，应当同具体日常生活中的具体矛盾既区别又联系起来。

辩证矛盾范畴反映了事物作为矛盾事物的内部的本质联系，即物质分形与整形的对立统一揭示了事物发展的实质内容。发展就是对立面的同一和斗争，具体的是矛盾系统的分形与整形力的同一和斗争对矛盾系统的推动。主要体现为两方面，一是矛盾事物系统，在内部矛盾两秩点的自分形的优先性推动下，与它们相互作用涌现出来的涌生事物亚物质相互作用，相互排除相互斗争，使双方力量处于此消彼长的不断变化中；二是矛盾事物系统，在环境中受各种外部条件的影响，其内部的矛盾两秩点互相依赖、互相排斥，既同一又斗争，使双方力量处在此消彼长的不断变化中。这两个方面，内部力量是根本的；外部力量最终要转换为内部力量而表现出来。外部力量可以转化为矛盾系统中的矛盾两秩点的某一秩点的分形的内容，也可以转化为矛盾系统中的涌生事物亚物质的外来内容，这在系统科学中属于他组织调节的矛盾系统的范畴。矛盾系统中的自分形和整形力的对立统一，此消彼长的不断变化，标志着矛盾两秩点的自分形量的变化；当力量对比发生根本性的变化，矛盾两秩点的信息模式支配涌生事物亚物质的地位相互转化，于是新矛盾取代旧矛盾，新事物取代旧事物——矛盾系统之所以称为该矛盾系统，一方面，由该矛盾系统的矛盾两秩点的性质决定，另一方面由矛盾两秩点的涌生事物亚物质表现决定；具体而言，事物之所以称为该事物，一方面，由该事物的组分秩点性质决定，另一方面由事物的涌生事物亚物质性质决定。

(二)矛盾秩点系统的对立统一规律分析

"对立统一规律"的矛盾是一个系统。矛盾的两个方面可以看作两个秩点，相互之间的分形博弈形成统一就是矛盾的整体形式。

传统抽象矛盾系统中的同一性问题。抽象矛盾系统中的矛秩点和盾秩点的相互联系相互作用产生涌生事物亚物质，抽象矛盾系统中的涌生事物亚物质的根本性质就是支配矛秩点和盾秩点形成一个统一的整体，而使矛盾双方具有同一性——矛秩点和盾秩点的涌现共同支配的相互作用称为整形力。我们都承认，世界事物之间是相互联系相互作用的，抽象矛盾系统中的矛盾两秩点之间也一定有内在的、有机的、不可分割的联系——由抽象矛盾系统中的涌生事物亚物质的整形力表现——使矛盾的对立面（矛盾两秩点）具有相互吸引、相互结合的趋势。"同一是一种联系，但不是任何联系都可以称作矛盾的同一性。只有处在统一体中的对立面之间的联系，才具有辩证同一的性质。如果相互区别的东西不存在于统一体内，不具有共同的基础，就谈不上矛盾的同一性。"①事实上，任何事物都处于统一体之中，不处于这个统一体之中，就处于那个统一体之中，从这个角度看不处于统一体之中，从那个角度看是处于统一体之中的；另外任何两事物之间都具有涌生事物亚物质，就必然的处于绝对的共同体内，有共同的涌生事物亚物质基础，因此，任何两个事物都是矛盾着的对立面事物。显然，广义的矛盾研究，失去了研究的现实意义——仅仅具有认识和解释意义；因此，传统抽象矛盾系统是一种狭义的矛盾观，对于现实的认识和发展具有指导意义。关于狭义传统抽象矛盾系统的同一性，"列宁和毛泽东都用过许多不同的术语来表达，如统一性、一致性、互相依赖、互相依存、互相联结、互相渗透、互相贯通、互相合作等等。这些表述都是从不同侧面来揭示矛盾同一性内容的，同时也说明同一性的表现形式是多样的。如果抛开同一性范畴的丰富内容，仅仅把它归结为某一种具体形式，那就会把这一范畴简单化，就会把矛盾同一性的具体表现形式变换误认为同一性的消失，从而否定同一性。"②列宁和毛泽东这里，也体现了矛盾同一性在具体问题间的转化和抽象的认识问题，体现了从具体向抽象的提炼；实际上只要掌握了广义抽象矛盾系统中的涌生事物亚物质的绝对性，就很容易理解任何时候矛盾的同一性、不管如何转变具体内容和具体形式，最高同一性的涌生事物亚物质形式永远存在——因为，它是任何具体矛盾同一性形式和内容的最高承载。

矛盾的同一和斗争，具体表现为抽象矛盾系统的矛盾两秩点的整形力和分形的同一和斗争，推动矛盾系统的发展。矛盾系统的同一和斗争是一个相互作用生成的整体——矛盾系统之所以为系统，矛盾两秩点及其涌生事物亚物质处于一个相对稳定状态，为矛盾系统的自分形和整形力的"有效"相互作用存在和发展提供条件和基础。矛盾两秩点在抽象矛盾系统中，一方的发展以另一方的某种发展为条件，当然，当矛盾两秩点的斗争力量变化达到一定的程度——对应生成的涌生事物亚物质失去了有效约束整形力效果的时候，会引起矛盾同一体的分解，即抽象矛盾系统的分解；矛盾两秩点，各回各家（进入新的矛盾系统，或被其他事物携带）。研究的矛盾系统中的矛盾两秩点，是指在矛盾系统不分解条件下的发展，发

① 肖前、李秀林、汪永详主编：《辩证唯物主义原理》，人民出版社，1999 年，第 230 页。
② 肖前、李秀林、汪永详主编：《辩证唯物主义原理》，人民出版社，1999 年，第 230 - 231 页。

展因而是在矛盾统一体(系统)中的发展,一方不能脱离它的对立面而孤立地发展。矛盾两秩点,在抽象矛盾系统中,通过涌生事物亚物质相互利用、相互吸引而获得发展——这种发展是系统条件下的发展(因为没有绝对孤立的发展);尤其是对于那些矛盾两秩点不存在根本冲突的双方,双方包含着可以互相利用的某些共同因素,另外矛盾两秩点的各自内部的矛盾性,可以为另一方利用来发展自己,再次矛盾两秩点相互贯通,通过涌生事物亚物质的支点作用而规定矛盾系统事物的发展基本趋势。矛盾系统中的涌生事物亚物质促进矛盾系统的发展,是不容抹杀的现实——但不能走极端的把涌生事物亚物质的地位提高到极致,而同所谓的保守主义思想等同起来;辩证系统的保守方面,就是抽象矛盾系统的维持稳定的方面,"它承认认识和社会的每一个阶段对自己的时间和条件来说都有存在的理由"①"每个阶段"指的是抽象矛盾系统的涌生事物亚物质有效支配矛盾系统所保持的一种系统稳定的形态,承认涌生事物亚物质同一性在事物发展中的积极作用,就是承认事物在它自己的时间和条件下以系统存在的历史正当性。人们在认识矛盾系统的时候,不能不顾一切地把矛盾系统的相对稳定阶段"越过去",否认矛盾系统中涌生事物亚物质支配作用的进一步发展存在的现实,而任意的破坏矛盾系统的稳定性——具体的破坏系统事物的稳定性,关于这方面,就是传统辩证法所承认的保守方面,实际上是矛盾系统的某一涌生事物亚物质的阶段支配持稳性表现。当然了,这种保守方面的某一涌生事物亚物质支配虽然有自己阶段的"持稳性",但不是绝对的处于支配地位,也就是说不能是不变化的,不能是无条件的、凝固的,它终究要被新的涌现体(矛盾系统对立面的斗争涌现的)取代,实现旧的矛盾系统的涌生事物亚物质(旧的矛盾统一体)的瓦解和产生以新的矛盾系统的涌生事物亚物质获得支配地位为标志的新的矛盾统一体(系统),这是矛盾系统的辩证法革命性质的必然所在;如果只承认某一涌生事物亚物质的支配地位且不变化,就把矛盾的保守方面绝对化了,走向了保守主义。矛盾双方的斗争是矛盾的一方面通过涌生事物亚物质限制另一方,并打破另一方对自己的限制,双方力量发展不平衡,处于支配地位的一方通过自己的信息模式在涌生事物亚物质的支配地位而获得涌生事物亚物质的支配地位,而限制和支配另一方;矛盾系统的保守方面,就是某一涌生事物亚物质获得支配地位的"质"范畴下的量发展的划定范围内的维持稳定性,在这个阶段,尽管被支配一方力量可能是增长的,同时支配方可能也是变化,但涌生事物亚物质的性质还没有发生"质"的变化。

　　矛盾的斗争性,在矛盾系统的质变过程中作用更加显著。通过矛盾斗争,突

---

　　① 《马克思恩格斯选集》第 4 卷,第 213 页。

破了支配涌生事物亚物质的限度,当矛盾双方的自分形量发展达到了各自的最高点——这个最高点就是涌生事物亚物质的整形力量能够束缚能够承受的边界,斗争也就达到了各自方向的极限,一旦突破,原来"质"的矛盾系统涌生事物亚物质将失去"原质"意义,被"新质"的矛盾系统涌生事物亚物质所取代,或者原来矛盾系统被"瓦解",着就是矛盾的转化,是矛盾系统(事物)根本性质的变化。在这里,矛盾系统的矛盾两秩点的自分形起了决定性的作用,这种分形是永恒的存在的,并且贯彻到底的,使旧矛盾统一体"分解"或"过渡"到新的矛盾统一体,这是事物的发展必然。但是,矛盾的艘子本身并不直接的就是发展,矛盾两秩带的自分形是事物发展的第一推动力,斗争也只是事物发展的推动力量——因为发展的定义指定"前进发展"性质的,新事物萌芽并斗争取代旧事物获得支配地位,是发展;相反的斗争,旧事物斗争扼杀旧事物,是阻碍发展;但并不是所有的新事物取代旧事物都是发展,也不是一切旧事物限制新事物生成就是对发展的限制,这里的核心对"发展"进行明确——发展应当是最高理性下的趋势同"以人中心调节"的服务人类及研究系统的趋势的有机综合趋势的继续展开。因此,当维持矛盾统一体的存在和发展有利于事物发展的时候,分形和整形力的斗争中整形力处于上风,斗争只是以整形力约束对立两方而维持矛盾同一体的存在和发展的手段,如果发展到破坏涌生事物亚物质的程度,那只能是倒退的"发展";在前进发展的进程中,需要破坏矛盾统一体的时候,通常斗争也是有限度的,并不在斗争摧毁对方有利于新的涌生事物亚物质的生成的积极因素。

列宁说:"对立面的统一(一致、同一、均势)是有条件的、暂时的、易逝的、相对的。相互排斥的对立面的斗争则是绝对的。正如发展、运动是绝对的一样。"①矛盾的统一和斗争关系中的相对性和绝对性,主要是指有条件性和无条件性。矛盾系统,作为一个一般系统,矛盾两秩点的自分形带来的斗争和两秩点的斗争的涌生事物亚物质,都是无条件的存在的。但作为"矛盾"系统而言,两者都是相对的;并不是所有的涌生事物亚物质支配下的秩点的自分形的统一体都是矛盾统一体,而所有的矛盾两秩点的自分形斗争生成的涌生事物亚物质支配下的统一体都是矛盾统一体。显然的,矛盾同一的相对性是指矛盾统一体以及贯穿其中的同一性(整形力性质)的存在受着特定条件的限制——这个条件就是矛盾两秩点斗争性,具备这个条件生成矛盾同一性,这种条件消失,丧失矛盾同一性,但是,从系统科学看来,同一性是必然的,不在狭义的矛盾系统中,就在广义的矛盾系统中;在狭义系统中,矛盾的同一性是有条件的、暂时的、易逝的、相对的。矛盾的斗争性是

---

① 《列宁选集》第2卷,第12页。

无条件的,缘于矛盾两秩点的自分形是绝对的,但矛盾系统是狭义的矛盾系统,所以矛盾的斗争性也不是绝对无条件的,而是受特定条件的限制(涌生事物亚物质能够有效生成的限制),同时又能够打破有效共同体的支配形式和方式的限制,使事物发展为新事物,斗争相对于同一性而言,不完全局限于来自涌生事物亚物质的某一具体条件,而是不断的打破和超越涌生事物亚物质的各种具体整形里的具体条件对它的制约——从这个意义上来说,矛盾的斗争性也是无条件的、绝对的。正确理解矛盾的相对绝对原理,应当在矛盾的转化过程中来理解,旧的矛盾统一体完全解体之前,涌生事物亚物质的某一具体的同一性并没有完全丧失,只是在瓦解中,在新旧支配地位的交接过程中,这个时候该同一性既存在又不存在,当斗争使新同一性占据支配地位,旧同一性推出矛盾系统的历史舞台,新矛盾统一体生成。但是,不能认为,斗争是绝对的,同一是相对,而认为斗争永远重要,而同一则不重要。在系统科学看来,这两者是同等重要的,但是对于事物的发展而言,斗争具有第一推动性——来源于自分形的第一推动性。

(三)矛盾秩点系统的最高形式

普适矛盾的最高关系就是分形与整形力的对立统一关系——来源于物质本能系统的自我辩证逻辑。

分形和整形力之间是相互依赖的。在矛盾抽象系统中,矛盾着的每一方,作为秩点都具有自分形,但不能是绝对孤立地存在和发展,一方必须以另一方为前提即获得涌生事物亚物质的前提,只要在系统内,只要还是矛盾系统,则矛盾的一方的存在和发展必须以另一方的存在和发展为前提。"上就是非下;上的规定就在于它不是下,有上就是因为有下,反过来也是一样;在每一个规定中包含着它的对立面。……每一个规定所以存在只是由于它同另方发生关系。它们的存在是统一的存在。"①另一方面,矛盾着的对立面之间互相贯通,以涌生事物亚物质整形力为支点,互相依存、互相渗透,存在着由此达彼的桥梁——这个桥梁就是涌生事物亚物质。矛盾双方的互相包容,是涌生事物亚物质的整形力支配和束缚矛盾双方,使它们不能截然分开,互相渗透,互相包容,"你中有我,我中有你"。矛盾着的对立面存在着由此达彼的贯通性,包含着相互转化的趋势。在某一条件下,假定:抽象矛盾系统中的矛秩点的自分形信息的在涌生事物亚物质占据支地位,而盾秩点的自分形信息在涌生事物亚物质中处于被支配地位;当条件改变,可能出现两种情况:一是可能出现反过来的情况,抽象矛盾系统中的矛秩点的自分形信息的在涌生事物亚物质占据支地位被盾秩点的自分形信息取代,而矛秩点的自分

---

① 《列宁全集》第38卷,中文第1版,第148页。

形信息在涌生事物亚物质中处于被支配地位;具体表现为,某一时期和条件矛盾的一方占据斗争的上风,另一时期和条件,矛盾的另一方占据斗争的上风;这侧重的是相互转化的趋势;二是由此达彼的贯通,处于被支配地位的盾秩点的自分形信息有一部分融合到(涌生事物亚物质的整形力效应)占据支地位的矛秩点的自分形信息中,使处于被支配地位的盾秩点——达到(通过涌生事物亚物质)——矛秩点,完成由此达彼;"例如,在一定条件下,生物的变异转化为遗传的东西,即发生变异的遗传,生物的遗传发生偏移,不在保持其遗传的特性。"①

斗争性和同一性是事物矛盾的两种相反属性,但二者有是互相联系,不能分离的。从系统科学来看,一般现实的系统中,组分实体相对于涌生事物亚物质具有优先性,即组分实体决定涌生事物亚物质具有优先性;但在抽象的矛盾系统(它作为一般系统中的事物双方始终保持激烈作用的特殊系统,脱离激烈作用的系统,不成为矛盾系统)看来,"没有斗争性就没有同一性,同样,没有同一性也没有斗争性。斗争性和同一性作为辩证矛盾的两种基本属性,其中任何一种,都使使矛盾不成其为矛盾。"②同一性不能脱离斗争性而存在,抽象矛盾系统中的涌生事物亚物质,是以矛盾两秩点的差别和对立为前提的,因此是包含差别和对立的涌现共同同一,是具体的涌现共同同一,涌生事物亚物质的同一必然为矛盾两秩点的斗争性所制约——没有矛盾两秩点双方的相互对立、相互斗争,就谈不上它们的相互依存、相互贯通。"那种完全排除差异、排除对立的同一,黑格尔称之为'抽象的同一',即孤立于差异之外的同一性。在黑格尔看来,如果把这种'抽象的同一'加以绝对话,就会导致形而上学,就会否认现实事物的发展变化,最终不过是一个空名而已。黑格尔认为,现实中的任何事物都是'具体的同一',即包含殊异于其自身的同一或对立面的同一。黑格尔的这一思想受到马克思主义经典作家的肯定。"③"孤立于差异之外的同一性"就是,矛盾两秩点,排除差异后,变为矛矛两秩点,实为同一秩点;或变为盾盾两秩点,实为同一秩点,这就承认了事物是一成不变的静止,否认了现实事物的发展。"包含殊异于其自身的同一或对立面的同一"意味着,就事物自身自为而言,自分形,使分形前事物和分形后事物,具有差异;但这种差异由包含于自身事物的同一之中。可以看出,黑格尔的观点采用的辩证过程是符合矛盾系统的分形和整形力的对立统一关系的,是自洽的。抽象矛盾系统之所以是矛盾系统,如不能完全排除对立一样,对立不能完全脱离同一而

---

① 肖前、李秀林、汪永详主编:《辩证唯物主义原理》,人民出版社,1999 年,第232 页。
② 肖前、李秀林、汪永详主编:《辩证唯物主义原理》,人民出版社,1999 年,第233 页。
③ 肖前、李秀林、汪永详主编:《辩证唯物主义原理》,人民出版社,1999 年,第234 页。

存在——具有矛盾意义下的涌生事物亚物质支配和约束下的对立,构成的矛盾系统才是传统意义上的矛盾系统。"矛盾的具体的同一性制约着矛盾双方对立的性质和形式。没有不受同一性制约的斗争,没有脱离同一的对立。辩证的对立并不是任意的两个事物的对立,而是有着内在的同一性的两个事物间的对立。战争不是与鸡蛋相对立,而是与和平相对立。"①"矛盾的具体的同一性制约着矛盾双方对立的性质和形式",是指系统机能受系统组分制约,即矛盾统一体的涌生亚物质内容和形式,来源于于矛秩点和盾秩点的组分的性质和形式,如果矛秩点和盾秩点是非激烈(所谓"和谐")的关系,则它们不构成为矛盾。

二、本能系统物质事物的质变量变分析

（一）本能系统物质事物及其"质"

（机能）物质事物是以"质"为标志加以区分的。质是一事物区别于他事物的内部固有的规定性。这种规定性在研究中表现为三个层次,即质料层次、道料层次和旋料层次,其中质料是核心,质料层次决定事物具有的规定性的——"内部固有"性,相对于道料层次和旋料层次来说,具有更强的固有性和内部核心性,从这个意义上来说,"质和事物的存在是直接同一的"——这里的"质"是"质料层次、道料层次和旋料层次"整体生成的质;因此,特定的质就是特定的事物的存在本身——没有完全相同的两片树叶,就因为没有完全相同的两片树叶的质——我们通常说,两片树叶具有相同的质,是以质料层面为核心的"类"概念,此两片树叶之所以为该树叶,而有别于他物(树叶),就由于它们具有该类树叶的以质料层面为核心的质的"类"规定性。

质和事物的直接同一意味着:一方面,事物是具有一定质料的事物,不具有质料的事物是没有的。事物一旦丧失了自己的质料的规定性(这种规定性是自身固有的),则将由原来的某物变化为他物(他物也具有了自己的质料的规定性)。规定性区分三个层次,质料层次为核心,道料层次和旋料层次依次环绕,如果丧失了质料层次的规定性,则是丧失了客观现实的规定性(舍弃了具体规定性的"物"即舍弃了"物质一般"具有质料层次的规定性);丧失了质料层次的规定性,并不是丧失了"广义质"的任何规定性,因为它可以还具有道料层次和旋料层次的规定性——与精神密切相关的就是以道料为核心的相关规定性的显现。另一方面,质是一定事物的质,离开特定事物的质也是没有的。离开了事物的质是主观的抽象,但这种抽象仍旧是拥有自己的规定性,那就是以道料为核心的规定性;质料为

---

① 肖前、李秀林、汪永详主编:《辩证唯物主义原理》,人民出版社,1999 年,第 234 页。

核心的客观存在不是同事物相脱离的纯粹的质,"而只是具有质并且具有无限多的质的物体。"①以质料规定性为核心的客观存在的质和事物是不可分割的,以道料规定性为核心的主观精神的质和具体精神事物也是不可分割的,(质是广义的,包括三个层次),既说明了事物(包括了客观存在事物和精神事物)的确定性,又说明了质同事物的同一性——不仅体现在以质料规定性为核心的客观存在方面,也体现在以道料规定性为核心的主观精神方面,还体现在以广义质规定性的系统事物(系统物质)的整体方面(系统科学侧重于整体方面的研究)。

事物的质是事物的内在规定性,这种内在规定性是相对的。"理论最内的内在规定性……第 N 阶内在规定性……理论最外在的规定性",它们构成了一个广义质的规定性体系,它具有不同的中介层次,这种内在规定性只能是相对的;比如,第 N 阶内在规定性相对理论最内的内在规定性来说是外在的,而相对于理论最外在的规定性来说是内在的。这里有个问题,那就是对理论最内的内在规定性和理论最外在的规定性的判别问题;理论最内的内在规定性,要直接的逼近纯粹的物质,逼近并收敛于潜在的物质性;而理论的最外在的规定性,只能以人条件为最终判别,直接等同经验和感官(不借助任何的认识中介)。正是由于这种质的规定性体系,在混淆规定性判别的问题时,出现了哲学问题(比如唯心和唯物问题)的争论,广义质的规定性体系,笼统的可区分为三个层次即质料层次、道料层次和旋料层次——因为质的表现区分这些层次,质需要通过一定事物蕴涵并同其他事物以及同人(主体)的相互作用关系中表现出来,即以属性的方式表现出来。我们在认识事物的时候,总是希望能够把握事物的通过相互作用关系表现出来的各方面属性的总和;这个总和是一个事物的广义质的规定性体系,包括了基本的质料、道料和旋料三个层面,也就是既有本质的属性,又有非本质的属性,而在具体的认识和实践中,哪些属性对于我们确定事物的质具有决定作用——这是具有的效用问题。比如杯子作为饮器的质就是适宜用来喝水,至于其他的属性相对是非主要的了。事物的广义质是多方面的,就内在规定性而言是事物本身所固有的确定的,不能任意地增加或减少,正因为如此:一方面,人们可以根据内在规定性而对之做出区分,并根据实践和认识的需要做出选择,比如对于水,物理学家主要考察其固体、液体和气体的形态,化学家侧重考察其分子结构;另一方面,内在规定性是物质潜在性的分层次的开显性的具体化,某一层次的内在规定性,相对于先一层次或者说进一层次来说是外在的规定性,因此,当某事物的质的内在规定性在认识和实践当中"被深入"则内在规定性要变化,在这方面,"自然科学领域的每一

① 《马克思恩格斯选集》第 3 卷,第 553 页。

个重大发现"都将可能改变"物质的形式",比如物质的认识从原子的认识规定性形式,出现相对论、量子力学、场理论等,物质新具有了场等形式。

广义地看,质料和事物是核心同一的(我们通常认为核心同一的事物为同类事物),这是"一";同质的事物在量上又是多样的,也就是说同质料的事物的道料和旋料是可以相对区别的——这些区别主要表现在量上,使同质类事物可以比较,从而由质的研究进到了量。

(二)本能系统物质事物及其"量"

量是质料核心层次外围的道料层次和旋料层次的属性,它们也是事物的一种规定性——通常是事物存在和发展的规模、程度、速度以及事物构成因素在空间上的排列等可以用数量表示的规定性。量的规定性和质的规定性是不同的,通常的质的规定性是指质料层次的规定性,是同事物核心同一层次的规定性;而量的规定性,则是核心质料层次的外围的规定性,该外围的规定的增加或减少并不影响质料核心层次,即不影响该事物为该事物。"质是与存在同一的直接的规定性,……某物之所以是某物,乃由于其质,如失掉其质,便会停止其为某物。……量虽然也同样是存在的规定性,但不复是直接与存在同一,而是与存在不相干,且外在于存在的规定性。"①黑格尔所说的质,应当是广义质体系中的质料,而量则是质料核心层次的外围层次,外围层次相对于核心层次来说不具有决定性的意义,因而对于由核心质料决定的事物的存在来说是"不相干"的,外围层次的规定性的变化并不直接影响事物的存在,而核心质料层次的规定性的变化,则会停止其为某物。

量的外在规定性,并不是外加给事物,也并不是可有可无的,量和质一样都是事物本身所固有的规定性——它们构成一个规定性体系(广义质)同事物直接的绝对"同一"。量总是一定事物的量;离开具体事物的"纯粹"的量存在于思维的抽象中——量在人类认识与实践的广泛的相互作用关系中被思维提炼出来,量获得的特定条件下的抽象相对独立,以数学的"数"和"形"及其关系来反映事物的量和量的关系,"数"和"形"的原型是客观事物的数量关系和空间形式,是以信息为基本载体的"道料"的相对独立的研究;道料的来源是核心质料,因此,恩格斯说:"数和形的概念不是从其他任何地方,而是从现实世界中得来的。"②量的多样化和多方面研究,比质的多方面研究更为丰富(量是质的外围决定了这种丰富性),比如水有固液气的多方面的质态,而在量方面则有体积、重量、纯度、温度、水

---

① 黑格尔:《小逻辑》,第202页。
② 《马克思恩格斯选集》第3卷,第77页。

压、流速等方面的量值。

认识事物,首先要认识事物的质,再由质进到量,获得对事物质认识的深化;"在科学研究中,确定事物及其运动状态的性质,叫做定性研究,而对其数量的分析,则叫定量研究。定性是定量的基础。反过来,定量是定性的精确化。……有定性到定量的发展,是人类认识发展的规律,也是科学进步的规律。马克思指出,一种科学只有当它达到了能够运用数学时,才算真正发展了。……在科学史中,首先成功地运用数学并使自身完美化的科学是固体力学和天体力学。……科学和技术越来越依靠数学,离不开数学,这是科学发展的必然趋势。"[1]任何具体事物都是质和量的统一体(因为广义质体系与具体事物是直接的绝对的同一),质是一定量的质,量是一定质的量,由质的认识再到量的完善,是从事物的质料核心层次到外围层次的展开,这是一般认识规律。反过来,对于量的认识,将有助于对质的认识,是从事物的外围认识指向核心认识。由质到量的一般认识,和由量到质的辅助认识,两者方向不一样,在认识中所占据的地位不一样,前者为主,后者为辅,但它们是相统一的——统一于"度"。

度,是事物的质和量的对立统一的体现。事物是质和量的统一体,一方面质中有量,质料的外围,通常有质料的数量、密度和对应时间和空间下的量的描述,比如速度和体积等;另一方面量中有质,事物规定性的外围,必须有可以支撑的核心(即质料),即使是纯粹的量(数学的量)也是指可以依附不同质料的支撑,比如"1",可以表示一个人、一本书、一尺布等,"1"这个数量在不同的场合有不同的核心质。

度是事物的质和量的对立统一表现,要从广义质体系来考察。广义质体系是与具体事物直接的绝对同一的;它由内到外区分三个层次,质料层次、道料层次和旋料层次(其实旋料层次是质料和道料的贯穿意义的层次,虽然主要在最外层体现,但也贯穿事物整体),度是保持事物的某一质料层次规定性的拥有及其展开量的限度——它决定了某一质料层次规定性事物是该事物的意义。任何度都有某一质料层次规定性的两个端,一个端的标志某一质料层次规定性的诞生或存在,另一端是该质料层次规定性的展开的最大界限——表现为该质料层次的量的最大界限,在这两端(也称关节点)范围内的幅度就是度。很显然,在这个范围内,某一质料层次规定性是保持的,超出了这个范围事物的"该质"是变化了的。质料,由于自分形的动力,要使质料层次的各种质都展开最大;而事物系统的整形力,要使各种质的展开的相互作用保持该质料层次的整体规定性——事物系统的整体

---

[1] 肖前、李秀林、汪永详主编:《辩证唯物主义原理》,人民出版社,1999 年,第 215 页。

的整形力决定了该事物的某一层次的整体质料的规定性,即"质";而事物该层次的整体质料的内部的各种子质料的自分形,不断的展开而具有打破整形力创建的某一层次的整体质料的规定性;它们是对立的和排斥的。度是质和量的统一,一方面,度是质和量的互相结合,因为事物是质和量的统一体;另一方面,度是质和量的互相规定。"在度的范围内,质和量既规定对方,又通过规定对方而规定自身,使质量双方处于统一状态;超出度的范围,事物的质量统一就会破裂,就会转化为他物,形成体现于新度中的新的质量统一体。"①表面上看来,质规定着量的活动范围和变化幅度,限制着量的增减;而量对质有排斥的倾向,有远离的趋势——由于自分形的永恒存在性,决定了量的变化一定能够突破该层次质料规定性的限制,进入新层次的质料规定性,这种永恒的环节充实在否定之否定链条成为其内容,这种方向就是旋向。

(三)本能系统物质事物的"质量互变"

事物是质和量的统一体,只有掌握它的度、了解它的度,才能准确地把握事物,从而为我们实践提供一个正确的准则——这个准则是效用的,这个度也是效用的度。我们在实践活动中都应当掌握"适度",一方面要看到量的变化突破旧质的规定性而带来新质的发展的重大意义,比如生产力中不合适的质的规定性,应当抓住时机和利用有利条件,创造性的使量突破不适合的质的规定性,在改革中促进生产力的发展;另一方面要看到,要看到量的变化不破坏质的规定性和不超出度的界限的重要性,事物之所以为事物,是因为具有某种规定性,为了保持我们所需要的事物的特定的质(比如政策的执行、事物的不变质),就需要把握量的变化范围——使其确保在度的范围之内。

质量互变是物质的超循环否定之否定螺旋上的细胞链段,质变和量变是事物变化的两种基本形式或两种基本状态。在超循环否定之否定螺旋链条上,量变是事物数量的增减和场所的变更,事物的量变过程在超循环螺旋链条中呈现的面貌是较小的细胞链段;而事物由一种质态向另一种质态的飞跃,具有显著的突变,带有原来度的连续与渐进的中断——分叉或者改向,事物的质变过程在超循环螺旋链条中呈现的面貌是略大的细胞链段,这种"略大"是指内部包含了"较小的量变的细胞链段"或者内部包含了不同层级的"较小的量变的细胞链段"。因此,量变和质变的区别,根本的在于变化是发生在度的范围之内还是超出度的范围。量变和质变有区别又有联系。在超循环螺旋的链条上,由一个个链环相扣连接起来,相扣的交接点就是节点,就是度点;每一个链环由环和链环内构成,链环就是链环

①　肖前、李秀林、汪永详主编:《辩证唯物主义原理》,人民出版社,1999 年,第 217 页。

内的度,量变指的是在链环内的变化;而质变是从前一个链环变化突破相扣的链环交接点进入后一个链环的变化。很显然,量变可以引起质变,即量在链环内变化,可以行进到链环交接点的变化而产生质变;质变引起新的量变,即质变突破链环交接点进入后一个链环内部的变化,本质上是进行后一个链环的量变的形态。在超循环链条上,量变和质变,在链环内运动、突破链环交接点、进入新的链环内运动、突破新的链环交接点……如此相互转化、相互交替,作为细胞链段,构成了超循环否定之否定螺旋链条,显现了事物无限多样、永恒发展的过程,这就是质量互变规律。质变和量变只有相互联系,才能更具有意义,一方面,停留在度(链环)内的量变,还不是事物某种规定性本质的变化;另一方面,如果没有质变的到来,量变将局限并停滞于某种规定性旧框架(这违背了事物永恒发展的本质),因此,质变不仅体现和巩固量变的结果,而且会引起新的量变,为新的量变开辟道路。链环与链环交接的关节点,"如同事物发展链条中的纽结一样,既是前阶段量变的结束,又是新阶段量变的开端;它既把不同质的事物区分开来,又把它们联结起来。它是质量互变的契机或枢纽。"①

三、本能系统物质事物的否定之否定分析

辩证法的否定之否定规律从宏观整体上把握了物质与系统共同的运行形态。"任何肯定自身存在的事物内部都包含着否定的方面,由于这一否定方面的作用及其发展,使事物转化为自己的对立面,由肯定达到对自身的否定,而后,再由否定进到新的肯定,即否定之否定。这样,事物便显示出自己发展自己的完整过程,否定之否定规律与其他两个基本规律相比较,更具有整体的、'积分'的性质。"②马克思主义辩证法的否定之否定,强调的是事物整体的发展。运动的本质是否定之否定规律,运动的形式是量变质变规律。运动本质的本质是对立统一规律,即否定之否定的根源是对立统一,否定之否定的运动的形式本质,对立统一是运动的根源本质。本质把握的是内部矛盾运动的特点,形式把握的是外部统一体的变化形式。这里,运动规律从内部和外部两个方面把握了本质运动的特点。存在规律同样也要从内部和外部两个方面把握本质存在具有的特点。在这里,作为辩证法的规律,存在不是停留在静止上,而是上升到运动变化中,因此,反映存在规律的对立统一,它包含产生和消失、存在和非存在两个环节在内。

① 肖前、李秀林、汪永详主编:《辩证唯物主义原理》,人民出版社,1999 年,第 220 页。
② 肖前、李秀林、汪永详主编:《辩证唯物主义原理》,人民出版社,1999 年,第 252 页。

（一）否定之否定的"肯定"与"否定"

任何事物内部都包含着肯定和否定两个方面，肯定的方面是事物中维持其存在的方面，否定的方面是事物中促使其灭亡的方面，这两者相互对立、相互排斥。黑格尔说："肯定的一面是一种同一的自身联系，而不是否定的东西，否定的一面，是自为的差别物，而不是肯定的东西。"①黑格尔再肯定和否定两个对立的方面的联系中说："人们总以为肯定与否定是具有绝对的区别，其实两者是相同的。我们甚至可以称肯定为否定；反之，也同样可以称否定为肯定。同样，譬如说，财产与债务并不是特殊的独立自存的两种财产。只不过是在负债者为否定的财产，在债权者即为肯定的财产。同样的关系，又如一条往东的路同时即是同一条往西的路。因此肯定的东西与否定的东西本质上是彼此互为条件的，并且只存在于它们的相互联系中。"②斯宾诺莎曾提出"一切规定都是否定"的论断。他说："说任何一物是有限的，其实就是部分地否定它的某种性质的存在"。③在规定了否定，即否定本身有着肯定的意义方面，黑格尔曾明确地指出："否定的东西也同样是肯定的；或说，自相矛盾的东西并不消解为零，消解为抽象的无，而基本上仅仅消解为它的特殊内容的否定；或说，这样一个否定并非全盘否定，而是自行消解的被规定的事情的否定，因而是规定了的否定"。④

按黑格尔关于肯定和否定的思想，以上阐述了在静态条件下的肯定和否定的关系。在事物自行的存在的某一时刻点，即静态，事物秩点作为一个系统的某方面性质被作为了"规定性"显现，即作为肯定的优势显现出来，该方面性质的信息模式和能量力量占据事物秩点内部涌生事物亚物质的支配地位，该性质支配涌生事物亚物质将在未来某一段时期持续保持其支配地位，因此，该性质的规定成为该事物的肯定。当该性质的规定的信息模式的支配涌生事物亚物质地位的丧失——是以其他方面性质对"该性质"的否定的信息模式取代并获得了涌生事物亚物质的支配地位。对立统一规律核心规律作用的矛盾的转化和解决，质变量变规律的事物的质的飞跃，就体现事物的自我否定。否定之否定是一种认识规律，肯定了事物秩点是"这个"，就否定了事物秩点是"那个"，单纯的肯定是不完全的、僵硬的、无生命力的——是脱离现实的。秩点中的一切规定都是否定，规定是指该秩点内占据优势方面性质的显现（以具有某种性质和形态具体表现），意味着

① 黑格尔：《小逻辑》，商务印书馆，1958年，第254页。
② 黑格尔：《小逻辑》，商务印书馆，1958年，第256-257页。
③ 斯宾诺莎：《伦理学》，商务印书馆，1958年，第7页。
④ 黑格尔：《小逻辑》，商务印书馆，1958年，第36页。

它不具有别的优势方面性质的显现(不具有别的性质和形状具体表现),这是一种限制。某一事物秩点是具有一定的规定性,这是肯定的;而同时它不具有别的规定性,这是否定的,所以,"规定就是否定"——包括内在规定的否定和外在规定的否定;内在规定的否定,是指秩点内优势方面性质是该性质,不是别的其他性质;外在规定的否定,是指秩点整体显现的某一性质或具体形态,不是别的性质和具体形态。反过来说,否定即肯定。一方面,否定是通过与其对立的涌生事物亚物质的支点作用来达成的,否定了对方,肯定了自己;否定了对方,亦即肯定了对方——"被否定方"没有被"否定方"肯定,则"否定方"将失去否定的对象,达不成"否定";另一方面,不管是在秩点的内部还是外部,否定都不是"全盘否定","否定方"和"被否定方"不能消解为零或抽象的无,在具体研究中,只是对于具体的特殊内容的否定,因而是"规定了的否定",恩格斯曾以"零"例说明否定即肯定的道理,即规定了否定,典型的是:譬如绝对零度是对常温的否定,更是对于物质的十分确定的状态的肯定。

(二)否定与肯定的动态联系,即否定之否定

否定之否定,是一切发展环节的整体,包含了事物自身的维持、扬弃和向新的事物过渡,永不重复(包括近似地回到出发点和"十分变异"扬弃后的远离出发点),形成了事物发展形态。否定是秩点自身的否定,即秩点的发展环节上的否定。这种否定是事物秩点内部的否定,不是对他事物秩点的否定,而是此事物秩点自身发展出来的否定,通过内在的矛盾(自分形和自系统内整形力的对立统一)达到秩点的自我否定,实现"自己运动"。

恩格斯说:"今天,不把死亡看作生命的重要因素、不了解生命的否定实质上包含在生命自身之中的生理学,已经不被认为是科学的了,因此,生命总是和它的必然结果,即始终作为种子存在于生命中的死亡联系起来考虑的。"①把"死"生成"生"的点称为生命的出发点,把生到生命体到死之间的秩点称为生命体,把生命体到"死"的死亡的点称为归宿点。那么从"死"到"生"再到"死"是一个轮回,这个轮回我们称为超循环的一个螺圈,该螺圈的第一个"死"和第二个"死"不是绝对同一的,即螺圈的归宿点不等同回到起点;下一轮回,又称为一个螺圈,第一螺圈的出发点"死"和第二个螺圈的出发点"死"并不是同一个点。但是对于"死"秩点而言,一个螺圈的出发点"死"和归宿点"死"——成为第二个螺圈的开始点"死",在某一方面、某一阶段,具有了可延续的规定性——它们从发展的时间纵向投影,近似的成为一个"投影点"——获得了该事物的宏观规定性。这一个个螺圈

① 《马克思恩格斯选集》第3卷,第570页。

就是一个个发展环节。马克思说："辩证法在对现存事物的肯定的理解中同时包含对现存事物的否定的理解，即对现存事物的必然灭亡的理解；辩证法对每一种既成的形式都是从不断的运动中，因而也是从它的暂时性方面去理解；辩证法不崇拜任何东西，按其本质来说，它是批判的和革命的。"①宏观的规定性是一种类规定性，是一个个螺圈的类的规定性，一个个螺圈发展环节是不绝对相同的，它们构成一个个发展的环节，即发展的类事物的具体承载是不断发展变化的，发展变化的量积累达到一定程度，打破了类规定性的形式，则出现旧事物发展成为了新事物——辩证的否定最能体现出事物的这种发展变化的性质。新的事物产生于旧事物，是从旧事物的母腹中生长起来的，一方面，吸取并改造旧事物中的积极东西作为自身发展的基础，保留旧事物中某些积极的东西于新事物自身当中，从而使新事物同先前的旧事物联结起来；另一方面否定和排斥旧事物中的"规定了"的"特殊"，用新事物的生长起来的新的"规定了"的"特殊"取而代之。辩证的否定，既是事物发展的环节，又是事物联结的环节——这里对于集发展性和联系性于一身的辩证否定的核心理解就是"扬弃"。扬弃，既有克服，又有保留，"有双重意义，它既意味保存、保持，又意味停止、终结。"②保留事物发展的历史延续，克服发展的全部历史连续性的"被规定了的特殊"的中断——由新生被规定了特殊取代，事物中并不全盘的中断（因为，"被规定了的特殊"永远只是事物的一部分）。如果全盘否定，则是形而上学的否定观，只承认克服，不承认保留，就是否定一切，例如费尔巴哈对待黑格尔哲学的态度，只看到黑格尔唯心主义体系的荒唐，而不管其中包含着辩证法的合理内核，简单地把它们一并抛弃，就如同看到洗澡水脏了，把它连同盆中的孩子一起倒掉一样。

辩证的否定推动事物发展，可以改变事物的原有存在形式，使一事物变为他事物，形成一事物变为他事物、再变为另一他事物等一系列否定的无限过程。甲变成乙、乙变成丙、丙变成丁，以至无穷，于是，原有的甲就消失在这样一个无限的否定过程中，不见了，我们也看不到它如何自己发展自己？黑格尔认为，辩证的否定，不仅是对肯定的否定，而且也是对否定的否定，即否定之否定，亦即对最初的肯定的某种恢复，对事物发展的原出发点的某种回复，即"正——反——合"的过程是两次否定的过程。恩格斯也主张，事物的发展不能停留在单纯的否定，辩证法"按本性说是对抗的、包含着矛盾的过程，每个极端向它的反面的转化，最后作

---

① 《马克思恩格斯选集》第 2 卷，第 218 页。
② 黑格尔：《逻辑学》上卷，第 98 页。

为整个过程的核心的否定的否定。"①恩格斯把这种重新回到原点的否定之否定也看作是真正的辩证否定。辩证的否定包含两个方面:一是事物的自我运动的整个过程,经过两次质变而完成;二是看到了一次否定保持了被否定的事物中的积极因素,"但事物发展的否定阶段与原先肯定阶段所形成的对立双方,都包含着一定的片面性",需要再一次的否定,克服这种片面性,达到肯定和否定的"对立面的统一"。

第四节 物质的机能系统辩证法——系统辩证论

系统科学认识到,系统的运行和演化过程,并不像机械论者所认为的,只是单纯的、线性的、必然的、平稳的过程。而一般是简单和复杂、线性和非线性、必然和偶然、量变和质变、有序和无序、进化和退化相结合的辩证过程。在科技革命和系统科学的研究中,许多科学工作者和哲学工作者都不同程度地批判了还原和机械论,认识到世界上的事物一般都是以系统形式存在的,不能只搞还原论,而应当把还原论和整体论相结合。事物一般都是演化的,演化的过程是辩证的,是非机械的,一种新的系统的辩证的自然图景正在形成。她是对古代和希腊朴素的整体论和辩证法的继承和发扬,也是对辩证唯物主义及其自然辩证法的"复归"。一般系统论的创始人贝塔朗菲就曾郑重指出,马克思和恩格斯的辩证法,是系统科学的思想渊源之一。辩证唯物主义所包含的整体思想和辩证观点,和当代新的自然图景是一致的。

系统辩证论,起源于系统辩证思维,系统辩证思维的实质是现代系统思维与唯物辩证思维的结合、发展与升华。它将系统科学和唯物辩证法两者有机融合于一体,协同应用系统思维、辩证思维和现代科技,系统辩证论认为:系统是由若干个相互联系的要素构成的有机整体。任何物质都是一个系统,都以系统的形式存在着、发展着。离开了物质,系统就毫无意义,物质和系统是同一的。世界就是一个系统的物质世界。因此,系统无处不在,无处不有,自然万物都是成系统的。相关的系统科学著作较多,其中乌杰教授著有《系统辩证学》②,呈现出"三观、三论、五律、五畴"四根支柱构建系统辩证学的框架。乌杰主编的《系统哲学基本原理》概括出"一个原理、五个定律"的系统辩证哲学的核心;这里借鉴张华夏教授在系

---

① 《马克思恩格斯选集》第3卷,第180页。
② 乌杰:《系统辩证学》,中国财经出版社,2003年。

统科学研究会第十七届年会上将其概括为"一个原理、三个定律"的提法来展开讨论:物质机能来源于机能物质系统,机能物质系统来源于本能物质系统。机能系统,是物质本能系统的现实表现。机能系统的辩证法研究,是来源于物质本能辩证逻辑与唯物辩证法基础上的、具有系统意义的辩证研究,它表现出具有相对独立的辩证体系,即系统辩证论体系——主要表现为最小作用量原理、自组涌现律、差异协同律和整体优化律等内容。

一、自组织涌现律

自组织涌现的研究是系统科学研究的逻辑核心。一般唯物辩证系统论解决了自组织涌现的本质,即研究系统本质。作为典型系统(具有典型整体意义表现或具有整体研究意义的系统),自组织涌现表现尤其明显。"自组织涌现律由自组织原理和涌现原理构成。"①自组织对典型系统的涌现研究具有直接的认识意义:一是,严格地说,自组织是不需要条件的(典型系统的自组织被认为是需要条件的),任何系统(不管是典型系统还是非典型系统)都永恒存在自组织。二是,乌杰教授在涌现原理研究中,提出了"把非加和性与加和性的差额叫作'剩余功能'"②,并认为涌现与其紧密相关。总的来看,自组织涌现律对于生活中的典型系统具有直接的认识和实践的指导作用。

(一)关于自组织

当前的自组织研究都是指具有强涌现意义的典型系统的自组织。在《自然辩证法百科全书》中由生物哲学研究学者胡文耕所撰写的"整体论"条目认为:"自然界的事物是由各部分或各种要素组成的,但各部分不是孤立的,而是一个有机整体的理论。整体的性质大于其组成部分性质的总和,整体的规律不能归结为其组成部分的规律。"整体与部分的机能关系是通过自组织联系起来的。

"如果系统在获得空间的、时间的或功能的结构过程中,没有外界的特定干预。……那么这个系统就是自组织的。"③自组织原理就是宇宙系统自我组织的差异协同的过程,是系统结构与功能在时空中的有序演化;是一种典型的依次递增复杂性的物质系统的自我运动、自我发展的历史,也是宇宙从奇点混沌无序的状态演化到现在复杂性的、多样性的世界的过程。自组织演化、进化的标志是对称破缺,对称破缺产生要求开放系统、远离平衡态、非线性相互作用等三个条件。

---

① 乌杰主编:《系统哲学基本原理》,人民出版社,2014年,第198页。
② 乌杰主编:《系统哲学基本原理》,人民出版社,2014年,第201页。
③ 乌杰主编:《系统哲学基本原理》,人民出版社,2014年,第199页。

自组织作用的过程,具有有演化或进化的不可逆性、产生突变的可能性、现象的不可预见性等主要特征,表现可区分从组织程度相对较低的状态到组织程度相对较高的状态的演化、连续性的渐变、维持稳定型等三种状态,这些状态通常是交织的。

耗散结构理论、协同学和超循环理论都对自组织理论作出了阐述,其中豪散结构理论把系统的方向性、复杂性、不确定性整合为一个自组织的动力学模型;协同学认为系统之间协同运动形成自组织;超循环理论认为循环反映本身构成了某中催化剂可以形成更高层次的催化循环,解释了大分子到生命的演化。

(二)关于涌现

涌现来源于涌生事物亚物质支配功能的显现。涌生事物亚物质是涌现的直接载体,也是系统整形力的直接载体。

涌现往往与整体性联系在一起,但涌现不是整体。涌现的特性、功能、行为是要素间的非线性相关与自然系统选择的产物,表现为高层次具有低层次没有的特性、功能、行为。认为,"剩余功能"或"剩余效应"使涌现得以生成,其基础是"剩余结构"。没有剩余结构的属于机械论研究,富有剩余结构的容易产生丰富涌现性。"涌现是系统自组织演化最辉煌的硕果,它是系统演化的根本基石,是宇宙之砖。这首批涌现者是下一层次的催化剂,新的涌现又是再下一个新催化剂,往复循环以至无穷。……在自组织序列结构中,涌现是最关键的层次,系统选择消耗最少的能量,取得最大的效益和获得最高的速度,……涌现的产生是系统自主学习、探索、创立和寻找新的涌现过程——这是超循环以及超大循环的真髓内核。"①

通常认为"系统是由相互联系、相互作用的若干要素构成的有特定功能的统一整体",该定义中的"系统要素"是传统科学中的研究事物,而"结构和关系"被认为是次于事物地位的非事物研究对象——尽管结构功能在系统研究中被重视,但本质上没有脱离传统科学的认识局限——这种本质认识是指"在研究对象上"系统科学和传统科学没有本质区别,其本质没能突破机械论还原论的束缚,其与当前系统科学相区别于传统科学的研究地位极不相称,表现出不彻底的系统思想——对系统研究是一种局限。人们发现,系统常常表现出作为一个整体所特有的某种特点,这种整体性特点不会因为某个个体被取代或是消亡而改变,也不可能简单地还原为各个组分的性质。分析发现,事物在系统中相互联系相互作用,不管接触与否,总存在互为你我的部分——这个部分既是属于你的,又是属于我

---

① 乌杰主编:《系统哲学基本原理》,人民出版社,2014年,第202-204页。

的,但是又不能都完全属于任何一方,也不合适把它完全绝对的分解还原给你我;这就是区别传统事物的表现系统特征性质的特殊研究事物——其是构成系统的结构、层次、功能和系统自组织的变化发展的内在参数携带事物。假定,这一表现系统特征性质的特殊事物("非整体非部分、亦整体亦部分"特性的具有层次结构和关系具体形态的综合流)可以在研究条件下相对独立,称为涌生事物。

涌生事物的层次结构和关系具体形态,是涌生事物的形态,准确地说是流的具体形态;没有相互作用形成的具体层次结构和关系形态的诸组分事物不能称为系统,它们应当称为堆。涌生事物的基本特性是涌现性,内在核心特性是"系统不可分性",即"非整体非部分、亦整体亦部分"特性。涌生事物对于系统整体的意义和功能,统概为"支配和整合"功能。"涌现现象的出现,并不神秘,涌现无非表明,低层次的组分在相互作用与结合起来之时,丧失了它们原来的独立性,而结合成为新的高层次的事物,高层次的事物就会反过来以一种整体的模式和机制支配它的各个组分协同起来。"①涌生事物亚物质来源于组分,但区别于组分;涌生事物亚物质生成于整体内部,具有整体支配内部组分的意义,但区别于整体。"此时,低层次组分的独立性质隐而不见,结合成为的整体则把新的性质突现出来。新性质来源于组分的相互作用,而不是来源于组分,就像两个分力会合成一个合力一样,在整体中,它们就是一个合力,再没有分力的表现;分开来,再没有合力,就是一个个的分力。"②有些系统中,低层次组分的独立性质隐而不见且结合成为的整体涌现出新性质,比如食盐中的钠;有些系统中,低层次组分结合涌现新性质的同时,低层次组分的部分独立性质仍旧存在,比如社会团体中的个体性质,个体结合成为家庭,进入企业或党政等,具有家庭或团体的整体新性质,但个体的部分独立个性仍旧存在(虽然部分个体独立个性被整体约束)。

从哲学角度看,涌现机能作为涌生事物亚物质效应显现下的整体机能,是由内部不同层次结构、不同子系统共同相互作用而涌现出来的,区分不同的层级,可简单分高级涌现机能、中介涌现机能和低级涌现机能。低级涌现机能,来源于系统内部组分直接相互作用的第一级涌生事物亚物质,也称为基础涌现机能。高级涌现机能,是指达到研究目的或系统目的的整体的涌生事物亚物质(群)的涌现机能,也称为目的态涌现机能。中介涌现机能,是指介于目的涌现机能与基础涌现机能之间的涌现机能。整体与部分,不同层级涌现机能的关系具有如下特点:(1)整体涌现机能的非简单和特性。高级涌现机能不能由低级涌现机能简单累加获

---

① 吴彤:《试论复杂系统思想对于科学哲学的影响》,载《系统科学学报》,2013(1):11。

② 同上。

得,低级涌现机能不能由高级涌现机能简单还原获得。(2)系统高级涌现机能从低级涌现机能生成的方法,通常具有同层级的相类性和不同层级的不可逆特性。(3)涌现机能思维具有自身的层级性和环境性,又具有思维自组织的无限能动本性,即思维涌现机能具有有限性和无限性问题。

(三)自组织涌现原理

自组织是宇宙系统自我组织的过程,表现为系统结构域功能在时空中的有序演化过程。通常地,自组织具有依次递增复杂性的自我运动和自我发展特性。"自组织进化中,超循环是一个极普通的反应形式,可以把反应归结为四种基本模式:一是物理反应,二是化学反应,三是简单与复杂的生化反应,四是超循环反应。……每循环一次都产生一个新的涌现,……自然界也通过一个又一个涌现,积累信息,不断地优化完善自己。"①

"涌现的产生是系统自主的适应性学习、探索、创立和寻找新的涌现过程——这是超循环以及超大循环的真髓内核。"②自组织涌现的性质、功能与行为不等于系统各要素性质、功能与行为的简单和,二是系统要素之间非线性相关与环境系统选择的涌生事物,自组织涌现涵盖了宇宙演化的整体。

自组织涌现研究,表明宇宙系统在宏观和微观上协调演化发展的规律性,是试图揭示宇宙大爆炸从简单到复杂,从对称到不对称,宇宙系统自行组织、自行演化、涌现出新系统的一种机制。自组织涌现在于说明宇宙演化、地球形成、生命起源、经济发展、科技创新、社会进步等各方面的系统演化规律。自组织涌现,一方面强调自组织运行机制,另一方面强调涌现机能,两者相互结合。

二、差异协同律

(一)关于差异协同律

"对立统一"不能只研究"对立"而只看到"矛盾或斗争",其还有"统一"面——这里就包含着"差异"甚至协同的意义。"对立统一"是事物自身之间或事物与事物相互作用的描述,而"差异"是这种描述的外在表征的一个方面内容,就如恩格斯讲:"同一性自身中包含着差异,这一事实在每一个命题中都表现出来。"③

"差异协同律是自组织涌现规律的外在表征,即在差异中协同自组织。……

---

① 乌杰主编:《系统哲学基本原理》,人民出版社,2014年,第200-201页。
② 乌杰主编:《系统哲学基本原理》,人民出版社,2014年,第204页。
③ 《马克思恩格斯文集》第9卷,人民出版社,2009年,第476页。

差异存在于一切客观事物系统及思维的过程中,并贯串于一切过程的始终。差异的概念不同于反映互相排斥互相对立的矛盾概念。……差异是普遍的。……在整个自然界演化的过程中,产生了一系列的对称性破缺,即非对称差异。"①差异的概念是"存在"的"外在表征"——"比较"的"表征",因此,"差异"并不直接的就是"存在物"。从外在来看,"一切事物和现象都是相互联系、相互作用的。……系统物质世界是一个差异协同体。……差异系统律引用差异原理、协同原理和自组织原理阐述系统物质世界运动的规律,深化和发展了对立统一规律。……差异协同律认为,系统物质世界由一般差异发展到斗争阶段,是差异中的一种可能,并不是必然。"②"差异"在于"对立统一"的逻辑之"先",这是颠倒本质与表象的,颠倒整体与部分的,因为"差异、协同、统一"与"排斥、对立、斗争"都是"对立统一"的内容或属性。

"差异是自然界人类社会的根本动力,是一切动力之源。没有差异就没有量子涨落,没有自组织、没有演化、没有系统、没有生命。"③这是值得商榷的。差异是一种"人为的比较状态"描述,其本身并不是一种自然存在的"相互作用"——则并不能作为一种动力(因为动力是相互作用的状态因素);差异表征其存在或具有演化动力,其根本动力是自分形。

"差异不是矛盾、矛盾也不是差异,矛盾只是差异的一个特殊激化的阶段;也不是每个差异都必然演化发生的一个阶段。矛盾没有普遍性,而恰恰相反,差异具有普遍性的品格。"④乌杰教授澄清了有关差异和矛盾认识的误区。

差异是一种相互作用关系状态,是系统内部要素或子系统之间相互作用关系状态在系统参照下的显现。在人类社会和自然界中,系统无处不在、无时不在,只要有系统就有差异。纵观每一个系统,系统与系统之间,系统内部要素与要素之间、子系统与子系统之间,它们构成的基本的核心的关系状态表现为"合作的、竞争的统一"与"和谐的统一",概括为差异。差异作为系统内要素之间的基本作用关系状态,主要表现相互协同、相互和谐状态;当然,相互协同蕴涵着相互合作、相互竞争(斗争,是相互不同演化到的特殊激化阶段)。系统中相互合作需要"协同",相互竞争需要"协调",相互和谐需要"协和";可以看出,所有这些"协同、协调、协和",可以是系统内部的自我的"协同、协调、协和",包括系统环境要素对系

---

① 乌杰主编:《系统哲学基本原理》,人民出版社,2014年,第239–240页。
② 乌杰主编:《系统哲学基本原理》,人民出版社,2014年,第249–252页。
③ 乌杰主编:《系统哲学基本原理》,人民出版社,2014年,第241页。
④ 乌杰:《关于差异的哲学概念》,载《系统科学学报》,2008(2):1。

统的它在的"协同、协调、协和";可以是系统自组织的"协同、协调、协和",包括系统相对的它组织的"协同、协调、协和";把这种系统内、外事物之间相互作用的"协同、协调、协和"相互统一的关系状态称为"差异"。系统差异表现的相互合作、相互竞争、相互和谐的相互统一状态关系,表征着系统的存在,反映了系统的演化和发展的动力及主要呈现的基本状态,揭示了系统必然具有整体性基础上的各种系统特性。因此,根据系统的稳定程度、有序程度、演化发展等情况,对差异协同可侧重研究区分为两个方面的内容:一是合和不同,差异协同;二是竞争不同,差异协同。这两个方面内容是一体的,相互合作相互统一、相互和谐相互统一的差异内容侧重表现了系统的稳定程度和有序程度,体现了系统发展的和谐动力;相互竞争相互统一的差异内容主要表现了系统的演化发展的激进动力。

(二)竞争合作与差异协同

系统差异表现的合作、和谐、竞争关系状态,不是孤立的,而是三者一体的。差异是相互不同基础上的相互合作、相互和谐、相互竞争的复杂的统一关系状态;或者是在"比而不同"基础上,形成的"合作"、"和谐"、"竞争"的有侧重研究方面的作用关系状态;协同是差异自组织的核心。

1. 合和不同,差异协同

合和不同与差异协同的关系,主要是指合和不同差异协同,包括了"合而不同差异协同"与"和而不同差异协同"。"合而不同差异协同"是指,相互之间,合而不同,目标一致,运动方向一致,协作共同发展;"和而不同差异协同"是指,相互之间,和而不同,求同存异,和谐共同发展。

合作在系统中无时不有,无处不在。美味佳肴讲究色、香、味的合作;人体离不开神经、消化、呼吸、生殖等众多子系统的合作;机器离不开各零部件的合作。"无论是宇观系统,还是宏观和微观系统,只要它们是开放系统,就在一定的条件下呈现出非平衡的有序结构。因而,他们都可以成为协同学的研究内容。"①协同学是研究各子系统(内部事物)之间相互竞争、相互合作的科学。协同学表明:合作关系是系统内部要素之间的基本相互作用关系状态,是系统差异的内容。系统的相互合作关系来源系统的"多"和"统";只有差异的合作,才能体现"多"的联系或关系的"统"性。合作关系是指系统的各事物相互不同相互合作,是不同的要素之间的合作,是不同子系统与子系统之间的合作;是指不同事物的目标一致、运动方向一致的协作共同发展的相互作用关系状态。在系统研究中,合作,加入人的主观能动性,其变得更加富有意义而复杂,此时,合作强调系统内部事物要素之间

---

① 王贵友:《从混沌到有序——协同学简介》,湖北人民出版社,1987年,第6页。

的利益、目标、运动方向一致的密切相互作用关系。总的来说,合作关系,是系统的"和谐动力"的差异内容;主要表现了系统的要素或子系统的相互之间,合而不同,目标一致,运动方向一致,协作共同发展的关系状态。

　　和谐是系统的事物之间相互和平相处的大同的相互作用关系状态。和谐主要指,系统内部组分事物在目标利益方向都不相同或者部分不同的情况下,事物与事物相互共存,和而不同,求同存异,呈现的多事物相互协调、相互和平、相对自由和谐共同发展的关系状态。莱布尼茨讲:"世界上没有两片树叶是完全相同的",任何两事物都有差异,这个差异就是"不同",在系统中,这些"不同"可以和谐相处,它们共同统一于系统,而让各自的不同存在。和而不同,求同存异,即使是树叶也不能完全相同,但它们共同属于"树叶"这个系统,共存在于树世界系统,共存在于自然系统,它们之间是和谐的。人类社会也如此,人与人之间是不同的,但人与人都能和谐共处于人类社会系统。在世界这个唯一大系统中,人、社会和自然是和谐共同发展的。和而不同,求同存异,和谐共同发展,是系统的相互作用表现的一个"大同"的关系状态,是系统的一个"大同和谐状态"的差异内容。其主要表现为系统内部相互和谐,即在系统变化、发展或演化时,系统内部事物要素相互不同,但相互共存,相互协调、相互和平共处,整体表现和谐的关系状态。

　　2. 竞争不同,差异协同

　　竞争包括对立竞争和比较竞争,因此,竞争不同包括对立竞争不同和比较竞争不同。这里的竞争不同差异协同的关系,主要是指比较竞争不同,相互竞争相互统一的关系——相互之间,比而不同,互相竞争,破缺对称,变化层次,涌现整体发展。普利高津提出了开放系统从无序转化为有序,形成结构,变得复杂,以致进化的可能性,这就是自组织理论。① 自组织是系统内部事物要素之间共同行为的整体表现,自组织的主要动力是系统内部事物相互作用关系之间的竞争,系统内部事物"比而不同"的差异的基础上出现的竞争(当然,"比而不同"的差异的基础上出现竞争,同时也出现合作)。由于差异使系统内部事物形成竞争,竞争加快系统的自组织;差异的高级阶段,竞争使系统基本统一形式产生破缺,使系统整体得到进化或发展,涌现新的事物要素、形成新的系统统一形式——出现具有新的"质"、新的"序"、新的"层次和结构"的系统形式。因此,竞争是差异内容激进阶段的表现,在该阶段通过对称破缺方式、非线性方式,使系统内部产生涌现,推动系统的发展。当然,系统也存在矛盾,它是差异的特殊激化的阶段,在最极端相互作用期间,矛盾以斗争方式推动系统发展——矛盾斗争,一方消灭另一方,使系统

---

　　① 胡显章,曾国屏:《科学技术概论》,高等教育出版社,2004 年,第70 页。

内部事物要素质变或使要素发生增减;或者降低双方对立斗争的等级,使系统内部差异的特殊激化得到缓解,回到正常的差异阶段。矛盾作为差异的特殊激化阶段的产物,可推动系统的激烈质变,从而推动系统的演化发展;在系统中,竞争的平和式的激进相对于矛盾的特殊激化斗争式的激烈,显得和谐。因此,竞争,是系统的"激进动力"的差异内容,主要表现了系统的相互之间,比而不同,互相竞争,破缺对称,变化层次,涌现整体发展的关系状态。

(三)对立统一与差异协同

"系统哲学把对立统一规律的基本内容,作为差异协同对比的基础。……系统哲学认为,系统物质世界是一个差异协同体。差异是系统内整体诸要素、诸层次、诸功能在结构核和在时空中的差别。……比如,宇宙的演化是在四种力量(引力、强力、弱力、电磁力)和三类基本粒子(夸克、轻子、媒介子)共计六十多种基本粒子差异协同中构成的。……'力'之间的差异性与粒子之间的差异性是进化的、演化的本质,是动力,是宇宙最根本的精髓。……差异协同就是世界的本质,世界(宇宙)就是一个序列差异协同体。差异包含矛盾。差异是矛盾的前提和基础,没有差异就没有矛盾。差异存在于矛盾范畴的对立、斗争、转化的一切方面和一切过程;差异也存在于协同范畴的和谐、同一、融合和涨落、选择、相互约束、非线性相干、放大等的全过程。差异是普遍的,是一切的开端,是奇点内在的规定性。矛盾是差异的特殊阶段的特殊表现。"[①]

世界上任何事物、任何过程、任何思维都包含矛盾且处于矛盾关系之中,有条件的相对的同一性和无条件的绝对的斗争性相结合,构成了一切事物的矛盾运动。差异包含着矛盾的可能性,但矛盾不等同于差异。差异是系统存在的主要普遍形式,差异并非都一定激化转变为对立。系统是差异与协同的统一体,在同外界进行物质、能量、信息的交换中,差异与协同相互转化。差异协同深化和发展了对立统一规律,把传统矛盾的"一分为二"发展表述为:"一分为二"与"合二为一"、"一分为多"与"合多为整体"的统一。

在机能系统的研究中,可认为:(1)物质表现的机能系统世界是由一般差异发展到斗争阶段,斗争是系统内部非线性相关作用和外部环境选择情况下的一种可能;(2)物质机能系统世界的相对稳定性及其演化发展,表现出对称与非对称的系统形态及其转变;(3)机能系统的机能真理都是相对的,即一切具体研究对象的真理都是相对的,超越了该具体研究对象,真理也应当改变其形式和内容。

机能系统内在的物质、能量和信息交换中,内在的随机涨落与环境选择因素

---

① 乌杰主编:《系统哲学基本原理》,人民出版社,2014年,第249-250页。

的作用相适应、相统一,使得系统内在涨落的协同放大出现无序结构向有序结构的转变。这种来自系统外在环境和内在要素涨落的随机性,是系统进化的主要原因,即随机进化。透过机能系统,一切的随机性都是本能系统的必然性,只是这种本能系统的必然性来源于无限或有限层次的基质的自分形博弈结果。如果选择一个共同的自分形逻辑起点,辅以无限大数据及其计算,这种随机性将成为一种可以预测的必然结果。在机能系统中,初始条件和稳定的外部条件,将获得一个必然的该机能系统的发展方向及其目的态,比如地球的自转和公转。一切机能系统都具有一种从无序到有序的自组织趋势,该趋势受最小作用量原理支配,确保系统适应环境的生存演化发展,包括整形力支配的目的进化和选择性进化。主要要素自分形因素(整形)支配达到机能系统目的态,该主要因素同目的之间可以简单地称为因果关系。事实上,因果关系包括了等当因果关系和非当等因果关系,如果把传统等当因果关系称为因果关系,则复杂机能系统非等当因果关系科称为相关关系——这已经被当前信息技术飞速发展的大数据时代所证明。

乌杰等人认为,差异协同与对立统一区别有五个方面:一是两者认识问题的角度不同,前者侧重全局和整体,后者强调事物中的两极对立与斗争;二是两者解决问题的方法不同,前者考虑系统要素、结构、功能、环境来解决问题,后者强调抓主要矛盾和矛盾的主要方面来解决问题;三是两者处理问题的结果不同,前者强调差异协同的"协同——和谐——竞争——融合",后者强调矛盾,不想求和只想求同;四是两者在发展问题上,矛盾论认为事物是"三段式"的发展,"主要是内在的否定",而系统论认为演化与发展是临界点的分岔和涌现的生成;五是两者在演化动力上观点不同,前者认为机能系统的演化动力是随机性、因果性和目的性的差异协同,后者认为事物前进的动力是矛盾与斗争。①

(四)差异协同的本质

20 世界 70 年代哈肯提出了协同学,"系统哲学认为,协同原理从系统的整体性、协调性、统一性等基本原则出发,揭示系统内部各子系统与要素围绕系统整体目标的协同作用,使系统整体呈现出稳定有序结构的规定性。"②这里描述的"协同规定性"就是涌生事物亚物质的"整形力作用状态表现的规定性",涌生事物亚物质使系统各自系统与要素具有共同的系统整体目标。

"协同放大原理是指开放系统内部子系统围绕系统整体的目的协同放大系统的功能。……非平衡系统的开放性,使系统内部结构与外部环境相互作用,产生

① 乌杰主编:《系统哲学基本原理》,人民出版社,2014 年,第 258 – 259 页。

② 乌杰主编:《系统哲学基本原理》,人民出版社,2014 年,第 243 – 244 页。

共鸣与涨落,这是促进系统内部协同放大的外因。系统内部结构的差异的非平衡性,非线性作用是产生系统功能协同放大的内因。……宇宙进化中,宏观的演化与微观的演化互为条件,相互对应和相互协调。……非平衡开放系统的协同作用:一是只有当某个外部参量达到一定临界值时,新的有序状态才能出现,而且是突然出现的;而是新的有序状态具有更丰富的时间结构、空间结构、功能结构,如呈现出周期性变化或空间样态等;三是只有持续不断地从外界供给物质和能量信息,这些新的结构才能够继续维持下去;四是新的有序结构一旦出现,就具有一定的稳定性,即不因为外部条件的微小改变而消失;五是序参量是具有宏观行为的量,它规定了整个系统发展状态,起到支配全局的作用,主宰整个系统能够的运动。……事物的进化发展是差异协同的系统进化,……由于系统内部物质、能量、信息在交换过程中,内在的随机涨落与环境选择因素的作用相适应、相统一,便出现系统内在涨落的协同放大,使系统的无序结构逐步转变为有序结构,这种由旧结构的系统进化到新结构的系统的主要原因是来自系统外在环境和内在要素涨落的随机性。……由于系统内在诸因素之间的相互联系相互作用之间,受初始条件的影响和稳定的外部条件的规定,系统有一个必然的确定的发展变化方向。……由于一切系统都有一种从无序到有序和自组织的明显趋势,一种求极值的态势……系统通过自身自组织结构的演化,不断适应环境的变化,从而达到确保其生存的目的。"①以上论述,是对系统涌生事物亚物质整形力对系统组分事物与系统整体演化发展的具体研究。它丰富了系统整形力的研究内容,为整形力提供了一种实实在在的明证内容。

三、整体优化律

（一）关于整体优化律

乌杰教授将整体优化律、层次转化律、结构功能律同自组织涌现律和差异协同律并列为五大规律,这里更赞同张华夏教授将五大规律合并为三大规律(其中"整体优化律、层次转化律、结构功能律"统一为整体优化律)。因为,"层次转化律和结构功能律"是整体优化律的支撑内容,尽管这两者很重要,但统一为整体优化律更合适。

层次转化是典型系统哲学研究的主要内容,系统总是以层次转化的形式运动或发展。"整个世界是一个由各种类型的系统和不同等级的系统所构成的系统世界,系统物质内存在着无限多的层次。……系统本身层次是构成上一层次系统的

---

① 乌杰主编:《系统哲学基本原理》,人民出版社,2014 年,第 244－246 页。

子系统,又是构成下一层次子系统的母系统。系统的层次是相对的存在,并在相互作用下层次间相互转化。"①乌杰教授等人认为,层次转化遵循守恒原理,遵循着物质不灭和运动不灭的定律,能量与物质都保持着某种不变性,即它的任何要素不会失掉,也不会无中生有;其在守恒中转化,在转化中守恒,是物质、能量和信息的相互作用,沿着循环的道路前进。认为,层次转化遵循层次等级秩序原理,从微观到宏观、从无机界到人类社会的形形色色的系统组成的层次等级秩序,具有共性,也具有自身层次的独特性,每个层次上的组织都有着自身最佳规模和最优状态。认为,层次转化遵循层次中介原理,任何一个系统结构都包含着众多的要素、层次、中介,系统层次内在的相互联系、相互作用、相互转化需要有中介环节,层次转化并非是两极转化,而是多极的转化,并把"度"看成是一个中介层次或是中介系统或是过渡系统。

结构功能是人们认识系统的基本内容。系统之所以称为系统,就因为其结构功能。乌杰教授等人认为,系统物质都具有一定的结构和功能,都是结构和功能的统一体,不具有结构和功能的系统物质是不存在的;系统结构是指组成系统整体的诸要素之间时空相互联系的总和,它是一系统区别于其他系统的内在规定。认为,相同要素可以具有不同的结构,一定的系统结构可以使用不同的要素,结构性质由要素的特性、要素量子涨落的平均规模与放大效率、要素的联结方式即时空秩序等因素决定,一定的系统结构可以使组成系统事物的各个要素发挥它们单独不能发挥的作用与功能。结构是随系统动态演化的,耗散结构是系统结构具有维稳性的一种表现。结构功能是系统内在规定性的表现(但不是直接的内在规定性,直接的内在规定是组分和涌生事物亚物质),其发展了传统质量的已有规定性,增加了其系统意义。

整体优化是从系统整体的角度研究系统,其不能是直接的,而应当由研究系统的内部层次和结构来体现与支撑。因此,整体优化是对层次转化和结构功能的有机整体演化规律的认识研究。"它从系统整体出发,到系统整体内在要素构成的相互作用,揭示了系统运动的趋势和方向。……它是自组织涌现规律的延伸与发展,是每个层次上的涌现优化,是差异协同在整体上的表现,是结构功能的整体属性,是层次转化的结果。"②整体优化应当包括两个方面:一是,整体优化具有本身的系统优化性,即研究系统首先是一个"系统",该系统具有整体性——是对各个要素之和"优化"了的整体性。二是,系统作为一个旧优化的整体向新优化整体

---

① 乌杰主编:《系统哲学基本原理》,人民出版社,2014年,第205－206页。

② 乌杰主编:《系统哲学基本原理》,人民出版社,2014年,第227－228页。

演化发展。整体优化揭示了系统事物的自我完善过程。整体优化律是系统哲学的基础规律,它是从具有系统意义的整体出发,历经整体中构成整体的有意义的、适可而止的部分的优化过程,达成新的有优化的系统意义的整体。整体优化,拒绝彼此分离的整体分解,强调组分事物的相关关系,根据引起事物系统变化的非等当因果性,讲究决定系统发展方向的优化研究。

(二)整体优化与质量互变

机能系统的整体就是机能系统的质。整体优化,包括了机能系统的质的量变,也包括了机能系统的质由量变引起的质变。整体优化不仅包括相对优化的方向,也包括相对退化的方向。整体优化是物质机能系统前后基质变化的描述,是质量互变规律的系统角度深化研究。质量互变规律是系统整体优化规律的质规定性演化的抽象化研究。质是对应于量而言,揭示事物区别于其他事物的内在规定性。

系统整体作为一个秩点,其整体内在规定性不仅遵循质量互变化规律,且可直接利用该规律研究分析。在机能系统条件下,系统通常作为一个具有内部层次结构并表现特定功能的整体,整体性的质量关系表现为系统内部要素的结构功能关系具体内容。结构揭示系统内部组分差异相互作用的方式和秩序,对应的揭示系统某种属性和功能。机能系统的"质"包括:(1)组分基质,(2)组分差异相互作用关系、方式和秩序等结构定性要素,即亚物质。机能系统的"量"包括:(1)组分基质(包括组分要素和组分子系统)的量,(2)结构表现的揭示要素相互关系的定量关系。结构与量的关系是密切的,结构亚总是一定量构成的,比如亚物质的规模、尺度、时空量、复杂量等。

结构功能在显现的机能系统中作为了具体的发展了的质量的规定性。传统辩证法中"质"是指具有相对稳定的内在规定性及其表现,而典型的机能系统的"质"是指具有相对稳定的内在规定性(相互作用关系)及其功能表现。简单来看,传统辩证法中,质被看成一个囫囵整体,其内在规定性及表现在时间上是相对稳定的,比如原子及其稳定性;在机能系统辩证论中,质是一个机能系统整体,其内在规定性是指内部要素相互作用关系及其功能,由于相互作用关系的变化,其功能也会发生变化,它们是一个动态稳定的结构功能整体,比如人的大脑及其稳定性。

机能系统中组分事物成分量的变化,当量的变化超出结构关系(亚物质)所能够束缚的临界点,则质变也就到来了,即产生了新的结构关系。结构的变化可以增强或削弱机能系统整体(即质)外在表现的功能与属性。在机能系统中,"质"不仅包括了基质组分的质,也包括主要能量、主要信息模式等亚物质的"质"。基质组分的质、量、度,在传统唯物辩证法中有详细阐述;信息、能量、结构关系等亚物质的质、量、度,在机能的系统辩证哲学中应当进行相应的发展。根据秩边流模型,研究如下:(1)信息亚物质及其"度",是秩点基因信息的分形参数描述(基质分形、速度、方向等)和秩点整形参数描述(整形力、方向、速度等)的宏观相互博弈"度"关系,揭示秩点信息的反映度;根据机能系统内部层次结构关系,可进行"熵"研究;(2)流亚物质及其"度",是系统的秩点通过边的分形与整形力在微观和宏观的统一的中介的描述,是指对系统自组织(协同整合)程度的刻画,它揭示系统的稳定程度,比如稳定周期流的单摆,非稳定周期流的分岔等。(2)边亚物质及其"度",是秩点、熵、信息、流之间相互关联、相互统一的偶合参数。整体优化的结构功能,更深刻更丰富地揭示了系统物质运动发展的质量互变规律的内容。

（三）整体优化与否定之否定

系统机能的整体优化律,丰富和深化了否定之否定规律。把机能系统看做一个秩点,其整体演化发展链条则遵循否定之否定规律;否定之否定揭示事物经过两次否定转化,进到更高一级阶段,整体优化则始终强调事物是一个整体,否定之否定的过程,是旧的整体让位于新的整体的过程。整体优化是机能系统的亚物质支配方向上的、亚物质整形力支配的优化,整体优化包括了优化——劣化——优化的否定之否定具体形式和具体环节,通过一次又一次地优化,直到实现亚物质支配机能系统的目的态(目的态是机能系统的优化的、具有新的稳定机能系统意义的形态)。

整体优化律,在整体上具有否定之否定的形式,就具体深化的内容而言,揭示了否定之否定规律所没有的多向性及其合力网络动因。① 在生物的量变与质变关系基础上,一个生物大分子如何通过不断的质量互变而生成一个生物个体的?哲学上对于其遗传与变异的解释是笼统的。19世纪法国自然科学家居维叶,根据地球上会一些古代生物物种的灭绝和一些新生物种的出现,提出了生物"激变论",其实质是符合否定之否定原理的,具体应从机能系统整体优化规律的角度探讨:一个生物大分子机能系统中的亚物质支配系统整体演化发展,不断地吸收和丰富系统,通过超循环否定之否定链条,直到实现基因亚物质支配的生物系统目的态。由于,机能系统的亚物质整形力支配的丰富发展进程中,亚物质受环境的涨落影响,可能出现不同的超循环螺旋分叉,从而出现生物的多样性。

---

① 乌杰主编:《系统哲学基本原理》,人民出版社,2014年,第238页。

四、最小作用量支配原理

追求自然规律的普适性和简单性是科学探究的目的。在物理学中,最小作用量原理从朦胧观念到定量化的数学表达,揭示出自然界是统一的、和谐的本质,已成为逻辑简单性原则的概括性原理。乌杰教授在其著作《和谐社会与系统范式》中提出:"凡是符合最小作用量原理的物质和系统都是和谐的",并在《系统哲学之数学原理》系统地阐述并证明了关于和谐性的定理。这里认为,系统辩证特性的支配运行即系统涌生事物亚物质特性支配运行,将表现出最小作用量支配原理,即和谐系统在与环境相互作用下,以最小的能量获得最大的机能(功能)。

(一)关于科学研究的最小作用量原理

在对物理实在(现象)的观察中,科学家们相信,对于不同的观察者物理实在可以不同,但其物理实在的结构(规律)必定是相同的。物理学中描述物理实在结构的方法之一就是作用量方法。这种方法从功能角度去考察和比较客体一切可能的运动(经历),认为客体的实际运动(经历)可以由作用量求极值得出,是其中作用量最小的那个。这个原理称为最小作用量原理。

公元 40 年,希腊工程师(Hero)提出了光的最短路程原理,是最小作用量原理的早期表述,之后不断发展,最小作用量原理思想被更多的人所接受。1662 年,皮埃尔·德·费马提出费马原理,又称为"最短时间原理":光线传播的路径是需时最少的路径。费马原理更正确的版本应是"平稳时间原理"。1744 年,莫佩尔蒂发表的最小作用量原理阐明,定义一个运动中的物体的作用量为 A,物体质量 m,移动速度 v 与移动距离 s 的乘积:A = mvs,认为对于所有的自然现象,作用量趋向于最小值。1744 年,莱昂哈德·欧拉在论文《寻找具有极大值或极小值性质的曲线,等周问题的最广义解答》里给出最小作用量原理的定义。1819 年,高斯在题为《论新的力学普遍原理》一书中,提出了作为更为普遍原理的结论,无摩擦的约束系统在任意力作用下将这样运动:来自约束的对系统的拘束和施加于约束上的压力均取极小值。

相对论运用时空事件的四维世界把最小作用量原理解释为能够从可能的世界线中挑选出实际的世界线的原理。这种物理内容可以为量子物理所引入。在现代量子力学中最小作用量原理起着重要作用。另外,表征微观世界之基本量,即作用量子和引入到宏观力学的基本数量关系中的量,即由能量按时间积分,这两个量的量纲一致,对于作用量概念的思考也激起近代理论家对现存理论进行总结的尝试,孕育着很有前途的物理理论。

(二)秩点自分形最小作用量支配原理

根据系统秩边流模型,可以把物质(例如蜜蜂、汽车、蚂蚁、人等)、事物(例如矛盾)都看作秩点,其在自稳态系统下与其他秩点生成一个最小相互作用的自稳态系统——呈现共同的系统存在和运动形态。

秩点自分形是世界运动的自我动力——它自然的具有一种自我最大化显现的趋势。自我最大化的基础是自我根本属性的显现,表现是事物质料的属性的显现,核心的是事物质料属性"信息"的自我复制。系统是多个秩点自分形相互博弈产生涌生事物亚物质支撑整体生成的系统,在博弈共同涌生事物亚物质的支配下,系统具有目的性。目的性,是系统的秩点的分形和整形的综合作用所表现的一种整体共同势的特性。这里必须强调的是整体的、共同趋势的走向,而人为地把非主流的或某一特殊的目的取代整体目的的趋势,即使在某一时间得逞,但终究要在系统自组织的分形和整形力的共同作用下被瓦解。那么在系统整形力和秩点自分形的世界中,包括对研究系统中的秩点运动在整形力下能够具有共同规律。

抽象的来看,秩点自己作为一个系统:秩点的存在,与秩点的变化之间,形成一个自稳态的最小相互作用状态。秩点的存在是指空间性方面的,秩点的变化,是指时间性方面的,它们是两个不同的维度,它们并不是直接的形成一个稳态。它有一个自稳态奇点,以奇点为标准,"存在作用于变化,变化反馈存在"与"变化作用与存在,存在反馈变化",它们的"作用共同"将朝着最小作用的方向变化。奇点,是秩点自分形运动的目标点,是秩的最小作用原理的目标(奇点是秩点的一个理想的稳态点——任何一个秩点都无法达到理想的奇点,我们所说的稳定系统,只是系统某一方面的机能达到了奇点而已,整体而言,并没有达到系统的整个的秩的奇点)。奇点,始终是变化的。任何时候,不同的时候,同一个系统,它的奇点是绝对不同的。但是,我们在某些系统中,忽略不必要的干扰,我们可以在某些条件下,认为,系统的奇点是相同的。这是我们认识和研究系统的价值所在(也是我们能够控制系统的根据)。每一次变化,会使秩整体向奇点靠近,每一次秩整体的变化,会使秩点自分形发生改变(反馈的变化与原来的自分形组合形成的新自分形),会使秩整体以新的秩点分形下向奇点靠近……如此循环——这种自分形与系统整体的整形力将始终坚持最小作用原理——它们的最小作用使秩整体走向稳态奇点——事实上,绝对的秩整体的稳态奇点是改变的,因此,秩整体永远也到达不了自己的"静止的"奇点,它将永远为此而运动着……

具体的来看,最小相互作用原理可以表现为指某一系统在该系统目的态下消耗的总的物质、能量和信息最小。多个秩点聚合具有最小作用共同原理;通常在实际中对某一目的态下消耗的能量进行研究,即系统内诸多秩点组分能够以最小的"能量"实现最大的价值目标。比如,最小作用量原理,指的是能量与时间的乘积具有最小。乌杰教授说:"凡是符合最小作用量"原理的物质都是和谐的。杨贵通教授就该观点于 2008 年第 1 期《系统科学学报》的《构建和谐社会的基础探讨——系统辩证学原理的应用》一文给予了必要的数学证明。

分形和整形力的相互作用形成的超循环将使世界成为多元化世界,表现出"从夸克与美洲豹"。"从夸克与美洲豹"任何一个层次的机能物质体,都是分形和整形力的最小作用量产物。总的来看,分形和整形力的超循环相互作用是世界一般系统运动形式的系统描述,是辩证法的否定之否定规律的系统化描述。

第四章

本能系统的辩证唯物认识论、方法论

　　人类从它形成开始，就一天也没有停止过认识。从人类认识的来源及其发展规律的角度来看，对认识本身的认识和研究，形成了认识论，它贯穿着整个哲学。列宁曾经指出：近代哲学的发展经历了两个大的圆圈，即"霍尔巴赫——黑格尔（经过贝克莱、休谟、康德）"与"黑格尔——费尔巴哈——马克思"。第一个圆圈的起点是法国唯物主义，确立了人类知识不仅起源于感觉经验，而且这些感觉经验还起源于客观物质世界这样一条原理。第二个圆圈的起点是黑格尔哲学，他立足于把整个现实世界变成理念自身的辩证发展过程的表现，解决了主客同一的重大哲学课题；马克思批判地继承、改造和推进了黑格尔哲学中一切有价值的东西，从而使黑格尔那里倒立着的唯物主义"以足立地"，把辩证唯心主义改造成辩证唯物主义，完成了近代哲学的第二个圆圈。马克思辩证唯物主义认识论确立了科学认识论的理论形式，随着科学（尤其系统科学）的发展，认识（尤其对思维意识自身的认识）应获得相应的发展。利用"本能物质自我辩证逻辑"对马克思主义哲学认识论进行丰富和完善，提出"亚物质认识论"，并就相关认识论和方法论展开探讨。

第一节　关于认识论的历史演化

　　认识论是探讨人类认识的前提和基础、本质与结构，认识发生和发展的过程及其规律，认识与客观实在的关系及认识标准等问题的哲学学说。讨论认识发生、认识能力、认识效用等情况，贯穿着整个人类认识论研究，比如中国传统哲学贯穿"知、行"关系认识论，西方哲学关于自然和理论、自我和外部、外在经验和内在经、感性和理性验、认识和本体等关系讨论的认识论。人类认识论的演化发展历史，既坚持追求真理的方向，又体现着"生活"的效用原则。

一、中国传统哲学的认识论

中国传统哲学将认识与实践的关系集中表述为"知"与"行"的关系。认识与实践(知与行)的关系问题,是中国哲学认识论的一个基本问题。对此,从孔子到孙中山,许多智者都提出了深刻的思想。

春秋战国时期,儒家学派的创始人孔丘提出"学而不思则罔,思而不学则殆"的论点;孟轲把取得知识的途径归结为"反求诸己",提出了尽心、知性、知天的唯心主义认识路线;道家学派的《老子》一书,认为"圣人不行而知,不见而名,不为而成",用神秘直觉方法"体验"以达到所谓与道"玄同"的境界;《墨经》提出"认识"是人以"所以知"之"知材"与外物接触而发生的对外物的摹写、反映的("名实耦,合也")论点;荀况提出"感觉经验"通过"理性思维的加工整理"的用"名"、"辞"、"辨说"等形式表述和论说的认识形成"知识"的观点。

东汉王充提出以"天下之事"、"世间之物"为认识对象的"实知"、"知实"的认识说;唐代刘禹锡提出了"天人关系"的命题;宋明时期的程朱学派认为"知是人所固有的,知是行的基础";陆王学派认为"心即理"、"万事万物之理不外于吾心",王阳明提出了"一念发动处便即是行"的"知行合一"说,张载认为"有物则有感、物格而知自至,肯定知是内外之合";王廷相提出了"事物之实核于见"、"事理之精契于思"、"事机之妙得于行"的见、思、行相联系的认识模式;明清的王夫之提出了"知行相资以为用","并进而有功"的知行统一观。

中国近代,由于历史的原因,在认识论方面缺乏独创性的研究。孙中山提出了知难行易说,其中虽然包括行先知后、重视理论的合理因素,但也存在着轻视实践作用、夸大理论认识作用的缺点。

二、西方的认识论

在古希腊罗马时期,哲学家们就开始研究并形成了基本的自然哲学认识论和唯理主义认识论。在自然哲学认识论方面,主要是指恩培多克勒用"流溢说"来解释认识,德谟克利特的"影像说";在唯理主义认识论方面,柏拉图建立由具体事物组成的"可见世界"和由理念组成的"可知世界"的认知观。亚里士多德认为"每一事物之真理与各事物之实是必相符合",割裂了事物形式和质料。

古代多数哲学家都肯定世界的可知性。罗马化以后,哲学家的关注点转向"人的幸福",逐渐放弃了绝对的认识标准。16世纪以来,认识论问题在欧洲哲学中占据中心地位。"自我和外部世界、外在经验和内在经验、感性和理性的关系"是哲学体系的出发点,成为认识论的主要问题。经验论创始人培根认为知识就是存在的反映,真正的知识只能从经验中获得,并系统地制定了认识的归纳法(但带有机械论的性质);近代唯理论代表笛卡尔提出了"我思故我在"的天赋观念,宾诺莎主张认识是客观物质世界的反映,人们可直接凭理性去把握真理;经验论者洛克,则提出了"白板说",提出了第一性的质和第二性的"质"的学说认为:广延、形状、动静等是外物固有的"第一性的质",颜色、声音、气味是由主体附加到客体上的"第二性的质"。后来,"巴克莱的存在就是被感知"、"休谟的不可知论"、"狄德罗和爱尔维修等人的机械唯物主义反映论"等都深受洛克的影响。

德国古典哲学试图把感性认识和理性认识结合起来,正如康德说:"思维无内容是空的,直观无概念是盲目的,……只有当它们联合起来时才能产生知识。"康德把获得科学知识的过程,看作是认识主体以先验范畴形式对感性材料的综合过程,强调主体在认识过程中的能动作用;提出了能给人们新东西的判断是综合判断和能给人们普遍必然性知识的分析判断,认为把综合判断与先天判断联合起来,形成先天综合判断,才有科学知识——但是,由于他把认识形式看作是先验的,进而出现"物自体"不可知的问题。黑格尔力图克服认识论问题和本体论问题的对立,制定了辩证法、逻辑与认识论的统一的原理。他认为,思维和存在、主体和客体在本质上是统一的,绝对精神是现实的基础,思维在现实世界中所认识的是那一开始就已经是思想内容的内容,强调绝对精神运动的辩证本性。费尔巴哈批判了黑格尔的唯心主义,放弃了辩证法的合理内核,其认识论仍然停留在机械唯物主义直观反映论的水平。马克思主义哲学,系统地解决了以上问题,形成科学的认识论。

19世纪末以来,现代西方哲学对认识论的一些基本问题也众说纷纭,包括:(1)反对唯物主义反映论。它们采取经验论立场的实证主义或实在主义,而拒绝研究物质和精神何者是第一性的哲学基本问题,把所谓"经验"、"事实"、"事件"、"要素"或"生命"、"纯粹意识"、"共相"、"形式"、"人格"、"人的存在"等等,说成是世界的基础。(2)否认真理的客观性,强调认识的主观性,宣扬直觉主义、反理性主义的哲学流派,如唯意志论、新黑格尔主义、生命哲学、存在主义等。(3)调和科学和宗教,走向信仰主义。这也是现代西方哲学认识论的一个重要倾向。人格主义者、新托马斯主义者是公开的信仰主义者。

三、辩证唯物主义的认识论

辩证唯物主义认识论,是马克思和恩格斯在总结、批判与继承马克思主义以前哲学史中各种认识论的基础上建立起来的;它坚持物质决定意识、意识是物质的反映原理,把认识的发展同社会实践的历史发展结合起来,把认识过程的辩证法同客观实在过程的辩证法统一起来,形成的彻底唯物主义的能动的反映论。

辩证唯物主义认为,人的认识是人脑这一特殊物质对外部现实世界的反映,是物质最高级的反映形式。物质世界在意识之外并且不依赖于意识而客观存在,同时,人们的意识或思维能够认识客观的现实世界,人们关于现实世界的表象、概念,能够正确地反映现实,认识的内容来自外部现实世界。认为一切唯物主义认识论都是反映论,坚持从物质到意识、从客观到主观的认识路线。

反映的原则是辩证唯物主义认识论的基石。辩证唯物主义认识论区别于形而上学唯物主义的带有直观性质的反映论。人所特有的反映不是以单个人消极直观外部客体的形式进行的,而是在复杂的社会联系中和能动的实践活动基础上实现的。马克思和恩格斯指出:“思想、观念、意识的生产最初是直接与人们的物质活动,与人们的物质交往,与现实生活的语言交织在一起的。”①辩证唯物主义认识论克服了以往一切唯物主义离开人的社会性、离开人的历史发展去观察认识问题,科学地揭示了为社会的人所特有的反映形式和反映过程的辩证法。

辩证唯物主义认识论认为:(1)认识是物质决定意识前提下的意识对物质的能动反映。(2)人的主观能动性是无限的,认识世界是无限可知的,但在具体的认识和改造世界中发挥主观能动性是受主、客观因素制约的。(3)认识的根本任务是使感性认识上升到理性认识,实现透过现象抓住本质;认识和实践是相统一的,实践对认识具有决定作用,认识对实践具有反作用;认识具有反复性、无限性、上升性(包括螺旋式上升和波浪式前进)。

第二节　本能系统辩证的亚物质认识论

人类认识作为一个系统包括三个基本要素:“(1)自然界;(2)人的认识＝人脑(就是同一个自然界的最高产物);(3)自然界在人的认识中的反映形式,这种形式就是概念、规律、范畴等等。”②随着本能物质系统模型中本能物质、亚物质、机能物质三者关系的提出,将马克思辩证唯物主义认识论的能动反映论,丰富发展为亚物质能动反映论,即亚物质认识论。

---

① 《马克思恩格斯全集》第 3 卷,第 29 页。
② 《列宁专题文集:论辩证唯物主义和历史唯物主义》,人民出版社,2009 年,第 136 - 137
　页。

一、认识——人脑亚物质的能动反映活动

(一)亚物质能动反映的人脑是认识前提

人脑认识事物是一个反映、反射的识别和构建的过程。为什么人脑能够认识事物,而石头或植物不能认识事物? 因为,人脑内"以意识为核心高度独立的亚物质系统机能"能够揭示了人类认识的奥秘。

苗东升认为:"贝塔朗菲把系统认识论表述为透视论,是对机械唯物论的超越,但还不足以揭示系统认识论的真谛。"①在本能系统辩证物质中,认识是指作为人脑特定系统的亚物质(意识)相对独立的能动反映——是指在人脑中,亚物质携带信息模式的联系与作用、判断与识别的"相对独立"和"加工处理"的过程和状态的显现(揭示)。

列宁认为,认识论和辩证法的知识领域应该包括"各门科学的历史,儿童智力发展的历史,动物智力发展的历史,语言的历史,注意: + 心理学, + 感觉器官的生理学。"②

人脑不是一个由脑细胞构成的"$1 + 1 = 2$"的系统模式的机械的细胞简单和,而是一个具有"$1 + 1 = 2^s$"③系统模式的系统整体。人脑系统是个具有显著"涌现效应"的系统,该涌现效应不是简单、静态的单一模式,而是复杂的、动态的多级模式。

人脑的亚物质能动反映,是其区别于石头或植物不能认识事物的根本。人脑中高度相对独立的涌生事物亚物质(意识),相比较之下,石头或植物却没有高度相对独立的涌生事物亚物质(涌生事物亚物质微弱到可以忽略——直接进入机械论和还原的研究)。

人脑中"高度"相对独立的涌生事物亚物质(意识),能够处理不同层级和不同等级的涌生事物亚物质——能够处理来自人脑系统内部的、人身体内部的和通过各种感官获得的人体外部的涌生事物亚物质(信息模式)。人脑系统能够为脑系统中的高度相对独立的涌生事物亚物质(意识),提供"处理"的场所和平台,并且能够对处理的结果(理论信息亚物质)进行相应的"存储",同时能够对存储的涌生事物亚物质信息模式进行有效的"激发(调取)"……这一切,揭示了一个以脑细胞组分为基础的、具有高级涌生事物亚物质(意识)记忆、思维、识别处理的人

---

① 苗东升:《系统科学精要》,中国人民大学出版社,2006 年,第 46 页。
② 《列宁全集》第 38 卷,人民出版社,1959 年,399 页。
③ 温勇增:《系统涌生原理》,经济日报出版社,2014 年。

脑系统。

人脑系统具有高级涌生事物亚物质(意识)的自组织能动主控系统,即意识是人类大脑反映和把握现实世界的心理活动和精神活动的总和。人类的意识活动作为一个多水平、多层次、多向度的观念体系,意识世界的各种内容和形式并不是彼此分离的、杂乱无章的,而是互相有机地联系的,并具有一定结果和功能的统一体——其本质上是脑系统的统一的涌生事物亚物质。在这个统一的涌生事物亚物质中,其自身作为一个系统,区分不同的层级,在这些层级中,最高地位的涌生事物亚物质对其他低级的涌生事物亚物质具有支配地位——这个最高地位的涌生事物亚物质意识,称为"主控意识"。"主控意识"被认为是人体人脑中的常驻的高级的涌生事物亚物质子系统,相对于初级涌生事物亚物质来说,它具有对其他初级或低级涌现共同的支配、束缚、调控、管理等作用,是主导控制和协调人体机理,更多研究的是控制协调人的思维活动和生理活动。比如,在人脑思维活动或意识活动弱的时候(比如睡眠时候),主控意识的支配作用降低接近为零,被相对分散的由相应的脑细胞组分事物携带(主要携带信息模式),睡觉的时候,各涌生事物亚物质尽可能自由的发挥作用——使人体的各器官得到良好的发展(休息);当人开始思维或意识活动的时候(比如醒来),相应脑细胞将迅速释放相关信息模式,继而迅速形成高级的支配地位的涌生事物亚物质——形成"主控意识"对整个人脑的思维活动和意识活动进行调节和控制。

(二)认识是涌生亚物质能动反映识别的过程

在"认识"问题上,知其然(我们能够认识事物),难知其所以然(难以知晓"认识事物"是如何可能的)。"人类的认识"是从"反映"层层升级而来的,但认识揭示认识本身的"这种(具有高级涌现的)系统反映模式"却是一个难题。

当前,脑科学和神经科学的研究越来越发达,主要在逐入细节(局部的细节)——缺乏"整体的细节"和"细节的整体"的"(具有整体涌现的)系统"研究。

"有些人和事你认识,有些人和事你不认识"。简单来说,认识是一个识别过程,核心的是人脑意识亚物质对(人和事的)信息模式的识别。该识别过程包括两个环节:一个环节是人脑内脑外环节间的识别,即"认识主体——涌生事物亚物质——认识对象"的环节的识别;另一个环节是脑内环节识别,即"对象信息涌生事物亚物质(输入)——主控意识涌生事物亚物质(处理)——识别或构建信息涌生事物亚物质(结果)"环节的识别。这两个环节中,"脑内环节"是核心。

在脑内脑外环节,对象事物的自身信息模式,通过(主体与对象事物相互作用的)涌生事物亚物质传递到主体(这种传递可以是被动的,也可以是主动的),简单来说,就是认识事物信息的输入环节。

　　在人脑内环节,主控意识信息模式对输入的认识对象信息模式进行处理识别,简单来说,就是"认识处理"事物信息形成"认识结果"的环节。

　　脑内环节的认识处理的流程如下:在主控意识支配下,将认识对象信息模式同大脑中存储的(某些)信息模式进行"比对",形成"一次"认识处理识别:(1)如果有相应的信息模式,则直接获得"认识"的结果,比如为某事物的认识;(2)如果没有与之相对应的信息模式(为全新的信息模式),则进入"二次"认识处理识别,一是被主控意识抛弃或放弃,二是被主控意识直接将该信息模式存储(记忆);三是将该信息模式进行加工处理——再进入新的"一次"认识处理识别——新的"二次"认识处理识别,如此循环。

　　"一次"认识处理识别,侧重"反映或映射"认识;"二次"认识处理识别,侧重"建构"认识。

　　人类认识最基础的是"反映认识"。人首先要拥有"反映"认识对象且获得"显像"的能力;一切事物都具有这种(相互作用)能力,矿物、植物、动物等都具有这个能力,当然能力大小不一样,侧重也不一样。人具有最高等级的"该能力",人据此而成为万物之灵。

　　人脑的最高等级的"建构"认识,是人的本质。人脑中的高等级"构建"是指,人脑系统中,在主控意识的作用下,对对象信息模式进行筛选、添加的简单基础上,调取大脑中其他信息模式参与并对其进行模式转换,甚至多次转换,形成"加工处理",通常的表现为:按照逻辑的或经验的或本能的某些形式对显像信息或判断信息进行推理,对加工转换后的对象信息同大脑存储库信息再进行比较识别(推理后的再判断)……因此,人脑系统的认识是一个复杂的过程,具有判断、加工处理、再判断的复杂流程,也就形成了通常的"判断——推理——判断"的循环推进。

　　苗东升教授认为:"传统唯物论只讲主观反映客观,认识反映实践,看不到认识的能动作用,无法跟形而上学划清界限。……反映和建构是认识活动中的一对矛盾,反映是建构的基础,建构是反映的升华。……辩证唯物论的认识过程是反映和建构两个子系统反复进行所形成的复杂过程系统。"①认识是认识主体对认识对象的相互作用,本质的是人脑内(意识)涌生事物亚物质对认识对象(相互作用)的信息亚物质的反映识别和处理,包括两个阶段,第一个阶段是反映阶段,认识主体的认识对象是一般客体,或者说来自人脑之外的客体或涌生事物亚物质;第二个阶段是建构,认识主体的人脑中的高级涌生事物亚物质对人脑系统中的低

――――――――

　　①　苗东升:《系统科学精要》,中国人民大学出版社,2006年,第46–47页。

级涌生事物亚物质进行束缚、组织、取舍、整合、淘汰等处理的结果的"识别和判别";这两个阶段是统一的,是反复的相互统一的过程。

信息(媒介)亚物质是认识主体与认识对象的相互作用统一的本质。认识的关键在于,通过对对象信息的选择、解析、重组和编码过程,以符号化和逻辑化的方式在人脑中建立起与对象具有同构性的信息组合——该信息组合由人脑系统的涌生事物亚物质携带。认识是认识系统中的信息的获取者、加工者和组织者,即信宿;对象认识系统中的信息的发出者、提供者,即信源。认识的过程就是主体与认识对象相互作用结合,形成一个信息接收、存储、加工和输出的过程。从多方面获取有关认识对象的各种信息,信息量越大,信息保真度通常越高。信息在通过中间环节传输的过程中,信息量会衰减,信息本身也会发生变形和失真。信息(媒介)亚物质受人脑主控意识亚物质支配,大脑主控意识对相对纯粹的涌生事物亚物质信息进行加工、改造和重组,构建新的信息组合具有新的模式(能够存储、栖息于大脑组分事物中)。人(主体)不是被动地接受对象的信息,而是通过改造客观对象的实践活动,主动地获取信息。人脑主控意识运行模式形成"认知和思维"的定势——它是在主控意识经常性激发中具有率先激发的意义,它在认识中往往具有优先权,具有规范作用和引导作用。这种"定势"走向极端,可能出现强迫症。在认识过程中,影响主体对信息进行加工和改造的,不仅有既往知识、经验等理性的因素,还有以情感和意志为主,并包括信念、理想、习惯和本能在内的各种非理性的心理因素。这些对人的认识能力的发挥和运用,对主体选择和构建信息的活动,会起到激发、导向和调节等重要的作用,因而它们和理性因素一起共同成为主体的由自己的地位、本质力量所决定的对客体的一种主动态势、能动态势,即主体势。主体势在认识活动中表现为一种认知定势,它决定主体对客体的选择,决定运用何种中介手段和怎样运用中介手段的选择,决定主体对客体信息的构建方式和解释方式等。

认识的能动性和创造性。人的认识不同于动物的反映活动,它不是主观对客观的简单、直接的摹写,而是一种能动的、创造性的活动。列宁说:"认识是人对自然界的反映。但是,这并不是简单的、直接的、完全的反映,而是一系列的抽象过程,即概念、规律等等的构成、形成过程。"①在科学认识的抽象活动中,认识结果不再是同直观客体相对应的感性的形象,而是以抽象的范畴、概念、符号、公式、图形等形式出现的,更深刻的反映着自然的精神的"构建"物。人认识的创造性在于,结合自己的需要塑造出客体未来的理性形态和功能。人类认识的社会本质在

---

① 《马克思恩格斯选集》第2卷,第194页。

于,能动的、创造性的反映,其意义在于,它不仅能反映出对象的本来如此的状态,而且能够把它同反映人自己需求的意愿联系起来,构成对象对于满足人类社会的需要所应当具有的形态。列宁说:"人的意识不仅反映客观世界,并且创造客观世界。"①比如,自然界中只有山川、河流等自然物,没有铁路、火车,人认识的创造性能能动的改变自然物质的状态——即实际改变之前在人脑中对于人来说"应当如此"的自然物面貌反映出来,即涌现出来。

(三)亚物质能动反映认识的自组织特性

亚物质反映认识的基本特性是指其来源于人脑涌生事物亚物质的基本特性。人脑的涌生事物亚物质和一般动物的涌生事物亚物质(或一般系统的涌生事物亚物质)本质是相同的,但层次、能级(级别)是不同的。

人脑涌生事物(意识)亚物质具有自己的局限性。人脑涌生事物之意识亚物质能够高度相对独立,可以趋近绝对独立,但不能实现绝对独立。所有的涌生事物亚物质都具有趋向绝对独立的发展趋势,只不过人脑涌生事物(意识)亚物质在这个发展链条上,处于最高级。

人脑(意识)涌生事物亚物质,具有人脑"整形"的"系统意义",即使包括人脑(细胞)组分事物在内人体系统,具有"整体意义"的不断优化的系统目的性(演化趋势和方向)。人脑(意识)涌生事物亚物质的最终目的,是通过"认识主体自身的涌生事物亚物质及世界一切涌生事物亚物质"进而认识人自身及其身外世界。人脑意识亚物质认识,来源于(人脑)组分事物,受现实的(认识对象)组分事物及环境制约,又反作用支配"人与世界"的相互作用关系。人脑(意识)涌生事物亚物质基本特性,归结起来就是"自组织"特性,主要表现为终局(目的)特性和整体特性:(1)自组织终局(目的)特性,一是人脑意识亚物质认识的"最终目的性"是指向整合"人体系统不断优化"的天性优良性;二是人脑意识亚物质认识的"现实目的性"是实现当前(现实)"人体系统耗散平衡"的满足需要性;(2)自组织整体特性,是指人脑意识亚物质认识——自觉思维本性的"理性"和心理感受的"感性"的"效用"统一性。

人脑意识亚物质认识服务于"人类的存在和继续存在",具体是指为了人类的天性优良而认识。人脑(意识)亚物质认识的自组织的终局(目的),是指人为了人的天性优良而活着,具体表现为四个方面:个体自稳态、层属自适应、提炼智慧、统摄世界——它是人类存在、演化延续和发展的基本内容,是从个体到集体、从"实体组分"到"精神(亚物质)"的共同活动内容。这"四个"方面,前两个方面是

---

① 《马克思恩格斯选集》第2卷,第228页。

"现实终局特性"内容,一般动物也具有该特性,只是人类的该特性更具有"能动性";后两方面特指人类的"理想终局特性"内容,一般动物没有该特性(部分动物比如灵长类动物"微弱"具有),这是人类脱离于一般动物的特性。总的来说,人类天性优良体现为能够获取智慧和统摄世界的"意识指导实践"活动,即理性和感性的效用统一。

二、本能系统的亚物质认识论和实践论

人类的思维是一门历史发展的科学,正如恩格斯说:"每一个时代的理论思维,从而我们时代的理论思维,都是一种历史的产物,在不同的时代具有非常不同的形式,并因而具有非常不同的内容。因此,关于思维的科学,和其他任何科学一样,是一种历史的科学,关于人的思维的历史发展的科学。"①由于每一历史时代的生产力水平和实践水平不同,对应的人类思维也具有不同的方式和特点。思维表现出由低级向高级、由简单向复杂、由形象向抽象的发展规律,研究这些"思维表现规律"可以是思维学的任务,而研究思维本质即"思维自觉到本质",则是哲学认识论的重要内容。

(一)本能系统辩证唯物的亚物质认识论

认识论首要地是探讨人类认识的本质和结构。从彻底的唯物主义出发,辩证地、历史地按照认识本身的过程考察认识,才真正科学地揭示了认识发生、发展的一般规律,因而也才真正能使认识的自觉性建立在科学的基础之上。

本能系统辩证唯物的亚物质认识论,包括本能系统亚物质认识论和机能系统亚物质认识论。

1. 本能系统亚物质认识论

本能系统辩证唯物的认识论研究,具有以下前提或假设条件:

(1)人类认识的思维不能以思维之外的形式来进行,但思维可以"自觉到思维本质本性";

(2)坚持辩证唯物主义的物质决定意识、意识是物质的反映的原理;

(3)按照物质本能系统自我辩证逻辑,人的思维能力及其逻辑是来源于宇宙演化过程及其规律逻辑的,他通过来自"是"的本体一致性、逻辑一致性、分形整形全息性的最高级"亚物质(意识)"的反映活动,能够认识宇宙事物及其发展,即能够认识"世界之事"和"世间之物"。

世界物质本能系统的认识论是"反映"特性的认识论。认识的本质是认识论

---

① 《马克思恩格斯选集》第3卷,人民出版社,1972年,465页。

的核心,本质和基础出现误差,后面的整体结构不管如何精美,都是无根之花。"辩证唯物主义的认识论,把实践引入认识论,并作为全部认识的基础,把能动性原理和反映论原理统一起来,成为能动的反映论,把它看成一个互相反映、互相作用的过程。这应当说是人类认识史上的革命性变革。但是由于当时科学技术发展的局限性,这一认识的学说和理论还有待进一步深化。"①

经典唯物主义认识论坚持从物质到意识的认识路线,认为物质世界是客观实在,强调认识是人对客观实在的反映,申明世界是可以认识的。亚物质认识论中明确指出:意识是亚物质的范畴,来源于(人)机能物质(系统)。亚物质来源于机能(本能)物质自相互作用,它具有反映机能(本能)物质的根本特性——意识作为亚物质的最高级形态,具有认识物质世界的最高级机能〔不仅能够直接反映"直接相互作用"的物质,也能间接(思维)反映"非直接相互作用特性"的物质〕,直至"意识到意识的本质本性"。

在人脑系统中,意识亚物质作为相对独立的事物,具有亚物质的高度相对独立性,具有复杂的认知机能。意识亚物质作为一个最高级相对独立的系统,成为一个专门处理亚物质信息的特殊系统。由于人类主管的控制意识,且由于亚物质的亚本能自分形最大化动力,容易出现两个极端趋势:一是亚物质意识的绝对独立趋势,二是亚物质先于本能物质的趋势。前者使意识和物质相对脱离,使认识脱离实践;后者颠倒了亚物质意识与本能物质的关系,即从意识到物质的认识路线的唯心主义。

2. 机能系统亚物质认识论

机能系统亚物质认识论,是本能系统亚物质认识论同"系统认识论"的融合。苗东升认为:"把系统观点引入哲学认识论,用系统概念和原理阐述人的认识运动,揭示其一般规律,就是系统认识论。"②"认识的形成、发展是互相作用于人、自然、社会的过程,也是一个系统的辩证的过程。"③系统机能的哲学认识论,把认识对象视为一个(非孤立的)机能系系,随着系统科学的发展,越来越多的规律被认识。《系统哲学基本原理》④中的系统哲学认识论(结构认识论)中的"结构"是"亚物质"范畴,故可称其为机能系统的亚物质认识论。

结构是涌生事物亚物质的范畴,"结构认识"贯穿着系统哲学整个过程。"系

---

① 乌杰主编:《系统哲学基本原理》,人民出版社,2014年,第317页。
② 苗东升:《系统科学精要》,中国人民大学出版社,2006年,第46页。
③ 乌杰主编:《系统哲学基本原理》,人民出版社,2014年,第314页。
④ 乌杰主编:《系统哲学基本原理》,人民出版社,2014年。

统哲学吸收了结构整体的认识成果,使人们的认识从'物'而深化到物的系统结构,揭示了物质运动的基本形式及其规律。……结构是物质存在的一种基本形式,是物质世界(包括反映它的精神世界)中一切事物的根本属性。结构揭示了事物的本质,并不是事物的各种性质的堆砌和总和,而是事物诸要素的性质在相互作用中形成的一种系统结构的特性,即具有整体性的新性质。……认识物质的质量互变得运动形式,不等于完全认识了物质;只有既认识了运动形式的功能,又认识了物质结构,才能较全面地认识事物质的规定性。……人们对事物的认识建立在整体性的结构认识的基础上,使思维方式有了一个很大的突破。"①

机能物质作为系统而存在,不是孤立的、单因素的、可以硬性分割的事物,越来越成为科技发展和现实生活的必然选择的认识对象。机能系统认识论,把认识对象作为一个机能系统,打破了以往把对象视为一个点,一个孤立的、静止的事物的观点,打破了以往受历史条件、科学技术水平和认识水平的限制,深化了普遍联系和变化发展的辩证认识。

机能系统亚物质认识论,阐述了相互作用于对立统一的联系和区别:(1)就发生相互关系的客体与主体的性质而言,相互作用是事物的子系统之间或系统与环境之间的关系;而对立统一是事物的自身的直线性、有可能的倾向或趋势之间的关系;(2)就发生相互关系的客体与主体的规模和数量而言,差异的相互作用完全不局限于"二",许多情况下往往作用的数目都很大;对立统一则往往是"二",是两个对立面之间的关系;(3)就发生相互关系的方式而言,互相作用是在实质上交换物质、转移能量、传递信息的过程,而对立统一,则表现为内在差异而必然导致的独立,它们之间又互相联系、相互转化的统一。②

"系统哲学还把信息、控制、反馈等现代科学提出的重要范畴引入认识过程,把系统运行看作是一个特殊信息授受(感受器)、传输和反馈(鉴别、调整)引入认识过程。从实践到认识,从认识到实践,它们的每一个阶段都是认识总规律的子系统。"③一方面,把认识的主体,即生活在社会中的一切人,作为一个主体要素系统来研究,研究包括不同层次、不同结构的人群和组织系统,作为主体要素系统的社会的、具体的、历史的人发展了马克思主义认识论关于认识主体的理论;另一方面,把认识的客体,即一个由物质、能量、信息组成的具有机能等级序列的机能物质系统世界,作为一个客观要素系统来研究,研究包括系统诸要素之间、系统与要

---

①　乌杰主编:《系统哲学基本原理》,人民出版社,2014年,第319 – 320页。

②　乌杰主编:《系统哲学基本原理》,人民出版社,2014年,第317 – 318页。

③　乌杰主编:《系统哲学基本原理》,人民出版社,2014年,第322页。

素之间、系统与环境之间的相互联系、相互作用的全部相干关系,把其集成的属性和特点作为认识的中心,由"实物中心论"转移到"系统中心论",推动了马克思主义认识论关于客体的认识的发展;再一方面,主体——实践——客体这一认识论的范畴链,揭示了系统哲学的认识论的过程和本质。①

3. 本能系统亚物质认识论与机能系统亚物质认识论的关系

认识是通过实践对客体的能动的反映。实践是全部认识的基础。本能系统亚物质认识论,是"思维自觉到思维本性"的认识论;机能系统亚物质认识论,是思维自觉到思维机能在内的"整体相互作用"的反映论,突出了现实性和整体性。

本能系统亚物质认识与机能系统亚物质认识,统一于主体与客体的相互作用关系。主体和客体相互关系包括:一方面,认识过程就是自然界(客体)在研究者(主体)意识中的摹写,是在自然界很少受任何干预情况下的摹写,侧重是经验的直接归纳和概括。另一方面,随着自然科学的发展,相对论和量子力学等已经超越了感官直接感受的经验世界,认识从事物的表面形态深入到内部结构,从单一研究发展到整体及其相互关系的研究,在科学发展背景下突出了"整体能动反映论"。"例如,对认识主体方面就提出了人工主体问题,第二主体问题和主体的思维结构问题,主体认识的相对性和可变性问题,主体认识的能动性问题,作为认识主体而言的意识与大脑的诸种关系问题。又如,对被认识的客体方面就提出了客体的多样性问题和随机性问题,观察仪器与客体的相互作用而引起客体变化的规律性问题等。再如,对主体、客体之间相互作用的复杂性问题,主体、客体之间相对性问题,主体、客体与中介三者之间的相互关系问题,参考系对主体,客体及其关系的制约和影响问题等。"②

本能系统亚物质认识与机能系统亚物质认识,相互统一于本能系统物质自我辩证逻辑,统一于不以人的意志为转移的自然界的辩证法——它归根结底决定并制约着认识的辩证法。

(二)本能系统辩证唯物的亚物质实践论

实践是人类存在的根本方式。"实践是人能动的改造客观世界的物质活动,是人所特有的对象性的感性活动。"③人是一个机能物质存在体,人与人、人与物的关系,本质上是机能物质与机能物质之间的相互作用关系,实践是人能动(有意识指导下)把握这种相互作用关系的亚物质活动。马克思指出:"社会生活在本质

---

① 乌杰主编:《系统哲学基本原理》,人民出版社,2014 年,第 315 - 317 页。
② 乌杰主编:《系统哲学基本原理》,人民出版社,2014 年,第 325 - 326 页。
③ 肖前、李秀林、汪永详主编:《辩证唯物主义原理》,人民出版社,1999 年,第 324 页。

上是实践的"①。

实践是人类社会所特有的现象,即特指人质活动现象。实践观是人对实践的认识反映——来源于实践,在实践中检验。实践的"人质"活动是"效用的",比如中国哲学史上"知行"关系的实践观。近代西方唯心主义较为强调实践的能动性和创造性,比如费希特认为实践是"自我"创造"非我"的能动活动;西方的唯物主义哲学(比如胡克)认为,实践是指同其他动物适应环境本能的"自然主义的行动";等等;但,他们都没有揭示出社会实践物质性和能动性的统一。直到马克思主义哲学出现,认为人类物质生成活动是最基本的实践活动,找到了使物质性、现实性、能动性、创造性相统一的科学实践观。

劳动(实践)创造了人。实践是人类特殊本质的存在形式,实践是人类其他一切活动的基础,是人类和社会自我发展和完善的根本动力。实践是指只为人所特有的对象性活动,具有人的自主性和创造性。实践是指人的这种活动的物质的、客观的、感性的性质和形式,即把实践作为人以物质的力量或感性的方式把握客体的活动,用以区别人以精神的、观念的方式把握客体的活动,如人生、理论活动等等。②

"实践活动是一个由多种因素构成的复杂系统——实践系统。实践系统内含主体、客体和中介三个基本的子系统:(1)在主体子系统中具有复杂的能力结构,作为人的体力和脑力总和的"人本身的自然力"是实践主体能力结构中的物质基础;进入主体实践活动领域为主体所实际掌握和运用的知识和经验,是实践主体能力结构中的智力技能因素;主体的情感和意识是实践主体能力结构中的精神动力因素;实践主体具有自己的社会结构。(2)实践客体是实践的主体活动对象的总和,是进入主体对象性活动的领域,同主体的实践活动发生功能性的联系,成为主体实践活动所现实指向的客观事物。其中,客体是一种不以主体的主观意志为转移的客观存在,哪些客观存在事物能够结合进实践活动的系统结构成为客体,不仅取决于这些客观事物的自在本性,同时也取决于由实践的发展所制约的人的本质力量的发展程度和水平;客观事物不是一下子和从一切方面整个地成为人活动的客体,不断就整个自然界来说客观事物被纳入主体的对象活动要有一个过程,有一个随实践发展的先后顺序,即客体是由人的实践活动历时地规定着的;客体的存在和发展不仅仅表示客体本身发生了特定的变化,而且这种变化本身就是主体本质力量的确证,是主体本质力量的展现了的现实。(3)中介系统是连结其

---

① 《马克思恩格斯选集》第1卷,第17页。
② 肖前、李秀林、汪永详主编:《辩证唯物主义原理》,人民出版社,1999年,第340-341页。

了实践的主体和客体。中介系统是以各种形式的工具、手段为主要物质成分,并包括运用和操作这些工具的程序和方法在的复杂系统,是作为人的肢体延长、体能放大的工具系统,是作为人的感官和大脑延伸、智力放大的工具系统。"①

在马克思主义哲学实践观的基础上,亚物质实践论开展了对"实践物质性"的进一步阐述,其基本观点认为:实践是人质的亚物质基本活动,从而是人机能物质(体)的特殊本质存在形式,也是人类的根本存在方式。实践是实践系统的亚物质本质:(1)实践是主体机能物质和客体机能物质之间相互作用的亚物质,即不能把该亚物质完全归结为客体物质,也不能把该亚物质归结为主体物质;(2)实践(亚物质),是主客体相互作用关系和过程的动态内容和结果,它具有实践的整形支配作用,一方面既受主体自分形的发展能力和需求的影响,又受客体自分形存在演化的限定和制约,正如马克思说:"在生产中,人客体化,在消费中,物主体化。"②(3)实践(亚物质)通常不是纯粹亚物质,它是一个主客体之间通过物质、能量和信息的实践变换而执行一定功能的动态活动系统,即实践亚物质是一个具有中介(介质)的亚物质系统。比如,人所担负的实践职能不断地从人身上分化出来,由人所创造的实践工具(介质)承担——该"介质"成为实践亚物质系统的内容。

物质生产实践是最基本的实践,它既决定着一定社会关系的形成,也是决定其他变革的根本力量。③ 列宁说:"世界不会满足人,人决心以自己的行动来改变世界。"④

人机能物质体中意识亚物质的目的性,是实践亚物质的基本指导,即自觉的目的性是人类实践的一个基本特征。目的既是实践运行的初始环节,也是实践运行的内控因素,它贯穿和渗透于整个实践亚物质支配运动的过程和结果之中。"把实践看作以主体、中介和客体为基本骨架,通过目的、手段和结果的反馈调控而自我运动、自我发展的活动过程,这是对实践运动一般性、共性的揭示和描述。"⑤实践亚物质系统来源于主客体机能物质的相互作用,实践的主客体是运动发展的,实践亚物质系统也是运动发展的,并表现出多样化的实践形式。实践形式多样化,导致实践主体的社会化分工,一方面分工提高实践技能促进实践发展,另一方面片面、机械和单一的分工制约了人通过实践的全面发展。

---

① 肖前、李秀林、汪永详主编:《辩证唯物主义原理》,人民出版社,1999 年,第 345 - 354 页。
② 《马克思恩格斯全集》第 46 卷上,第 26 页。
③ 肖前、李秀林、汪永详主编:《辩证唯物主义原理》,人民出版社,1999 年,第 345 页。
④ 《列宁全集》第 38 卷,中文第 1 版,第 229 页。
⑤ 肖前、李秀林、汪永详主编:《辩证唯物主义原理》,人民出版社,1999 年,第 366 页。

(三)本能系统的亚物质实践论与认识论的统一

认识是一种亚物质活动过程,实践也是一种亚物质活动过程。两者区别在于:前者是由实践活动的对象(基质)通过认识亚物质反映抵达思维亚物质,后者是由思维亚物质通过实践亚物质支配抵达实践活动的对象(基质)。认识与实践相互统一于实践基础:认识来源于实践活动的对象(基质),反映实践活动及其对象(基质),通过主体的意识、思维的活动表达出来的;认识反作用于实践,通过实践亚物质支配实践活动及其对象(基质),指导现实实践活动。

人(认识主体)是一个机能物质系统,事物对象(认识客体)也是一个机能物质系统。人(主体)与事物对象(客体)之间"相互作用",即亚物质系统"活动","活动"偏向于主体"认识",则称为认识活动;"活动"偏向于客体"检验",则称为实践活动。

人类认识的思维不能以思维之外的形式来进行。认识的主体既具有生物学意义上的实体系统人基础,又具有具体的历史的社会关系人的生活实践现实。人作为社会实践的主体,既追求人认识能力能够抵达的真理,又追求社会生活发展的效用。认识不是由离开人的某种纯粹的自我意识或理性来实现;认识对象也不能像形而上学唯物主义那样从单纯直观的形式去理解,而应该从主体的感性的实践活动、从主体的主观能动方面去理解,即人是认识和实践的统一体。

"实践是人们改造客观物质世界的活动,实践又是人们有目的、有意图并在一定思想、理论、知识、机能指导下的活动。在实践活动中,实践把主观与客观、物质与意识、主体与客体、理论与行动等联系了起来,并形成相互作用的过程。……由于认识的对象、主体、中介、检验标准、过程、功能等等都是一个个的系统,因而整个认识必然也是一个有机的整体系统,而且还是一个更大的和更为复杂的系统。"①

认识的对象是主体能动的、实践活动的客体,如果超越了主体能动性实践活动的范围,则认识暂时是不可企及的,比如古人对于"不可见光"(超越当时能动性实践范围)的认识是暂时不可企及的;但随着科学的发展(能动性实践活动在科学工具和科学试验中不断扩大),"不可见光"变得可以认识;即认识在自觉到思维本质本性的过程中,世界是可以被认识的(可以不断突破并逼近无穷)。

认识是主体对客体的一种观念的或理论的关系,实践(即主体和客体之间的亚物质相互作用)是这一关系的基础。认识的任务是要使主体的思想符合于客体的实际,从而达到主观和客观、主体和客体的一致。认识需要实践的检验,观念的

---

① 乌杰主编:《系统哲学基本原理》,人民出版社,2014 年,第 314 页。

认识本身不能直接地实现任何物质的东西,只有把观念的认识应用于指导改造世界的实践,才能转化为物质的东西。实践是主观和客观、主体和客体一致的基础,也是研究认识的发生、发展,认识的目的和作用以及认识的真理性的标准等一系列认识论问题的基础。认识只有在实践的基础上才能发生,也只有依赖于实践的推动才能发展。实践的需要和发展既不断地向人们提出认识课题,又不断为解决这些课题提供必要的经验材料和必要的工具、手段。实践还在改造客观世界的过程中不断推动人们主观世界的改造,锻炼和提高主体的认识能力。随着主体认识能力的发展,认识客体的广度和深度也会因之扩大和加深,从而推动认识更加全面、更加深入地发展。

列宁认为,认识论"应该历史地观察自己的对象,研究并概括认识的起源和发展即从不知到知的转化"①。本能系统唯物辩证的认识论,继承马克思主义哲学认识论的基本内核和方向,反对永恒不变的绝对认识体系的企图,强调对认识过程和本质的"本能系统角度"研究;反对对认识活动及其结果作超历史的抽象评价,强调认识的历史特点、效用特点和真理的具体性。一定的具体历史条件下的社会实践的性质和发展水平,决定相应时代的认识的结构和发展水平。在人类社会历史发展过程中,实践不断地向前发展,人们对客观现实的认识也不断地向前发展。在实践基础上由感性认识上升到理性认识,又由理性认识向实践能动地飞跃。实践、认识、再实践、再认识,循环往复以至无穷,展现了整个人类认识从相对真理向绝对真理不断迈进的辩证过程——这一"认识与实践"的运动过程,可以归结为本能系统的物质自我辩证逻辑的"具体化",因为"物质"模型形式涵盖了一切具体物质事物,即本能物质自我辩证逻辑包含了一切具体物质(包括"认识与实践"亚物质)运动揭示。

三、亚物质认识与实践效用统一的方法

亚物质效用认识方法,是指侧重于满足现实人需求的效用认识方法。它是以人为中心的,是以人的需求效用为评判标准的,并非直接以真理为标准。认识的目的是要获得思维同对象的一致性和解。为了趋近这个目标,人们在认识中常常以自我设定的"效用目标"为中心,进行认识和实践。这种认识(亚物质)与实践(亚物质)追求现实需求效用条件下相互统一的方法,称为认识与实践的亚物质效用统一方法。

在现实生活中,以人为中心的"效用目标"认识条件下和实践条件下,认识与

---

① 《列宁选集》第 2 卷,第 584 页。

实践统一的研究如下:

(1)对于认识(或实践)对象而言,并非其"一切"都被认识(或实践),通常是指其"满足效用"的部分被认识(或实践),"被认识(或实践)部分"仅仅是"认识(或实践)对象事物"存在和发展链条上的"被人为认识(或实践)截取"的一个"链段",即具有"链段性"。具有"链段性"的认识与实践亚物质效用统一方法,称为亚物质效用链段法。

(2)认识(或实践)主体和认识(或实践)对象的相互作用关系,并非认识(或实践)主体所有的涌生事物亚物质与认识(或实践)对象所有的涌生事物亚物质"都"发生有效的相互作用,即不能形成绝对的、理想的"全"认识相互作用。即相互作用具有"有效作用性"。侧重认识(或实践)主体和认识(或实践)对象的"有效相互作用"的认识与实践亚物质效用统一方法,称为亚物质效用作用法。

(3)认识主体并不是用一块白板(所谓白板也具有细胞本能信息模式)去同认识对象发生作用,让认识对象直接反映在白板上。人脑系统总是用预先的、本能的或存储的涌生事物亚物质信息模式去和认识对象涌生事物亚物质进行比较识别,形成"有效认识和无效认识";人脑系统总是用预先的、本能的或存储的涌生事物亚物质信息模式去指导实践,形成"理论指导实践"。这种用预先的信息模式(犹如用一个坐标)去衡量(认识或实践)对象系统涌生事物亚物质的活动,形成的认识与实践的效用相互统一方法,称为亚物质效用坐标法。

认识与实践的效用相互统一的"亚物质效用链段法、亚物质效用作用法、亚物质效用坐标法"是系统涌生的基本效用方法,它们是不可分割的一个整体。

(一)亚物质效用链段法

列宁说,因果性等范畴所反映的内容,"只是各种事件的世界性的相互依存、(普遍)联系和相互连结的环节,只是物质发展这一链条上的环节。"①范畴是对联系和发展统一的客观环节的表述,事物概念范畴是对物质发展链条上某一客观环节的表述,即是链段表述。

列宁说:"人的概念并不是不动的,而是永恒运动的,相互转化的,往返流动的;否则它们就不能反映活生生的生活。"②要获得对"活生生的生活"的反映,就需要不断地展开认识活动——"相互作用——反映——反映后的相互作用"即往返的认识活动——每一个回合都将对运动变化的生活世界进行一个认识截取。人类意识通过"反映"现实的方式形成认识的"概念",经过了思维的一番加工制

---

① 《列宁全集》第38卷,中文第1版,第168页。
② 《列宁全集》第38卷,中文第1版,第227页。

作工夫,割断了事物本身的现象和本质的联系,撇开其丰富变化的现象的方面,舍去其偶然的、非本质的属性,抽取和概括出事物中的一般的、必然的、稳定的、本质的东西。概念的内容来源于对象,来源于客观事物。而这主观对于认识对象的认识活动,不管如何进行思维处理和制作,第一步是要对认识对象进行截取,即割断、撇开、舍去,形成对客观世界的一个抽取,然后进行思维处理和制作。这一过程所获得的"概念",对应的仅仅是认识对象运动链条上的某一(些)"链段"。

于是,我们可以把认识的对象系统及其演化描述为:一个"点"及其在"直线"上变化。"亚物质链段法"是指,是在认识效用下将"这个点变化直线的认识'截取'链段"与"这个点'真实'展开变化"相结合的过程认识方法。从系统观点来研究世界,可以把世界分成不同的层次,比如粒子层、宏观层和宇观层等,每个层次其实对应一个世界系统的序链段,粒子链段、宏观链段、宇观链段等,对于世界来说,穷尽的一切链段的总和构成了系统整体。从具体的事物来说,一个人按照生长情况可以分婴幼儿链段、青少年链段、成年链段、中老年链段,每个链段都可以从人整体系统的效用来获得划分。一个人对于人类整体来说是一个链段,一个朝代、一个社会发展时期,对于整个人类发展来说也是一个链段,通常,在系统效用认识条件下,人们研究的对象并不直接的是世界整体,即不可能是无穷无尽的一切链段,而是有限的——具有系统效用的这些链段。我们总是活在当下,在一定的系统序列之中,人们的精力和能力是有限的,应用这有限的精力和能力去认识和改造系统效用条件对应的事物链段,而不是以有限的精力分割和浪费在无穷的链段上。① 这是人类认识与实践亚物质效用统一的现实。

在辩证唯物思维中,反映客观事物的概念关系范畴形成的规律性链段,是亚物质链段法的基本环节和形式。比如唯物辩证法的"对立——统一——新对立"链段、"量变——质变——新量变"链段、"肯定——否定——否定之否定"链段揭示了客观世界普遍联系和发展的一般规律;又比如乌杰教授在《系统哲学基本原理》中提出的"结构——涨落——功能"、"状态——过程——变换"、"渐变——状态变量——突变"、"平衡——定值——非平衡"、"吸引——能量——排斥"、"有序——序度——无序"、"有限——现状——无限"、"控制——信息——反馈"②等链段反映了辩证法对机能系统的普遍联系和演化发展的"系统机能"规律揭示。

① 温勇增:《系统效用认识论》,中国书籍出版社,2012 年。
② 乌杰:《系统哲学基本原理》,人民出版社,2014 年,第 259 - 309 页。

（二）亚物质效用作用法

亚物质效用作用法，本质上是指普遍联系亚物质效用认识（实践）的方法。世界是普遍联系的，机能物质犹如置身于普遍联系亚物质海洋的岛屿，机能物质通过普遍联系亚物质——形成"相互作用"关系是绝对的，但是，机能物质相对于"以人为中心"的"效用"又是相对的、有条件的、具体的。人类的认识（实践）起源于亚物质作用法的效用认识（实践），从最早的认识身边的食物、洪水猛兽、日月星辰开始，到认识宏观、微观和宇观的不同层次宇宙世界，人类认识（实践）效用的普遍联系亚物质内容不断扩大，可以无限逼近普遍联系亚物质的本原世界。

唯物辩证法认为，在无限的宇宙中，联系不是个别事物的暂时的、特殊的现象，而是一切事物、现象和过程所共有的客观的、普遍的本性；……整个世界是由万事万物相互联系构成的统一体，每一事物都是统一联系之网上的部分或环节，都体现着整体的联系；同物质世界的存在和运动一样，物质世界中的联系也是无限的、永恒的。[1]

在系统科学看来，世界是一个巨大复杂系统，事物与事物之间是绝对联系的，不存在任何"绝对不联系"的事物。任何系统内部事物之间都存在相互作用——如果不承认这一点，我们就无法认识任何事物。恩格斯在反对信仰主义谬论追溯事物关系的"终极原因"时指出"我们不能追溯到比对这个相互作用的认识更远的地方"[2]相互作用、普遍联系，是物质所固有的永恒运动、物质之间的相互作用。

我们对认识事物之间普遍联系的认识实践亚物质，通常是指"有效或效用"相互作用的部分。效用作用，不仅包括了组分事物之间的作用（传统科学机械论基础），也包括了涌生事物亚物质之间的作用（比如思想意识活动），还包括了涌生事物亚物质对机能物质的作用（主要是指一般的认识和实践活动）。认识实践的主体与对象的相互作用规律，揭示了"应用的"、"效用的"认识与实践的相互统一的基本方法。

（三）亚物质效用坐标法

列宁指出："概念的全面的、普遍的灵活性，达到了对立面同一的灵活性，——这就是问题的实质所在。这种灵活性，如果加以主观的应用＝折衷主义和诡辩。客观地应用的灵活性，即反映物质过程的全面性及其统一的灵活性，就是辩证法，就是世界的永恒发展的正确反映。"[3]利用"概念"同对象事物相互作用，就会形成

---

① 肖前、李秀林、汪永详主编：《辩证唯物主义原理》，人民出版社，1999 年，第 167 页。

② 《马克思恩格斯选集》第 3 卷，第 552 页。

③ 《列宁全集》第 38 卷，中文第 1 版，第 112 页。

一个认识,概念具有参照性。认识实践的不同,是指概念(参照)不同,或者概念(参照)使用过程的不同(判断和推理的不同)。

在日常生活中,我们认识事物总会有一个参照和依据,即是认识实践的依据。对象客体本身包含多种属性、多种规定,即事物本身可能包含多种信息模式、多种信息含义,人类认识(实践)需要在主控意识下的知、情、意多种因素的统一下开展"相互作用"。在对象客体的诸多信息中,人们总是根据一定的需要和目的,有选择地接收不同的信息,进行不同的处理——筛选、加工信息并置于自己原有的信息性结构中,同过去存储的背景信息进行比较和分析,运用各种逻辑方法,使这些被观念地分解了的客体信息,在主体的大脑中借助于抽象的词语符号,以概念、判断、推理以至知识体系的形式重新有组织地建构起来——形成再次认识或实践的参照"坐标模型",该种认识与实践亚物质效用统一的方法,称为坐标法。

霍金在《大设计》①一书中,阐述了依赖模型②的重要性,从一个金鱼缸开始讨论:假定有一个鱼缸,里面的金鱼透过弧形的鱼缸玻璃观察外面的世界,现在它们中的物理学家开始发展"金鱼物理学"了,它们归纳观察到的现象,并建立起一些物理学定律,这些物理定律能够解释和描述金鱼们透过鱼缸所观察到的外部世界,这些定律甚至还能够正确预言外部世界的新现象——总之,完全符合我们人类现今对物理学定律的要求。霍金认为,这些金鱼的物理学定律,将和我们人类现今的物理学定律有很大不同,比如,我们看到的直线运动可能在"金鱼物理学"中表现为曲线运动。金鱼物理学定律和我们今天的物理学定律相冲突,而我们认为我们今天的物理学定律描述的是"真实"或"客观事实"。霍金问道:"我们何以得知我们拥有的真正的没有被歪曲的实在图像? ……金鱼的实在图像与我们的不同,然而我们能肯定它比我们的更不真实吗?"霍金举例托勒密和哥白尼两种不同的宇宙模型,它们与"金鱼物理学"和人类物理学的关系是同构的;认为"托勒密是错的,哥白尼是对的"观点不是真的,人们可以利用任何一种图像作为宇宙的模型。霍金在《大设计》中依赖模型(即采用坐标法)建构了一个宇宙观点:一是他声称利用量子理论证明了"多重宇宙"的存在,我们这个宇宙只是同时从无中生出、拥有不同自然法则的多个宇宙中的一个;二是他预言 M 理论(可以视为"超弦理论"的升级版)作为"多重宇宙"法则的一种解释。最后,霍金得到一个结论:不存在于图像或理论无关的实在性概念。即,不存在纯粹客观的、外在的实在——也就是不存在纯粹客观的、外在的宇宙。

---

① 史蒂芬·霍金,列纳德·蒙洛迪:《大设计》(吴忠超译),湖南科学技术出版社,2011 年。

② 这里认为"模型方法"归属于"效用坐标法"的范畴。

依赖模型才有可能把握的宇宙,意味着宇宙必然是人为建构的,或者至少必然存在人为建构成分。(模型)坐标法是有人参与的认识实践的基本内容,人们总是根据自身的需求和目的(条件)按照一定的逻辑建构原则来开展认识和实践。人们对对象客体的一次认识实践构建,往往不能获得关于客体的"有效的(真实的和准确的)"知识。为此,需要不断地进行"认识——实践——认识"的反复调节,立足亚物质系统,不断获得更多信息,扩展和改造自己的知识结构,不断地完善构建,形成"坐标"。效用坐标认识的运用,要改进思维方式和思维方法,使认识坐标处于一个优化、合理的状态,形成被动评判和主动评判一切对象的功能,即认识和实践的效用统一。

第三节 本能系统的辩证思维方法

世界观主要解决世界"是什么"的问题,方法论主要解决"怎么办"的问题,即认识论和实践论解决两者统一的问题。方法论是用世界观的观点作指导去认识世界和改造世界的一个哲学范畴,它是普遍适用于各门具体社会科学并起指导作用的范畴、原则、理论、方法和手段的总和,它是指人们在认识和实践中用什么样的方式、方法来观察事物和处理问题。

高清海对哲学思维方式曾做过如下精辟论述:"哲学思维方式,属于哲学理论的内在思维逻辑,表现着哲学对待事物的方式、理解事物的模式、处理事物的方法。思维方式是无形的,它却像'灵魂'一样贯穿并支配着哲学的整个内容。""哲学理论的意义主要就在于思维方式的意义。随着时间的推移,哲学中的原理、结论乃至对许多问题的具体观点在历史的冲刷下大都被淹没、淡忘、淘汰了,能够保留下来的主要就是哲学思维方式曾经发生过的影响。"①

本能系统辩证逻辑是一切逻辑的本源,是思维自觉到思维本质本性的最高产物,是科学的认识和实践的逻辑总结,揭示着辩证思维运行的逻辑方法。人类认识世界的辩证思维方法很多,思维研究内容包括概念、判断、推理为基本工具的分析、综合、抽象、概括,等等,它们归根结底可分两大类:一是广义分析类,二是广义综合类。广义分析类方法源自分形,广义综合类方法源自整形,一切运动皆体现在物质自我辩证逻辑(分形整形超循环螺旋)过程中。

---

① 高清海:《哲学的创新》,吉林人民出版社,1997 年,第 82 页。

一、辩证思维的逻辑及其形式

马克思主义哲学认为,世界观、认识论和方法论是统一的。方法论是关于认识世界和改造世界的根本方法的研究,方法论和世界观是统一的,有什么样的世界观就有什么样的方法论,没有离开方法论的世界观,也没有离开世界观的方法论。

贝塔朗菲认为,系统概念、系统方法标志着"世界观的真正的、必然的和重大的发展"①。苏联伊利切夫认为:"系统方法无非是唯物辩证法的一个有机组成部分、一个方面。"②系统方法不是唯物辩证法的一个"部分",而是与辩证唯物方法同一的"整体",从"部分"到"整体"是揭示本能系统辩证唯物方法论的根本。

机能系统的方法论,是唯物辩证法的机能系统的整体性方法论,本能系统辩证方法是本体论、辩证法、认识论、逻辑学、方法论一致的方法。本能系统是利用自我逻辑辩证的方法,即"分形与整形"(系统本能)的具体思维方法,表现为"广义分析和广义综合"的辩证统一。

(一)辩证思维的辩证法、认识论、逻辑学一致的逻辑

马克思主义哲学科学地把握了辩证法、认识论、逻辑学一致的关系。黑格尔以前的哲学通常把哲学区分为本体论、认识论和逻辑学三个部分,且三个部分各自独立。黑格尔在哲学史上第一次提出了辩证法、认识论、逻辑学相一致的思想,但其将理论建立在唯心主义基础上;马克思吸取黑格尔哲学关于这个问题的合理部分并进行根本的改造,提出三者一致的基础是现实物质世界的辩证运动和普遍联系,它们在实践基础上达到统一。

关于辩证法、认识论、逻辑学的区分:"辩证法研究自然、社会、思维的一般规律;认识论研究整个认识过程的一般规律;辩证逻辑研究理论思维及其形式、方法等发展的一般规律。"③列宁指出:"辩证法也就是(黑格尔和)马克思主义的认识论。"④唯物辩证法,一方面,科学地揭示了人类认识对象的客观的、辩证的性质,其规律贯穿于认识的全过程,成为科学的认识工具;另一方面,人类认识发展的全部历史证明了唯物辩证法的真理性。

唯物辩证法与辩证逻辑的关系表明,当辩证法应用于逻辑科学才体现出其实

① 贝塔朗菲:《一般系统论的发展》,载《自然辩证法学习通讯》1981年增刊。
② 伊利切夫:《哲学和科学进步》,中国人民大学出版社1982年,第110页。
③ 肖前、李秀林、汪永祥主编:《辩证唯物主义原理》,人民出版社,1999年,第444页。
④ 《列宁选集》第2卷,第584页。

际意义：一般辩证法所揭示的规律和范畴,同时也就是逻辑的规律和范畴;唯物辩证法本身就是科学的逻辑体系,辩证法的规律、范畴都是逻辑思维的产物。辩证逻辑是从人类认识史、思想史、思维发展史中概括出来的,本身具有思维活动的特殊性,它是在思维中把握和再现客观世界的过程,它是概念、判断、推理等辩证思维形式的相对独立的运行过程。①

（二）辩证思维的形式

"辩证思维最基本的形式是概念、判断、推理、假说和理论。辩证逻辑最重要的任务是揭示诸思维形式的内在联系,从而使人们自觉地运用思维形式并根据它们的内在联系去辩证地思考"②,本能系统辩证逻辑将丰富和发展传统辩证逻辑。罗素等分析哲学家认为,哲学的本质就是逻辑,哲学的主要任务是进行逻辑分析。

概念是人类理论思维的最重要的工具。思维是认识的一种系统活动表现。辩证思维基本形式包括概念、判断、推理、假说和理论,"这些"是指"已经形成的认识结果"基础上,开展的进一步的认识活动;或者说,认识已经获得显现的基础上,进行更多的更深入的认识活动。思维的概念是认识深入展开的工具,是指人脑意识亚物质同认识对象信息亚物质之间的反映相互作用(包括信息传递、响应、处理、重组、激发、存储等),而获得的亚物质信息模式形成"对应认识的或思维的对象"的概念。"我们之所以能够看到或听到具体的人或物,而不是像透过了一个焦距没有对准的摄影机那样看到一团系统效用的世界,就是因为依靠了概念。"③

概念是任何哲学体系、思想挂念的基本单元。概念是任何认识的基础。人类的认识必须建立概念,必须借助概念,必须依靠概念。对于哲学和科学而言,概念是非常重要的。黑格尔说:"哲学乃是一种特殊的思维方式——在这种方式中,思维成为认识,成为把握对象的概念式的认识"④,尼采说:"正像蜜蜂一边筑造蜂房一边向里面灌密一样,科学也在概念的伟大骨灰陈列所即知觉的墓地忙个不停,不仅总是在修葺整理旧墓室和建造更高层次的墓地,而且还特别努力填充这一巍峨的构架,在其中安排整个经验世界也就是拟人世界。"⑤概念的根本性质是以特定信息模式在人脑中的亚物质显现性。概念是思维的细胞,"它凝聚着人类全部认识成果,是整个人类思维史的结晶,因而它是人类认识的总结形式;另一方面,概念又是人的认识的新的七点,人类凭借着概念向各个未知的、更新的领域深化,

---

① 肖前、李秀林、汪永详主编:《辩证唯物主义原理》,人民出版社,1999 年,第 448 页。

② 肖前、李秀林、汪永详主编:《辩证唯物主义原理》,人民出版社,1999 年,第 449 页。

③ ［美］罗伯特·所罗门:《大问题:简明哲学导论》,广西师范大学出版社,2004 年,第 15 页。

④ ［德］黑格尔:《小逻辑》,商务印书馆,2003 年,第 38 页。

⑤ ［德］尼采:《哲学与真理》,上海社会科学院出版社,1993 年,第 111－112 页。

形成着向新知识的运动过程。"①通常，概念具有灵活性和确定性的统一性，具有主观和客观的相对统一性，具有抽象和具体、共性和个性的相对统一性。

判断是概念自分形之后的"整形"的界定（评判）。运用概念对事物的性质、状态、关系及规范有所断定的思维形式就是判断。根据本能系统辩证逻辑，在现实中可认为，"判断是概念内涵和内在矛盾的展开，是在概念基础上发展起来的一种更为复杂的形式。概念和判断是相互依赖的，任何一个判断，哪怕是最简单的判断，都是由两个或两个以上的概念构成的。"②辩证判断是通过物质本能自我辩证逻辑，反映主观思维和客观事物的相互一致的分形整形自我辩证矛盾及其发展变化。本能系统辩证逻辑的判断，完善"思维中的矛盾判断不过是客观世界矛盾的反映"③论述，思维中的矛盾判断，既反映客观世界（机能物质）矛盾，又反映主观世界（亚物质）矛盾，它是物质本能系统的辩证逻辑之判断，于认识和实践相适应的统一。当我们对有关事物能够做出正确、深刻的判断时，我们才能说在一定程度上认识了该事物。

"推理是以已有的若干判断为前提逻辑地推出作为结论的新判断的思维运动过程。……这一过程表明，概念、判断、推理互为前提、互为中介，并在一定的条件下互相促进、互相转化。"④推理的思维方法很多，可分为形式逻辑的思维方法、辩证的思维方法和直觉的方法。对于逻辑的思想工夫，毛泽东说："就是人在脑子中运用概念以作判断和推理的工夫"⑤推理是适应于人类改造世界的实践需要而产生和发展的，推理必须以科学的判断为前提，科学的判断又必须由科学的概念所构成，科学推理过程应当严格遵守推理的形式即逻辑的格，而逻辑的格是在人类漫长的实践过程中形成的。⑥ 推理不是万能的，社会的历史的实践可以检验科学逻辑推论。

"假说和科学理论都是概念、判断、推理的系统，这是它们的共性。假说和科学理论的区别在于，科学理论是被证实为正确反映客观现实的概念、判断、推理系统，而假说还没有被实践所证实。"⑦

辩证的思维形式，即是亚物质思维的辩证表现形式。因此，以上对于辩证思

---

① 肖前、李秀林、汪永详主编：《辩证唯物主义原理》，人民出版社，1999 年，第 455－456 页。
② 肖前、李秀林、汪永详主编：《辩证唯物主义原理》，人民出版社，1999 年，第 456 页。
③ 肖前、李秀林、汪永详主编：《辩证唯物主义原理》，人民出版社，1999 年，第 459 页。
④ 肖前、李秀林、汪永详主编：《辩证唯物主义原理》，人民出版社，1999 年，第 462 页。
⑤ 《毛泽东选集》第 1 卷，第 262 页，人民出版社，1968 年
⑥ 肖前、李秀林、汪永详主编：《辩证唯物主义原理》，人民出版社，1999 年，第 463 页。
⑦ 肖前、李秀林、汪永详主编：《辩证唯物主义原理》，人民出版社，1999 年，第 466 页。

维的"概念、判断、推理、假说和理论"等形式的阐述,主要参考《辩证唯物主义原理》①一书。本能系统辩证思维,就形式和一般运用问题同马克思主义辩证思维是一致的,仅就辩证思维的本体,它指出了思维的亚物质(即物质)本质,同时指明了辩证思维自身运动来源于本能系统物质的自我辩证逻辑。

二、本能系统辩证的分析与综合

马克思主义在传统分析与综合方法向辩证思维复归中创立了辩证唯物主义。"分析与综合"的本体论来源是物质自我辩证逻辑的"分形与整形"。分形是一切可分的或分析(含有分析意义)的方法(比如演绎、具体等)的本体论来源和哲学基础;整形力是一切可综合的或综合方法(含有综合方法意义比如归纳、抽象等)的本体论来源和哲学基础。

20 世纪 30 年代以来,科学研究中出现了既高度分化又高度综合,且以综合为主的发展趋势,其中系统研究的方法构成了现代科学认识的新的焦点,它打破传统分析与综合方法的局限,将分析与综合融为一体。钱学森指出:"分析与综合的辩证思维工具,它在辩证唯物主义那里取得了哲学的表达形式,在运筹学和其他系统科学那里取得了定量的表达形式,在系统工程那里获得了丰富的实践内容。"②这里钱学森所指的是具体的、可以定量的机能系统研究;本能系统辩证唯物是定性的、抽象的,是对马克思主义哲学传统分析与综合方法的继承和发展研究。

(一)传统的分析与综合

分析和综合是比归纳和演绎方法更深刻揭示事物内在本质的方法。关于分析,恩格斯说:"我们用世界上的一切归纳法都永远不能把归纳过程弄清楚。只有对这个过程的分析才能做到这一点。"③科学分析的方法很多,包括结构分析、功能分析、信息分析、模式分析、发生学分析、流程分析、系统分析等等。关于综合,它是指组分因素组合成整体的思维过程。马克思说:"研究必须充分地占有材料,分析它的各种发展形式,探寻这些形式的内在联系。只有当这项工作完成之后,现实的运动才能适当地叙述出来。这一点做到,材料的生命一旦观点地反映出来,呈现在外面面前的就好像是一个先验的结构了。"④

---

① 肖前、李秀林、汪永详主编:《辩证唯物主义原理》,人民出版社,1999 年。
② 钱学森:《论系统工程》,湖南科技出版社,1982 年,第 78 页。
③ 《马克思恩格斯选集》第 3 卷,第 548 页。
④ 《马克思恩格斯选集》第 2 卷,第 217 页。

　　分析和综合是相互依赖的,是可以相互转化的,列宁把"分析和综合的结合——各个部分的分解和所有这些部分的总和、总计"①规定为辩证法的要素,突出了分析与综合的统一研究。"分析是在思维中把客观对象的整体分为各个部分、方面、特性和因素的认识过程,综合则是在思维中将已有的关于客观对象各个部分、方面、特性、因素的认识联结起来,形成对客观对象的整体认识过程。"②

　　(二)本能系统的分析方法

　　本能系统分析就是从物质自我辩证逻辑角度对认识对象进行分析,一方面从对象事物自分形的角度,保留传统分析的合理内容;另一方面扬弃传统分析不足,依据亚物质整形,用普遍联系的观点,合理使用机能系统涌现的机制,进行系统分析。

　　本能系统分析法,强调了"分析"的本源来自物质的"自分形及其自我辩证逻辑",从而将传统分析与综合分析统一起来:"由内而外,再由外而内;由部分到整体,再由整体到部分",③实现列宁所说的"分析与综合的结合"。④ 通过"分析"把握物质(亚物质、机能物质)在自我辩证逻辑中的演化发展以及相互转化的动态研究,一方面要考虑相对独立的机能事物自身的演化发展(自分形),另一方面也要考虑机能事物普遍联系的相互作用演化发展(系统整形),整体分析把握"一切发展,不管其内容如何,都可以看作一系列不同的发展阶段,它们以一个否定另一个的方式彼此联系着"⑤的相互关系,在分析问题时"要把问题提到一定的历史范围之内"⑥,进行"本能系统——机能系统——机械系统"的动态研究,通过自身统一的层次结构分析实现从系统本能到系统现实机能的分析。

　　现实中,根据涌现可在研究中区分"机能系统——机械系统":(1)在弱涌现情况下,进行物自体亚物质的分析。弱涌现情况下,物自体具有自分形最大化运动及其相应趋势(具有内部物质体亚物质),不同的物自体事物之间可视为没有"相互作用亚物质",即没有涌现,相互之间的关系,可以用机械论和还原论来处理,侧重传统分析法。(2)在强涌现情况下,机能物质之间的普遍联系是"紧密的",相互作用的"强大的",使它们获得"系"在一起的"统一"形态。在该情况下,机能物质受系统与要素的整形力约束和支配,通常需要用系统科学方法来处理,

---

① 《列宁选集》第 2 卷,第 607 页。
② 肖前、李秀林、汪永祥主编:《辩证唯物主义原理》,人民出版社,1999 年,第 476 页。
③ 乌杰主编:《系统哲学基本原理》,人民出版社,2014 年,第 333 页。
④ 《列宁专题文集:论辩证唯物主义和历史唯物主义》,人民出版社,2009 年,第 140 页。
⑤ 《马克思恩格斯全集》第 4 卷,人民出版社,1958 年,第 329 页。
⑥ 《列宁专题文集:论辩证唯物主义和历史唯物主义》,人民出版社,2009 年,第 302 页。

侧重系统的分析方法,即综合分析法。

（三）本能系统的综合方法

本能系统综合法是指来源于本能物质自我辩证逻辑的"整形支配"的方法。本能系统的综合方法,一是明确指明了其本体来源性,即亚物质整形性;二是根据亚物质整形的涌现情况不同,区分为弱涌现的传统综合方法和强涌现的系统综合方法;传统综合方法具有机械性和可还原性,系统综合方法把握住了机能系统诸要素、结构层次、动态过程的内在联系,克服传统综合的加和性局限和无逻辑秩序性缺点。

本能系统综合方法,本质上是一种整形综合的"创新"方法。本能物质自分形通过亚物质整形(开显)获得机能物质,即"创新"物质;机能物质之间通过亚物质整形作用产生"新"的机能物质系统,即"创新"物质。"所谓创造性活动,指的是人们发现客观对象的新性质、新关系、新规律,形成反映事物本质的新概念、新思想、新理论、新设计、新制造和获得新的物质客体和精神产品的一种认识和实践活动。……首先,发现未知的常规系统需要进行系统综合。……其次,在系统优化理论和实践中,系统综合方法具有更为独到的创新性作用。"①

在现实中,本能系统综合主要是指机能物质的整形(自组织):(1)在弱涌现情况下,可根据需求进行机能(基质)物质的加和综合研究。机能(基质)事物的自分形是该研究的核心,机能(基质)事物之间的涌生亚物质事物"被忽略"了,因此传统的加和综合具有逻辑秩序的局限性。(2)在强涌现情况下,需要进行系统条件下的非加和综合研究。系统整体与部分(基质事物)之和不相等,涌生亚物质支撑涌现,系统层次结构表现显著的逻辑秩序性。机能系统综合方法,包括整体方法、结构方法、层次方法、序性方法、协同方法、工程方法等。②

三、本能系统辩证的归纳与演绎、抽象与具体

归纳和演绎、抽象与具体是重要的辩证逻辑方法。归纳是物质系统"整形"的归纳,演绎是物质系统"分形"的演绎;抽象是物质系统"分形与整形"的抽象,具体是物质系统"分形与整形"的具体。

归纳是指从个别事实走向一般概念、结论,它是指物质系统中个别组分基质事物在整形中揭示一般组分事物在相同的整形力作用下所形成的抽象的、一般概念和结论。演绎是指从一般原理、概念走向个别结论,它是指物质系统中一般概

---

① 乌杰主编:《系统哲学基本原理》,人民出版社,2014 年,第 339 - 341 页。

② 乌杰主编:《系统哲学基本原理》,人民出版社,2014 年,第 342 - 345 页。

念和结论在分形运动中同时受系统整形作用下所产生的具体的、个别的结论。

"归纳是从个别到特殊、从特殊到一般的思维和运动;演绎是从一般到特殊、从特殊到个别的思维运动。归纳和演绎是统一认识过程中的相互对立又相互联系的两种方法。"①从个别走向一般的具体归纳方法是多样的,包括传统归纳、统计、类比等方法,它们从自然和社会现象出发,通过归纳推理认识走向一般原则或结论。恩格斯指出:"原则不是研究的出发点,而是它的最终结果;这些原则不是被应用于自然界和人类历史,而是从它们中抽象出来的;不是自然界和人类去适应原则,二是原则只有在适合自然界和历史的情况下才是正确的。"②归纳是认识的基础,在对经验材料作研究的过程中,归纳有其特别重要的意义,但是归纳离不开演绎,比如牛顿的科学贡献中,他不仅运用归纳法,也运用了演绎法。在理论思维中,特别是在建立理论体系和寻找理论体系内在的逻辑结构时,归纳让位于演绎。对此,爱因斯坦说:"适用于科学幼年时代以归纳为主的方法,正让位于探索性的演绎法";应该"由经验材料为引导,……提出一种思想体系,它一般是在逻辑上从少数所谓公理的基本假定建立起来的。"③欧几里得几何学就是用这种方法建立起来的,爱因斯坦利用逻辑演绎推到出狭义相对论,演绎法是现代科学中极其重要的方法;但它不能排除归纳法,不能离开归纳法。亚里士多德推崇演绎推理形式,培根则认为归纳推理才是引导我们走向真理的科学方法,他们忽视了二者的统一。

抽象是指由感性具体到思维抽象,既是亚物质(思维)的运行过程,也是亚物质思维的方法。一方面,亚物质思维经过分析抽取出认识对象的规定,体现客观对象某方面属性、因素在思维中的反映;另一方面,亚物质抽象思维方法,把对象的某个属性、因素抽取出来而暂时舍弃其他属性、因素的一种逻辑方法。"抽象过程的主要手段是思维的分析活动,通过分析把整体分解成各个部分,区分开必然的本质的方面和偶然的现象的方面,从中抽取出各个必然的本质的因素。"④

具体是指本能系统辩证逻辑中物质的具体(主要是指机能物质),是指许多规定的统一体,包括感性具体和理性具体。马克思指出:"具体之所以具体,因为它是许多规定的综合,因而是多样性的统一。"⑤从抽象到具体,要遵循它内在的逻辑规律,既要把握从抽象到具体的抽象,又要把握从抽象到具体的逻辑中介过程,

---

① 肖前、李秀林、汪永详主编:《辩证唯物主义原理》,人民出版社,1999年,第470页。
② 《马克思恩格斯选集》第3卷,第74页。
③ 肖前、李秀林、汪永详主编:《辩证唯物主义原理》,人民出版社,1999年,第473页。
④ 肖前、李秀林、汪永详主编:《辩证唯物主义原理》,人民出版社,1999年,第483页。
⑤ 《马克思恩格斯选集》第2卷,第103页。

最终实现从抽象到具体的逻辑终点即具体。辩证思维运动包括"完整的表象蒸发为抽象的规定"和"抽象的规定在思维形成中导致具体的再现"①两条相反道路及其统一的认识过程。

四、本能系统辩证逻辑与历史的统一

在物质的本能系统自我辩证逻辑中,逻辑的东西和历史的东西是一致的。历史的东西是本能物质自分形的发展过程的东西,开显为机能物质系统(包括客观实在的自然界和社会,也包括人脑及其思维)自身的历史发展过程。逻辑的东西是本能物质系统中亚物质规律,是指逻辑范畴之间的次序和关系等。历史的东西与逻辑的东西相一致集中体现在,人脑亚物质意识思维同客观实在机能物质之间的反映关系——形成的人类认识的历史发展过程的统一,比如科学史、哲学史、认识史、语言发展史等。历史的东西是第一性的,这是由本能物质自分形决定的;逻辑的东西是第二性的,这是由逻辑的亚物质与本能物质的关系决定的。历史的东西与逻辑的东西相一致,是由分形和整形相互统一决定的。

亚物质逻辑是在事物的发展过程中实现了自身同历史的一致性认识,是指从历史的发展过程来看待事物各有关因素如何在它们的相互联系、相互作用中发展、展开和成熟,正如马克思说:"人体解剖对于猴体解剖是一把钥匙。低等动物身上表露的高等动物的征兆,反而只有在高等动物本身已被认识之后才能理解。"②

黑格尔首次提出了逻辑与历史一致的原则。"黑格尔认为,整个宇宙和人类历史的发展都是绝对观念合乎逻辑的外化的结果,都是理性的逻辑力量的产物。而逻辑范畴的发展又与哲学史的发展相一致,'历史上的那些哲学体系的次序,与理念里的那些概念规定的逻辑推演的次序是相同的。'……马克思和恩格斯摒弃了黑格尔关于逻辑与历史一致思想中的唯心主义实质,给予了唯物主义的改造。在逻辑和历史的关系中,历史的东西是第一性的,而逻辑的东西是第二性的,从而使这一方法第一次具有科学的形态。"③

逻辑与历史一致,是指亚物质逻辑信息模式和顺序必须遵循本能物质系统的展开顺序规律,并是本能物质系统历史发展顺序的反映。历史的东西是逻辑的东西的基础,逻辑的东西是历史的东西在理论思维中的再现,是具有历史的东西信

---

① 《马克思恩格斯选集》第 2 卷,第 103 页。
② 《马克思恩格斯选集》第 2 卷,第 108 页。
③ 肖前、李秀林、汪永详主编:《辩证唯物主义原理》,人民出版社,1999 年,第 487 页。

息模式的亚物质。亚物质(逻辑)的东西是历史的东西(本能物质)分形整形的产物。逻辑的东西是人脑意识亚物质的特殊内容,是人脑产生以后的人脑亚物质活动规律;因此,"逻辑是和人类认识发展的历史相统一的……个人头脑中思维辩证运动的逻辑,基本上是同整个人类思维发展历史相一致的"①。在本能系统辩证物质观中,本能物质自分形产生的亚物质能够"反映"本能物质。即,主观思维意识亚物质能够反映客观的机能物质,并且,"适可而止"的基质(机能物质)常常成为我们思想的起点和逻辑的起点。"逻辑的研究方式是唯一适用的方式。但是实际上这种方式无非是历史的研究方法,不过摆脱了历史的形式以及起扰乱作用的偶然性而已。历史从哪里开始,思想进程也应当从哪里开始,而思想进程的进一步发展不过是历史过程在抽象的、理论上前后一贯的形式上的反映。"②

亚物质自分形和整形的演化规律,同本能系统物质(包括机能系统物质)自分形和整形演化发展的规律是一致的。因此,亚物质理论逻辑的顺序同实际历史(机能物质系统演化)的顺序是相符合一致的。亚物质理论逻辑虽然可以反映机能物质系统演化形成的亚物质(进而揭示对历史的反映),但两者不是一个东西:(1)逻辑的东西是"修正过"的历史的东西。首先逻辑是按照历史规律修正过的历史的东西,在总的规律方向上是一致的,但对于非主流、非必然、非基本线索和基本方向的具体细节进行了修正(抛弃);其次,逻辑的东西具有意识亚物质本体是相对独立的,其反映并携带历史的东西(信息模式)——在人脑思维中的某种相对独立(思维意识),可以离开历史的顺序,遵循亚物质逻辑的自组织原则进行"思维活动"。(2)逻辑和历史的差别表现为逻辑方法和历史方法的差别。历史的方法遵循再现历史揭示历史规律的方法,研究历史的具体发展过程;逻辑的方法舍弃了历史发展的曲折过程和偶然因素,根据相关问题及现实事物的相互关系建立理论体系揭示历史规律,常常需要历史的佐证。

"历史方法和逻辑方法的统一还表现为'在完全成熟而具有典范形式的发展点上'来考察客体,这种发展点把逻辑与历史都充分展现着,既是历史发展的充分形式,又是逻辑关系展开的充分形式。"③本能系统辩证唯物研究,坚持"物质"本体,贯穿"系统"形态。本能系统自我辩证逻辑是最高级的理论思维和逻辑思维,它不仅揭示本能系统思维的动力,也从形式和方法上揭示思维的辩证运动,把全部的辩证法和时间囊括为自己的内容,揭示着本体论、逻辑学、辩证法、认识论和

---

① 肖前、李秀林、汪永详主编:《辩证唯物主义原理》,人民出版社,1999 年,第 489 页。

② 《马克思恩格斯选集》第 2 卷,第 122 页。

③ 肖前、李秀林、汪永详主编:《辩证唯物主义原理》,人民出版社,1999 年,第 494 页。

方法的一致性和统一性。

第四节 本能系统"联系和发展基本环节"的把握

辩证唯物哲学认为,普遍联系和发展是物质世界中一切事物、现象的辩证本性,事物是统一联系网上的部分或环节,唯物辩证法的基本范畴和规律,是从不同侧面具体地揭示了事物的普遍联系和发展的本性、一般形式和基本环节。① 唯物辩证法是物质的本能系统辩证逻辑"表现"的一般内容,本能系统自我辩证逻辑是对一般唯物辩证法"本质和来源"的丰富和完善。因此,对"联系和发展基本环节"的把握,一方面要立足传统唯物辩证法对其具体揭示和反映的把握,另一方面要深入利用本能系统自我辩证逻辑逻辑(包括机能系统辩证思维)对其进行新的全面深入的把握。综合认为,"联系和发展"是本能物质系统中的分形和整形的相互作用(亚物质)及其运动的描述。

一、本能系统的普遍联系和发展的总体把握

(一)关于联系

辩证唯物主义哲学认为,联系是事物或现象之间、事物内部因素之间一切相互连结、相互依赖、相互渗透、相互作用和相互转化等的共性,是一切事物、现象和过程所共有的客观的、普遍的本性;整个世界是由万事万物相互联系构成的统一体,每一事物都是统一联系之网上的部分或环节,都体现着整体的联系。

然而,对"普遍联系是如何形成的"问题,"从事物的内在矛盾来回答"是值得深入思考的。事物内在矛盾是来源于事物自分形的产物。从"本能物质自分形"的角度,从"本能系统自我辩证逻辑"的角度,探讨世界普遍联系的成因,具有积极的意义。

联系是本能物质系统内部的自分形相互作用(表现)的亚物质内容。对于本能物质而言,其自分形之间的亚物质就是联系;对于机能物质而言,其内部基质组分相互作用的亚物质和同外部环境相互作用的亚物质,就是联系(即事物内部和外部联系)。

联系亚物质来源对应的基质,是不以人的主观意志为转移的。例如,思维(亚物质)来源对应的人脑基质,它受"人的主观意志"支配,但,在本质方面思维亚物

---

① 肖前、李秀林、汪永详主编:《辩证唯物主义原理》,人民出版社,1999 年,第 166 页。

质和其他事物联系亚物质是平等的，即思维亚物质本体是不以人的意志为转移的。联系作为亚物质，表明了本能物质系统的世界统一性，即包括思维和包括万有引力、电磁力、强力、弱力四种相互作用在内的一切联系都属于亚物质，它们同机能（基质）物质和本能物质一起构成了世界统一的本能物质系统。

在普遍联系中，机能物质 A 和机能物质 B 之间的联系可以通过中介或过渡环节来揭示。因此，物质世界中由于各种具体的联系通过无数中介或过渡环节构成了一个无限的总体系列（即本能物质推动机能物质演化发展的系统世界），形成一个由无穷无尽的层次、中间环节的相互连结交织而成的普遍联系之网，每个具体事物（机能物质）的存在、运动和变化都被包括在这网之上，即是普遍联系网之上的具体环节。

联系的研究，本质上归属于亚物质的研究。辩证唯物主义观点认为："普遍联系不是一个简单的抽象公式，并非仅仅满足于承认任何事物现象都有联系，更不是给人提供一个可以把一切都混淆起来的，随意编织'联系'的借口。"[1]其实，世界就是一个充满亚物质的海洋，基质物质仅仅是漂浮在海洋中的一个个小岛，"亚物质"在理论上为人们提供了一个可以随意编织联系的借口，但在以人体机能物质（效用）认识条件下，这种借口必然会被人类利用，同时也可能出现歪曲甚至随意编造。

在人类机能物质系统（作为亚物质海洋中的一个特殊小岛）认识中，亚物质海洋上漂浮的各种具体事物小岛的联系是丰富的、具体的和有条件的。既要防止形而上学思维方法中只见"事物"忘了联系的缺陷，又要防止只强调联系而看不到差别的片面，因此，"辩证法不知道什么绝对分明的和固定不变的界限，不知道什么无条件的普遍有效的'非此即彼！'，它使固定的形而上学的差异互相过渡，除了'非此即彼！'，又在适当的地方承认'非此即彼！'，并且使对立互为中介；辩证法是唯一的、最高度地适合于自然观的这一发展阶段的思维方法。"[2]机能物质事物是置身于联系亚物质海洋中的，人意识亚物质也是通过联系亚物质海洋获得认识反映的，从一定意义来说，认识事物就是认识它的联系（亚物质）。机能物质事物的差异性和复杂性，表明联系亚物质的条件性、多样性和复杂性，"每一具体事物，总是在一定条件下才能产生，在一定条件才能发展，又在一定条件下趋于灭

---

① 肖前、李秀林、汪永祥主编：《辩证唯物主义原理》，人民出版社，1999 年，第 169 页。
② 《马克思恩格斯选集》第 3 卷，第 535 页。

亡。"①正如斯大林说:"一切以条件、地点和时间为转移。"②

联系亚物质是系统的"支撑"。恩格斯在总结 19 世纪自然科学的三大发现时,指出:"由于这三大发现和自然科学的其他巨大进步,我们现在不仅能够指出自然界中各个领域内的过程之间的联系,而且总的说来也能指出各个领域之间的联系,这样,我们就能够依靠自然科学本身所提供的事实,以近乎系统的形式描绘出一幅自然界联系的清晰图画。"③恩格斯的总结,主要是指物质世界中机能物质之间的系统联系,表明了机能物质系统的整体性、结构性、有序性、优化性等;本能物质系统,透过机能物质系统,揭示了物质世界的整体性、深刻性和具体性。

(二)关于发展

顾名思义,发展中的"发"和"展"就有本能物质自分形的"开显"意义。本能物质自分形是发展的来源,发展是本能物质自分形指向最大化的显现,运动是物质自分形在发展方向的现实表述。发展是指包含了联系亚物质的机能物质系统整体的"自分形运动",正如辩证唯物主义认为:"世界的相互联系、相互作用所构成的运动,其本质是发展的。"④本能物质自分形和运动是统一的,联系亚物质和运动是统一,本能物质系统自分形运动和发展是统一的,体现了本能系统辩证唯物的一元论本质。本能系统自分形运动是一切物质的根本存在方式,包括了本能物质自分形运动、机能物质自分形运动、联系亚物质运动等。

发展是本能物质系统自分形运动(包括整形运动)在总体性质、趋势和方向的揭示,同时也包括了具体机能物质系统(自分形和整形博弈)在具体基质性质、趋势和方向上的表现——前者揭示"处在永恒运动变化中的世界和万物向何处去"的问题,同时后者揭示"处于永恒运动变化中的具体机能物质向何处去"的问题。因此,"发展"是"在运动变化的基础上进一步揭示物质世界运动的整体趋势和方向性的科学范畴。"⑤

"发展"的基本理念来源于黑格尔的辩证法,恩格斯指出:"一个伟大的基本思想,即认为世界不是一成不变的事物的集合体,而是过程的集合体,其中各个似乎稳定的事物以及它们在我们头脑中的思想映象即概念,都处在生成和灭亡的不断变化中,前进的发展,不管一切表面的偶然性,也不管一切暂时的倒退,终究会给

①　肖前、李秀林、汪永详主编:《辩证唯物主义原理》,人民出版社,1999 年,第 171 页。
②　《列宁主义问题》,人民出版社,195 年,第 634 页。
③　《马克思恩格斯选集》第 4 卷,第 241－242 页。
④　肖前、李秀林、汪永详主编:《辩证唯物主义原理》,人民出版社,1999 年,第 182 页。
⑤　肖前、李秀林、汪永详主编:《辩证唯物主义原理》,人民出版社,1999 年,第 184 页。

自己开辟出道路。"①发展的基本思想实际上是指本能物质系统通过"自分形"为"自己"开辟通道的观点。

　　物质通过自分形为自己开辟出道路,即表现为物质自分形运动。物质自分形运动表现为具体的不同运动形式,通常地一种运动形式转变为另一种运动形式的过程可称为进化,即表明物质从一种质态进到另一种质态的分形整形运动:前进、进化、质变、飞跃、旧质的消失和新质的生成是发展的趋势。

　　从本能系统辩证唯物角度看,发展是指以本能物质自分形为动力核心的整个自然世界机能物质系统的自分形"最大化"运动。自分形最大化是前进的变化或进化的方向规定性,即是发展的方向规定性。机能物质系统自分形最大化运动及其方向,表现为形式从低级向高级、结构从无序到有序、功能从简单到复杂的上升运动。对此,"唯物辩证法的科学的、具体的'发展'范畴,也就把上升的运动即从低级到高级、从无序到有序、从简单到复杂的变化作为自己的内容的特殊规定。……发展,即前进的变化或进化,是对客观世界运动变化的普遍趋势和本质特征的哲学概括,指事物从一种质态变为另一种质态,或从一种运动形式中产生出另一种运动形式的过程,特别指人类所处的现实世界中从低级到高级、从无序到有序、从简单到复杂的上升运动。"②具体机能物质系统的发展,不是一帆风顺的,它不仅受自身内部组分基质自分形的博弈产生的亚物质——支配本身机能物质系统整体自分形发展(不同组分基质亚物质信息模式占领机能物质系统整体亚物质体系的引领地位,必然形成机能物质系统的不同进化方向),另外它也受来自具体机能物质系统的环境亚物质的它组织整形。因此,肯定发展的基本方向是前进、上升的运动,并不等于断定一切事物的具体变化都只有一个方向,且都是绝对的、直线式的运动;而是指发展具有变化方向的多样性,具有包含着局部的或暂时的倒退、停滞在内的曲线的运动;因此,就总体而言发展可以归结为超循环螺旋上升的运动。

　　(三)普遍联系和发展的统一

　　普遍联系是指联系亚物质性,发展是指本能系统物质自分形变化的上升运动。亚物质和本能系统物质是统一的,因此,普遍联系和发展是统一的。一切亚物质都是本能(基质)物质自分形的产物,而一切运动都来源于本能(基质)物质自分形变化,因此,联系和发展是统一于本能(基质)物质自分形的,现实中是指统一于机能"分形和整形博弈"的机能物质系统。

----

　　①　《马克思恩格斯选集》第4卷,第239-240页。
　　②　肖前、李秀林、汪永详主编:《辩证唯物主义原理》,人民出版社,1999年,第186-187页。

　　"联系和发展的统一,在客观事物自己运动中表现为现实的决定性特征及其一系列具体形式和环节,在理论上则通过唯物辩证法的整个范畴和规律体系得到反映和再现。"①联系和发展统一的反映形成了决定论。从决定论的发展来看,经历的自发决定论、机械决定论和辩证决定论三种不同的形态,其中,自发决定论具有自身的局限性,机械决定论导致简单化和绝对化思维后果,只有辩证决定论才是对世界的普遍联系和发展相互统一的全面、辩证的理解。

　　所谓"决定",是指事物和过程的根本制约性和规定性。② 事物和过程的决定性问题,关系到人类能否进行合乎逻辑的思考以及考察事物产生和发展规律的依据。本能物质自分形决定整形——物质本能系统"分形整形博弈的自我辩证逻辑"决定着机能物质事物的存在和发展,反映了联系和发展统一的决定论。简单地看,物质的分形整形博弈是事物和过程的普遍制约性和规定性,遵循物质本能系统的自我逻辑辩证决定论,是人类一切由目的、有计划的活动和科学研究的普遍原则。

　　联系和发展的统一,表现为一切事物、过程的决定论内容;具体表现为一系列具有普遍性的基本环节和线索——在科学理论中反映这些客观环节和线索的思想形式是"范畴和规律"。范畴是思维对事物、现象普遍本质的概括和反映。比如力学有力、质量、速度、功等范畴;马克思辩证唯物主义中包括质、量、度、量变、质变、矛盾、对立、统一、肯定、否定、原因和结果、必然和偶然、可能和现实、形式和内容、现象和本质,以及认识、实践、真理、谬误、物质、意识、时间、空间、运动、静止等范畴;又比如本能系统辩证唯物研究在马克思辩证唯物主义范畴的基础上,还包括系统、本能、机能、本能系统、机能系统、本能物质、亚物质、机能物质、分形、整形力、博弈等范畴。范畴具有意识亚物质的本质,但范畴亚物质信息模式来源于现实世界的反映,这是范畴的唯物论基础,正如恩格斯指出:"这在黑格尔那里是神秘的,因为范畴在他看来是先存在的东西,而现实世界的辩证法是它的单纯的反光。实际上刚刚相反:头脑的辩证法只是现实世界(自然界和历史)的运动形式的反映。"③

　　规律认识是人的思维利用一系列范畴对一系列环节所构成的普遍趋势和线索的表述,而规律本身是事物发展中的所固有的本质的、必然的、稳定的联系,"规

---

① 肖前、李秀林、汪永详主编:《辩证唯物主义原理》,人民出版社,1999 年,第 197 页。
② 肖前、李秀林、汪永详主编:《辩证唯物主义原理》,人民出版社,1999 年,第 198 页。
③ 《马克思恩格斯选集》第 3 卷,第 531 页。

律的概念是人对于世界过程的统一和联系、相互依赖和整体性的认识的一个阶段。"①规律是联系和发展统一的范畴,它既有某一阶段对事物及现象的普遍本质的概括和反映,又具有事物及其现象从某一阶段向另一阶段变化的规律发展特性,正如毛泽东所说:"一切战争指导规律,依照历史的发展而发展,依照战争的发展而发展;一成不变的东西是没有的。"②规律的本质是联系亚物质及其运动发展的一系列环节构成的普遍趋势和线索的表述,即规律的本质是联系亚物质的"关系规律(亚物质)",它作为亚物质存在和演化是不以人的意志(人质亚物质)为转移的。

　　联系和发展统一的规律研究中,"唯物辩证法作为事物的普遍联系和发展变化的学说,它又是标志认识发展的辩证之网,每一范畴都是网上的一个纽结,而由纽结的联系及其运动所构成的规律,既是客观事实的规律,也是认识的规律。"③唯物辩证法的范畴是对机能物质的事物、现象最普遍的辩证关系的概括和反映,是辩证思维的形式和工具,是对机能物质系统客观事物的反映和揭示的普遍规律。而,在此基础上,物质本能系统自我辩证逻辑是对本能物质系统的反映和揭示,是对马克思辩证唯物的深化的新系统形态。

二、本能系统的原因和结果、必然和偶然、可能和现实

　　列宁说:"在人面前是自然现象之网。本能的人,即野蛮人没有把自己同自然界区分开来。自觉的人则区分开来了,范畴是区分过程中的一些小阶段,即人生世界的过程中的一些小阶段,是帮助我们认识和掌握自然现象之网的网上纽结。"④范畴(亚物质)主要是对自然现象之网的网上纽结的研究,即揭示世界联系和发展的各个侧面的基本环节,其中揭示因果关系的"原因和结果"是重要的一对范畴,它是一切自觉认识所必需的逻辑条件。"必然和偶然"是"原因和结果"的深化,"可能和现实"是"原因和结果"的辅助。

　　(一)原因和结果

　　原因和结果是人类在一切实践和认识中都要遇到的一种现象,是哲学史上较早产生的一对范畴。因果范畴揭示的是事物引起和被引起的关系。⑤ 因果关系亚物质是普遍联系亚物质的一个重要环节,它与时间亚物质和空间亚物质具有密

---

①　《列宁全集》第38卷,中文第1版,第158页。
②　《毛泽东选集》第1卷,第157 - 158页。
③　肖前、李秀林、汪永祥主编:《辩证唯物主义原理》,人民出版社,1999年,第207页。
④　《列宁全集》第38卷,中文第1版,第90页。
⑤　肖前、李秀林、汪永祥主编:《辩证唯物主义原理》,人民出版社,1999年,第274页。

切关系。因果性在时间亚物质的顺序性中,一般地原因在前,结果在后;在空间亚物质的连续性上,因果性的连续性构成了"因果链"。

为了研究普遍联系网之上的纽结(机能物质事物)的存在和发展情况,需要研究该事物无数方向的发展路线及现实多样性,就必须抽取某一个侧面的普遍联系之网的"因果链",正如恩格斯所说:"为了了解单个的现象,我们就必须把它们从普遍联系中抽出来,孤立地考察它们,而且在这里不断更替的运动就显现出来,一个为原因,一个为结果。"①因果联系是普遍联系中的一个重要的、但又极小的部分,即并非联系都是因果联系。因果关系是辩证的,一方面,原因和结果在一定条件下互相过渡、互相转化,正如恩格斯说:"原因和结果这两个观念,只有在应用于个别场合时才有本来的意义,可是只要我们把这种个别场合放在它和世界整体的总联系中来考察,这两个观念就汇合在一切,融化在普遍相互作用的观念中,在这种相互作用中,原因和结果经常交换位置;在此时或此地是结果,彼时或彼地就成了原因,反之亦然。"②另一方面,原因和结果在循环和超循环螺旋发展中,表现为双向的、事物及现象发展过程中的互为因果,比如科学上的反馈原理就是原因和结果的不断相互作用的揭示。

因果联系是机能物质分形整形博弈的普遍联系相互作用的一种效用表述,具有客观普遍性:一是任何现象、任何变化都是由一定的原因引起的,也是必然会引起一定结果的;二是错综复杂的"因果链"置身于普遍联系亚物质海洋中是连续的,是决定论的重要内容。因果关系的决定论,表明人类在普遍联系中的认识效用性:(1)弱因果关系,即通常所说的非因果关系或弱相关关系,在人类认识中,在一定条件下未进入效用认识的其他普遍联系内容,都成为弱因果关系,它在认识事物研究中可以作"暂时的弱相关或非相关关系"处理,在改变条件下,其中的部分联系可能进入相关关系或因果关系研究;(2)强因果关系,即通常哲学所说的一般因果关系,它是一种强相关关系,具体表现为等当因果关系和非等当因果关系;等当因果关系的代表是机械论因果关系,而等当因果关系主要是系统论因果关系,比如互联网和大数据时代的非等当因果的代替传统等当因果的相关关系,重在利用全数据侧重解决"是什么"的问题,而弱化"为什么"的问题。

(二)必然和偶然

必然和偶然范畴在哲学史上出现要晚于因果范畴,必然和偶然是对因果关系

---

① 《马克思恩格斯选集》第3卷,第552页。
② 《马克思恩格斯选集》第3卷,第62页。

的进一步深化。① 必然和偶然,表明了物质系统演化发展在因果关系基础上的系统日的性,即在因果关系基础上揭示机能物质系统演化发展的确定性趋势和非确定性趋势。它是物质系统分形整形博弈的普遍联系和永恒发展的总趋势和线索中的子趋势和子线索的具体内容或具体侧面。"必然性是指客观事实联系和发展中合乎规律的确定不移的趋势,是在一定条件下的不可避免性。……偶然性揭示的是事物联系和发展中并非必定如此的不确定的趋势。"②

事物的发展总是既包含了必然的方面,又包含着偶然的方面,这种矛盾现象是由于事物因果联系的复杂性而产生的:(1)唯物辩证法认为,必然的东西是偶然的,没有脱离偶然性的必然性;一方面,必然性通过大量偶然现象表现出来,并为自己开辟道路;另一方面,偶然性又是必然性的补充,没有这种不出,事物的变化发展不可能是现实的、丰富多彩的和具体的。(2)唯物辩证法又认为,偶然的东西是必然的,没有脱离必然性的偶然;凡是看来偶然性在起作用的地方,偶然性本身又始终服从于内部隐藏着的必然性,科学的发展证明,生物进化论中偶然性背后都有必然性支配。(3)必然与偶然在一定条件下互相转化,比如在无限的事物过程中,相对于某一过程来说是必然的东西,相对于另一过程就成为偶然的星系,反之亦然。③ 世界普遍联系和发展的总趋势是受物质分形整形博弈的自我辩证逻辑支配的,在普遍联系之多样性和复杂性链条编织的网中,科学的根本任务是认识必然性、规律性和本质的联系,揭示出一种指向未来的必定如此的发展;但科学通常是指一定领域、一定条件、一定范围的必然性研究,因此恩格斯说:"在必然的联系失效的地方,科学便完结了。"④

(三)可能和现实

"可能和现实这对范畴既包含着整个历史发展,又孕育着未来的各种发展前景。"⑤可能和现实是机能物质存在和演化发展的历史、现实、未来的展现。"现实是标志一切实际存在的东西的哲学范畴。……现实并不是简单地说明现在存在着的个别事实和现象,而是相互联系着的各种客观实在的事物、现象的综合。……现实又体现从过去、现在到未来的不可逆转的过程性。"⑥

现实来源于过去的现实,将来可能变成新的现实。可能性是和现实性相对的

---

① 肖前、李秀林、汪永详主编:《辩证唯物主义原理》,人民出版社,1999 年,第 283 页。
② 肖前、李秀林、汪永详主编:《辩证唯物主义原理》,人民出版社,1999 年,第 284 页。
③ 肖前、李秀林、汪永详主编:《辩证唯物主义原理》,人民出版社,1999 年,第 285 – 294 页。
④ 《马克思恩格斯选集》第 3 卷,第 541 页。
⑤ 肖前、李秀林、汪永详主编:《辩证唯物主义原理》,人民出版社,1999 年,第 295 页。
⑥ 肖前、李秀林、汪永详主编:《辩证唯物主义原理》,人民出版社,1999 年,第 296 页。

范畴,是指包含在事物中的、预示事物发展前途的种种趋势,是潜在着的尚未实现的现实。在事物系统内,其中的一种趋势占领趋势涌生事物亚物质的引领地位,则该趋势(可能)会变成现实,而其他趋势(可能)则不成为现实。趋势是一种由组分基质物质携带的亚物质,种种趋势之间相互博弈,自组织形成某种趋势占领事物机能系统的引领地位,从而整合支配事物机能系统走向系统目的态(现实)——正如唯物辩证法指出:"任何一个新事物在它产生以前,总是孕育在现实事物中的一种发展趋势,是一种潜在的处于萌芽状态的现实;当通过事物的矛盾发展,新的方面战胜旧的方面,新事物则由潜在的现实即可能转化为现实。"①可能转变为现实,具有其辩证的、系统的过程和条件:在自然界中主要是指物理、化学、生物的无意识的自发自组织过程和条件;在人类社会中主要是指人类有意识自觉活动地实践改造客观条件和主观条件的人为组织过程和条件,重在于对可能向现实的转化进行目的、手段、结果与反馈的社会活动过程的分形和把握。

三、本能系统的形式与内容、本质与现象

任何物质都具有形式和内容,都是形式和内容的统一体,都是现象和本质的统一体。世界物质的最基本形式是"系统",最基本内容是"物质",除此之外没有其他。

作为"形式"的物质是指本能物质"系统",作为"内容"的物质是指本能物质、亚物质和基质物质(机能物质)等内容。它们又分别具有对应的本能物质系统、亚物质系统和机能物质系统的形式。本能物质是一切亚物质和机能物质的本质,组分基质是机能物质和相应亚物质的本质——终极本质或(深刻的)多级本质是一级本质(现象)的本质;反过来看,亚物质和机能物质是本能物质的现象,机能物质和相应的亚物质是组分基质的现象,即一级本质(现象)或(深刻的)多级本质是终极本质的现象。

(一)形式与内容

形式和内容范畴是哲学史上产生较早的一对哲学范畴,在古代哲学中,内容是从"有"、"存在"、"物质基质"等概念分化而来的,形式是从"形状"、"比例"、"构成"、"规则"等概念转化过来的。比如亚里士多德认为"自然"包括:一是"直接物质基质",二是"该物的性质和形式"。"唯物辩证法认为,内容是构成是事物的一切要素的总和。……事物的形式是指把内容诸要素统一起来的结构或表现内容的方式。"②

---

① 肖前、李秀林、汪永祥主编:《辩证唯物主义原理》,人民出版社,1999 年,第 300 - 301 页。
② 肖前、李秀林、汪永祥主编:《辩证唯物主义原理》,人民出版社,1999 年,第 305 页。

1. 关于内容。唯物辩证法认为,内容作为构成事物的一切要素的总和,包括事物的各种内在矛盾以及由这些毛段所决定的事物的特性、运动的过程和发展的趋势等,具体包含:(1)内容是由要素构成的,一切事物的内容都可以分析为各个要素(但是仅仅分解为"要素的内容"只是内容的一部分);(2)内容又是由要素与要素的相互关系构成的,该"相互关系"高于各个要素,又不属于各个要素,被称为"整体的内容";(3)事物的内容是由"要素的内容"和"整体的内容"二者所构成的。①

从系统角度看,内容是子内容生成的总和。其中,子内容包括两大类:一是要素子内容,二是关系子内容。要素子内容是指"要素的内容",关系子内容是指"整体的内容"。本能系统辩证唯物在现实中主要是指"机能物质内容",包括基质物质内容(要素的内容)和亚物质内容(整体的内容);基质物质内容包括子基质物质内容(子要素的内容)和子亚物质内容(子整体的内容);亚物质内容(比如思维)包括组分亚物质子内容(亚物质要素的内容,比如思维要素)和亚物质子内容相互作用的亚物质内容(亚物质整体的内容,比如思维要素的关系)。综上所述,本能系统辩证唯物认为:内容是指物质内容,物质内容是指对应的基质物质和亚物质生成的系统总和。

2. 关于形式。任何事物都是内容与形式的统一体。内容是指物质内容,形式是指物质的"系统"形式。本能物质是抽象物质,其内容只有抽象的基质物质(自分形物质)和抽象的亚物质(间物质),因此,本能物质只有唯一的自分形逻辑辩证系统形式。机能物质是本能物质自分形不均匀性的产物,因此现实机能物质的组分基质物质是复杂的,相互统一的结构是多样的,表现组分基质物质的内容是复杂的,现实机能物质的具体形式是复杂多样的;但是,机能物质来源于本能物质,因此,机能物质的最高形式是与本能物质统一的自分形逻辑辩证系统形式,机能物质的具体结构形式是各种具体的"系统"形式:(1)世界的抽象内容只有一种,那就是抽象的本能物质;世界唯一的抽象本能物质内容,对应的形式也只有一种,那就是本能自我逻辑辩证系统;(2)物质世界的现实内容是无限多样的,即抽象本能物质下的现实机能物质是无限多样的;与现实机能物质内容对应的形式,也是无限多样的,不同的机能物质都有自己特殊的内容,都有与之相适应的各种形式(系统)。

3. 关于内容和形式的统一。内容和形式的统一体在现实中是指机能物质事物。机能物质事物的内容包括组分基质要素和结构亚物质要素,其形式主要是指亚物质整形支配组分基质的系统功能形式。内容的变化会引起形式的变化,形式

---

① 肖前、李秀林、汪永详主编:《辩证唯物主义原理》,人民出版社,1999年,第305~306页。

的变化也会影响内容的存在和发展。比如现代非平衡热力学的耗散结构理论表明,作为内容的要素与结构同作为形式的功能处于相互制约、相互作用过程中,形成一个在环境变化(涨落)条件下相互影响的系统:该系统内要素、结构、功能的相互作用中,任何一方的变化都会引起他方的变化。内容和形式的关系:

(1)不存在没有任何形式的纯粹质料,也不存在没有任何质料的纯粹形式,唯一终极抽象的世界内容是本能物质,对应唯一的本能自我逻辑辩证系统形式。本能物质作为(近乎)纯粹质料只具有自分形性,即必然的唯一的含有各种发展的可能性;本能自我逻辑辩证系统形式,作为(近乎)纯粹形式具有使本能物质的可能性转变为现实的"本能"——开显为机能物质系统(现实),它作为本能物质现实化的基质,不断地永恒地重复自分形,辩证逻辑系统对应着不断地永恒地整形支配着机能物质系统事物的演化发展。

(2)内容是机能物质存在的基础,内容处于决定的地位,犹如系统科学中组分对于系统的基质和决定性意义,"龙生龙,凤生凤,老鼠生来会打洞"基因组分处于系统功能形式的决定的地位。

(3)形式对于机能物质内容具有巨大的反作用:一方面,凡符合内容的形式,对内容的发展其积极推动作用,这主要是指涌生事物亚物质同"支配内容"一致的系统形式,对内容的服务协调保障的积极推动作用;另一方面,凡不符合内容的形式,对内容的发展起消极阻碍作用的——是指占领支配地位的涌生事物亚物质与支配内容不一致的系统形式,对内容的控制约束支配的阻碍作用。

(4)内容和形式统一是复杂的和多样的:一方面,同一内容可以有多种多样的形式,比如同分异构体;另一方面,同一形式可以表现不同的内容,比如同一茶杯形式的钢铁内容(钢杯)或瓷土内容(瓷杯);再一方面,新内容可以利用旧形式,旧内容也可以利用新形式。

(二)现象与本质

现象和本质是揭示事物内在联系和外在表现的范畴。对人类而言,现象是事物的外部联系和表明特征,最现象的现象即直接表象,直接表象是复杂的多样的机能物质的直接表象。本质是事物的各必要要素的内在联系,最本质的本质(即终极本质)是指抽象的唯一的世界本原物质即本能物质。介于"直接现象"和"终极本质"两者之间的现象和本质都是相对的,因此考察现象和本质通常必须同"一级本质和二级本质以及个别、特殊和一般范畴"结合起来。①

1. 关于现象与本质的认识。现实中,现象和本质是机能物质事物存在的两个

---

① 肖前、李秀林、汪永详主编:《辩证唯物主义原理》,人民出版社,1999 年,第 315 页。

方面:(1)现象是个别的、片面的和表现的东西,表现了事物的多方面具体;而本质则是同类现象中共同的东西。比如人的外表特征、性格气质、为人处事等表现的现象,是丰富多样的,是无法直接穷尽的。(2)现象是多变的和易逝的,有较大流动性;而本质则是相对于同类现象中的"稳定"。(3)现象是表面的、外露的,因而可以直接为人的感官所感知;而本质深藏于事物内部,看不见、摸不着,是只有靠理性思维才能把握的东西。①

2. 关于透过现象把握本质。"本质是现象的根据,本质决定现象,并且总是通过一定的现象表现自己的存在;现象是从特定的方面表现事物的本质,它的存在和发展变化,归根到底是依赖于本质的。"②与已知本质具有来源的一致性的表现,称为现象(本质的不一致性表象);正如列宁说:"本质在表现出来;现象是本质的。"③而与事物已知本质相反的现象,称为假象。不表现现象的本质和不表现本质的现象都是不存在的,假象是与"其他现象对应的本质"的错位对应的现象。列宁说:"假象的东西是本质的一个规定,本质的一个方面,本质的一个环节。"④假象同本质也是来源于本质同一的,如果其一旦变得能够反映事物主要的本质,则称为真象。

从现象到本质的研究,就是透过现象把握本质,对此毛泽东说:"我们看事情必须要看它的实质,而把它的现象只看作入门的向导,一进了门就要抓住它的本质"。⑤ 在科学的分析中,人的认识是由个别进到特殊再进到一般,从认识事物的一级本质进入到二级本质,正如列宁指出:"人的思想由现象到本质,由所谓初级本质到二级的本质,这样不断地加深下去,以至于无穷。"⑥在现实机能物质系统研究中,透过现象把握本质的本质,随着不断深入,总在适可而止处把握本质,即相对本质;而在抽象本能物质系统研究中,对本质无穷的把握,最终收敛于本能物质。马克思说:"如果事物的表现形式和事物的本质会直接合而为一,一切科学都成为多余了。"⑦透过多样性的和复杂性的无穷机能物质现象,把握物质本质的无穷收敛,寻求物质世界一切表现形式和事物本质的统一,即是自我逻辑辩证本能系统的物质。

---

① 肖前、李秀林、汪永祥主编:《辩证唯物主义原理》,人民出版社,1999 年,第 316–317 页。
② 肖前、李秀林、汪永祥主编:《辩证唯物主义原理》,人民出版社,1999 年,第 317 页。
③ 《列宁全集》第 38 卷,中文第 1 版,第 278 页。
④ 《列宁全集》第 38 卷,中文第 1 版,第 137 页。
⑤ 《毛泽东选集》第 1 卷,第 96 页。
⑥ 《列宁全集》第 38 卷,中文第 1 版,第 278 页。
⑦ 《马克思恩格斯全集》第 25 卷,第 293 页。

第五章

本能系统辩证唯物的特性与意义

辩证唯物主义是一个完整的体系,它应当吸收科学发展的精华,在发展中不断改进自身形态。立足当前重要的系统科学精神,探索物质本能系统自我辩证逻辑,提出了本能系统的辩证唯物观点:世界是本能系统物质的,物质是运动的,运动是自为的;自为的物质,具有本能系统的自我辩证逻辑。本能系统辩证唯物的特性和意义归结起来如下:(1)物质观、辩证法、系统论三者是一个自洽的整体,"辩证"是三者逻辑连贯的动力与纽带,"系统"是三者一体的现实统筹与整体描述,"唯物"是三者一体的根本基础;本能系统辩证唯物,坚持唯物论根基,坚持辩证核心,坚持自觉系统思维统筹,具有物质观(本体论)、辩证法(逻辑学)、系统论(认识论)、方法论的自洽一致的"整体性"。(2)本能系统辩证唯物思维,以"思维自觉到思维本性"为假设前提,以"人成为人"为"中心",探讨其在追求真理和价值的认识工具意义,具有本能系统辩证唯物主义的真理价值特性。(3)本能系统辩证唯物研究,对研究马克思主义哲学具有创新意义,对研究人类社会系统动力及其演化运行显示出了积极的现实意义。

第一节　本能系统辩证唯物的整体特性

中国马克思主义哲学研究,由于马克思主义的国家哲学地位具有重要地位,取得丰富发展。西方马克思主义研究,从 20 世纪 20 年代萌生并涌现出一批西方马克思主义研究学派:法兰克福学派的马克思主义、佛罗伊德的马克思主义、新实证主义的马克思主义、存在主义的马克思主义、结构主义的马克思主义、分析的马克思主义……20 世纪 70 年代后期又在此基础上产生了生态马克思主义和后现代马克思主义思潮,等等。① 这些都是马克思主义结合自然与社会发展的"精细化"研究理论。系统科学思维是研究整体性的思维,利用他对马克思主义哲学进行"整体性"的反思,提出本体论、辩证逻辑、认识论、方法论自洽一致"整体性"的本能系统的辩证唯物。

一、本体论、逻辑学、认识论、方法论的同一

本体论、逻辑学、认识论和方法论"一致化"是哲学研究的最高原则。哲学是研究"世界是什么"、"世界怎么样"及"人在世界成为人"的问题;有什么样的世界观,就对应有什么样的逻辑学、认识论和方法论;有什么样的逻辑学、认识论和方法论,就会有什么样的世界观——本体论、逻辑学、认识论和方法论"一致化"为人"把握人与世界的关系"提供了最高原则。

哲学在其产生之初是一门与自然科学统一的学问,它本身还没有什么本体论、逻辑学(辩证法)、认识论和方法论的严格区分。到了亚里士多德那里,出现了物理学分化,相对确切的(科学)知识不断地从(广义)哲学中分化出来,哲学研究也在发展中不断地"精细化",出现本体论侧重、认识论侧重、辩证法侧重、语言媒介侧重等,在这一过程中本体论、逻辑学(辩证法)、认识论和方法论等在不同时期被进行相对独立的研究。本体论、逻辑学、认识论和方法论"分化"的哲学研究,使哲学得到精细的丰富发展。然而,本体论、逻辑学(辩证法)、认识论和方法论作为一个整体的观点,是人类进行"智慧活动并凝结出知识"和"知识转化为智慧"的最高原则,"整体方面"的哲学研究并没有被哲学家放弃,比如希腊斯多亚学派把哲学比作一个动物,逻辑学是这个动物的骨骼、腱、筋骨,自然哲学是它的有肉的部分,伦理学则是它的灵魂;黑格尔是唯心主义哲学的"整体"集大成者;恩格斯也从整体上将哲学划分为唯物和唯心两大阵营。

黑格尔明确构造了本体论、逻辑学、认识论和方法论一致化的哲学研究思想。在黑格尔的主要著作,如《逻辑学》(包括《小逻辑》)、《精神现象学》、《精神哲学》以及《哲学史讲演录》等中,本体论、逻辑学、认识论和方法论"四者统一"的思想贯穿在他整个《逻辑学》之中而构成其本质。"在黑格尔看来,认识论研究要来一场革命,就必须首先确立一条基本的原则,这就是:它不能脱离逻辑学的、本体论的和方法论的研究而孤立地进行,恰好相反,它应当和后面三种学科的研究有机

---

① 黄顺基、郭贵春主编:《现代科学技术革命与马克思主义》,中国人民大学出版社,2007年,第335页。

地统一起来,甚至合为一体。"①在《小逻辑》中,黑格尔明确地提出"逻辑学"与
"形而上学"的"合流"。形而上学是研究"作为存在的存在"的学问,黑格尔认为
他的《逻辑学》中的"客观逻辑",研究"存在论"与"本质论",包括了"形而上学"
的内容,形成了所谓"逻辑学"与"形而上学"的"合流"。"黑格尔明确指出,关于
世界观的体系,就其纯粹的形态即排除一切表象成分而只留下纯思维的规定而
言,就是逻辑学。逻辑学是世界观的最纯粹、最理智的形式,是以逻辑形式表现出
来的世界观。因此,在我们一般地说黑格尔的逻辑学与本体论一致时,应当理解
到,这就是指逻辑学与哲学世界观的一致,也可以简单地说是逻辑学与哲学的统
一。"②"黑格尔认为,对于认识的一般本性,即对于认识的一般的本质和规律的研
究,属于逻辑学的范围。""对于辩证方法本身的研究,则属于逻辑学。所谓逻辑
学,也就是'方法的陈述'。因此,方法论的研究与逻辑学的研究就一致起来了。"
总地看,黑格尔阐述了其逻辑学与哲学、认识论、方法论相互一致的观点。

　　马克思主义哲学的唯物辩证法,将辩证法从黑格尔那里拯救过来的同时,也
把握住了本体论、逻辑学(辩证法)、认识论和方法论的一致性研究。例如,列宁曾
在《哲学笔记》指出:"在'资本论'中,逻辑学、辩证法和唯物主义认识论[不必要
三个词]:它们是同一个东西都应用于同一门科学,而唯物主义则从黑格尔那里吸
取了全部有价值的东西,并且向前推进了这些有价值的东西。"

　　哲学拥有时代精华的血肉。在当前,这种"一致性"也应得到与时俱进的发展
和完善。本能系统的辩证唯物认为,物质观(本体论)、辩证法(逻辑学)、系统论
(认识论)、方法论是一致的,集中融合于物质本能自我逻辑辩证系统:(1)思维自
觉到思维本质,思维抵达同本能物质一致性,认识论、逻辑学、方法论同本体论是
一致的;(2)本能物质通过自分形,同时受(自分形博弈)整形支配,涌现亚物质,
显现机能物质,它是思维从"自觉到的本质本性"即从本能物质展开的逻辑揭示,
也是思维逻辑的展示,即是认识论和方法论的陈述和运用。

二、本能系统辩证唯物的"物质整体性"

　　冯契主编《外国哲学大辞典》认为,马克思主义哲学之前本体论区分广义本体
论和狭义本体论,前者指一切实在的最终本性,这种本性需要通过认识论而得到

---

①　杨祖陶:《黑格尔关于认识论研究的原则》,载《外国哲学》第 12 辑,商务印书馆 1993 年 2
　　月第 1 版。
②　杨祖陶:《黑格尔关于认识论研究的原则》,载《外国哲学》第 12 辑,商务印书馆 1993 年 2
　　月第 1 版。

认识,体现了本体论与认识论相对称;后者是指宇宙本性的研究,它同宇宙的起源与结构的研究相区别,体现了本体论与宇宙论相对称;而马克思主义哲学不采取本体论与认识论相对立,或本体论与宇宙论相对立的方法,而以辩证唯物主义说明哲学的整个问题。可见,"整个问题"是马克思主义哲学的整体性思想研究的对象。本能系统辩证唯物认为,"整个问题"的本体论就是"整体性的物质观"。

(一)关于"本体研究"

在中国古代哲学中,本体论叫作"本根论",指探究天地万物产生、存在、发展变化根本原因和根本依据的学说。中国古代哲学家一般都把天地万物的本根归结为无形无象的、与天地万物根本不同的东西,这种东西大体可分为三类:(1)没有固定形体的物质,如"气";(2)抽象的概念或原则,如"无"、"理";(3)主观精神,如"心"。

在古希腊,哲学家就开始致力于探索组成万物的最基本元素——"本原"(希腊文 arche,旧译为"始基")。本体论主要是指研究把世界的存在归结为某种物质的、精神的实体或某个抽象原则。本体论的先声是"本原",研究 being。巴门尼德通过对 being(是,存在)的探讨,建立了本体论研究的基本方向。巴门尼德提出了唯一不变的本原"存在",他认为:是以外便无非是,存在之为存在者必一,这就不会有不存在者存在;对于被"是者"所分有的"是",仅只能由思维向超验之域探寻,而不能由感觉从经验之中获取;此在超验之域中寻得之"是",因其绝对的普遍性和本原性,必然只能是"一"。在柏拉图的理念论中,提出超验世界的"理念"是真理之根本。亚里士多德认为研究关于"本质、共相和个体事物"的问题,是高于其他一切科学的"第一哲学",从此,本体论的研究转入探讨本质与现象、共相与殊相、一般与个别等的关系。

在西方近代哲学中,笛卡尔首先把研究实体或本体的第一哲学叫做"形而上学的本体论"。17~18 世纪,莱布尼茨及其继承者沃尔夫试图通过纯粹抽象的途径建立一套完整的、关于一般存在和世界本质的形而上学,即独立的本体论体系。沃尔夫把一般、普遍看作是脱离个别、单一而独立存在的本质和原因。康德认为建立抽象本体论的形而上学不可能,本体论研究的只能是事物的普遍性质及物质的存在与精神存在之间的区别;同时又提出用与认识论相割裂的、先验的哲学体系来代替本体论。黑格尔在唯心主义基础上提出了本体论、认识论和逻辑学统一原则,并从"纯存在"的概念出发构造了"存在自身"辩证发展的逻辑体系。

在现代西方哲学中,对本体论的态度有两个方面:(1)一些流派(实证主义、分析哲学等)反对任何形而上学和本体论;(2)一些人试图重新建立关于存在学说的本体论,比如胡塞尔"先验的本体论"、海德格尔的"基本本体论"、哈特曼的"批判本体论"等,他们往往借助于超感觉和超理性的直觉去建立概念体系。

(二)整体性物质观的"本体"

胡塞尔、海德格尔、哈特曼等人试图重新建立的本体论哲学,借助"超感觉和超理性"把握,带有唯心主义或不可知论倾向。为了纠正这种错误,就要发展和完善物质本体论研究。

物质是马克思主义的逻辑起点,是支撑马克思主义哲学的本体。当前马克思主义哲学研究中,"物质的基础研究"并没有紧跟时代发展步伐,既"物质本体"的研究短板正制约着马克思主义哲学的发展,影响其在我国时代发展中哲学"根本指导"地位和力量的发挥。

马克思主义哲学是人类历史和科学认识发展的合乎逻辑的产物,它的自我发展精神旨在吸收了人类创造的全部思想精华,因而是一种内容最为丰富和最富于论证性的理论。对此,应当贯彻马克思主义哲学的自我发展精神,充分吸收当前先进的科学思想(比如系统科学思想),推动"物质本体"的研究。本能系统辩证唯物研究认为,"物质本体"是一个"物质本能的系统",可以由本能物质、亚物质、机能物质的系统模型来揭示。

"物质"是物质观(本体论)、辩证法(逻辑学)、系统论(认识论)、方法论相一致的"本":

(1)世界的本原是本能系统物质——"是"是一种自变的(本能物质)存在;一切"分""是"的"是者",是指来源于"是(本能物质)"的自分形的统一体,即"是者(机能物质)";"是""是"之间的、"是者"之间的涌生事物,称为亚物质。一切现实事物都是机能物质(系统),通常研究的存在区别的"物质与精神"是指"机能物质"与"亚物质"的区别(混淆这个关系,导致唯心唯物斗争杂乱)。

(2)本体是指相对于现象的本质、相对于个别的一般,常常会根据研究需要而确定的"基质物质(是)"和"机能物质(是者)"之间的关系;某一"基质物质(是)"在某一研究中可称为本体的"是",但在另外的研究中却可能作为了其研究的"是者",比如物理研究的"是",在哲学研究中可能作为其研究的"是者",又比如在经验研究中的"是",在超验研究中可能作为了其研究的"是者"。

(3)本能系统物质是物质观之"本",本能物质是指"自分形"之"本",亚物质是指涌生事物(比如意识)"整形"之"本",机能物质是指客观事物"现实"之本——从"本能之本"到"现实之本",揭示了物质"可现实(可实在)"的根本途径,即揭示了传统物质的"可现实性"之本。

三、本体论、逻辑学、认识论、方法论的"实践整体性"

本体论、逻辑学、认识论和方法论的"实践整体性",集中表现为人类在改造世界的进程中坚持整体性的实践论。它是本体论、逻辑学、认识论和方法论的从"哲学"到"现实"的融合统一。本体论的展开,逻辑学、认识论、方法论的显现,集中"同一"在人的认识及实践活动中,遵循物质本能系统的"自分形(大前提)——整形(小前提)——博弈妥协系统(结论)"自我辩证逻辑。

实践是哲学回归起源、回归生活的必由之路。马克思《费尔巴哈的提纲》这个"包含着天才世界观萌芽的第一份文件"(恩格斯)中的思想红线是"实践",西方马克思主义研究者试图据此创建一种超越传统唯物主义和唯心主义的实践哲学。霍克海默认为,唯物主义是一种生活实践和生活方式,是实践的一元论或实践的本体论(不是物质的抽象本性,而是社会实践的具体本性)。卢卡奇认为,马克思主义不仅在本体论意义上承认物质世界的先在性,而且是在实践基础上,强调人对自然的主观能动性;所谓的"物质第一性"知识相对于人对世界的实践改造才获得它的现实意义。在此基础上,施密特认为,实践是人与人相结合的主体际关系或社会关系的,把人-自然-社会有机地统一起来了。葛兰西又进一步提出"世界统一于实践"的思想,认为,处于"历史-文化"的"物质"是与人变革自然不可分割地结合在一起的具体的活动,因而世界统一于实践。"客观总是指'人类的客观',它意味着正好同'历史的主观'相符合,换句话说,'客观的'意味着'普遍地主观的'。"①

"现实"始终存在于人类历史实践之中。② 哲学的发展是哲学史的继续展开——这种展开需要同时代融合起来,汲取时代的精神,讨论并指引时代的重大问题,用未来的眼光获得时代精神的整体性意义。西方马克思主义研究的思路,受针砭时势和正在进行的社会和自然发展的局限——这种局限是历史意义,但就现实来讲,恰恰是一种进步意义,推动哲学的继续展开。因此,"实践哲学"应当把握实践作为把"人-自然-社会"有机地统一起来的"中介"的整体性研究——包括本体论、认识论、逻辑学、方法论等,通过实践,获得"人-自然-社会"的一致性贯通与和解,从而最终为了获得人在自然与社会中的更好的自洽、安定与幸福。

整体性实践论,不是盲目的。它作为"中介"使"人"同"自然与社会"统一起

---

① [意]葛兰西:《狱中札记》(曹雷雨等译),中国社会科学出版社,2000 年,第 362 页。
② 此段参见黄顺基、郭贵春主编:《现代科学技术革命与马克思主义》,中国人民大学出版社,2007 年,第 337 页。

来,并通过"人"使"社会"与"自然"贯通起来。西方马克思主义研究者反对物质本体论而提出实践本体论,是一种错位。"物质本体"是抽象的形式命题,而"实践本体"是一种生活的具体内容命题,严格地说后者是一种伪本体(现象本体)。本体论作为世界(名词概念意义)的最高解释和揭示,包括了人、社会和自然;实践论是作为本体论形式下,"人"同"社会和自然"内部关系"中介"的研究,是本体论形式的具体内容(现象)。

西方马克思主义研究的实践"中介"论①的逻辑出发点是"主体与客体相互作用——主体为正,客体为偏",把相对独立的"主体"放大到了"绝对独立"的能动地步,丧失了主体意识亚物质本性(即精神是要依附于人脑系统)。本体论、逻辑学、认识论和方法论的"实践整体性"中,"主体和客体的相互作用"具有"偏正关系"和"校验关系",能动性置于主体一方,即"认识是能动的、无穷的,可自觉到意识(物质)本性";校验性置于客体一方,即"实践是检验真理的唯一标准"。

第二节 本能系统辩证唯物的真理价值特性

"真理和价值是人类正常的、进步的历史活动所实现的基本内容。"②辩证唯物主义的意义,在于为人们在认识和实践中追求真理、创造价值提供认识工具和实践指南。本能系统辩证唯物,汲取系统思想,更加深刻地揭示了人们追求真理和创造价值的认识工具意义,集中表现为其真理价值特性。

一、本能系统辩证唯物的真理特性

所谓"真理",是与谬误相对立的认识论范畴,是认识主体与认识对象相互作用"认识反映物"的内容。真理是人脑意识逻辑思维的产物,是人的意识同认识对象(本能物质、机能物质、亚物质)相符合的逻辑思维产物,是对包括从机能物质到亚物质到本能物质的存在及其演化系统规律的正确反映。真理的本质是思维意识亚物质反映"主客观统一"确定性的理论(亚物质)内容。真理具有人脑意识亚物质反映的逻辑思维的正确意义,认识和实践统一是真理性的现实本质,正如辩证唯物主义指出:"真理是人的意识与客观事物相符合,或者真理是对客观事物的

---

① 此段参见黄顺基、郭贵春主编:《现代科学技术革命与马克思主义》,中国人民大学出版社,2007年,第337页。

② 肖前、李秀林、汪永详主编:《辩证唯物主义原理》,人民出版社,1999年,第496页。

正确反映"①"在真理面前人人平等",任何人都具有发现和坚持真理的权利,都平等接受真理支配,顺从者前进,违逆者失败。

(一)关于物质系统的本能真理、亚物质真理、机能真理

物质是本能物质、亚物质、机能物质的系统,任何认识都不能以"人脑思维意识(亚物质)"之外的方式进行:(1)当思维意识亚物质自觉到其本性("同一"于本能物质本性),可以追求本能物质的真理——本能真理;(2)当思维意识亚物质集中在处理面对的机能物质方面,则主要表现为机能物质的真理——机能真理;(3)当思维意识亚物质主要集中研究思维本身的有效推理运行,则是指追求亚物质运行的真理——"逻辑真理"。总的来看,本能真理是绝对的,机能真理是相对的。逻辑真理是一种信息真理,必须栖息在机能物质或本能物质载体,必须以实践为唯一的检验标准;不存在裸信息,同样不存在裸信息真理(逻辑真理)。

1. 关于物质系统的本能真理。本能真理是指研究本能物质的存在及其演化的性质的真理,它在马克思主义哲学中主要表现为"客观真理"内容。客观真理是指在真理性的认识中包含着不依人和人类的意志为转移的客观内容。列宁说:"有没有客观真理? 就是说,在人的表象中能否有不依赖于主体、不依赖于人、不依赖于人类的内容?"②对于同一认识对象客观内容,不同的认识主体可以用不同的主观形式去表现它,但认识对象客观内容并不随之改变,科学家和农民眼中的同一石头,前者表述为"一堆二氧化硅",后者表述为"一块(石头)硬物",不同主观表述形式并不改变"(石头)物质"的本质。因此,"真理只属于全人类的、一般的主体,而并不具有个别的、特殊的主体性,包括阶级性、集团性、个人性等等。"③本能真理是追求本能物质表现性质的真理,只有行进在"思维自觉到思维本性"的道路上,坚持"逻辑的东西与历史的东西是一致的",才能不断地物质本能系统的真理,即"思维最高本性"的不以人意志为转移的"客观"真理。

2. 关于物质系统的亚物质真理。亚物质真理,即逻辑真理是"亚物质意识"认识"亚物质意识"的可行性和有效性规律的真理。首先,它应当坚持"逻辑的东西与历史的东西是一致的"基本观点;其次,它应当坚持亚物质意识不能绝对独立,来源于又反作用于机能(本能)物质;再次,它应当坚持实践是检验真理的唯一标准的"工具性",它为认识反映本能(机能)物质"服务"。

3. 关于物质系统的机能真理。机能真理是指认识机能系统物质的"具体真

---

① 肖前、李秀林、汪永详主编:《辩证唯物主义原理》,人民出版社,1999年,第497页。

② 《列宁选集》第2卷,第121页。

③ 肖前、李秀林、汪永详主编:《辩证唯物主义原理》,人民出版社,1999年,第500页。

理",比如盲人摸象的"象腿真理"、"象鼻真理",它们都是具体真理。"它是一定具体的主观和客观在一定具体条件和具体范畴内的统一"①,具体真理超出了自己适用的范围和条件便会变成错误,比如象鼻超越了"鼻子"的条件,进入"整象"范畴,会出现错误。从理论上看,即使机能真理,对于具体的机能物质系统也是追求"全面的",正如列宁说:"真理就是由现象、现实的一切方面的总和以及它们的(相互)关系构成的。"②然而,事实上,任何人(即使全人类)也不能"直接"穷尽任何一个认识对象(机能系统物质)的全部"相互关系";因为"其全部相互关系"只能对应"其自身",作为区别于该物的"人(认识主体)"不能等同于"该物"(但可以不断"反映认识"逼近"其"本性);因此,真理是一个过程,即如列宁所说:"思想和客体的一致是一个过程",真理是"思想对客体的永远的、没有止境的"。③

(二)"本能真理和机能真理"与"绝对真理和相对真理"

本能真理是指绝对真理,机能真理是指相对真理——机能真理通过亚物质真理的"完善工具性"运动,不断地向本能真理逼近,这是一个永恒的过程。机能真理,是主体在思维向认识对象永远的、没有止境的接近的过程,是对运动、变化、发展着的机能系统物质认识对象向"本能物质"深刻把握的过程。在这一进程中,机能物质系统总是局限的,通往"本能物质"的道路上,打破某一具体机能物质具体局限进入新的机能物质具体局限;这里,真理可能演化为谬误,谬误在新的范围内进行改造(扬弃、新生)可能成为真理,即人类探索真理的过程,就是真理与谬误斗争的过程。

真理表明了"主客观统一性"。这种"统一"的"确定性"是由具有反映机能的思维意识亚物质揭示的。离开"思维意识亚物质"的真理是不存在的。

思维意识亚物质,一端连接"机能物质(现实物质客体)",另一端连接"思维自觉到思维本性""同一"的"本能物质(抽象本能物质)"。真理亚物质揭示了同认识对象亚物质反映认识对象的确定性,必然包含着人们认识中符合客观事物及其规律的客观内容;根据真理"主客观统一"的确定性的"层次"和"指向"不同,真理可区分了本能真理、机能真理和亚物质真理。思维意识亚物质指向"思维自觉到思维本性"的本能物质,称为"本能真理",即揭示物质本能的"绝对真理"。思维意识亚物质指向现实客观的机能物质,称为"机能真理",即表现物质机能的"相对真理"。

---

① 肖前、李秀林、汪永祥主编:《辩证唯物主义原理》,人民出版社,1999 年,第 504 页。
② 《列宁全集》第 38 卷,中文第 1 版,第 210 页。
③ 《列宁全集》第 38 卷,中文第 1 版,第 208 页。

绝对真理(本能真理)之所以可能,条件如下:(1)思维意识亚物质具有"最高级反映"特性,"反映认识"连接机能物质和本能物质;(2)思维意识亚物质具有"最高相对独立性",具有无限"主观能动性",为"思维自觉到思维本质本性"提供保障;(3)思维自觉到"思维本质本性""同一"于"物质客体本质本性(直至'本能物质性')"。

相对真理(机能真理)之所以可能,条件如下:(1)思维意识亚物质具有"最高级反映"特性,"反映认识"连接机能物质和本能物质;(2)思维意识亚物质具有来自人自身系统的"满足需要性(精神的和物质的耗散平衡性)",为"效用"机能认识指明的动机;(3)思维下意识的"效用需求性"与"机能物质功能性"实现确定的"匹配统一"。

相对真理是相对的,是受认识主体效用需求性变化、认识对象机能物质功能性变化"制约"的。每个人(作为人类之一成员)的主体满足需求大体是一致的,认识对象(机能物质)功能性在相对确定的时空环境是相对确定的,因此,大部分人在相同的时空环境认识相同的机能物质,具有相同感受的"认识匹配统一"确定性——相对真理是现实的、生活的、效用的。

本能物质自分形表现为机能物质。绝对真理(本能真理)是本能物质的认识规律揭示,包括"机能物质抽象收敛"和"本能物质自分形展开"。机能物质是本能系统物质具体演化发展的一定条件下的组分或子系统物质。相对真理(机能真理)是机能系统物质的有限的客观过程及其发展规律的认识,因此是有限的和相对的。"从整个客观世界来看,任何真理性的认识只是对无限宇宙的一个部分、一个片断的正确反映,人类已经达到的认识总是有限的。……从特定事物或现象来看,任何真理性的认识都只是对该客观事物或现象的某些方面、一定程度和一定层次的正确反映,对事物反映的广度和深度也总是有限的,总是具有近似的性质。"①绝对真理与相对真理的关系,本质上来源于本能物质与机能物质的关系。毛泽东说:"马克思主义者承认,在绝对的总的宇宙发展过程中,各个具体过程的发展都是相对的,因而在绝对真理的长河中,人们对于在各个一定发展阶段上的具体过程的认识只具有相对的真理性。无数相对的真理之总和,就是绝对的真理。"②绝对真理和相对真理的关系,在以科学为中介中相互转化。科学是划定范围(机能物质系统领域)的机能真理(相对真理),科学进程是划定研究领域的不断扩大和深入的过程,机能系统领域不断扩大和深入(没有止境,划圆越大,圆外

① 肖前、李秀林、汪永详主编:《辩证唯物主义原理》,人民出版社,1999年,第517页。
② 《毛泽东选集》第1卷,第272页。

越无止境),机能真理不断丰富发展,科学没有"顶峰",它不断地以新的概念、新的原理丰富自己的内容,从而不断地逼近"最全部"的机能物质——抽象收敛于"本能物质",从而实现相对真理向绝对真理的转化。

(三)实践是检验真理的唯一标准

马克思指出:"人的思维是否具有客观的真理性,这并不是一个理论的问题,而是一个实践的问题。人应该在实践中证明自己思维的真理性,即自己思维的现实性和力量,亦即自己思维的彼岸性。关于离开实践的思维是否具有现实性的争论,是一个纯粹经院哲学的问题。"①事物在认识思维中呈现为"思想活动物(亚物质)",它是否具有真理性,即是否具有同一(趋近)于本能物质性——必须由实践(亚物质)来检验(实践是检验真理的唯一标准)。

思想物(亚物质)和实践(亚物质)在主客体中具有不同的偏正"指向",前者指向主客体关系的"主观",后者指向主客体关系的"物质客体本质本性"。认识思维中的"事物(亚物质)"与"客观物质(携带亚物质)"具有怎样的"同一"? 这需要"实践(亚物质)"来衡量和检验。实践(亚物质)是检验理论(亚物质)的真理性的唯一标准。一方面,包含人类意识和人实体机能的"整体人"的"实践",是指向永无止境的逼近客观物质(至本能物质)的过程;另一方面,认识的理论(亚物质)与客观物质(携带亚物质)的"是否同一"的、"全面的"比对检验的过程就是"实践"。

实践是检验真理(本能真理、机能真理、亚物质真理)的唯一标准。客观性主要是相对于"主观意识亚物质"的机能物质(和本能物质)性。实践(亚物质)检验认识真理性,不仅包括客观认识对象(机能真理),也包括了思维本身作为认识对象(亚物质真理),以及客观物质与思维两者统一的认识对象(本能真理):(1)机能真理检验,表现为实践检验"认识同客观现实的一致性",对此辩证唯物主义有详细的阐述;(2)亚物质真理检验,表现为实践检验"认识同思维逻辑之'格'的一致性",主要体现为论证"认识"同自身思维逻辑规律的一致性的逻辑证明;(3)本能真理检验,表现为实践检验"思维自觉到'思维最高本性'同'物质本性'的一致性",本能真理检验(思维自觉到思维最高本性)将逻辑思维推到"最顶端"。

思维的真理性要在实践的整体性中获得检验。狄德罗说:"事物仅仅在我们的理智中时,就是我们的意见;就是一些概念,它们可能是真的,也可能是假的,可能被认可,也可能被反对。它们只有和外界的东西联系起来时才坚实可靠。"实践亚物质是一个包含了认识和认识对象亚物质的整体亚物质体系,它具有反映本能

---

① 《马克思恩格斯选集》第 1 卷,第 16 页。

系统物质的本性,因此,必然也是检验真理的唯一标准。对于机能真理,实践更具有这样的"现实"的特点,对此列宁说:"实践高于(理论的)认识,因为实践不仅有普遍性的优点,并且有直接的现实性的优点。"①实践检验认识真理性是确定的,但同时实践亚物质体系是演化发展的,因此它又是不确定的;正如列宁指出:"实践标准实质上绝不能完全地证实或驳倒人类的任何表象。这个标准也是这样的'不确定',以便不至于使人的知识变成'绝对',同时它又是这样的确定,以便同唯心主义和不可知论的一切变种进行无情的斗争。"②

　　顺便说一下"本能系统辩证物质"理论的"检验"问题。该理论是理论思维和逻辑推动"思维自觉到思维本质本性"的"思想实验③"产物,将其提出,就是要让它置身于各种真理检验条件(客观物质性、亚物质性、本能物质性)接受检验。思维逻辑是思维亚物质(来源于机能物质信息模式)的人脑意识亚物质自身演化运行的规律。逻辑思维使实践经验由特殊提高到普遍,并给予人们"实践"的力量和信息。总的来看,人类的逻辑思维是"实践"的能动的产物,是"实践"检验"认识(相互)作用"的间接的、集中的表现,表明了思维亚物质的"合理"运动过程及其反映。

二、本能系统辩证唯物的价值特性

　　人在世界上的一切进步活动"根本的"是通过掌握真理去创造价值,从而实现人类自己及其生活的不断丰富和发展。因此,整个哲学和科学研究构成的是"追求真理"服务"创造价值"的知识体系。

　　本能系统辩证唯物坚持"以本能系统人为中心",把握机能事(本能)物服务于人的辩证价值,在现实集中地表现为"人(机能系统人)"对机能物质的认识把握,指导人类改造现实的机能物质世界,从而实现人类自己及其生活的不断丰富和发展。

　　价值作为哲学范畴源于古代梵文和拉丁文,最初是指"掩盖、保护、加固",后来演化成"其掩护和保护作用的、可珍贵的、可尊重的额、可重视的";在现代,价值是同"有用无用"、"好坏"、"善恶"、"美丑"、"利弊"、"得失"、"福祸"、"优劣"等

---

①　《列宁全集》第38卷,中文第1版,第310页。

②　《列宁选集》第2卷,第142页。

③　逻辑思维能够指导科学的"客观实验"和"思想试验",比如在科学研究方面,爱因斯坦在与玻尔等人的争论,运用了思想试验,即运用物理学规律设计某种现实中不可能存在的物理实验,运用数学推理求出它的实验结果,再与已有物理理论的结论进行比对,或者做出新的预言。

联系起来的、并兼有它们共同内容的抽象概念；研究各个领域特殊价值问题的学科，比如经济学、政治学、伦理学、法学、美学等是具体的价值科学门类。哲学的价值研究，应当从使用价值开始，马克思对使用价值本质的说明指出："使用价值表示物和人之间的自然关系，实际上是表示物为人而存在。"①哲学价值是表示主客体关系中特定内容的哲学范畴，是指客体的存在、作用以及它们的变化同主体及其需要相适合、相一致或相接近。② 其中，主客体的物与人的关系，包括了人与自然界、人与社会、人与思维亚物质的一切关系，对应的客体物质系统为主体服务，或客体适应、满足主体及其需要，可以揭示和概括出诸如"有用"、"好"、"美"、"善"等特殊价值判断。

主体与客体之间是相互作用的，主客体关系是人类最普遍的现实关系，社会生活中的主客体关系又有许多层次和各种各样的类型。"相互作用"首要的是指，不同机能物质携带各自（自分形本性和机能物质分形整形方式）信息模式的亚物质相互接触、影响、融合、制约（改变对方并承受对方的作用）。这种"相互作用"是人类价值产生的基础和条件，它"必然是使主客体之间出现相互渗透、相互接近和相互转化的特征，即主体客体化和客体主体化。在主客体趋向统一的总过程中，客体主体化（又叫主体对象化）的内容和表现，即客体的存在、特性和作用越来越带有主体所赋予的内容，打上主体的烙印，越来越同主体的结构、需要及其发展相接近或一致，这就是所谓客体对于主体的价值，是人们以各种方式理解和表述'价值'的共同基础。"③

人作为一个机能物质体，包括了主观的精神意识亚物质方面的内容，也包括了人作为社会存在的客观的机能（本能）物质方面的内容，前者反映后者，后者决定前者：(1)就机能物质客观性研究而言，主客体关系的价值来源于客观性物质机能，主体本身（包括它的需要和能力等）也是以人（客观物质机能）为最根本的，主客体相互作用的结果生成或表现为一种新的机能物质系统，即形成新的价值客观事实；(2)就精神亚物质主体相对独立性而言，主客体关系的价值核心地强调"服务"主体，"价值归根结底不是指客体本身的固有的属性，而是指客体对主体的作用、意义和一种关系，是以主体为核心的一种主客体的统一。"④

"什么样的价值"和"什么东西的价值"之间的关系，前者是依被满足的主体

① 《马克思恩格斯全集》第 26 卷 VI，第 326 页。
② 肖前、李秀林、汪永详主编：《辩证唯物主义原理》，人民出版社，1999 年，第 526 页。
③ 肖前、李秀林、汪永详主编：《辩证唯物主义原理》，人民出版社，1999 年，第 527 页。
④ 肖前、李秀林、汪永详主编：《辩证唯物主义原理》，人民出版社，1999 年，第 531 页。

需求的性质而划分的价值性质或类型,后者是依价值客体划分的价值,客体对于服务主体具有多种可能,即价值具有具体主体性:(1)个体性或独特性,即对于每个主体的价值,都直接联系着、表现着该主体本身的结构、需求、能力等方面的特征,与对于其他主体的价值之间不能互相代替。(2)多维性或全面性,即对于每个主体来说,具体的价值关系和价值是多样、多重的。任何一个主体自身都存在着复杂的结构和多方面的需要,其中每一点、每一方面都同客体构成具体的价值关系,从而能够获得具体的价值。价值的多维性,体现人本质的全面性,要求人的发展的全面性。(3)时效性或主体时间性,即价值具有因主体的运动变化而改变的时间性特征。任何客体相对于同一主体(或主体方面)来说,有无价值和有什么样的价值,不会因客体本身未变而保持不变,而是会随着主体的变化而变化。人类的价值生活是一个动态的发展过程,超越过去和不断创新是人类价值生活的逻辑,在价值流转的时钟上,主体发展是指针。①

价值是"以服务主体为主导"主客体关系一致的内容:一方面,偏向主体的观点认为,价值只是人的欲望、旨趣、爱好和意志的表现;另一方面,偏向人的客体的观点表现出"人们已经习惯于以他们的思维而不是以他们的需要来解释他们的行为"②。

价值所指的主客体关系一致是客观的,价值评价是人们对客观价值的一种认识反映,是一种采用其特殊的(主观的)评价标准(包含了他们关于事物"应该怎样"的愿望、想象、信念和期待)所进行的"主体性"认识。评价是否反映了对象的真实情况,即评价中主客观是否达到一致性,在很大程度上与"评价标准"密切相关。主客体关系一致的客观评价表明,主体具有现实利益、需求和能力的机能系统功能;评价可与事实一致,也可能背离事实。价值度量包括,一是影响别人或满足别人需求的度量,二是成就自己或有效供给的度量,三是推动人类认识和改造世界进程的度量,以及三者的有机统一的度量。"要知道对狗的价值就要了解狗,要知道对人的价值就要了解人,只有对价值关系主体的具体客观本性给予充分把握,才能准确可靠地评定客体的价值。这一规律性的结论和方法,对于一切评价都是适用的。"③

三、本能系统辩证唯物的真理与价值统一性

人(人类)作为机能物质系统是具有"自身系统"演化目的态的,真理与价值

---

① 肖前、李秀林、汪永详主编:《辩证唯物主义原理》,人民出版社,1999 年,第 532 – 536 页。
② 《马克思恩格斯全集》第 20 卷,第 516 页。
③ 肖前、李秀林、汪永详主编:《辩证唯物主义原理》,人民出版社,1999 年,第 541 页。

是人类一切"有目的"的活动的重要而基本的内容。真理一定具有相应的价值"表现",价值一定具有相应的"长久的或短暂"的真理(绝对真理或相对真理)"指引"。人类的生存活动特别是自觉的进步的历史活动,本质上是追求真理并创造价值的过程,真理与价值的统一是指通过人的自觉活动而实现的具体的历史的统一。

"所谓真理原则,就是人类必须按照世界的本来面目和规律去认识世界改造世界,包括认识和改造人自身。……所谓价值原则,就是人们总是按照自己的尺度和需要去认识世界、改造世界,换句话说,就是改造世界使之适合于人类社会的生存和发展。……人们的思想和行动中包含着主体的尺度和需要,只有不断地获得价值人才能生存和发展,这不仅是必然的事实,也是人类活动的内在逻辑。"①马克思认为真理原则和价值原则对应着人类对象性活动中的"两个尺度",指出:"动物只是按照它所属的那个种的尺度和需要来建造,而人却懂得按照任何一个种的尺度来进行生产,并且懂得怎样处处都把内在的尺度运用到对象上去;因此,人也按照美的规律来建造。"②人和动物的区别在于,动物只具有低能的意识亚物质,对应表现动物那个种的尺度和需求,而人类则通过"劳动"而具有最高级机能的意识亚物质,对应表现"万物之灵"的尺度和需求,即对自身主体和对一切对象客体"两个尺度"的把握——人类高级意识亚物质不仅可能(自觉到最高思维本性)按照世界的本来面目反映世界规律,同时可以按照自己的尺度和需求去认识和改造世界;前者表现为人类在自然界所受着的自然系统的整行力支配,即自然的"条件"、"规律"的制约;后者表现为人类自分形最大化从自然界获得生存和发展的"实际效益",两者是整行力和分形的辩证统一。

"真理原则主要是一种客体性原则,价值原则主要是一种主体性原则。……真理原则是人的活动中的条件性原则,价值原则是人的活动中的目的性原则。……真理原则是社会历史活动中的统一性原则,价值原则是社会活动中的矛盾斗争性原则。"③系统具有演化目的性,人(人类)系统的演化目的是主客体(物质能量信息交换)关系的某种平衡稳态;真理原则是主客体的社会历史活动中"偏向客观性"的统一性,而价值原则是主客体在社会历史活动中(为满足主体需求性目的)的改造世界的斗争性,真理和价值相统一,是指人类(在遵循客观真理基础上的)一切活动都是以获得满足需要的价值为目的的。

① 肖前、李秀林、汪永祥主编:《辩证唯物主义原理》,人民出版社,1999年,第543页。
② 《马克思恩格斯全集》第42卷,第97页。
③ 肖前、李秀林、汪永祥主编:《辩证唯物主义原理》,人民出版社,1999年,第547-548页。

真理和价值整体是统一的,局部可以存在对立。真理和价值作为人类把握的两个尺度:(1)真理是意识亚物质能够反映机能(本能)物质的机能(本性)的认识理论,(2)价值是人"以自己机能为核心的本性"需求的满足性表达,(3)两者统一于"本能物质性",而区别在于"机能物质性"。"真理和价值都是人类的活动所追求的目标,人类作为主体必然需要、也能够通过一定程度的自我调节来解决二者之间的冲突,使它们达到不同程度上某种方式的统一。"①没有真理,价值就难以成功贯彻,真理对于人类认识和改造世界是最有价值的;没有价值追求,真理也将缺失人特质的内容和动力,人类有追求价值和创造价值的权利和责任表现为人特质机能物质系统的客观真理。

真理和价值统一的检验标准是实践。实践"作为真理的标准,也作为事物同人所需要它的那一点的联系【按:即价值】的实际确定者"②,表明实践是真理和价值统一的标准。以客体尺度为基础的主客体统一的真理,和以主体尺度为基础的主客体统一的价值,它们现实的统一表现为人追求自由的"真、善、美"和"真、善、美"的人的自由,前者表现为人在主体需求基础上"追求包括人在内的世界的本原和规律",后者表现为人在客体规律基础上"最大限度展现人最求真、善、美价值的自由和能动性"。真、善、美历来是人们崇尚的理想境界,是人们对基本价值内容的概括:(1)"真"是指追求达到真理的境界,即主体在认识上和实践上充分地接近和适应了客体必然性的境界;(2)"善"是指包括人在物质、自然以及社会关系方面的各种(经济的、政治的、伦理的、文化的等)需要得到满足的实在价值,如功利和道德,它是指实现了主体必然性的境界;(3)"美"是指真和善在新的基础上达到了统一的境界,美表现出人的一种无私的愉悦感、和谐感和自由感,美的超功利性和主体自主创造性充分展示了以主体尺度为尺度的主客体高度统一。"真、善、美"在不同层次上和不同的侧重点上都体现了主客体的全面统一、真理和价值的统一。③

第三节　本能系统辩证唯物的哲学与社会研究意义

本能系统辩证唯物,继承传统辩证唯物主义基本观点和方向,并汲取了系统

---

① 肖前、李秀林、汪永详主编:《辩证唯物主义原理》,人民出版社,1999年,第551页。

② 《列宁选集》第4卷,第453页。

③ 参见肖前、李秀林、汪永详主编:《辩证唯物主义原理》,人民出版社,1999年,第555—557页。

科学思想对其进行"整体"反思,旨在巩固和发展辩证唯物主义的哲学地位,推动(本能系统的)辩证唯物主义思维占领人类社会研究的中心舞台。恩格斯指出:"社会力量完全像自然力一样,在我们还没有认识和考虑到它们的时候,起着盲目的、强制和破坏的作用。但是,一旦我们认识了它们,理解了它们的活动、方向和作用,那么,要使它们越来越服从我们的意志并利用它们来达到我们的目的,就完全取决于我们了。"①对自然力,人类的认识已经较为丰富和成熟;对社会力量而言,人们虽然认识了部分规律但尚未充分。本能系统辩证唯物在发展辩证唯物的系统形态的同时,释放对社会系统研究的积极指导意义。

一、有利于推动辩证唯物主义哲学形态的系统化发展

雅斯贝尔斯说:"几乎所有的人相信自己对各种哲学问题具有判断能力。他们认为,就对于科学的理解而言,无论是研究,训练还是方法,都是必需的;而对于哲学,人们总是武断地认定自己不必经过任何预先研究就可形成一种观点。"②任何人都可以有自己的哲学,就这一点而言,就像任何动物都可以有自己的"世界观"一样,只不过人脑意识亚物质远远高级于一般动物;同样地,不经训练的自发的"武断观点"和"哲学观点",后者是指经过预先研究的高级的"理论化和系统化的观点"。哲学不是僵死的,而是不断发展的,"高级系统化"是哲学"发展"的重要的标识。

人类把握的部分对象与部分对象之间是普遍联系的,获得的某一认识世界部分与其他认识世界部分作为认识结果一定被该人的脑内思维亚物质中介联系着——人能够把握世界,各种把握是"系统"联系的,而不是割裂的。在人类之初,神化是人们把握世界的重要方式。马克思认为:"任何神话都是用想象和借助想象以征服自然力,支配自然力,把自然力加以形象化;因而,随着这些自然力实际上被支配,神化也就消失了。"③当人们对至上神的膜拜也越来越有严密的组织,这就形成了宗教。人们把握世界最基本的、最常用的方式,直接来源于人们的生活经验,积淀起了普通但持久作用的知识,即常识。通过一系列的活动调整和升华自己的感受、体验以获得一种精神上的愉悦并凸显生活的意义,形成了艺术。将常识的经验感受上升为技术性的实证,试图通过实证的方式透过世界多样性的表象,获得对世界的本质和规律的把握,生发出创造性的智能,形成了科学。最

---

① 《马克思恩格斯选集》第 3 卷,人民出版社,1995 年,第 630 页。
② [德]卡尔·雅斯贝尔斯:《智慧之路》,中国国际广播出版社,1988 年,第 2 页。
③ 《马克思恩格斯选集》第 2 卷,第 29 页。

后,(狭义的)哲学被认为存在于神学与科学之间。

辩证法的对立统一是物质世界系统(包括显在世界和潜在世界)的内部联系和发展的核心规律。辩证法并不是反对规定性,因为辩证法规律的表述自身就规定性的表现。辩证法尽管揭示了规定性在打破中的联系,但蕴涵着规定性的承认和肯定,辩证是肯定了的辩证。对于科学领域所获得的相对稳定的肯定,那是因为,其在划定领域内的超循环螺旋及其相应辩证规律的具体化的规律,具有相对稳定性,甚至可实验检验性。

辩证唯物主义的不断发展,是其系统形态不断高等级的过程,是其不断扬弃、不断汲取新营养、不断丰富和完善的过程。辩证唯物主义哲学形态的不断高级系统化,是指辩证唯物主义汲取系统科学精华对一切智慧和知识的整体把握。哲学世界观强调"人"对"世界"认识把握下的"整体"——某一哲学所谓世界观(对象)的整体,并不一定就是自然世界本原的"没有任何遗漏"的整体——在这方面,本能系统辩证唯物主义突出处理"把握下的整体"至"事物本原整体"的关系,克服了传统辩证唯物对"事物本原整体"把握的"不足"("物质本原"第一展开至现实的"机能物质"的这一段,阐述不足;"低级机能物质至高级机能物质"以及"机能物质之间"的转化,是传统辩证唯物主义的重点阐述内容)。

马克思主义哲学能够以"更高级"的哲学形态区别于其他哲学,是因为其具有完备哲学精神——基本原理的科学性以及对时代精华的自觉融合,确保马克思主义始终具有"更高级"的哲学形态和引领地位。比如20世纪以来的马克思主义中国化就是一个明证,发展中的马克思主义是其现实的具体表现。马克思主义哲学的"辩证唯物"的基本观点,也应进行与时俱进的丰富和发展,比如从系统科学等科学角度更多汲取科学的营养和时代精华。本能系统辩证唯物,发扬马克思主义哲学完备哲学精神,展现了传统辩证唯物哲学形态的"不断高级"的系统化进程。

二、阐明了人类社会系统的自分形根本动力

人类社会系统的自分形,就是指人(本能物质性)自分形的、内在的、根本的自然力。人是具有自分形"能动性"和"主体性"的动物。其中,人的主体性是意识亚物质的内容,"主体性是作为主体的社会的人,在同外部世界发生多重关系而形成的活动系统结构中对客体所表现出来的一种主体势作用。所谓主体势是指一定活动系统结构中主体的一种自主的、能动的状态和趋势,它表征着主体掌握或占有客体的动因、力量和程度。"①

---

① 陈志尚主编:《人学原理》(序一),北京出版社,2004年,第5页。

社会力和自然力是相对区别的,社会力侧重于系统不可分的有机整体力,而自然力侧重于系统中可分的机械力,但它们遵循共同的一般系统规律。传统科学对社会力量的回答并不能让人们满意,这给系统科学思维出场提供了舞台。贝塔朗菲认为:"社会学及其有关领域实质上是研究人类集团或系统,从家庭或工作组等小集团,经历无数正式非正式组织的中间单位,到国家、势力集团、国际关系这样最大单位。许多提供理论表述的尝试都是系统概念这个领域中的某个同义语的阐述。最终人类历史问题将会是系统观点的可能最广泛的应用。"①人对自身的研究是贯穿整个人类历史始终的。然而,在整个人类知识中,人对自身的知识是缺乏的,原因之一是受机械论还原论的局限,系统科学在反对还原论和机械论基础上建立并发展起来,给人类自身研究带来了新的方法和工具。

"人类的历史是不断地把自在之物转化为为我之物"②,人类在自然界系统自分形最大化的内容包括"不断地把自在之物转化为为我之物",从而实现间接的自我最大化。人类历史和自然过程共同遵循物质自分形规律,物质世界的自然过程研究,可参见《系统涌生原理》③一书相关内容;而物质世界的人类社会的自分形研究尤其复杂,正如恩格斯说:"各个人的意志——其中的每一个都希望得到他的体质和外部的、归根结底是经济的情况(或是他个人的,或是一般社会性的)使他向往的东西——虽然都达不到自己的愿望"④,就绝对而言,"愿望"是各个人自分形规律支配的本我目的指向,虽然并不一定达成自己的愿望,但并不影响愿望的持续或新愿望的产生,因为这是各个人自分形存在并作用的本性。有些学者认为"每个人的自由发展是一切人的自由发展的条件",这里认为"每个人的自由发展是一切人的自由发展的根本来源及动力"。在阶级社会,一个人自由的增加意味着另一个人自由的减少,一个阶级自由的获得意味着另一个阶级自由的沦丧——一个人(或阶级)的自由是另一个人(或阶级)自由的"障碍"。但是,人类社会始终是全部个体的系统,对此马克思说:"人们的社会历史始终只是他们的个体发展的历史,而不管他们是否意识到这一点。"⑤因此,"各个人存在自分形作用(愿望、意志与实践)"是社会力量的"它们"中的根本动力内容。

---

① 贝塔朗菲:《一般系统论》,社会科学文献出版社,1987 年,第 164 页。
② 陈志尚主编:《人学原理》,北京出版社,2004 年,第 42 页。
③ 温勇增:《系统涌生原理》,经济日报出版社,2014 年。
④ 《马克思恩格斯选集》第 4 卷,人民出版社,1995 年,第 697 页。
⑤ 《马克思恩格斯选集》第 4 卷,人民出版社,1995 年,第 532 页。

三、阐明了人类社会系统的亚物质整形核心动力

人类社会系统的亚物质整形力，就是指人类系统的认识与实践共同支配力。

恩格斯指出："人们总是通过每一个人追求他自己的、自觉预期的目的来创造他们的历史，而这许多按不同方向活动的愿望及其对外部世界的各种各样作用的合力，就是历史。"①他又指出："历史是这样创造的：最终的结构总是从许多单个的意志的相互冲突中产生出来的，而其中每一个意志，又是由于许多特殊的生活条件，才成为它所成为的那样。这样就有无数互相交错的力量，有无数个力的平行四边形，由此就产生出一个合力，即历史结果。"②这里，恩格斯指出了人类社会系统的共同合力——来自系统内每个人的自发的和自觉的自分形及其相互之间的博弈，他把每个人参与博弈并贡献给"共同"的作用看作合力，但他把力与力相互作用的情况用"平行四边形"法则来求合力——这是具有当时社会科技（机械论和还原论）思想局限的。社会系统的合力来源于许多单个的意志、目的、活动，但不等于许多单个意志、目的、活动的简单相加。系统科学研究中，将这个非简单和的"合力结果"相对独立称为人类社会系统契约性涌生事物亚物质（社约亚物质），社约亚物质具有这样一个基本的活动方向和作用，正如恩格斯指出："而这个结果又可以看作一个作为整体的、不自觉地和不自主地起着作用的力量的产物。因为任何一个人的愿望都会受到任何另一个人的妨碍，而最后出现的结果就是谁都没有希望过的事物。所以到目前为止的历史总是像一种自然过程一样地进行，而实质上也是服从于同一运动规律的。"③社约亚物质就是这个"结果"，是人类社会系统的作为一个整体的、不自觉地和不自主地起着作用的力量的产物。这个"产物"来源于任何一个人的愿望与任何另一个人愿望相互妨碍的博弈（常常生成谁都没有希望过的事物，即社约亚物质）；这个"产物"对任何一个人都具有协同保障服务和区别控制约束的整合支配作用，其中协同服务保障是指"协同放大个体存在意义、保护和保障个体、满足和服务个体等"，区别控制约束是指"以共同利益或演化方向为参照，有区别的对演化个体的差异进行控制调整以及约束规范、斗争等"。综上可知，人类社会系统涌现出的这个"产物（社约亚物质）"就是社会力量的"它们"的核心力量内容。

① 《马克思恩格斯选集》第4卷，人民出版社，1995年，第248页。
② 《马克思恩格斯选集》第4卷，人民出版社，1995年，第697页。
③ 《马克思恩格斯选集》第4卷，人民出版社，1995年，第697页。

"每个意志都对合力有所贡献,因而是包括在这个合力里面的。"①恩格斯同时指出:"人们所预期的东西很少如愿以偿,许多预期的目的在大多数场合都互相干扰,彼此冲突……这样,无数的单个愿望和单个行动的冲突,在历史领域内造成了一种同没有意识的自然界中占统治地位的状况完全相似的状况……这样,历史事件似乎总的来说同样是由偶然性支配着的。但是,在表面上是偶然性在起作用的地方,这种偶然性始终是受内部的隐蔽着的规律支配的。"②。这里的"规律"是指"各个人自分形博弈产生社约亚物质的支配":一方面,无数的单个愿望和单个行动的冲突在博弈中涌现生成社约亚物质,另一方面,相对独立的社约亚物质隐蔽地或显现地支配着"无数的单个愿望和单个行动的冲突"。违背这个规律常常是可悲的。一名叫马丁·尼莫拉的德国新教牧师,他在美国波士顿犹太人屠杀纪念碑上铭刻了一首短诗:在德国,起初他们追杀共产主义者,我没有说话,因为我不是共产主义者;接着他们追杀犹太人,我没有说话,因为我不是犹太人;后来他们追杀公会成员,我没有说话,因为我是新教教徒;最后他们奔我而来,再也没有人站出来为我说话了。这个故事说明了一个人无视社会系统社约性协同支配下的责任和义务(社会系统自我契约)的悲惨后果。社会系统的社约性来源于你我,而不能把你我单独割裂,否则失去了系统意义;不能在你需要的时候想起了社会系统的社约亚物质的服务保障和帮助,而在所谓的不需要时,不释放社约亚物质赋予的应当自觉产生并提供的义务和付出——自私与冷漠是社约亚物质正义性的毒药。

四、阐明了人类社会系统的"最小作用量原理"

最小作用量原理,是人和人类社会作为"自分形与整形博弈妥协机能系统"的一般存在和演化规律。

物质世界中,分形和整形力的相互作用形成的超循环使世界成为多元化世界。任何物质、任何事物、任何系统,都是以超循环螺旋的一般运动形式出现、存在和发展的。只有分形,那么,我们只会看到单调的世界;由于分形与涌生事物亚物质整形存在的共同作用,可以看到"从夸克到美洲豹"的世界。分形和整形力的超循环相互作用是世界一般系统运动形式的系统描述,是辩证法的否定之否定规律的系统化描述。物质秩点自分形是世界运动的自我动力——它自然的具有一种自我最大化显现的趋势。具体的来看,分形最大化表现为最小作用量原理——

---

① 《马克思恩格斯选集》第4卷,人民出版社,1995年,第697页。
② 《马克思恩格斯选集》第4卷,人民出版社,1995年,第247页。

可以表现为指某一系统在该系统目的态下消耗的总的物质、能量和信息最小。正如乌杰教授说："凡是符合最小作用量原理的物质都是和谐的。"①通常在实际中对某一目的态下消耗的能量进行研究,追求系统内诸多秩点组分能够以最小的"能量"实现最大的价值目标。比如,社会系统人自分形最大化社会系统整形的"博弈妥协"遵循"最小作用量原理",其中生产力是指人立足环境改造社会与自然的自分形,生产关系是指人类社会系统共同关系整形,两者博弈会出现"生产关系必须适应生产力的性质和发展水平"这一宏观规律。生产关系对生产力的关系是一个从适应到不适应再建立新适应的过程,"适应"是博弈妥协和谐范畴,超越了这个范畴,博弈就会激化到矛盾对抗,生成关系和生成力在矛盾解决中走向新的适应(新博弈妥协)。

人类社会系统与自然系统遵循共同的一般物质系统涌生原理,表现出物质世界具有的"自分形(大前提)——整形(小前提)——博弈妥协系统(结论)"自我辩证逻辑,包括"任何事物都具有本能自分形最大化动力"和"各事物本能自分形最大化动力之间自组织协同涌现出系统整形支配力"及它们博弈契约性妥协的现实系统。在自然界,矿物植物等物自体系统由于缺乏有效相对独立涌生事物亚物质(意识),可近似地认为其是无意识的和盲目的,相互之间通常以机械关系形式存在;在人类社会系统中,人类创造历史的活动是人在高度相对独立涌生事物亚物质(意识)支配下的自分形活动,自组织涌现规律支配人类社会系统演化发展。人是有意识地自觉追求目的的社会力量主体,既是系统的有机高级动物,又是系统的类群体组织。人与人组成社会(系统),每个人的自分形相互博弈,遵循博弈妥协的"最小作用量原理"。

人是自分形最大化不断演化发展的,即人是自私的;诸多自私的人相互作用,即相互博弈作用形成社约亚物质社会关系;亚物质社会关系支配每个一个社会人指向实现各取所需的最大化——反过来,即以最小作用量实现最大社会机能(功能)。这是理论上的人类社会系统的最小作用量支配原理。在现实社会系统中,一般系统人自分形最大化同来自系统的整形是需要博弈妥协的,即获得人类在社会系统中实践的"最小作用量原理"。由于人作用主观指向的需求方向和现实客观社约亚物质支配方向可能存在差异,甚至出现反向,表现上可能出现非主观意愿的"最小作用量情况",即违背主观意愿却遵循客观最小作用量原理支配。

"人"与"人"相互作用(关系)的最小作用量原理,是(人)主体的充分自我实

---

① 杨贵通教授于 2008 年第 1 期《系统科学学报》发表的《构建和谐社会的基础探讨——系统辩证学原理的应用》一文中就乌杰教授的该观点给出了必要的数学证明。

现和自我发展的"自分形和整形"的"自由"博弈妥协的必然选择。"自由"是人自
分形的根本表现。哲学上关于"自由"的研究,有人把自由归结为人对自身以外的
某个最高力量或必然性的服从,比如按照自然行事,或服从最高神秘意志;有人把
自由归结为人按自己的自然天性或必然性的行动,比如斯宾诺莎说"自由就是认
识必然";有人把自由归结为人精神上的一种主观状态,比如唯意志论者说自由是
一种非理性的绝对意志,存在主义者说自由在于对存在的超越,即死亡,等等。恩
格斯认为:"自由是在于根据对自然界的必然性的认识来支配我们自己和外部自
然界。"①恩格斯指出的两类规律,即外部自然界的、对象的规律和人自身的、主体
的规律,是自分形和整形"自由"博弈妥协的"最小作用量"统一的:(1)人作为机
能物质系统的自由,是人同本能物质系统相一致所表现的"那种同已被认识的自
然规律相协调的生活"。② (2)主体意识亚物质的自由,必须对本能物质系统和包
括人在内的机能物质系统的必然性和规律性的把握的反映自由,"意志自由只是
借助于对事物的认识来做出决定的那种能力"③盲目的随意决定,"恰恰由此证明
它不自由,证明它被正好应该由它支配的对象所支配"。④ (3)主体意识亚物质自
由,在于依据有规律有目的地支配自己和对象的过程,"自由不在于幻想中摆脱自
然规律而独立,而在于认识这些规律,从而能够有计划地使自然规律为一定的目
的服务。"⑤(4)人的自由,表现为以主体意识亚物质的相对独立的自分形自由,表
现为以主体亚物质同认识对象相互作用逼近世界本原的反映自由(包括以意识亚
物质为主导的分形自由和整形自由),也表现为世界本能物质和机能物质系统对
主体及其亚物质意识的整形自由;因此,自由是人机能物质系统的一种历史发展
状态,没有绝对不自由的人,即使人身体被禁锢,但思维可以天马行空,也没有穷
尽了一切可能性的终极的自由,因为人只是(本能物质现实的)机能物质系统中的
一份子,当人自分形自由达到一定程度,就会相应产生新的整形支配下的约束。
自由和发展是联系在一起的,自由和自我实现是联系在一起的,人总是在机能物
质(系统)中追求人的全面而自由的发展——按照自然界、社会和人本身自分形和
整形发展的客观规律自觉地、全面地丰富自觉的需要,提高自觉的能力,不断改造
旧我成为新我,遵循最小作用量原理进行超循环螺旋发展。

　　一切社会人应当学会控制在社会和自然系统中的自分形最大化的"主观自

---

①　《马克思恩格斯选集》第 3 卷,第 153 页。
②　《马克思恩格斯选集》第 3 卷,第 154 页。
③　《马克思恩格斯选集》第 3 卷,第 154 页。
④　《马克思恩格斯选集》第 3 卷,第 154 页。
⑤　《马克思恩格斯选集》第 3 卷,第 153 页。

由",正如马克思所说:"在这个领域内的自由只能是:社会化的人,联合起来的生产者,将合理地调节他们和自然之间的物质变换,把它置于他们的共同控制之下,而不让它作为盲目的力量来统治自己;靠消耗最小的力量,在最无愧于和最适合于他们的人类本性的条件下来进行这种物质变换。"①"以最小的代价获取最大的成果是人类对自然进行干预的行为准则"②,这句话同样适用于"人类系统内部的一切社会人相互干预博弈",一切社会人始终要权衡从自然界获取的成果和自然的报复之间、权衡从社会系统获取的成果和社会系统的报复之间,即利与弊之间孰轻孰重,这是一切社会人在自然和社会系统的自分形最大化博弈的受最小作用量支配的必然。

人生而自由,每个人都是自分形自由的;人生而平等,每个人自分形(权力)都是平等的。人与人相互作用生成社会,自分形博弈妥协"涌现"出社会契约性亚物质——整合支配着社会中的每一个人。"最小作用量原理"揭示了(社约物)亚物质整形力支配人类社会系统这只"看不见的手"的基本活动方向和意义。

---

① 《马克思恩格斯全集》第 25 卷,人民出版社 1974 年,第 926 - 927 页。
② 陈志尚主编:《人学原理》,北京出版社 2004 年,第 43 页。

主要参考书目

肖前、李秀林、汪永详主编：《辩证唯物主义原理》，人民出版社，1999 年；

乌杰主编：《系统哲学基本原理》，人民出版社，2014 年；

温勇增：《系统涌生原理》，经济日报出版社，2014 年；

张华夏：《物质系统论》，1987 年；

贝塔朗菲：《一般系统论——基础、发展与应用》，清华大学出版社，1987 年；

乌杰：《系统辩证学》，中国财政经济，2005 年；

恩格斯：《自然辩证法》，人民出版社，1956 年；

吴彤：《复杂性的科学哲学探究》，内蒙古人民出版社，2007 年；

吴彤：《自组织方法论研究》，清华大学出版社，2001 年；

格莱克：《混沌学：开创新科学》，上海译文出版社，1990 年；

王东生、曹汤：《混沌、分形及其应用》，中国科学技术大学出版社，1995 年；

高安秀树：《分数维》（沈步明等译），地震出版社，1994 年；

魏宏森等：《复杂性系统的理论与方法研究探索》，内蒙古人民出版社，2007 年；

李建华、付立：《系统科学与管理》，科技文献出版社，1996 年；

苗东升：《系统科学大学讲稿》，中国人民大学出版社，2007 年；

威尔逊：《社会生物学：新的综合》（英文版），1975 年；

郑雪主编：《社会心理学》，暨南大学出版社，2004 年；

洛伦兹：《动物与人类行为研究》（英文版），1970 年；

贝塔朗菲：《普通系统论的历史和现状》，见《科学学译文集》，科学出版社，1980 年；

鲍勒：《一般系统思想》英文本；

魏屹东：《科学社会学新论》，科学出版社，2009 年；

王先慎：《韩非子集解·解老》，中华书局，1998 年；

陈志尚主编：《人学原理》，北京出版社，2004 年；

海森堡：《严密自然科学基础近年来的变化》，上海译文出版社，1978 年；

罗素：《哲学问题》（何兆武译），商务印书馆，1999 年；

金岳霖：《论道》，商务印书馆，1985 年；

黄建中:《比较伦理学》,山东人民出版社,2011年;

罗素:《西方哲学史》(下卷),商务印书馆,2005年;

黄顺基、郭贵春主编:《现代科学技术革命与马克思主义》,人民大学出版社,2007年;

陈先达主编:《马克思主义哲学原理》,中国人民大学出版社,2010年;

列宁:《唯物主义和经验批判主义》,人民出版社,1970年版;

关士续:《自然辩证法概论》,高等教育出版社,2001年;

高清海:《哲学思维方式变革》,吉林人民出版社,1997年;

陈其荣:《自然哲学》,复旦大学出版社,2005年;

列宁:《哲学笔记》,人民出版社第3版,1974年;

《西方哲学原著选读》,上册,商务印书馆,1981年;

《马克思恩格斯选集》第1卷;第3卷;第4卷;

《马克思恩格斯全集》第20卷;第23卷;第42卷;

《列宁全集》第38卷,第55卷;

《列宁主义问题》,人民出版社,1955年;

《列宁选集》第2卷,人民出版社,1972年;

《列宁专题文集 论辩证唯物主义和历史唯物主义》,人民出版社,2009年;

《毛泽东选集》第1卷,人民出版社,1967年;

李秀林,王于,李淮春:《辩证唯物主义与历史唯物主义原理》(第四版),中国人民大学出版社,1995年;

柏格森:《创造进化论》,湖北人民出版社,1989年;

奥古斯丁:《忏悔录》,商务印书馆,1977年;

普里戈津:《从存在到演化》,上海科技出版社,1986年;

吴国盛:《时间的观念》,中国社会科学出版社,1996年;

牛顿:《自然哲学之数学原理》(王克迪译),北京大学版社,2006年;

爱因斯坦:《爱因斯坦文集(第一卷)》(许良英、范岱年编译),商务出版社,1976年;

邬焜:《信息哲学——理论、体系、方法》,商务印书馆,2005年;

洛克:《人类理解研究》,商务印书馆,1983年;

苗东升:《系统科学精要》,中国人民大学出版社,2006年;

霍兰:《涌现:从混沌到有序》(陈禹等译),上海科学技术出版社,2001年;

叔本华:《人生为何不同》(梁亦之译),新世界出版社,2012年;

德日进:《人的现象》,新星出版社,2006年;

盛文林编著:《人类历史上的重要学说》,北京工业大学出版社,2012年;

黑格尔:《小逻辑》,商务印书馆,1980年;

王贵友:《从混沌到有序—协同学简介》,湖北人民出版社,1987年;

胡显章,曾国屏:《科学技术概论》,高等教育出版社,2004年;

伊利切夫:《哲学和科学进步》,中国人民大学出版社1982年;

斯宾诺莎:《伦理学》,商务印书馆,1958 年;

罗伯特·所罗门:《大问题:简明哲学导论》,广西师范大学出版社,2004 年;

黑格尔:《小逻辑》,商务印书馆,2003 年;

尼采:《哲学与真理》,上海社会科学院出版社,1993 年;

钱学森:《论系统工程》,湖南科技出版社,1982 年;

卢卡奇:《历史和阶级意识》(杜章智等译),商务印书馆,1999 年;

葛兰西:《狱中札记》(曹雷雨等译),中国社会科学出版社,2000 年;

陈书栋:《基础论》,河南出版社,2003 年;

卡尔·雅斯贝尔斯:《智慧之路》,中国国际广播出版社,1988 年;

维克托·迈尔 – 舍恩伯格、肯尼思·库克耶:《大数据时代》(盛杨燕、周涛译),浙江人民出版社,2013 年;

M. L. 库特纳:《天文学:物理新视野》(萧耐园、胡方浩译),湖南科学技术出版社,2005 年;

爱德华·哈里森:《宇宙学》(李红杰、姜田、李泳译),湖南科学技术出版社,2008 年。